탄트라祕典 III

The Book of Secrets :
112 Meditations to Discover the Mystery Within

이 책의 텍스트는 『The Book of Secrets: 112 Meditations to Discover the Mystery Within』로, 1972년부터 1973년 11월까지 인도 봄베이에서 오쇼가 강의한 것인데 경전 부분의 강의는 전역(全譯)되고 질문 부분은 발췌해서 옮겼다. 이 책의 원전(元典)인『 Vigyana Bhairava Tantra』는 1903년 미국인 폴 렙스(Paul Reps)에 의해 영역되어 비로소 세상에 알려지게 되었는데 그는 인도 북부 카슈미르 지방 스리나가르를 여행하다가 은자 락쉬만쥬(Lakshmanjoo)에게서 산스크리트어 필사본을 입수했다고 한다.

마음을 변형시키고 초월시키는 112가지 수행법

탄트라 祕典 III

The Book of Secrets :
112 Meditations to Discover the Mystery Within

오쇼 라즈니쉬 강의
이연화 옮김

태일출판사

옮긴이 이연화

서울대학교 종교학과 졸업. 명상서적 전문 번역가로
『물도 없고 달도 없다』, 『머리 속의 바람』, 『구루의 땅』, 『달마』 등의 작품을 번역하였다.

21세기를 사는 지혜의 서 03

마음을 변형시키고 초월시키는 112가지 수행법

탄트라祕典III

펴 낸 날 | 2011년 9월 5일 중판 1쇄
2023년 4월 25일 개정판 1쇄

지 은 이 | 오쇼 라즈니쉬
옮 긴 이 | 이연화
펴 낸 이 | 이태권
펴 낸 곳 | 태일출판사
서울특별시 성북구 성북로5길 12 소담빌딩 301호 (우)02880
전화 | 02-745-8566 팩스 | 02-747-3238
e-mail | sodambooks@naver.com
등록번호 | 1979년 11월 14일 제6-58호
홈페이지 | www.dreamsodam.co.kr

ISBN 979-11-6027-305-2 (04150)
979-11-6027-297-0 (세트)

•책값은 뒤표지에 있습니다.
•잘못된 책은 구입하신 곳에서 교환해드립니다.

마음을 변형시키고 초월시키는
모든 길들이 여기에 다 있다.
– 오쇼 –

차례

탄트라 秘典 Ⅲ

탄트라 秘典 Ⅰ

탄트라 秘典 Ⅱ

1. 시각(視覺) 명상법 Ⅰ
2. 시각(視覺) 명상법 Ⅱ
3. 소리를 통해 가는 길 Ⅰ
4. 소리를 통해 가는 길 Ⅱ
5. 소리를 통해 가는 길 Ⅲ
6. 소리를 통해 가는 길 Ⅳ
7. 탄트라적 성행위의 영적 의미
8. 환상에서 실재로
9. 삶을 흐르는 물처럼 지켜보는 기법
10. 파도에서 바다까지

탄트라 秘典 Ⅳ

1. 그대의 집은 불타고 있다
2. 약도(略圖) 없는 길
3. 삶은 하나의 신비다
4. 마음도 아니고 물질도 아니다
5. 그대 자신은 그대에게 낯설다
6. 위험 속에서 살아라
7. 변형의 공포
8. 붓다의 오르가즘
9. 존재가 되라
10. 텅 빔의 철학

옮긴이의 말

인생을 살아가는 동안 우리는 여러 가지 질문들에 부딪친다. 그리고 그 질문들에 대해 어떤 식으로든 해답을 찾는다. 우리는 학교에서 그리고 사회에서 그 질문들에 대한 해답을 배운다. 하지만 우리가 인생을 마칠 때까지 풀지 못하는 특수한 유형의 질문들이 있다. 그 해답은 박사 과정에서도 배울 수가 없다. 이를테면 '나는 왜 태어나고 죽는 것인가?', '지금 나는 왜 살고 있는가?', '나는 왜 살고 싶어 하는가', 그리고 '이 <나>라는 것은 도대체 무엇인가?' 등의 질문들은 쉽사리 해답을 찾을 수 없다. 어쩌면 불가능하기까지 하다. 그래서 우리는 종교를 만들었다. 철학을 만들었다. 하지만 그런 것들을 만들면 만들수록 더욱 복잡하고 어려워져서 그만 최초의 질문을 잊어버리고 만다. 그러고는 그 질문을, 그 근원적인 의심을 해결했다고 생각한다.

그러나 이 질문은 곧바로 해답이 나올 수 있는 것이 아니다. 논리적인 사고 활동으로 해결되는 것이다. 우리의 모든 생각이 더 나아갈 수 없는 데까지 나아가서 은산철벽에 부딪칠 때, 어쩔 수 없이 생각이 멈추어진다. 머리 굴림이 멈추어진다. 그리고 거기에서 폭발이 일어난다. 그때 그 질문은 저절로 풀린다. 삶 자체가 완전한 우연성에서 완전한 당위성으로 돌아서는 것이다. 더 이상 질문은 일어나지 않는다. 더 이상 의심하려야 할 수 없게 되는 것이다. 그리고 이것은 오직 개인의 실존적인 체험이어야만 한다.

그 체험을 추구하는 일단의 무리들이 있었다. 그리고 이들을 사람들은 수행자, 혹은 구도자라고 불렀다. 이들은 그 숫자의 많고 적음을 떠나 전 세계 모든 종교에 존재하고 있었다. 그리고 황당하게 보일지 모르지만 그들이 발견한 것을 한 권의 책에서 모두 찾아볼 수 있다. 만약 누군가가 그것들을 그 책 속에서 발견할 수 있다면 그는 엄청난 행운을 만난 것이 된다. 그 책이 바로 '비그야나 바이라바 탄트라(Vigyana Bhairava Tantra)',

즉 우리말로 풀이하면 '의식 초월 탄트라'라는 책이다.

이것은 탄트리즘이 티벳으로 건너가 불교 탄트리즘으로 재구성되기 전, 힌두 탄트리즘의 근본 경전이 되는 책으로, 그 연원은 BC 3000년 전으로까지 거슬러 올라간다. 여러 탄트라 경전 중에 가장 고대의 탄트라 경전인 것이다. 그 책은 매우 간결하고 단순한 문장들의 112가지 소절들로 이루어져 있다. 그리고 이 112가지 소절은 앞에서 말한 궁극적인 질문들을 푸는 방법을 적어놓았다. 인생에서 가장 궁극적인 체험을 할 수 있는 길을 제시해놓은 것이다. 그리고 누구나가 이 112가지 방법 중에 한 가지만이라도 통달한다면 그는 종교를 만들 수 있는 교조(Founder)의 역량을 갖게 된다고 알려져 있다. 하지만 그 책의 이런 특수성과 여러 가지 역사성 때문에 그동안 일반에게 공개되지 않았다. 그리고 모든 종교들의 수행 방법이 이 112가지 중의 한두 가지를 채택하고 있어 지구상의 어떤 명상 방편도 여기에서 벗어나는 것은 없다고 이 경전을 강의한 오쇼는 말하고 있다.

한편 아직 한국에서는 일부 예술과 문학에만 도입되고 정신운동으로까지 파급되지는 않았지만 대단한 반향을 불러일으키는 사조가 있다. 그것은 포스트 모더니즘이라고 불리는 것인데 선진국에서는 이미 이것이 단순한 사조에 그치는 것이 아니라 '뉴에이지 무브먼트(New Age Movement)'라 불리는 정신 운동으로 활발하게 전개되고 있다. 이 운동은 60년대와 70년대에 세상을 풍미했던 히피 운동과는 그 차원이 다르다. 히피 운동은 어떤 의미에서는 사회 병리 현상의 한 반응이지만 이 뉴에이지 무브먼트는 사회 각 방면의 지식인들이 주축이 되어 벌이는 일종의 문화운동이며 제2의 르네상스라고까지 불리는 것이다. 그리고 이 운동에는 거대한 사상적 기둥이 둘 있다. 국내에서도 잘 알려진 두 사람, 지두 크리슈나무르티(Jidu Krishnamurti)와 오쇼(Osho)라는 사람이 바로 그들이다. 이

들이 주장하는 것은 인간 의식의 개혁이다. 이들은 사회 제도나 종교의 개혁을 부르짖는 것이다. 신인류(New Man)의 탄생을 요구하고 있다. 그리하여 후세에 이 두 사람은 21세기 우주 문명을 예언한 20세기 지구 문명의 마지막 선지자로서 기억될 것이다.

흔히들 바둑 애호가들은 바둑을 인생에 비유해서 말하곤 한다. 그래서 인생 애호가라고 할 수 있는 역자는–딱히 무엇이라고 부를 만한 주의를 갖고 있지 않기에–인생의 일면을 바둑에 비유해서 말하고 싶다. 한 판의 바둑은 유희를 벌이는 두 사람의 실력에 따라서 그 질이 달라진다. 똑같은 흑돌과 백돌을 쥐고서 똑같은 바둑판에 돌을 놓아가지만 그 차원은 모두 다른 것이다. 그처럼 인생 역시 똑같은 구조를 가진 육체와 똑같은 시간과 공간 속에서 삶의 유희를 벌이고 있지만 그 차원은 제각기 다르다. 인생이라고 하는 면에서는 같지만 그 질이 제각기 다른 것이다. 그리고 바둑의 급수를 획기적으로 발전시키기 위해서는 여러 가지 정석과 방편들을 적어놓은 기서(棋書)를 읽어야 하듯이 인생의 급수를 올리기 위해서는 그에 상응하는 과정을 거쳐야 할 것이다.

여기에 '비그야나 바이라바 탄트라(Vigyana Bhairava Tantra)'라고 하는 최고(最古)의 인생 기서가 있다. 그리고 이 기서를 명쾌하게 현대어로 강의하는 인생의 명인 '오쇼'가 있다. 그리하여 이 책 '탄트라 비전'은 그것을 읽는 사람이라면 그가 누구든지, 어떤 일에 종사하는 사람이라 할지라도 그의 인생 급수가 18급에서 초단으로 도약하리라고 역자 본인은 의심치 않는다. 그리고 이 책은 미약한 역자보다 더 재능 있고 훌륭한 사람의 손에 의해 앞으로도 계속 재번역의 작업이 이루어져야 할 책이라는 점도 확신한다. 부족한 번역에 독자 제위의 애정 어린 지도를 기다리는 바이다.

광릉 거북정에서, 이연화

자각과 판단 정지를 위한 탄트라 방편

여기의 방편들은 매우 간단해 보인다.
그래서 솔직히 호소력이 없어 보인다.
너무나도 간단하고 일상 생활과 가까이 있는
방편들이라 우습게 보이는 것이다.
그런데 왜 그대는 아직도 그것을 성취하지
못하고 있는가?

자각과 판단 정지를 위한 탄트라 방편

64

재채기가 나오려는 순간, 공포 속에서, 근심 속에서,
깊은 함정 위에서, 전장의 황급함 속에서, 강렬한 호기심 속에서,
그리고 배고픔의 시작과 끝에서,
중단하지 말고 계속 깨어 있어라.

65

다른 가르침에서 말하는 순수성이란
우리에게는 불순한 것이다.
실제로 어떤 것도 순수하거나 불순하다고
나눌 수 없음을 알라.

삶은 하나의 역설이다. 삶이란, 가까이 다가가기 위해서 멀리 가야 하는 것이다. 이미 성취되어 있는 어떤 것을 그대는 다시 성취해야 한다. 아무것도 잃어버린 것은 없다. 인간은 자연스런 상태로 남아 있으며 순수한 상태로 남아 있다. 오직 인간 자신이 그것을 잊어버릴 뿐이다. 순수성은 방해받지 않는다. 결백성은 파괴되지 않는다. 오직 깊은 망각만이 거기에 있다.

성취되어져야 할 그대는 이미 존재한다. 본질에서는 아무것도 새롭게 성취되는 것이 없다. 그대는 단지 발견할 뿐이다. 이미 존재해 있는 그대 자신을 말이다. 그래서 나는 영적 수행이 어려움과 단순함 둘 다를 갖고 있다고 말한다. 만약 그대가 이해할 수 있다면 그것은 매우 단순하다. 그러나 또한 매우 어렵기도 하다. 그대가 완전히 잊어버린 것을 이해해야 하기 때문이다. 그것은 너무나 명백한 것이어서 도리어 인식하지 못하고 산다. 그것은 언제나 계속되며 중단되는 적이 없는 그대의 호흡과 같다. 그래서 그대는 그것을 일부러 인식해야 할 필요를 느끼지 않는다. 생존해 나가는 데 있어서 그대 자신에 대한 각성은 필요 없는 것이 되어 버렸다. 그래서 그대는 그것을 잊어버릴 수도 있고 기억할 수도 있다. 그것은 하나의 선택 조건이다.

삼사라와 니르바나, 즉 이 세상과 해탈한 의식의 세계는 두 가지가 아니다. 그것은 두 가지 태도이다. 두 가지 선택인 것이다. 그대는 둘 중 어떤 것도 선택할 수 있다. 어떤 태도 때문에 이 세상에 머물 수도 있다. 그리고 그 세상이 그대로 니르바나가 된다. 똑같은 세상이 태도를 바꿈으로써 절대적인 지복으로 바뀔 수 있는 것이다. 그대는 여전히 똑같이 남아 있다. 모든 것이 그대로 남아 있다. 단지 초점을 바꾸는 것만으로, 선택의 변화만으로 충분하다. 그것은 쉽다. 한번 절대적인 지복을 경험하면 그대는 그것에 대해 웃을 것이다. 그것을 한번 알고 나면 그대는 그것을 잃어버리고 지낸 사실을 이해할 수 없을 것이다. 어떻게 그것을 놓칠 수가 있는가? 그것은 알려지기를 기다리며 언제나 거기에 있었다. 그리고 그것은 그대의 것이다.

한 명의 붓다가 웃는다. 그것을 성취한 자는 누구든지 웃을 것이다. 모든 것이 우스꽝스럽기 때문이다. 그대는 결코 잃어버릴 수 없는 어떤 것을 찾아왔다. 그 모든 노력이 우스꽝스런 것이다. 그러나 이것은 그대가 발견했을 때만 일어난다. 그래서 그것을 발견한 사람은 그것이 매우 간단하다고 말한다. 그러나 그것을 발견하지 못한 사람은 가장 어려운 것이라고 말한다. 그렇다. 그들은 그것이 세상에서 가장 어려운 것이라고 말한다.

우리가 앞으로 이야기할 이 방편들은 발견한 사람에 의해서 이야기된 것이다. 이 점을 기억하라. 그 방편들은 매우 간단해 보인다. 그래서 솔직히 우리에게는 호소력이 없어 보인다. 너무나도 간단하고 일상생활과 가까이 있는 방편들이라 우습게 보이는 것이다. 그런데 왜 그대는 아직도 그것을 성취하지 못하고 있는가? 그런 간단한 방법은 도움이 되지 않는다고 그대는 생각할지 모르지만 그것은 그대 에고의 생각이다.

여기에 속임수가 있다. 그대의 마음은 이런 간단한 방법으로는 어떤 도움도 얻을 수 없다고 그대에게 말하고 있다. '적어도 신성한 존재계를 성취하는 데, 절대와 궁극을 성취하는 데 어디 이토록 간단한 방법을 쓰려고 하는가?' 라고 묻고 있다. 그대의 에고는 계속 그렇게 말하고 있는 것이다.

또 한 가지를 기억하라. 에고는 언제나 어려운 것에만 흥미를 갖는다. 뭔가 도전적인 것은 어려운 것이다. 만약 그대가 그 어려움을 극복할 수 있다면 그대의 에고는 만족될 것이다. 에고는 간단하고 쉬운 것에는 결코 관심을 갖지 않는다. 만약 그대의 에고가 도전하기를 원한다면 그때는 어려운 일을 시도하라. 간단한 일을 성취해서는 아무런 만족이 없을 것이다. 사실 간단한 일은 정복하고 말고 할 것이 없다. 에고는 어려운 것을 원하고 있다. 가로막힌 장애물을 뛰어넘어 정상을 정복하려고 한다. 그것이 어려울수록 그대의 에고는 더 좋아할 것이다.

이 방편들은 너무 간단해서 그대의 마음에는 별 호소력이 없을 것이다. 그러나 기억하라. 에고에게 호소력이 있는 것은 영적 성장에 그다지 도움이 되지 못한다. 오직 그대의 에고에게 아무런 호소력이 없는 것만이 변형에 도움을 줄 것이다. 어떤 명상 교사가 이런저런 것들을 하라고 한다면, 그리고 몇 생을 걸쳐야만 비로소 그 일별을 한 번쯤 대할 수 있다고 말한다면 그대의 에고는 만족감을 느낄 것이다.

이 방편들은 너무 간단해 지금 당장 여기에서 수행하는 것이 가능하다. 그러나 거기엔 그대의 에고와 어떤 접촉도 없다. 만약 지금 당장 인간에게 가능한 모든 것을 그대가 성취할 수 있다고 말한다면, 한순간도 지체하지 않고 바로 이 순간에 그대가 붓다가 되든지, 혹은 그리스도나 크리슈나가 된다고 말한다면 그때는 그대의 에고에 어떤 것도 와 닿지 않을 것이다. 오히려 그대는 이렇게 말할 것이다.

"이것은 가능하지 않다. 나는 그것을 찾기 위해 다른 곳으로 가야 한다."

이 방편들은 너무나 간단해서 그대가 성취하려고 결정하는 바로 그 순간 인간의 의식에서 일어날 수 있는 모든 것을 성취할 수 있다. 내가 이 방편들이 가능하다고 말하는 데는 많은 의미가 있다. 첫번째로 영적인 폭발은 그 어떤 것에도 직접적인 요인이 없다. 그것은 인과관계에 얽매인 현상이 아니다. 만약 그것이 어떤 것에 기인한다면 그때는 시간이 필요할 것이다. 그리고 시간이 필요하다면 그것은 지금 당장에 일어날 수 있는 일이 될 수 없다. 그대는 내일 아니면 모레, 아니면 다음 생까지 기다려야 할 것이다. 다음 순간은 언제나 필요할 것이다. 만약 어떤 것이 인과적이라면 그때는 원인이 반드시 제공되어야 한다. 그리고 나서 결과를 기다려야 한다. 원인의 제공 없이 지금 당장 어떤 것을 기대할 수는 없다. 시간이 필요하다. 그러나 영적인 일은 인과적인 현상이 아니다. 그대는 그 상태에 이미 존재해 있다. 단지 기억해 내는 것만이 필요하다. 그것은 원인과 결과의 현상이 아니다.

그것은 이와 같다. 아침에 어떤 사람이 갑자기 자고 있는 그대를 깨운다고 하면 그대는 지금 어디에 있는지를 잘 분간할 수 없다. 그리고 그대가 누구인지조차 순간적으로는 모르게 된다. 갑작스런 깨움 때문에 깊은 잠에 빠져 있던 그대는 장소와 시간을 알 수 없게 된다. 그러나 시간이 조금만 흐르면 그대는 기억을 되살릴 수 있다. 그래서 그대가 깨어 있을수록 그대가 누구이며 어디에 있으며 무슨 일이 일어났는지를 더 잘알 수 있다. 이것은 인과적 관계가 아니다. 각성의 문제이다. 생생하게 깨어 있음으로 해서 그대는 인식할 것이다. 그대가 누구였든지 이미 그 사람이다. 그대가 도달하기 원하는 곳에 이미 그대가 존재하고 있다.

그대는 본래부터 자신의 집에 도착해 있었다. 그대는 거기를 실제로 떠난 적이 없다. 그대는 언제나 거기에 있었다. 그러나 잠이 들어 꿈을 꾸고 있었다. 그대는 여기에서 깊은 잠에 떨어질 수 있다. 그때 그대는 꿈을 꿀 수 있다. 그리고 꿈속에서 그대는 다른 곳으로 갈 수 있다. 지옥에도 갈 수 있고, 천국에도 갈 수 있다. 그대는 그 꿈속에서 일어나는 일들을 지켜볼 수 있다. 그대가 꿈속에 있을 때 자신을 지켜본다면 한 가지는 확실하다. 그때 그대가 있는 곳은 방이 아니라는 것이다. 그 사실을 경험해 본 적이 있는가? 그대는 다른 어느 곳에도 있을 수 있다. 그러나 잠들기 전에 누워 있던 방에는 결코 있지 않다. 그것은 그대가 이미 거기에 있었으므로 거기에 있는 것을 꿈꿀 필요가 없기 때문이다. 꿈에는 그대가 다른 곳으로 이탈해야 된다는 의미가 들어 있다.

그대는 이 방에서 잠이 들지도 모른다. 그러나 이 방 안에 있는 장면은 결코 꿈꾸지 않는다. 그럴 필요가 없다. 그대는 이미 이 방 안에 있다. 마음은 여기에 없는 어떤 것을 필요로 한다. 그래서 마음이 움직인다. 그대는 런던으로, 뉴욕으로, 캘커타로, 혹은 히말라야나 티벳으로 갈 것이다. 어디로든 가게 되고, 그곳이 어디인 줄 모르는 곳도 있다. 하지만 분명히 이 방 안은 아니다. 그대는 여기에 있다. 이것이 바로 그 경우다. 그대는 꿈을 꾸고 있다. 그대의 신성은 여기에 존재한다. 그러나 그대는 멀리 가고 있다. 그리고 하나의 꿈은 또 다른 꿈에게 영향을 미쳐 새로운 꿈을 만들어 낸다. 그리하여 그대는 계속 꿈을 꾸는 것이다.

이 모든 방편들은 단지 그대로 하여금 깨어나도록 만들려는 것이다. 그리하여 그대가 꿈에서 빠져 나와 본래 있었던 곳으로 되돌아오게 하는 것이다. 그 본래의 상태는 그대가 결코 잃어버릴 수 없는 것이다. 그것은 그대의 본성이다. 스와브하브(swabhav)이다. 그것은 그대의 존재 자체다. 그런데 어떻게 잃어버릴 수 있겠는가? 이 방편들은 그대의 각성이 자라나 꿈에서 완전히 깨어날 수 있도록 하기 위한 것이다. 강렬한 각성과 함께 모든 것이 변한다. 각성이 강렬해질수록 꿈을 꿀 가능성은 점점 줄어드는 것이다. 그대는 점점 실제에 대해서 더 강하게 깨어나게 된다. 그리하여 마침내 그대는 잠에서 완전히 깨어난다. 꿈에서 덜 깨어난 마음 상태에서 비롯된 모든 현상이 바로 이 세상이다. 마음의 잠이 완전히 깬 상태가 바로 니르바나이다. 깨어나지 않으면 그대는 보이는 현상이 된다. 깨어나면 그대는 본래의 자신이 된다.

그래서 문제는 딱 한 가지다. 어떻게 해야 잠이 덜 깬 그대의 마음을 완전히 깨어나게 할 수 있는가 하는 것이다. 그것이 바로 방편이 도움이 되는 이유인 것이다. 알람 시계도 도움이 될 수 있다. 인위적인 시도에 있어서는 말이다. 알람 시계가 계속 울린다면 그것은 그대를 꿈에서 깨어나게 할 수 있다. 하지만 그대는 그것을 속일 수도 있다. 그대는 그것에 대해서조차 꿈을 꿀 수 있다. 그렇게 되면 전부가 거짓이 된다. 알람이 울릴 때 그대는 꿈을 꿀 수 있다. 그대는 알람 주위에 꿈을 만들어 놓을 수 있다. 그대는 사원에서 울리는 종소리로 알람 소리를 왜곡시킬 수 있다. 그것으로 그대의 꿈을 깰 수도 있지만 반면에 그것마저 그대의 꿈속에 포함시켜 버릴 수도 있는 것이다.

만약 그대가 그것을 꿈속에다 포함시켜 버린다면, 그것이 꿈꾸는 과정 속에 흡수될 수 있다면 그때 그것은 더 이상 그대를 도울 수 없다. 그리고 더 이상 그것은 알람으로 보이지 않고, 다른 것으로 보일 것이다. 사원에 들어갔을 때 종이 울린다면 그것은 하나도 이상하게 생각될 것이 없다. 꿈에서 깨어날 필요가 없는 것이다. 그대는 알람을, 실제의 것을 꿈속으로 집어 넣는다. 그리고 하나의 꿈은 또 다른 꿈에 방해가 될 수 없다. 오히려 도움이 될 뿐이다. 이 방편은 방법적인 차원에서 모두 인위적인 것들이다. 그것들은 그대를 꿈에서 깨어나게 하기 위한 것들 뿐이다. 하지만 그대는 그것들을 그대의 꿈의 일부로 만들어 버릴 수 있다. 그때 그대는 요점을 놓치게 되는 것이다. 이것을 이해하라. 이것은 매우 기본적인 사항이다. 그리고 한번 이해하면 그것은 계속해서 도움이 될 것이다. 그렇지 않다면 그대는 자신을 계속 속일 수도 있다.

예를 들면 나는 이렇게 말한다.

"산야스(출가 수행)로 뛰어들어라!"

이것은 단지 하나의 방편이다. 이 방편을 통해 그대가 해왔던 과거의 동일시는 깨진다. 그대의 이전 이름은 마치 다른 사람에게 속한 것처럼 되어 버린다. 그대는 과거를 자신과 분리시켜서 볼 수 있다. 거기서 그대는 하나의 구경꾼이 될 수 있다. 그대는 한걸음 비켜설 수 있다. 거기에 간격이 발생한다. 나는 그대에게 새로운 이름을 준다. 그리고 새로운 옷도 준다. 단지 간격을 만들기 위해서 말이다. 그러나 그대는 그것조차 하나의 꿈으로 만들어 버린다. 그때 그대는 요점 전체를 놓치게 된다. 그대는 여전히 이전의 상태 속에서 생각할 수 있다. 이전의 그대인 'A'가 산야스를 받은 것이다. 그대는 이렇게 느낀다.

'나는 산야스를 받았다. '나'라는 사람은 이전 그대로 남아 있다. 나는 내 옷을 바꾸었고 내 이름도 바꾸었다. 그러나 '나'는 여전히 남아 있다.'

이전의 상태는 계속된다. 이제 산야스는 이전의 상태에 덧붙인 그 무엇이다. 이것은 불연속이 아니다. 연속이다. 만약 그것이 연속이라면 그대가 산야스를 받더라도 그대는 옛사람이다. 그대가 옷을 바꾸어 입고 이름을 갈더라도 그대는 요점을 놓친 것이다.

그대는 죽어야 한다. 이제 옛사람이 되어서는 안된다. 이전의 그대는 죽었다고 느껴야 한다. 그리고 그대가 알지 못하던 새로운 존재가 들어왔다고 느껴야 한다. 이 새로운 사람은 옛사람이 자라서 된 것이 아니다. 이것은 옛사람과 불연속이다. 그때 그 방편이 도움이 될 것이다. 그때 알람은, 경보 장치는 제대로 효과를 발휘하게 되며 그 방편은 유용한 것이 된다. 그대는 요점을 놓치지 않을 것이다. 이 모든 방편들을 놓치든지 아니면 이용할 수 있든지 할 것이다. 이것은 그대에게 달려 있다. 그러나 잘 기억하라. 방편은 방편일 뿐이다. 만약 그대가 이 정신을 이해한다면 그대는 어떤 방편 없이도 깨어 있을 수 있다.

예를 들면 알람 시계가 필요하지 않을 수도 있다. 깊이 들어가 보라. 왜 알람 시계를 필요로 하는가? 그대가 새벽 세 시에 일어나려고 원한다면 왜 알람 시계를 필요로 하는가? 깊이 들어가 보라. 그대는 자신을 속일 수 있다는 사실을 안다. 만약 그대가 세 시에 일어나기를 원한다면 그대는 세 시에 일어날 수 있고, 시계가 필요 없다는 사실도 그대는 알고 있다. 그러나 시계가 있으면 책임감이 미뤄진다. 이제 그대에겐 책임이 없는 것이다. 뭔가가 잘못된다면 시계가 책임을 진다. 그대는 이제 편히 잠들 수 있다. 시계가 거기에 있기 때문에 그대는 어떤 곤란도 없이 잠들 수 있다.

그러나 만약 그대가 진짜로 새벽 세 시에 일어나기를 원한다면 그대는 세 시에 일어나게 될 것이다. 시계 같은 것은 필요 없다. 그대의 강렬한 원함이 그런 일이 일어나게 할 것이다. 만약 세 시에 일어나려는 의지가 너무나 강하다면 그대는 전혀 잠이 들 수 없다. 그러면 일어나야 할 필요도 없다. 그대는 밤을 꼬박 새울 것이다. 그러나 단잠을 자려면 시계가 필요하다. 그때는 잠을 잘 수 있다. 그러나 그대는 속일 수 있다. 만약 알람 소리가 터져 나오면 그대는 자신을 속일 수 있다. 그것에 대해 꿈을 꿀 수 있다.

이 방편들은 그대의 삶의 강도가 미지근할 때만이 도움이 될 수 있다. 만약 그대가 진실로 강렬하다면 그때는 다른 어떤 방편도 필요 없이 깨어 있을 수 있다. 그러나 지금의 그대는 그토록 강렬하지 못하다. 그래서 방편조차도 그대는 꿈으로 만들 수 있다. 그리고 그렇게 될 가능성이 크다. 첫번째 가능성은 그토록 간단한 방편이 도움이 되리라고 믿지 않는 데 있다. 이것이 첫번째 가능성이다. 두번째는 그대가 깨달음을 성취하는 데 매우 오랜 과정이 필요하며 그것은 점차적으로 다가온다고 생각하는 데 있다. 그러나 확실한 것은 그것이 오직 갑작스럽게만 일어날 수 있다는 것이다. 그것은 결코 점차적으로 다가오지 않는다.

물라 나스루딘은 그의 생일날 이웃집 아들 중 하나에게 축복을 내려달라는 부탁을 받았다. 그래서 그는 이렇게 말했다.

"아들아, 나는 네가 120살에 3개월을 더해서 살기 바란다."

그 말을 들은 사람들은 모두 어리둥절해 했다. 그 아이가 물었다.

"그런데 왜죠? 왜 120살이면 되지 거기에다 3개월을 더하세요?"

그랬더니 물라 나스루딘이 이렇게 말했다.

"나는 네가 갑자기 죽기를 바라지 않는단다. 120살이 되자마자 네가 갑자기 죽는 것은 내가 바라지 않는다. 그래서 3개월을 더한 것이다."

그러나 이 3개월을 더해도 그는 갑자기 죽을 것이다. 그대가 죽을 때는 언제나 갑자기 죽는다. 모든 죽음은 갑작스런 죽음이다. 점진적인 죽음은 존재하지 않는다. 왜냐하면 그대는 죽든지 아니면 살아 있든지 하기 때문이다. 그 중간은 없다. 그대는 살아 있다가 다음 순간 갑자기 죽게 될 것이다. 거기에는 시간적 과정이 개입하지 못한다.

죽음은 갑작스런 것이다. 삼마디 역시 갑작스럽다. 영적 폭발 역시 갑작스런 것이다. 그것은 죽음과 같다. 그것은 삶보다 죽음에 더 가깝다. 그것은 갑자기 한순간에 일어나는 것이다. 만약 그대가 준비되어 있다면 이 방편은 도움이 될 수 있다. 그것들은 점차적으로 성취를 가져오지 않는다. 그것은 갑작스런 발생을 위해 그대를 점차적으로 준비시킨다. 그러나 그 발생 자체를 점차적으로 할 수는 없다. 이 차이점을 기억하라. 그것들은 그대에게 갑작스런 삼마디가 발생하도록 준비시키고 있다.

이 방편들은 삼마디를 위한 방편들이 아니다. 오히려 그대를 준비시키는 방편들이다. 그리고 그때 삼마디는 일어난다. 그대가 이 방편들을 어떻게 이용하는지는 그대에게 달려 있다. 따라서 기나긴 과정이 필요하다고 생각하지 마라. 그것은 그저 속임수에 불과하다. 마음은 그대가 뒤로 미룰 수 있도록 기나긴 과정이 필요하다고 말한다. 그대는 이렇게 말할 수 있다.

"내일 나는 그것을 할 것이다. 아니면 모레 할 것이다."

이런 식으로 그대는 영원히 연기할 수 있다. 미루는 마음은 언제나 미루기를 계속한다. 그대가 그것을 내일 할 수 있는지 없는지는 문제가 아니다. 그대가 오늘 하지 않는 한 가지 문제밖에 없다. 그것이 전부다. 내일은 다시 오늘이 될 것이고 같은 마음은 이렇게 말할 것이다.

"좋다. 나는 내일 그것을 할 것이다."

그리고 기억하라. 그대는 한꺼번에 수년 동안을 연기하지 못한다. 단지 하루씩만 연기할 수 있다. 수년을 한꺼번에 연기한다면 그대는 자신을 속일 수 없다. 그대는 말한다.

"그것은 하루의 문제일 뿐이다. 나는 단지 오늘 하지 않을 뿐이다. 내일 그것을 할 것이다."

그리고 그 간격이 너무 작아서 그대는 그것을 영원히 연기할 수 있다고 결코 생각하지 않는다.

그러나 내일은 결코 다가오지 않는다. 언제나 오늘뿐이다. 그리고 내일을 생각하는 이 마음이란 것은 언제나 내일을 생각한다. 그러나 그것은 결코 다가오지 않는다. 존재하지도 않을 것이다. 그대가 가진 모든 것은 바로 이 순간이다. 그러므로 미루지 마라.

이제 우리는 방편으로 들어갈 것이다.

64

재채기가 나오려는 순간, 극심한 공포 속에서, 근심 속에서, 깊은 함정 위에서, 전장의 황급함 속에서, 강렬한 호기심 속에서, 그리고 배고픔의 시작과 끝에서, 중단하지 말고 계속 깨어 있어라.

이것은 매우 간단해 보인다. 그러나 많은 것들이 이해되어져야 한다. 재채기와 같이 간단한 행동들이 방편으로 사용되어질 수 있다. 그것은 매우 간단하게 보이지만 사실 아주 복잡한 현상이다. 내면의 메커니즘은 매우 미묘한 것이다. 재채기가 나오려는 것을 느끼는 순간 깨어 있어라. 그러면 재채기는 나오지 않을 것이다. 그것은 간단히 사라져 버린다. 왜냐하면 재채기는 의도적인 것이 아니기 때문이다. 그것은 무의식적인 것이며 비의도적인 것이다.

그대는 자발적으로 재채기를 할 수 없다. 그대는 그것을 의지대로 할 수 없다. 그대가 어떻게 재채기를 마음대로 할 수 있는가? 단 한 번의 재채기도 그대 마음대로 할 수 없다. 지금이라도 일부러 재채기를 해보라. 되지 않을 것이다. 그것은 의지와 아무런 상관이 없다. 마음의 문제도 아니다. 그것은 그대의 전체 유기체적 관계로 나오는 것이다.

재채기가 나오려고 할 때 그대가 깨어 있으면 그것은 나오지 않을 수도 있다. 그대가 어떤 새로운 것을 그 과정으로 들여왔기 때문이다. 그것이 바로 각성이다. 각성이 거기에 있을 때 재채기는 나오지 않을 수 있다. 재채기가 사라질 때 그대는 깨어 있다. 그때 세번째 것이 일어난다. 첫번째는 재채기가 비의도적이란 것이며, 두번째는 그대가 새로운 것, 즉 각성을 가져왔다는 것이다. 각성이 거기에 들어올 때 재채기는 나오지 않는다. 만약 그대가 진실로 깨어 있다면 재채기는 절대로 나오지 않을 것이다. 그때 세번째 것이 일어난다. 재채기를 통해서 방출될 에너지는 재채기가 사라지면 어디로 이동하는가? 그것은 그대의 각성으로 이동한다. 갑자기 거기에 섬광이, 번개가 생긴다. 그대는 더욱 깨어 있게 된다. 재채기를 통해서 방출될 에너지가 각성 속으로 흘러들어간다. 갑자기 그대는 더욱 각성하게 된다.

그 섬광 속에서, 그 번개 속에서 깨달음까지 가능해진다. 앞에서 이 방편들이 너무나 단순하다고 말한 이유가 바로 이것이다. 그것들은 우스꽝스럽기까지 하다. 약속이 너무 과대하게 보인다. 단지 재채기를 통해서 어떻게 깨달음을 얻을 수 있는가? 그러나 재채기는 그저 단순한 재채기가 아니다. 그대는 전체적으로 그것과 관련되어 있다. 그대가 무엇을 하든지 혹은 그대에게 무슨 일이 일어나든지 전체적인 관련이 있다. 다시 한 번 관찰하라. 재채기가 일어날 때마다 그대는 그것 속에서 전체적이다. 온몸과 마음이 함께 말이다. 재채기가 일어나는 것은 단지 그대의 코 부분만이 아니다. 몸의 모든 세포 하나까지 그것에 관련되어 있다. 미묘한 진동이, 미묘한 파동이 온몸으로 퍼져 나간다. 그것과 함께 몸 전체는 집중된다. 재채기가 일어날 때 온몸은 이완된다. 그러나 재채기를 시작하려는 순간에 각성을 불러오기는 어렵다. 만약 그대가 각성을 불러온다면 재채기는 일어나지 않을 것이다. 그리고 만약 그것이 그대에게 일어난다면 그대가 각성하고 있지 않다는 사실이 드러난다. 이것이 바로 그대가 각성되어야 하는 이유다.

'재채기가 나오려고 할 때, 그것이 시작될 때, 아무것도 이루어질 수 없다. 화살은 이미 떠났다. 그대는 이제 그것을 바꿀 수 없다. 작동이 시작된 것이다. 에너지는 방출되는 길 위에 올라섰다. 그것은 멈추어질 수 없다. 그대는 시작된 재채기를 중간에 멈출 수 있는가? 어떻게 그것을 중간에 멈출 수 있겠는가? 그대가 멈출 준비를 하는 동안에 그것은 벌써 일어나 버린다. 그대는 멈출 수가 없다.

시작하려는 순간에 깨어 있어라. 재채기가 나오려는 낌새를 느끼는 순간 깨어 있어라. 눈을 감고 명상하라. 그대의 모든 의식을 재채기가 나오려는 감각에다 집중하라. 그러면 재채기는 사라질 것이다. 에너지가 각성 속으로 변형되어 들어갔기 때문이다. 그리고 재채기 속에서 몸 전체가 연관되어 있기 때문에 그 메커니즘 전체도 연관된다. 그것은 방출하는 메커니즘이며 그대는 그 순간 깨어 있는 것이다. 거기에는 어떤 마음도 없다. 어떤 사념도 없다. 어떤 명상도 없다.

재채기 속에서 생각은 멈춘다. 많은 사람들이 재채기하는 것을 시원하게 여기는 것도 바로 그 때문이다. 그것은 생각들의 부담을 해소한다. 그들의 마음은 좀더 이완되는 것을 느낀다. 그 순간 생각이 멈추기 때문이다. 재채기는 무념무상의 일별을 가져다 준다. 재채기를 통해서 사람들은 마음이 사라진다. 그들은 육체 자체가 된다. 순간적으로 그들의 머리가 사라진다. 그것은 좋은 느낌을 준다.

만약 그대에게 코를 킁킁거리는 습관이 있다면 그것을 떨쳐 버리기란 너무나 어렵다. 그것은 흡연보다 더 뿌리깊은 습관이다. 흡연은 그것에 비하면 아무것도 아니다. 그것은 훨씬 깊이 들어가 있다. 왜냐하면 흡연은 의식적인 것이고 코를 킁킁거리는 것은 무의식적이기 때문이다. 그 습관을 고치는 것은 담배를 끊는 것보다 훨씬 어렵다. 흡연하는 습관은 바뀔 수 있다. 다른 것으로 대용할 수 있다. 하지만 코를 킁킁거리는 습관에는 대용할 만한 것이 없다. 때문에 재채기란 정말로 육체에 있어서 매우 독특한 현상이다.

재채기와 비교할 만한 것이 유일하게 있다면 그것은 바로 성행위이다. 생리학자들은 성행위가 성기관에서 일어나는 일종의 재채기라고 말한다. 그리고 거기에 유사성이 있다. 물론 그 말이 100% 옳은 것은 아니다. 섹스에는 훨씬 더 중요하고 의미심장한 것들이 관련되어 있기 때문이다. 그러나 처음에는, 단지 시작에서는 유사성이 있다.

재채기를 할 때 코로부터 뭔가가 나오면 그대는 시원함을 느낀다. 마찬가지로 성기관으로부터 뭔가가 나오면 그대는 시원함을 느낀다. 그리고 둘 다 의지대로 되는 것이 아니다. 그대는 자신의 의지대로 섹스 속에 들어갈 수 없다. 만약 억지로 하려 한다면 그대는 실패할 것이다. 특히 남자들은 말이다. 남자들의 성기관은 뭔가를 해야 하기 때문이다. 그것은 능동적이다. 그대는 그것의 행동을 마음대로 조절할 수 없다. 그대가 억지로 하려고 하면 할수록 더욱 불가능해진다. 그것은 저절로 일어나는 것이다. 그대가 일어나게 할 수 없다. 이 때문에 서양에서는 섹스가 하나의 문제가 되었다. 지난 반세기 동안 서양에서는 섹스에 대한 지식이 고도로 발달했다. 그리고 모든 사람이 그것에 대해 의식적이 되었다. 왜냐하면 성행위가 점점 더 불가능해졌기 때문이다.

만약 그대가 깨어 있다면 성행위는 불가능해질 것이다. 만약 어떤 사람이 성행위를 나누는 동안 깨어 있다면 그는 그것이 불가능해진다. 그는 발기할 수 없다. 그것은 의지대로 일어나는 것이 아니다. 만약 그대가 억지로 하려고 든다면 결국 실패할 것이다. 같은 방법이 섹스에도 적용된다. 그대는 발기되는 감각을 느끼지만 사정은 아직 다가오지 않았다. 단지 그대는 진동을 느낄 뿐이다. 그때 깨어 있어라. 그러면 진동이 사라질 것이다. 그것은 섹스로 흘러 들어갈 에너지가 각성 속으로 흘러 들어간 것이다.

탄트라는 이것을 사용해 왔다. 그리고 여러 가지 방법으로 시도되어졌다. 아름다운 나체의 여인이 거기에 있다. 단지 명상의 대상으로서 말이다. 그리고 구도자, 즉 명상 수행자는 그 나체의 여인 앞에서 그녀의 육체에 대해 명상을 한다. 그녀의 육체를 보면서 그의 섹스 중심에 첫번째 감각이 다가오는 것을 기다리고 있다. 감각이 다가오는 순간 그는 눈을 감는다. 그는 여인을 잊어버린다. 눈을 감고 그 감각에 대해 깨어서 지켜본다. 그때 섹스 에너지는 각성으로 흘러 들어가 변형된다.

그가 나체의 여인을 명상할 수 있는 것은 자신의 감각이 자극받도록 하기 위한 목적에서만 허용된다. 그리고 그 감각이 느껴지는 순간 눈을 감아야 한다. 그리고 그 감각에 대해 깨어서 지켜봐야 한다. 이것은 재채기가 나오려는 순간 지켜보는 것과 같은 이치다. 그러면 왜 거기에 섬광이 일어나는가? 그것은 마음이 거기에 없기 때문이다. 기본은 그 마음이 거기에 있느냐 없느냐 하는 것이다. 마음이 없다면 그대는 깨어 있는 것이다. 그리고 그대는 사토리(satori)를 갖게 될 것이다. 그대는 삼마디의 처음 일별을 대하게 될 것이다.

사념이 방해가 된다. 따라서 사념이 어떤 식으로든 사라지면 그것이 일어날 것이다. 어쨌든 사념은 사라져야 한다. 오직 그때 각성이 거기에 자리한다. 그런데 사념은 잠이 들어도 사라질 수 있다. 그대가 무의식으로 들어갈 때 사념은 사라질 수 있다. 그대가 약물을 복용해도 사념은 사라진다. 하지만 그런 식으로 사념이 사라진다면 사념 뒤에 가려진 현상을 자각할 수 있는 각성은 일어나지 않는다. 그래서 나는 명상을 사념 없는 각성으로 정의한다. 그대는 그저 사념 없이 무의식적으로 될 수 있다. 하지만 거기에는 아무런 의미가 없다. 그리고 그대는 사념을 갖고 의식적일 수 있다. 그대는 보통 그러한 상태이다.

그래서 이 두 가지가 병행되어야 한다. 의식은 갖고 있되 사념은 없는 상태 말이다. 그 두 가지가 만날 때 명상은 일어난다. 바로 그때 명상이 태어난다. 그리고 그때 그대는 매우 작은 일을 시도할 수 있다. 그러나 아무것도 진짜로 작은 것이라고 말할 수는 없다. 재채기조차 우주적 현상이다. 존재계에서는 큰 것도 없고 작은 것도 없다. 가장 작은 원자 하나로도 전세계를 파괴시킬 수 있다. 그리고 재채기조차도 원자의 현상이다. 그것은 그대를 변형시킬 수 있다.

그러므로 사물을 크다거나 작다고 보지 마라. 큰 것도 없고 작은 것도 없다. 만약 그대가 심미안을 갖게 된다면 그때는 가장 작은 것에 생명의 신비가 있음을 알게 된다. 원자들 사이에 우주가 숨겨져 있다. 우주와 원자 중에 그대는 어떤 것이 더 크고 더 작다고 말할 수 없다. 원자 알갱이 하나 속에 우주가 그대로 들어있다. 가장 거대한 우주라도 원자들일 뿐이다. 그러므로 아예 크다거나 작다는 개념을 사용하지 마라. 그저 방편을 수행하라. '재채기 하나로 무엇이 일어나겠는가? 나는 평생 재채기를 해왔다, 하지만 아무 일도 일어나지 않았다'라고 말하지 마라.

다시 방편으로 돌아가 '재채기가 나오려는 순간, 극심한 공포 속에서…'에서 그대가 공포를 느낄 때, 그리고 공포가 들어올 때 바로 그때 깨어 있어라. 공포가 사라질 것이다. 깨어 있다면 어떤 공포도 존재할 수 없다. 그대가 깨어 있는데 어떻게 두려워할 수 있단 말인가? 그대가 각성 상태를 잊어버렸을 때에만 공포가 들어올 수 있다. 사실 겁장이는 두려워하는 사람을 말하는 것이 아니다. 겁장이는 잠을 자고 있는 사람이다. 용감한 사람은 공포의 순간에 깨어 있을 수 있는 사람이다. 그러면 공포는 사라진다.

일본에서는 무사들로 하여금 깨어 있도록 훈련시킨다. 깨어 있는 것은 그들의 기본 훈련이다. 모든 것은 그 뒤의 문제다. 검술, 궁술, 모든 것이 이차적인 것이다. 위대한 선사(禪師) 임제는 활쏘기를 하면 언제나 과녁을 빗나갔다고 한다. 그의 화살은 결코 과녁에 가서 꽂히지 않았다. 그리고도 그는 가장 위대한 궁수 중의 하나로 알려져 있다. 그래서 누군가가 이렇게 물었다.

"어떻게 임제가 가장 위대한 궁수 중의 한 사람으로 알려져 있습니까? 그는 한 번도 과녁을 명중시킨 적이 없는데 말입니다."

임제의 제자들은 이렇게 말한다.

"끝이 문제가 아니다. 시작이 문제다. 우리는 화살이 끝에 가서 어떻게 되는지에 대해선 신경쓰지 않는다. 우리는 오직 화살이 그 여행을 시작하는 시점에만 관심을 쏟는다. 우리는 임제 자신에게 관심이 있다. 화살이 그의 시위를 떠날 때 그는 깨어 있다. 그것이 전부다. 거기에 결과는 아무 상관이 없다."

한 사람이 임제에게 찾아와서 제자가 되었다. 그는 위대한 궁수였다. 그는 과녁을 결코 놓치지 않고 명중시켰다. 그리고도 그는 임제에게 가르침을 받았다. 누군가가 그에게 말했다.

"당신은 도대체 누구에게 가르침을 받습니까? 그는 명인이 아닙니다. 그는 제자조차 되지 못합니다. 그는 언제나 과녁을 빗나갑니다. 당신이야말로 위대한 명인입니다. 그런 당신이 임제에게 배웁니까?"

그러자 그 제자는 이렇게 말했다.

"그렇다. 나는 기술적으로는 성공했다. 그러나 나의 의식에 관해서만큼은 실패했다. 반대로 나의 스승은 기술적으로는 실패자다. 하지만 그의 의식만큼은 명인이요, 스승이다. 화살이 시위를 떠날 때 그는 깨어 있고 바로 그것이 요점이다."

기술적으로 명인이었던 그는 임제 밑에서 여러 해를 배웠다. 그는 매일 과녁을 100% 명중시켰다. 그러나 임제는 이렇게 말했다.

"안돼. 그대는 아직도 실패하고 있어. 기술적으로는 화살이 똑바르게 날아가지만 그때 그대는 거기에 없다. 그대는 깨어 있지 않다. 그대는 잠속에서 활을 쏘고 있다."

일본에서는 무사들을 먼저 깨어 있도록 훈련시킨다. 그 밖의 모든 것은 이차적인 문제다. 그가 깨어 있을 수 있다면 무사는 용감한 사람이다. 그대가 일본 병사하고 겨룰 수 있었던 2차대전 당시에도 그렇게 느껴졌다. 그들의 용감성은 그 누구와도 비교할 수 없었다. 도대체 그런 용기가 어디에서 나오는 것일까? 그들이 신체적으로 그토록 강한 것은 아니다. 그러나 의식적으로는 깨어 있었기 때문에 공포가 파고들 수 없었다. 그들은 두려워하지 않았다. 공포가 들어올 때마다 그들은 선(禪)의 방편들을 사용했다.

이 방편은 계속 말한다. '공포 속에서, 근심 속에서…' 그대가 근심을 느낄 때, 무거운 걱정이 그대를 짓누를 때 깨어 있어라. 보통 근심이 있을 때 그대는 무엇을 하는가? 그대가 할 수 있는 것이 무엇인가? 그대는 근심을 해결하려고 한다. 그리고 그대는 선택을 한다. 점점 그 속으로 들어간다. 그대는 더 큰 짐을 만들어 낼 것이다. 근심은 사념을 통해서 해결되지 않는다. 그대는 사고 작용을 통해서 근심을 풀 수 없다. 사고 작용도 일종의 근심이기 때문이다. 그래서 그대는 생각을 함으로써 근심을 더욱 키운다. 이 방편은 근심에 대해서 어떤 조치도 취하지 말라고 말한다. 그저 깨어 있기만 하라. 단지 깨어 있어라.

나는 그대에게 보쿠쥬라는 일본 선사에 대한 오래된 일화 하나를 소개하겠다. 그는 동굴에서 홀로 살았다. 그리고 밤이나 낮이나 개의치 않고 한 번씩 '보쿠쥬!'라고 외쳤다. 그는 자신의 이름을 부르고는 이렇게 대답했다.

"예, 제가 여기 있습니다."

거기에는 자기 외에 아무도 없었다. 그런 광경을 목격한 그의 제자가 이렇게 물었다.

"왜 스승님은 '보쿠쥬!'라고 부르십니까? 그것은 스승님 자신의 이름이 아닙니까? 그리고 '예, 제가 여기 있습니다'라고는 또 왜 대답하십니까?"

보쿠쥬가 말했다.

"내가 사념에 빠져 들어갔을 때마다 나는 깨어 있는 것을 기억해야 한다. 그래서 나 자신의 이름을 '보쿠쥬!' 하고 부르는 것이다. 내가 '보쿠쥬!' 하고 부르는 순간 나는 또 말한다. '예, 제가 여기 있습니다'라고 말이다. 그때 사념은, 근심은 깨끗이 사라진다."

그리고 나서 그가 죽기 2,3년 전부터 다시는 자기의 이름을 부르지 않았다. 그리고 대답도 하지 않았다. 그래서 제자들은 다시 물었다.

"스승님, 왜 이제는 이름을 부르지 않습니까?"

그러자 그가 대답했다.

"이제 보쿠쥬는 항상 거기에 있다. 그는 언제나 있다. 따라서 그럴 필요가 없다. 전에 내가 그를 놓치곤 했을 때는 근심이 나를 덮쳐 왔다. 그리고 보쿠쥬는 거기에 없었다. 그래서 나는 '보쿠쥬'를 불러와야 했다. 그러면 근심이 사라지는 것이다."

이렇게 해보라. 이것은 아름다운 일이다. 그대의 이름을 불러보라. 그대가 깊은 근심에 휩싸일 때 그저 그대의 이름을 한 번 불러보라. 그리고 그 부름에 스스로 대답해 보라. '예, 제가 여기 있습니다'라고 말이다. 그리고는 부르지 않았을 때와 차이를 느껴 보라. 적어도 한순간만큼은 구름 너머 푸른 하늘의 일별을 대하게 될 것이다. 한번 그대가 깨어 있어 근심이 사라지는 것을 알게 되면 그때부터는 근심이 그대를 휩쓸 수 없다. 그대는 자신에 대해 깊은 앎에 이르렀으며 내면의 메커니즘이 어떻게 작용하는지도 알게 되는 것이다.

"…깊은 함정 위에서, 전장의 황급함 속에서, 강렬한 호기심 속에서, 그리고 배고픔의 시작과 끝에서, 중단하지 말고 계속 깨어 있어라."

그대는 어떤 것도 사용할 수 있다. 배고픔이 거기에 있다. 깨어 있어라. 그대가 배고픔을 느낄 때 어떻게 하는가? 무슨 일이 일어나는가? 그대가 배고픔을 느낄 때 그대는 자신에게 어떤 일이 일어나는지 결코 지켜보지 않는다. 그대는 단지 배고픔에 허덕이는 사람이 될 뿐이다. 그대는 배고픔이 된다. 그대는 '나는 배고프다'라고 느낀다. 그러나 그 진짜 느낌은 '나는 배고픔이다'인 것이다. 그러나 그대는 배고픔이 아니다. 그대는 그것을 인식할 뿐이다. 그것은 주변에서 일어나는 어떤 것이다. 그대는 중심이다. 그것을 자각하는 것이 바로 그대이다. 그리고 배고픔은 하나의 대상이다. 그대는 주체로 남아 있다. 그대는 하나의 구경꾼인 것이다. 그대가 바로 배고픔이 아니라 배고픔이 그대에게 일어나고 있는 것이다. 배고픔이 없을 때에도 그대는 거기에 있다. 그리고 앞으로도 거기에 있을 것이다. 그래서 배고픔은 하나의 사건이다. 그것은 그대에게 일어난 일이다.

깨어 있어라. 그때 그대는 자신을 배고픔과 동일시하지 않을 것이다. 만약 그대가 배고픔을 느낀다면 배고픔이 거기에 있음을 자각하라. 그것을 바라보라. 대면하고 그것과 만나라. 무슨 일이 일어나겠는가? 그대가 깨어 있을수록 배고픔은 멀리 느껴진다. 그리고 깨어 있지 않을수록 그것은 더 가까이 느껴진다. 만약 그대가 완전히 깨어 있다면 배고픔은 그대에게서 떨어져 나간다. 배고픔은 거기에 있고 그대는 여기에 있다. 배고픔은 하나의 대상이고 그대는 한 명의 구경꾼이다.

단식은 바로 이 방편 때문에만 유용한 것이다. 단식 그 자체로는 아무런 소용이 없다. 만약 그대가 이 방편을 배고픔에 이용하지 않는다면 단식은 그저 어리석은 짓일 뿐이다. 그것은 아무 쓸데도 없는 짓이다. 자이나교도들은 이 방편을 사용하지 않고 단식을 한다. 그것은 어리석은 짓이며 자기 파괴 행위일 뿐이다. 그것은 아무런 도움도 되지 못한다. 그대는 수개월 동안 굶주림으로 고통받으면서 그 굶주림과 자신을 동일시한다. 그대는 계속 '나는 배고프다'라고 말한다. 그것은 쓸데없는 짓이다. 아니 해로운 짓이다. 단식을 계속할 필요가 없다. 매일 그대는 그것을 느낄 수 있다. 그러나 거기에 문제들이 있다. 그것이 바로 단식이 도움이 될지도 모르는 이유이다.

보통 우리는 배고픔을 느끼기 전에 음식으로 자신을 채운다. 요즘 세상에서는 배고픔을 느낄 필요가 없다. 그대는 시간 맞춰서 식사를 한다. 그대는 육체가 배고픈지 아닌지 결코 묻지 않는다. 정해진 시간이 되면 그대는 어김없이 식사를 한다. 배고픔이 느껴질 틈도 없다. 그대는 이렇게 말할지도 모른다.

"아니다. 내가 배고픔을 느끼는 시간은 정각 한 시다."

그것은 거짓 배고픔일지도 모른다. 그대는 한 시가 되었기에 그것을 느낀다. 어느 날 그대는 속임수를 쓸 수 있다. 아내나 남편에게 시간을 한 시간 당겨 놓으라고 말하라. 그래도 그 시계가 한 시를 가리키면 그대는 배고픔을 느낄 것이다. 실제로는 열두 시인데 말이다. 그대는 시계를 보고 배고픔을 느낀 것이다. 이것은 인위적인 것이며 거짓이다. 실제가 아니다.

그래서 아마도 단식이 도움이 될 수 있을 것이다. 만약 그대가 단식을 한다면 2,3일은 거짓 배고픔을 느낄 것이다. 그 후 3,4일이 지나서야 그대는 진짜 배고픔을 느낄 것이다. 그때는 마음이 아니라 그대의 육체가 음식을 요구할 것이다. 마음이 요구할 때 그것은 거짓이다. 육체가 요구할 때가 실제다. 그것이 실제일 때 그대는 깨어 있게 된다. 그대는 그대의 육체와 전적으로 다르다. 배고픔은 육체적 현상이다. 배고픔이 그대와 다르다는 것을 한 번 느낄 수 있다면 그대는 그것에 대해 구경꾼이 된다. 그대는 육체를 초월한 것이다.

그러나 그대는 어떤 것도 이용할 수 있다. 이것들은 단지 예일 뿐이다. 이 방편들은 여러 가지 방법으로 이용될 수 있다. 그대는 그대 자신의 방식대로 이용할 수 있다. 그러나 한 가지만은 고집하라. 만약 그대가 배고픔을 대상으로 실험한다면 적어도 3개월 동안 계속해야 한다. 그때 비로소 그대는 자신을 육체와 동일시하지 않을 수 있다. 매일마다 그 방편을 바꾸지 마라. 어떤 방편이라도 깊이 들어가는 것이 필요하기 때문이다.

그러므로 3개월 동안 할 것을 선택하라. 그리고 그것에 매달려라. 그 방편만 가지고 계속하라. 항상 먼저 자각하는 것을 기억하라. 중간에 그렇게 하기란 매우 어렵다. 한번 동일시가 이루어지면 그대는 배고프다. 그것을 바꿀 수가 없다. 생각으로는 쉽게 바꾼다. 그리고 그대는 이렇게 말할 수 있다.

"아니다, 나는 배고픔이 아니다. 나는 지켜보는 자다."

그러나 이것은 거짓말이다. 이것은 마음이 하는 말이다. 이것은 체험에서 나온 느낌이 아니다. 따라서 처음 시작할 때 자각하라. 기억하라. '나는 배고픔이 아니다'라고 말하는 것은 그대 자신이 아니다. 그것은 마음이다. 마음은 이런 식으로 그대를 속일 수 있다. 그대는 이렇게 말할 수 있다.

"배고픔이 거기에 있다. 그러나 나는 배고픔이 아니다. 나는 육체가 아니다. 나는 브라흐만이다."

하지만 그대는 진실을 말하는 것이 아니다. 그대가 하는 말은 거짓이다. 그대가 무슨 말을 하든지 거짓말이 될 것이다. 그대가 거짓이기 때문이다.

'나는 육체가 아니다'라고 만트라처럼 외워 봐야 그것은 도움이 되지 않는다. 그렇게 계속 외우는 것은 이미 자신이 육체라는 것을 알기 때문이다. 만약 그대가 진실로 육체가 아니라는 것을 진짜로 안다면 그런 말을 계속할 필요가 있겠는가? 그럴 필요가 없다. 그것은 우둔해 보인다. 깨어 있어라. '나는 육체가 아니다'라는 느낌이 거기에 있을 것이다. 그것은 생각이 아니다. 그것은 느낌이다. 머리에서 나오는 것이 아니라 그대의 존재 전체에서 나오는 것이다. 그대는 육체와 거리가 있는 것처럼 느껴지게 될 것이다. '나는 육체와 절대적으로 다르다'는 것을 느낄 것이다. 그리고 둘이 섞일 가능성도 없다. 육체는 육체다. 그것은 물질이다. 그대는 의식이다. 그것들은 함께 살 수는 있지만 결코 섞이지는 않는다. 그것들은 혼합될 수 없다.

자, 이제 두번째 방편이다.

65

> 다른 가르침에서 말하는 순수성이란 우리에게는 불순한 것이다.
> 실제로 어떤 것도 순수하거나 불순하다고 나눌 수 없음을 알라.

이것은 탄트라의 가장 기본적인 가르침이다. 이것은 이해하기가 매우 어렵다. 탄트라는 절대적으로 초윤리적이며 초도덕적(non-moral)이기 때문이다. 나는 비도덕적(immoral)이라고 말하지 않을 것이다. 왜냐하면 탄트라는 도덕이나 비도덕과 아무런 관계가 없기 때문이다. 탄트라는 그런 것과는 상관이 없다고 말한다. 이 가르침은 그대로 하여금 순수함과 불순함을 초월하도록 도와주고 성장시킨다. 분별을 넘어서고, 이중성을 넘어서게 해준다. 탄트라는 말한다. 존재계는 비이중성(不二元)이라고 말이다. 그것은 하나다. 모든 분별은 인간이 만들어 낸 것이다. 기억하라. 분별은 인간이 만든 것이다. 좋은 것과 나쁜 것, 순수한 것과 불순한 것, 도덕적인 것과 비도덕적인 것, 미덕과 죄악, 이 모든 이분법적 개념들이 바로 인간의 머리에서 나온 것이다. 그것들은 인간의 태도이지 실재는 아니다. 무엇이 불순한 것이며 무엇이 순수한 것인가? 그것은 그대의 해석에 달려 있다. 무엇이 비도덕적이며 무엇이 도덕적인가? 그것은 그대의 해석에 달린 것이다.

니이체는 어디에선가 모든 도덕은 하나의 해석이라고 말했다. 그래서 어떤 것이 이 나라에서는 도덕적인 것이지만 이웃 나라에서는 비도덕적인 것이 될 수 있다. 어떤 것은 이슬람교에서 도덕적인 것이지만 힌두교에서는 비도덕적인 것이 될 수 있다. 기독교에서 도덕적인 것이 자이나교에서는 비도덕적인 것이 될 수 있다. 어떤 것은 구시대에서 비도덕적인 것이지만, 신시대에서는 도덕적인 것으로 바뀔 수도 있다. 그것은 하나의 태도다. 기본적으로 그것은 허구, 즉 픽션인 것이다. 사실은 그저 사실이다. 적나라한 사실은 그저 있는 그대로의 사실일 뿐 도덕적이거나 비도덕적인 것이 아니며 순수하거나 불순한 것이 아니다.

인류가 없는 지구를 생각해 보라. 거기에 무슨 순수한 것이 있으며 불순한 것이 있겠는가? 모든 것이 그저 있는 그대로다. 단순한 존재 그 자체다. 순수할 것도 불순할 것도 없다. 아무것도 좋거나 나쁘지 않다. 그런데 인간이, 마음이 거기에 들어오면서 모든 것을 분별해 버렸다. 마음은 '이것은 좋다, 저것은 나쁘다'라고 말한다. 이 분별은 보이는 이 세상을 나눌 뿐만 아니라 나누는 그 자신까지도 나누어 버린다. 그리고 그대가 외부의 분별을 잊어버리지 않는 한 그대 내면의 분별을 초월할 수 없다. 그대가 이 세상에 하는 것은 무엇이든지 자기 자신에게도 똑같이 한다.

싯다(達人) 요가의 위대한 스승인 나로파(Naropa)는 이렇게 말했다.

"한 치의 분별로 천국과 지옥이 나뉘어진다."

한 치의 분별로 말이다! 그러나 우리는 분별하는 행위를 계속한다. 우리는 계속 이름을 붙이고 비난하며 정당화시킨다. 존재계의 적나라한 사실을 보라. 거기에 어떤 이름도 붙이지 마라. 오직 그때만이 탄트라의 가르침은 이해되어질 수 있다. 좋다거나 나쁘다고 말하지 마라. 그대의 마음을 사실에다 개입시키지 마라. 마음이 들어오면 허구를 꾸며 낸다. 이제 그것은 사실이 아니다. 실체가 아니다. 그것은 그대의 투사체이다. 이 방편은 말하고 있다.

"다른 가르침에서 말하는 순수성이란 우리에게는 불순한 것이다. 실제로 어떤 것도 순수하거나 불순하다고 나눌 수 없음을 알라."

탄트라는 말한다.

"다른 가르침에서 순수함이나 미덕이라고 말하는 것도 우리에게는 죄악이다. 왜냐하면 그들에게 있어서 순수함이라는 개념은 분별에서 시작된 것이기 때문이다. 그들에게 어떤 것은 불순한 것이 된다."

만약 그대가 어떤 사람을 성자라고 부른다면 그대는 죄인을 만들어 낸 것이다. 이제 그대는 어딘가에서 어떤 사람을 비난해야 한다. 죄인 없이는 성자도 존재할 수 없기 때문이다. 죄인과 성자는 동전의 양면이다. 그대가 만약 죄인들을 처단한다면 성자들 역시 이 세상에서 사라져 버릴 것이다. 그러나 두려워 마라. 그들이 존재해야 할 어떤 가치가 있다고 증명된 바가 없기에 사라져 버리게 하라.

죄인과 성자는 이 세상을 향한 하나의 태도, 하나의 해석에 있어서 상대되는 양쪽 부분이다. 그것은 '이것이 좋은 것이다'와 '저것은 나쁜 것이다'라고 말하는 태도이다. 그대가 '저것은 나쁜 것이다'라고 말하지 않는 한 결코 '이것이 좋은 것이다'라고 말할 수는 없다. 나쁜 것은 좋은 것을 정의하는 데 필요하다. 그래서 좋은 것은 언제나 나쁜 것에 의존한다. 그대의 미덕은 죄악에 의존한다. 따라서 그대의 성자들은 홀로 존재하는 것이 불가능하다. 그들이 죄인들 없이 존재하기란 불가능하다. 그러므로 그들은 죄인들에게 고개 숙여 감사해야 한다. 그들은 죄인들 없이 존재할 수 없다. 죄인들과 비교를 통해서, 그들이 죄인들을 아무리 비난하더라도 그들은 결국 같은 현상의 한몫일 뿐이다. 이 세상에서 죄인들이 사라질 수 있는 것은 성자들이 사라지는 순간부터이다. 그전에는 어림도 없다. 죄악은 미덕의 개념이 없어질 때에만 사라질 것이다.

사실은 진실이고 해석은 거짓이라고 탄트라는 말한다. 해석하지 마라. 실제로 순수하거나 불순하다고 여길 만한 것은 아무것도 없음을 알라. 왜인가? 순수함과 불순함은 실체에 부과된 우리의 태도이기 때문이다. 이 방편을 수행해 보라. 그것은 매우 어렵다. 절대로 간단하지 않다. 그동안 우리는 너무나 많은 이분법적 사고에 젖어 있었기 때문이다. 우리는 비난하거나 정당화시키는 행위조차 인식하지 못하고 있다. 만약 어떤 사람이 여기에서 담배를 피우기 시작한다면 의식적으로는 어떤 것을 느끼지 못할 수도 있다. 하지만 그대는 무턱대고 비난한다. 그대 속으로 깊이 들어가라. 그대는 이미 비난해 버렸다. 그대는 누군가를 봐도 비난하고 안 봐도 비난한다.

습관이 너무 깊게 박혀 있기 때문에 이것은 정말 어려울 것이다. 그대는 계속 비난한다. 굳이 말을 하지 않더라도 손동작이나 앉거나 서 있는 행위를 통해서 비난을 나타낸다. 그대는 계속 비난하거나 아니면 정당화시킨다. 자신이 무슨 행위를 하고 있는지 인식조차 하지 못하면서 말이다. 그대가 어떤 사람을 보고 미소를 짓거나 짓지 않을 때, 그대가 어떤 사람을 보거나 보지 않을 때 그대는 다른 사람에 대해서 무지하다. 그런데 그대는 무엇을 하고 있는가? 그대는 거기에다 자신의 태도를 부과시킨다. 그리고 어떤 것이 아름답다고 말한다. 그리고는 다른 어떤 것은 마치 추한 것처럼 비난한다. 이런 이분법적인 태도는 저절로 그대를 분열시킨다. 그래서 그대 안에 두 가지 인간이 생겨난다.

만약 그대가 어떤 사람이 화가 났을 때 화를 내는 것은 나쁘다고 말한다면 그대는 자신이 화가 났을 때 어떻게 하겠는가? 그대는 이것은 나쁜 것이라고 말할 것이다. 그때 문제가 생겨난다. 그대가 '이것은 나쁘다, 내 속에 있는 이 화는 나쁘다'라고 말했기 때문이다. 그때 이미 그대는 자신을 두 개의 사람으로 나눠 버렸다. 나쁜 사람, 사악한 사람과 좋은 사람, 즉 성자로 말이다. 물론 그대는 성자와 자신을 동일시할 것이다. 그래서 그대 속에 있는 사탄, 혹은 악마는 비난을 받게 되는 것이다. 그대는 둘로 나뉘었다. 이제 거기엔 끊임없는 갈등과 투쟁만이 반복될 것이다. 그대는 하나의 개체가 될 수 없다. 그대는 군중이 될 것이다. 하나의 집이 그 자체를 반대해서 나뉘어진 것이다. 이제 평화가 없다. 거기에 고요함 따위는 없다. 그대에게는 긴장과 고뇌만이 따른다. 이것이 바로 그대가 느끼는 것이다. 하지만 그대는 그 이유를 잘 모른다.

분열된 사람은 결코 평온해질 수 없다. 그대가 어떻게 평온할 수 있겠는가? 그대의 악마를 어디에다 가두어 두겠는가? 그대는 악마를 소멸시켜야 하는데 그 악마가 바로 그대 자신이다. 그대는 악마를 소멸시킬 수 없다. 그대는 둘이 아니다. 실체는 하나다. 그러나 그대의 이분법적인 태도 때문에 그대는 이 세상을 둘로 나누어 버렸다. 거기에 따라 그대의 내면 세계도 저절로 차별이 생겨 버렸다. 그런 식으로 모든 사람들이 자기 자신과 싸우고 있다. 마치 한쪽 손이 다른 한쪽 손과 싸우듯이 말이다. 그대의 피는 왼손 오른손 가리지 않고 다 흘러가지만 오른손만이 옳고 자기는 오른손이라고 생각한다. 그리하여 왼손과 싸움을 벌인다. 그 싸움은 언제든지 일어나고 있으며 또 끝도 없다. 그리고는 오른손이 이기고 왼손은 졌다고 생각한다. 하지만 그것은 자신을 속이는 것일 뿐이다. 나는 그것이 나 자신이기 때문에 그 순간에 나는 왼손을 들고 오른손을 내릴 수 있다. 나는 둘 다에 있다. 두 손 모두 나의 것이다.

그래서 그대는 자신의 성자가 악마를 쳐부수었다고 생각한다면 다음 순간 그 위치를 바꿀 수 있다는 사실을 알라. 그러면 성자는 추락하고 악마는 높아질 것이다. 그것은 공포를 만들고 불안정을 만든다. 그대는 아무것도 확실하지 않다는 것을 알기 때문이다. 그러나 그대는 이 순간에 사랑을 하더라도 다음 순간 증오가 일어나 사랑을 파괴해 버릴 수 있음을 알고 있다. 그대는 둘 다이기 때문에 그것은 언제라도 일어날 수 있다.

탄트라는 분별하지 말라고 말한다. 스스로 나누어지지 마라. 오직 그때만이 그대는 승리자가 될 수 있다. 그대는 비난하지 마라. 이것은 좋고 저것은 나쁘다고 말하지 마라. 순수와 불순의 모든 개념을 일소해 버려라. 세상을 바라보라. 하지만 그것이 무엇이라고, 어떻다고 말하지 마라. 그저 무지하라. 너무 많이 현명해지지 마라. 그리고 이름붙이지 마라. 그저 침묵한 채로 있어라. 비난도 하지 말고 정당화시키지도 마라. 만약 그대가 이 세상을 침묵으로 대할 수 있다면 점차로 이 침묵은 그대의 내면까지 꿰뚫을 것이다. 그리고 외부 세계를 분별하지 않으면 내면의 의식에서부터 그 분별은 사라질 것이다. 외부와 내면은 함께 존재하기 때문이다.

그러나 이 사회에서는 이것이 위험하다. 탄트라가 항상 핍박을 받아 온 이유도 바로 그것이다. 그것은 위험하다! 아무것도 비도덕적이지 않고 도덕적이지 않다. 아무것도 순수하지 않고 불순하지 않다. 있는 그대로가 전부다. 진정한 탄트라 행자는 어떤 사람을 보고 도둑이라는 말을 쓸 때 도둑이 나쁘다고 말하지 않는다. 그가 도둑이라는 말을 쓸 때는 단지 사실을 이야기할 뿐, 거기에 어떤 비난의 뜻도 담고 있지 않다. 만약 어떤 사람이 '여기에 위대한 성자가 한 분 있다'라고 말하면 탄트라 행자는 말할 것이다.

"오케이! 그는 성자다."

그러나 거기에는 어떤 존경의 뜻도 없다. 그는 '그래서 그 성자는 훌륭하다'라는 말을 하지 않는다. 그는 단지 이렇게 말할 뿐이다.

"오케이! 이 사람은 성자고 저 사람은 도둑이다."

그것은 '이것은 장미이고 저것은 장미가 아니다'란 말과 같은 것이다. '이 나무는 키가 크고 저 나무는 키가 작다'라든지 혹은 '밤은 어둡고 낮은 밝다'라고 이야기하는 것과 같은 맥락이다. 거기에는 어떤 비교도 없다.

그러나 이것은 위험하다. 사회는 어떤 것을 비난하거나 다른 사람에게 감사하는 것 없이는 존재할 수가 없다. 사회는 이 이분법 위에 존재해 있다. 그래서 탄트라는 억압받아 왔다. 그것이 반사회적인 것이라고 여겨졌다. 그러나 그렇지 않다. 절대로 그렇지 않다. 이분법적이지 않은 태도야말로 초월적인 것이다. 그것은 사회에 반대하는 것이 아니다. 그것은 초월적인 것이다. 사회를 넘어서서 존재하는 것이다.

어떤 가치 판단도 하지 말고 이 세상을 살아가 보라. 중립적인 사실만으로 말이다. 어떤 사람은 이렇고 또 어떤 사람은 저럴 뿐이라고 말이다. 그때 그대는 점점 자신 속에서 분별심이 사라지는 것을 느낄 수 있다. 그대의 양극은 합쳐질 것이다. 그대의 좋고 나쁨은 하나가 될 것이다. 그대는 통합된 인격체가 될 것이다. 거기에 순수하거나 불순한 것은 없다. 따라서 실체를 알라.

"다른 가르침에서 말하는 순수성이란 우리에게는 불순한 것이다."

탄트라는 말한다.

"다른 사람들에게는 삶의 기본적인 약이 되는 것도 우리에게는 독이 된다."

예를 들면 비폭력에 기초를 둔 가르침들이 많이 있다. 그들은 폭력이 나쁘고 비폭력이 좋은 것이라고 말한다. 그러나 탄트라는 비폭력은 비폭력이고 폭력은 폭력일 뿐이며 거기에 좋고 나쁜 것은 없다고 말한다.

또한 독신 수행, 즉 브라흐마챠리아에 기초를 둔 가르침도 있다. 그들은 브라흐마챠리아는 좋은 것이며 섹스는 나쁜 것이라고 말한다. 그러나 탄트라는 섹스는 섹스며 브라흐마챠리아는 브라흐마챠리아라고 말한다. 어떤 사람은 독신 수행자이며 어떤 사람은 아니다. 이것은 그저 단순한 사실일 뿐 거기에다 어떠한 가치도 부여하지 않는다. 탄트라는 브라흐마챠리아가 좋은 것이라고 결코 말하지 않는다. 그리고 섹스가 나쁜 것이라고 말하지 않는 것도 마찬가지이다. 탄트라는 사물을 있는 그대로 받아들인다. 왜인가? 그대 내면에의 통일을 위해서이다.

이것이야말로 그대 속에 하나의 통합체를 만들어 내는 방편이다. 전일(全一)한 존재, 갈등이 없고 분열되지 않은 인격 말이다. 오직 그때만이 고요해질 수 있다. 어떤 것을 반대하여 다른 곳으로 옮겨 가려는 사람은 결코 고요해질 수 없다. 그가 어떻게 평온한 상태를 유지하겠는가? 그는 자기 속에 이미 모순을 갖고 있다. 자신과 다투고 있다. 그런데 그가 어떻게 이길 수 있겠는가? 그것은 불가능하다. 그대가 그대와 싸우는데 누가 이기겠는가? 아무도 이길 수 없다. 그리고 불필요한 싸움에 에너지를 투여한 결과로 그대는 어쩔 줄 몰라할 것이다. 그래서 이 방편은 그대의 내면이 분열되지 않도록, 이미 분열되었다면 통합된 인격을 갖출 수 있도록 하기 위한 것이다. 가치 평가를 사라지게 허용하라. 더 이상 판단하지 마라.

예수는 '비판을 받지 않으려거든 비판하지 마라'라고 말했다. 그러나 이것은 유대인들이 이해하기에 불가능한 말이다. 모든 유대교의 가르침이 바로 도덕성에 집중되어 있기 때문이다. '이것은 옳은 것이고 이것은 옳지 않은 것이다'라는 식으로 말이다. 그러나 예수는 '너희는 비판하지 마라'라고 말했다. 그것은 바로 탄트라의 말이다. 만약 그가 살해당했다면, 십자가에 못박혀 죽었다면 그것은 이 때문이다. 그가 탄트라의 자세를 갖고 있었기 때문이다.

그러니 창녀는 나쁜 것이라고 말하지 마라. 누가 아는가? 청교도가 좋은 것이라고 말하지 마라. 누가 아는가? 궁극적으로는 그 둘 모두 하나의 게임에서 역할 분담을 하고 있는 것이다. 그들은 서로를 의지하고 있다. 공생 관계인 것이다. 그래서 예수는 말한다. 비판하지 말라고 말이다. 이것이 이 방편이 말하는 의미이다.

'비판을 받지 않으려거든 비판하지 마라.'

만약 그대가 어떤 것도 판단하지 않는다면, 어떤 도덕적 가치관도 갖고 있지 않다면, 그래서 단지 있는 그대로의 사실만을 지켜본다면 그때 그대는 판단받을 수 없다. 그대는 완전히 초월하게 된다. 이제 그대는 그 어떤 신적인 힘에 의해서도 판단받을 필요가 없다. 그럴 필요가 없는 것이다. 그대는 그대 자신의 신성이며 그대 자신의 신이다. 한 사람의 구경꾼이 되라. 판단하지 마라.

〈질문〉

"두번째 방편에 대해서 묻고 싶습니다. 이 방편에서는 다른 사람들의 순수가 탄트라에서는 불순한 것이라고 말하고, 또 순수하다거나 불순한 것이라고 할 만한 것은 아무것도 없음을 알라고 말했습니다. 그러나 만약 아무것도 불순한 것이 없다면 그때는 어떻게 다른 사람들의 가르침이 불순해집니까?"

실제로 아무것도 불순하지 않다. 그러니 어떤 것은 순수하고 어떤 것은 불순하다고 주장하는 가르침은 폐기처분되어야 한다. 이 방편이 바로 이런 의미이다. 순수하거나 불순하다고 할 만한 것은 아무것도 없다. 그러나 만약 어떤 사람이 이것은 순수하고 저것은 불순하다고 가르친다면 탄트라는 이 가르침이 폐기되어야 한다고 말하는 것이다. 이것은 단지 탄트라를 수행하려는 사람은 어떤 분별도 하지 말라는 뜻이다. 어떤 가치 판단에도 물들지 말라는 뜻이다.

그러나 삶의 복잡 미묘함을 바라보라. 만약 내가 물들지 말라고 말한다면 그대는 일부러 물들지 않으려고 노력할 것이다. 그때 그것은 진정으로 물들지 않는 것이 아니다. 그대가 일부러 노력하는 한 거기에는 이미 계산이 깔려 있다. 그것은 교활한 것이다. 그리고 이런 교활함을 없애 버려야 한다고 이 방편은 말하고 있다. 그대의 마음에서 교활함을 만들어 내는 가르침을 내버려라. 이것은 소극적인 태도다. 수동적이다. 그대가 교활함의 뿌리를 뽑아 버렸을 때 비로소 어떤 것에도 물들지 않을 수 있는 것이다. 일부러 순수함을 가장하지 마라.

아무것도 순수하거나 불순하지 않다. 그러나 그때 무엇을 해야 할 것인가? 그대의 마음은 이미 분별심으로 가득 차 있다. '이것은 순수한 것이다, 혹은 저것은 불순한 것이다'라고 말이다. 그래서 탄트라는 말한다.

"우리에게 이런 분별심은 그저 불순한 것일 뿐이다. 순수함과 불순함의 개념으로 가득 찬 이 마음은 그저 불순함일 뿐이다."

만약 그대가 그것을 버릴 수 있다면 그대는 순수해질 것이다.

이 방편은 또 다른 감각에서 의미가 있다. 이미 정해진 규칙을 가진 가르침들이 많이 있다. 예를 들면 카톨릭의 가르침이나 자이나교의 가르침은 섹스에 대해서 반대한다. 그들은 섹스가 추하고 불순한 것이며 죄악이라고까지 말한다. 그러나 탄트라는 그 어떤 것도 추하거나 불순하지 않으며 그 어떤 것도 죄악이 아니라고 말한다. 섹스조차 구원을 향한 하나의 길이 될 수 있다. 그것은 그대에게 달린 것이지 섹스 자체의 문제는 아니다. 그것의 질을 결정하는 것은 그대 자신이다.

기도조차 하나의 죄악이 될 수 있다. 그리고 섹스가 미덕이 될 수도 있다. 그것은 그대에게 달린 것이다. 그 가치는 대상 속에 있지 않다. 그 가치는 그대에 의해서 부여된다. 어떤 현상을 다른 방식으로 바라보라. 탄트라는 섹스조차 구원이 될 수 있다고 말한다. 그러나 그렇게 되려면 어떤 선입관, 즉 선과 악, 도덕과 비도덕, 순수와 불순 등의 생각들 없이 섹스를 맞이해야 한다. 그저 에너지만으로 섹스와 만나라. 마치 미지 속으로 들어가듯이 그 에너지 속으로 움직여 가라. 잠에 떨어지지 마라. 깨어 있어라. 섹스는 그대로 하여금 존재의 뿌리에 이르게 할 것이다. 깨어 있어라. 일어나는 모든 것을 경험하라. 긴장이 일어나고, 이완이 일어나고, 절정이 다가오고, 깊은 계곡 속으로 떨어질 것이다. 그대의 에고는 한순간 해체된다. 그대는 그대의 파트너와 하나가 된다. 한순간 거기에 더 이상 둘은 없다. 깊이 들어가라. 육체는 둘이지만 깊이 들어가면 거기에 합일이 있다. 그것들은 하나가 된다. 깨어 있어라! 이 순간을 잠에 빠져서 놓치지 마라. 일어나고 있는 상황을 지켜보라. 이 하나됨은 섹스 행위 속에 숨겨져 있던 것이다. 섹스는 외부적인 핵심이다. 이제는 하나됨이 바로 그 중심 점이다. 그것은 그대가 그토록 찾아왔던 것, 바래왔던 것이다. 이 합일체, 에고의 이 해체감, 이 하나됨의 느낌, 어떤 긴장도 남아 있지 않는 이 엑스터시, 이 이완의 절정감을 그대는 찾아왔던 것이다. 그것이 삶의 목적이며 의미였다. 이것이 바로 그대가 이 여자 저 여자, 혹은 이 남자 저 남자에게서 구하던 것이다. 그러나 어떤 여자도, 어떤 남자도 그대에게 이것을 채워 줄 수 없었다.

오직 깊은 탄트라의 자각만이 섹스 행위를 완전히 사라지게 하고 그 대신 깊은 엑스터시를 드러내 보인다. 그래서 탄트라는 그것이 바로 그대라고 말한다. 만약 그대가 명상을 그대의 사랑에다, 그대의 섹스에다 가져올 수 있다면 그 섹스는 변형될 것이다. 그래서 탄트라는 이것은 순수하고 저것은 불순하다, 라고 말하지 않는다. 만약 그대가 순수나 불순 같은 옛 용어를 쓰고자 한다면 그때 나는 탄트라를 위해서 이렇게 말할 것이다. 잠들어 있는 것은 불순하고 깨어 있는 것은 순수하다고 말이다. 깨어 있는 것 외에 그 모든 것은 무의미하다. 깨어 있지 않고서 행하는 모든 행위는 그것이 아무리 굉장해 보여도 무의미한 것이다. 이 점을 명심하라.

이제 됐는가?

변화를 통해 변함 없음을 발견한다

탄트라는 사랑의 방편이다。
그리고 탄트라에서 말하는 노력은
존재계와 그대가 하나되게 하는 것이다。

변화를 통해 변함없음을 발견한다

66

동일하지 않은 동일함이 되라.
친구에게도, 낯선 사람에게도,
명예와 불명예 속에서도 그렇게 되라.

67

여기에 변화의 구(球)가 있어 변화하고 변화한다.
변화를 통해 변화를 소멸시켜라.

미국의 화학자 나쓰로프(John Howard Northrop)는 서양의 마음은 존재에 대한 이론적인 요소들을 계속 찾아왔다고 어디에선가 말했다. 그것은 어떤 일들이 일어나는 인과(因果)적인 연관성을 찾는 것이었다. 즉 무엇이 원인이고 어떻게 그 결과가 조절될 수 있는지에 대해서, 그리고 인간이 어떻게 자연을 다스릴 수 있는지에 대해서 말이다. 이에 반해 동양의 마음은 전혀 다른 방향으로 모색해 왔다고 그는 덧붙였다. 동양은 실체에 대한 심미적인 요소를 찾는 것이었다. 그것은 논리적이기보다는 미학적인 접근이었다.

동양의 마음은 자연을 다스리는 방식을 아는 것에는 별로 관심이 없었다. 오히려 자연과 하나가 되는 방법에 흥미를 느껴 왔다. 정복하기보다는 자연과의 깊은 교제를 원했고, 자연 속에 깊숙이 동참하고 싶어했다. 하지만 서양의 마음은 자연을 정복하려는 이상 그것과 갈등하며 투쟁 속에 있어 왔다. 한편 동양의 마음은 신비 속에서 사랑의 관계를 맺어 왔다. 나는 나쓰로프가 내 말에 찬성할지 안할지에 대해서는 잘 모르겠다. 그러나 내 느낌은 서양의 과학이 자연을 미워하고 증오하는 관계에 빠져 있다는 것이다. 그래서 결국 투쟁, 정복, 승리라는 용어를 쓰게 된 것이다.

종교는 깊은 사랑의 관계를 의미한다. 따라서 거기엔 갈등도 없고 투쟁도 없다. 다른 식으로 말해서, 과학이 남성적인 태도라면 종교는 여성적인 태도라고 할 수 있다. 과학은 공격적이고 종교는 수용적이다. 동양의 마음은 종교적이다. 나에게도 말할 기회를 준다면 나는 동양의 마음이야말로 종교적이라고 말할 것이다. 과학적인 마음은 바로 서양의 마음이다. 인간이 동양에서 태어나건 서양에서 태어나건 거기에는 아무런 차이가 없다. 내가 동양 혹은 서양이란 단어를 쓰고 있지만 그것은 단지 두 가지 접근 방식을 대표하는 말일 뿐 어떤 지리적 의미를 띠고 있는 것은 아니다. 그대도 서양에서 태어날 수 있다. 그러나 그대는 거기에 속하지 않을 수도 있다. 그대는 철저하게 동양적일지 모른다. 반대로 그대는 단지 태어나기만 동양에서 났을 뿐 과학적인 기질을 가지고 있을 수 있다. 그 접근은 수학적이고 지적일 수 있다.

한편 탄트라는 절대적으로 동양적이다. 그것은 실체에 깊이 동참하는 길이다. 실체와 하나가 되는 길이다. 경계선을 지워 버리고, 분별화되지 않은 영역으로 뛰어드는 길이다. 마음은 분별을 일으키고 경계선을 그으며 정의를 내린다. 마음은 경계선 없이, 정의를 내리지 않고 그 기능을 작동할 수가 없다. 경계선이 더욱 선명하게 그어질수록 마음은 더 활발하게 기능한다. 그리하여 마음은 모든 것을 자르고 나누고 베어 버린다.

종교는 정의를 내릴 수 없는 미분화(未分化)의 영역으로 들어가기 위해 경계선을 해체시키는 작업이다. 미분화의 영역이란 어떤 것도 그 한계가 없고, 모든 것이 다른 모든 것 속으로 녹아드는, 즉 모든 것이 다른 모든 것으로 변해 버리는 영역이다. 거기서 그대는 더 이상 자를 수 없다. 존재계를 분별심의 칼로 난도질할 수 없다. 그리고 두 가지 접근 방식에 있어서 그 결과는 엄청나게 다를 수밖에 없다. 과학적인 접근에 의해서, 다시 말해 자르고 나누고 베어 버리는 일을 통해서 그대는 죽은 입자, 죽은 원자들만을 얻을 수 있다. 왜냐하면 생명이란 잘려 들어가 분리되어서는 존재할 수 없는 어떤 것이기 때문이다. 그대가 자르는 순간 생명은 거기에 더 이상 존재하지 않는다. 그것은 마치 어떤 사람이 음표 하나하나를 읽음으로써 교향악 전체를 이해하려는 것과 같다. 각각의 음표는 교향악을 이루는 부분이다. 그러나 교향악 자체는 아니다. 교향악은 아주 많은 음표들이 어우러져 각자 속으로 녹아들 때 비로소 그 실체가 완성되는 것이다. 그대는 음표 하나하나를 연구하는 것만으로는 결코 교향악을 이해할 수 없다.

내가 그대의 부분을 연구해서 그대를 알 수는 없다. 그대는 단순한 부분의 통합이 아니니다. 그대는 그것 이상이다. 그대는 나누어지고 분석되어 정리되었다. 생명은 사라진다. 거기에 오직 죽은 부분들만 남아 있다. 과학자가 생명이 무엇인지 알지 못하는 이유도 바로 그 때문이다. 과학을 통해 알려진 것은 무엇이든지 죽음에 관한 것이다. 이미 물체가 되어 버린 것 말이다. 과학은 결코 생명을 지켜볼 수 없다. 과학은 생명을 다스릴 수 없다. 부분들만 알 수 있다. 죽은 부분들만 말이다. 과학자들은 자신들이 생명을 다스릴 수 있다고 생각할지도 모른다. 하지만 생명에 대해서는 결코 알 수 없을 것이다. 그것은 여전히 미지의 부분으로 남을 것이다. 그 방법론 때문에, 그 접근 방식 때문에 생명은 과학을 통해서 알려질 수 없다.

과학이 물질만을 주장하고 다른 모든 것을 부정하는 것도 바로 이 때문이다. 그래서 살아 있는 것과 어떤 접촉도 하지 못한다. 그리고 그 역도 성립된다. 만약 그대가 종교 속으로 깊이 들어가면 그대는 물질을 부정하기 시작할 것이다. 샹카라는 물질이란 환영(幻影)이라고 말했다. 그것은 거기에 존재하지 않는다. 그저 단지 나타나 보일 뿐이다. 동양적 접근 방식의 전체적인 입장은 이 세상을, 물질을, 물질적인 모든 것을 부정하는 것이었다. 왜인가? 과학은 생명을, 신성을, 의식을 부정한다. 만약 그대가 분별화시키지 않고 생명을 본다면 물질은 사라진다. 물질이란 생명이 분리된 것이며 분화(分化)된 것이다. 물질이란 정의되고 여러 조각으로 나뉘어져 분석된 생명을 뜻한다.

그래서 물론 그대가 생명을 분화시키지 않고 바라볼 수 있다면 그리고 그것과 하나될 수 있다면, 그 속에 깊이 동참할 수 있다면, 두 연인이 하나가 되듯이 존재계와 하나될 수 있다면 물질은 사라진다. 그래서 샹카라는 물질이 환영이라고 말한 것이다. 그대가 만약 존재계에 깊이 동참한다면 그대에게도 그렇게 느껴질 것이다. 그러나 마르크스(Marx)는 의식은 단지 부산물일 뿐이라고 말했다. 그것은 본질이 아니고 단지 물질의 한 기능일 뿐이라고 말했다. 만약 그대가 생명을 갈가리 분리한다면 그때 의식은 사라진다. 그래서 의식은 환상처럼 보인다. 그때는 오직 물질만이 남는다.

내가 그대에게 말하고자 하는 것은 바로 이것이다. 존재계는 하나다. 만약 그대가 분석을 통해서 존재계에 다가간다면 그것은 물질로서, 죽은 것으로서 나타날 것이다. 그러나 만약 그대가 동참을 통해 그것에 다가간다면 그것은 생명으로서, 신성으로서, 의식으로서 나타날 것이다. 만약 그대가 과학을 통해 그것에 접근한다면 거기에는 그대에게 깊은 축복을 가져다 줄 어떤 가능성도 없다. 죽은 물질이 축복을 준다는 것은 불가능하기 때문이다. 기껏해야 그것은 환영처럼 나타날 뿐이다. 오직 깊은 동참만이 축복의 가능성을 가지고 있다.

탄트라는 사랑의 방편이다. 그리고 탄트라에서 말하는 노력은 그대가 존재계와 하나되게 하는 것이다. 그래서 그대가 그 속으로 들어가려면 그 전에 많은 것들이 그대에게서 떨어져 나가야 한다. 그대는 사물을 분석하는 습관을 떨쳐 버려야 한다. 그리고 뭐든지 싸우고 보자는 태도나 정복이란 단어를 생각하는 것도 없어져야 한다.

힐라리가 히말라야의 가장 높은 봉우리인 에베레스트에 이르렀을 때 서구 세계는 '정복'이라는 용어를 사용해서 그 사건을 보도했다. 오직 일본의 선원(禪院)에서만 벽보에 이렇게 적어 놓았다.

"에베레스트는 인간을 그의 친구로 받아들이게 되었다."

그것은 정복된 것이 아니다. 에베레스트가 인간에게 호의적인 태도를 보인 것이다. 이제 인류는 그것과 친구가 되었다. 이것은 정복과 다르다. 에베레스트는 힐라리가 자신의 품속으로 들어오는 것을 허락한 것이다. 그것은 절대로 정복이 아니다. '정복'이란 단어는 폭력적이며 무뢰한의 말이다. 정복이란 단어는 공격성을 나타낸다. 에베레스트는 힐라리를 받아들였다. 그를 환영했다. 이제 인류는 그것과 친구가 될 수 있게 되었다. 이제 그 괴리의 틈에 다리가 이어진 것이다. 이제 우리는 그 출입을 거부당하지 않게 되었다. 우리들 중의 하나가 에베레스트에 의해 받아들여진 것이다. 이제 에베레스트는 인간 의식의 일부가 되었다. 하나의 가교가 건립된 것이다.

그때 모든 것이 전적으로 달라진다. 그대가 사물을 어떻게 보느냐에 달린 것이다. 이 방편으로 들어가기 전에 우리는 이 점을 기억해야 한다. 이 점을 기억하라. 탄트라는 존재계를 향한 사랑의 노력이다. 탄트라에서 섹스가 그토록 많이 등장하는 것도 바로 이 때문이다. 처음에는 존재계가 한 여성을 통해서 그대에게 의미 있게 다가온다. 만약 그대가 여자라면 존재계는 남자를 통해 다가올 것이다.

그렇기 때문에 탄트라에서는 섹스가 그토록 많이 논의되고 사용되는 것이다. 그대 자신을 절대적인 무성(無性)의 존재로 생각하라. 마치 모든 섹스가 그대에게서 제거된 것처럼, 막 태어나서 섹스에 대해서는 전혀 무지한 상태인 것처럼 말이다. 그대는 사랑을 나눌 능력이 없어질 것이다. 그 누구에게도 연정을 느끼는 것이 불가능해질 것이다. 그리고 나면 그대 자신을 벗어나는 것이 어려울 것이다. 그대는 문이 굳게 닫힌 채로 남게 될 것이다. 그대는 다른 누구에게도 접근할 수 없고 만날 수 없다. 존재계 바로 그 속에서 그대는 죽은 것이 될 것이며 모든 곳으로부터 창문이 닫힌 상태가 될 것이다.

그때 섹스는 그 상황을 빠져 나가려는 그대의 노력이 된다. 그때 그대는 자신으로부터 벗어나고 다른 사람이 그대의 중심에 들어서게 된다. 그대는 자신의 에고를 뒤에 남겨 놓은 채 앞으로 나간다. 다른 존재를 진정으로 만나기 위해서 말이다. 만약 그대가 그 만남을 진정으로 원한다면 그대는 굴복해야 할 것이다. 만약 다른 누군가가 그대를 만나기 원한다면 그때도 그는 자신을 빠져나와야 한다. 사랑 속에서 일어나는 이 기적을 보라. 거기에서 벌어지는 일들을 보라. 그대는 상대방에게로 들어가고 상대방은 그대에게로 들어간다. 그 또는 그녀는 그대 속으로 들어가고 그대는 그 또는 그녀 속으로 들어간다. 그대는 자리를 바꾼다. 이제 그는 그대의 영혼이 되며 그대 역시 그 또는 그녀의 영혼이 된다. 이것이 바로 동참이다. 이제 그대는 만나고 있다. 이제 그대는 하나의 원이 되었다. 이것이 그대가 에고에서 벗어난 첫번째 만남이다. 이 만남은 더 큰 만남인 우주와의, 존재계와의, 실체와의 만남을 향한 디딤돌이 될 것이다.

탄트라는 지적인 능력에 기초를 둔 것이 아니다. 그것은 가슴에 그 기초를 두고 있다. 탄트라는 지적 노력이 아니다. 그것은 느낌의 노력이다. 이를 기억하라. 그것은 그대로 하여금 방편을 이해하도록 도울 것이다. 자, 이제 첫번째 방편으로 들어가자.

동일하지 않은 동일함이 되라.
친구에게도, 낯선 사람에게도, 명예와 불명예 속에서도
그렇게 되라.

'동일하지 않은 동일함이 되라.' 이것은 그대의 기본이다. 그대 속에서 무엇이 일어나고 있는가? 두 가지 것들이 일어나고 있다. 그대 속에 남아 있는 어떤 것은 언제나 동일하다. 그것은 결코 변하지 않는다. 그대는 그것을 지켜보지 못할 수도 있고, 아직 그것과 대면하지 않았는지도 모른다. 그 동일함 때문에 그대는 자기 동일시를 가질 수 있는 것이다. 그 동일함 때문에 그대는 자신을 중심으로 느낄 수 있다. 그렇지 않으면 그대는 혼란 그 자체가 될 것이다. 보통 그대는 '나의 어린 시절'이라고 말한다. 하지만 이제 거기에 남아 있는 것이 무엇인가? 그리고 누가 '나의 어린 시절'이라고 말하는가? 이 '나의' 혹은 '나'라고 말하는 것은 도대체 누구인가?

그대의 어린 시절에서 그대에게 남은 것은 아무것도 없다. 만약 그대의 어린 시절 사진들을 그대에게 처음으로 보여준다면 그대는 그 사진들을 알아보지 못할 것이다. 모든 것이 변했다. 그대의 육체는 더 이상 이전의 그것이 아니다. 단 하나의 세포도 그대로 남아 있는 것이 없다. 생리학자들은 몸이 하나의 흐름이라고 말한다. 그것은 강처럼 매순간 흐른다. 매순간 많은 세포들이 죽어 가고 있고 다시 태어난다. 10년 동안에 그대의 육체는 완전히 변하게 될 것이다. 그래서 만약 그대가 70년을 산다면 그대의 몸은 적어도 일곱 번은 완전히 새롭게 바뀔 것이다.

매순간 그대의 몸은 변하고 있다. 그대의 마음도 변한다. 그전에 어린 시절의 사진을 본 적이 없다면 그대는 그 사진의 주인공이 자신임을 알 수 없다. 만약 어린 시절에 찍었던 마음의 청사진이 있다면 그것을 알아보기란 불가능하다. 그대의 마음은 육체보다 더 빠른 흐름이다. 매순간 모든 것이 바뀐다. 단 한순간이라도 변하지 않고 그대로 남아 있는 것은 아무것도 없다. 아침에 달라진 그대는 저녁에 또다시 달라진다.

어떤 사람이 붓다를 만나러 왔다. 그가 떠날 때쯤 붓다는 그에게 이렇게 말했다.

"나를 만나러 온 사람은 이제 나를 만나고 돌아가는 사람과 다르다. 그대는 이제 완전히 달라졌다. 그대의 마음은 변했다."

물론 붓다와의 만남은 그대의 마음이 더 좋아지든 나빠지든 어떤 식으로든 바뀌어지게 했을 것이다. 만나기 전과 같을 수는 없다.

그대는 처음 여기에 올 때 다른 마음을 갖고 왔다. 그리고 돌아갈 때 또 다른 마음을 갖고 갈 것이다. 어떤 것이 변했다. 어떤 새로운 것이 덧붙여졌다. 그리고 어떤 것이 지워졌다. 그대가 다른 누구도 만나지 않고 그대 자신만을 대면했더라도 그때 역시 그대는 달라질 수밖에 없다. 매순간 강물은 흘러가고 있는 것이다.

헤라클리토스는 이렇게 말했다.

"그대는 같은 강물에 두 번 발을 담글 수 없다."

이것은 사람에 있어서도 마찬가지다. 그대는 같은 사람을 두 번 만날 수 없다. 그것은 불가능하다. 이 사실 때문에, 그리고 이 사실을 모르기 때문에 삶이 그토록 불행해지는 것이다. 그대는 다른 사람을 계속 같은 사람, 변함없는 사람으로 기대하고 있다. 그대는 한 여자와 결혼한다. 그리고 그녀가 변함이 없기를 기대한다. 그녀는 그렇게 될 수가 없다. 결혼하고 나면 하기 전과 완전히 달라진다. 연인이 달라진다. 남편이 달라진다. 그대는 남편을 통해서 그대가 만나고 싶었던 이전의 그 멋있는 연인을 찾을 수 없다. 그것은 불가능하다. 연인은 연인이고 남편은 남편인 것이다. 사랑하던 남자가 남편이 되는 순간 모든 것은 변한다. 그러나 그대는 기대를 버리지 못한다. 그것이 불행을 싹트게 한다. 불필요한 불행을 말이다. 만약 우리가 마음이란 것이 끊임없이 변하고 있다는 이 사실을 충분히 인식할 수 있다면 그대는 어떤 희생도 없이 많은 불행들을 피할 수 있을 것이다. 마음이 변한다는 이 사실을 자각하는 것이야말로 그대에게 필요한 모든 것이다.

어떤 사람이 그대를 사랑한다. 그때 그대는 그에게서 사랑을 계속 기대한다. 그러나 다음 순간 그는 그대를 증오한다. 그러면 그대는 당황하게 된다. 그의 증오 때문이 아니라 그대의 기대 때문이다. 그는 변한다. 그는 살아 있다. 따라서 그는 변할 수밖에 없다. 만약 그대가 그 사실을 있는 그대로 볼 수 있다면 그대는 당황하지 않을 것이다. 한순간 사랑에 빠진 사람은 다음 순간 미움에 빠질 수 있는 것이다. 그러니 기다려라! 다음 순간이 또 지나면 그는 다시 사랑에 빠질 것이다. 서두르지 마라. 그저 인내심을 가져라. 만약 그 역시 이 변화의 형식을 바라볼 수 있다면 그때 그는 변화에 대해서 저항하지 않을 것이다. 그것들은 변한다. 그것이 자연스런 것이다.

그래서 만약 그대가 자신의 몸을 본다면 그것은 변한다. 만약 그대가 자신의 마음을 이해하려 한다면 그것 역시 변한다. 결코 동일하게 남을 수 없다.

기억만이 여전히 동일하게 남아 있을 수 있다. 하지만 기억은 기억으로 충분하다. 그대는 그것을 어떻게 할 수 없다. 그것은 변하지 않는 것이다. 그대는 그것을 변화시킬 수 없다. 그러나 잊을 수는 있다. 그대는 자신을 둘러싸고 변화하는 세계에 완전히 빨려 들어갈 수 있다. 그대의 몸과 마음을 함께 말이다. 그대는 중심을 완전히 잊어버릴지도 모른다. 그 중심은 변화하는 흐름에 의해 완전히 구름이 덮혀진 것처럼 보일 것이다. 물론 거기에 문제들이 있다. 그리고 변화 때문에 많은 문제들이 발생하므로 언제나 변치 않는 동일한 것은 기억해 내기가 어려운 것이다.

예를 들어 지속적인 어떤 잡음이 그대 주위에서 들린다면 그대는 그것을 인식하지 못하게 된다. 하루 종일 탁상시계가 째깍거리면 그대는 그 소리를 인식하지 못하게 된다. 그러나 갑자기 그것이 멈추면 그대는 즉시 알아차린다. 만약 변하지 않는 동일한 것이 지속적으로 존재한다면 거기에 주의를 기울일 필요가 없게 된다. 거기에 어떤 변화가 일어나서야 마음은 그 변화를 알아차린다. 그것은 하나의 틈을 만들어 내고 그 틈은 진동한다. 그대는 그것을 지속적으로 들어 왔고 그래서 주의해서 들어야 할 필요가 없다. 그것은 거기에 있다. 그것은 일종의 배경이 된 것이다. 그러나 이제 그것이 갑자기 멈추면 그대는 인식하게 될 것이다. 그대의 의식이 갑자기 하나의 틈새에 이르게 된 것이다.

그것은 마치 이빨이 하나 빠졌을 때 혀가 그 틈새를 계속 훑는 것과 같다. 이빨이 빠지지 않았을 때는 혀가 거기로 가지 않는다. 그러나 이제 거기에 이빨이 없다. 단지 틈새만 있을 뿐이다. 그때 그대가 무엇을 하건 혀는 하루 종일 그 틈새를 훑을 것이다. 왜인가? 어떤 것이 빠져 버렸고 그 배경도 변했다. 뭔가 새로운 것이 들어선 것이다.

어떤 새로운 것이 들어설 때마다 그대는 의식하게 된다. 수많은 이유로 말이다. 그것은 일종의 안전도 측정이다. 그것은 그대의 생존에 꼭 필요한 행위인 것이다. 어떤 것이 변화할 때 그대는 그 변화를 인식해야 한다. 그 변화가 위험 신호일지도 모르기 때문이다. 그대는 주의를 기울여야 한다. 그리고 그대는 닥쳐온 새로운 상황에 자신을 다시 조정해야 한다. 하지만 모든 것이 이전부터 있어 왔던 그대로라면 그럴 필요가 없다. 그대는 자각할 필요가 없는 것이다. 그리고 그대 속에 이 동일한 요소가 있다. 힌두교에선 그것을 아트만(Atman)이라고 부른다. 그것은 태초부터 존재해 온 것이다. 태초란 것이 있다면 말이다. 그리고 어떤 종말이 있다면 그것은 종말까지 항상 존재할 것이다. 그것은 영원히 동일한 것이다. 그러니 그대가 어떻게 그것을 인식할 수 있겠는가?

이 때문에 영원히 동일한 것이 있지만 그대는 그것을 놓치고 있다. 그대가 육체에 대해서는, 마음에 대해서는 주의를 기울인다. 그것들은 계속 변화하기 때문이다. 그리고 그대가 그것들에 주의를 기울이기 때문에 그것들이 그대 자신이라고까지 생각하기 시작한다. 단지 그것들을 알 뿐인데도 그대는 그것들과 자신을 동일시한다. 몸과 마음을 자신이라고 생각하는 것이다.

모든 영적 수행은 동일하지 않는 것 속에서 동일한 것을 찾으려는 노력이다. 모든 것이 변화하는 속에서도 영원히 변하지 않는 것, 그것은 바로 그대의 중심이다. 만약 그대가 그 중심을 기억해 낼 수 있다면 그때 이 방편은 쉬워진다. 혹은 그대가 이 방편을 수행할 수 있다면 그때 기억해 내는 것은 쉬워진다. 어느 쪽이건 그대는 여행을 시작할 수 있다.

이 방편은 '친구에게나 낯선 사람에게나 동일하지 않은 동일함으로 대하라'라고 말한다. 친구에게, 그리고 그대의 원수에게, 혹은 낯선 사람에게 '동일하지 않은 동일함'이 되라. 이것이 도대체 무슨 뜻인가? 이것은 역설적으로 보인다. 어떤 상황에서는 그대가 변화해야 한다는 뜻이다. 만약 그대의 친구가 그대를 만나러

온다면 그대는 그를 평소와 다르게 만나야 할 것이다. 만약 낯선 사람이 그대를 만나러 온다면 그때는 친구를 대하듯이 해야 한다. 그런데 어떻게 그대가 낯선 사람을 마치 이전부터 알던 사람처럼 대할 수 있는가? 그대는 할 수 없다. 거기에 차이가 있다. 하지만 깊이 들어가 보면 거기에 동일함이 존재한다. 그 마음 자세가 동일하다는 뜻이다. 그러나 행동은 동일한 것이 되지 않는다. 그대는 모르는 사람을 이미 알던 사람처럼 만날 수 없다. 그대가 어떻게 할 수 있겠는가? 그대는 기껏해야 가장할 수 있을 뿐이다. 그러나 가장은 아무 효과도 없다. 거기에는 엄연한 차이점이 존재한다.

그대는 친구를 만날 때 친구에게 일부러 친구인 척 가장할 필요가 없다. 그리고 낯선 이에게도 마치 친구인 것처럼 가장할 필요가 없다. 그대가 만약 그에게 친구처럼 대한다면 그것은 하나의 가장이다. 그대는 동일하게 대할 수가 없다. 거기에는 동일하지 않음이 필요할 것이다. 행동에 있어서만큼은 동일하지 않아도 된다. 그러나 그대의 의식에 있어서는 동일할 수 있다. 그대는 낯선 이를 바라보듯이 친구를 바라볼 수 있다.

물론 이것은 어려운 일이다. 그대는 '낯선 사람을 대할 때 마치 친구처럼 대하라'라는 말을 들어 봤을 것이다. 그러나 내가 말하는 것이 가능하지 않다면 이 말 역시 가능하지 않다. 친구를 낯선 사람처럼 바라보는 것이 먼저다. 그것이 가능할 때 그대는 낯선 사람도 친구처럼 바라볼 수 있는 것이다. 그것들은 서로 연결되어 있다.

그대는 친구들을 마치 낯선 사람들처럼 바라본 적이 있는가? 만약 없다면 그때 그대는 전혀 그들을 정확히 바라볼 수 없다. 그대의 아내를 바라보라. 그대는 그녀를 진짜로 아는가? 그대는 20

년 동안 그녀와 함께 살아왔다. 혹은 그 이상일 수도 있다. 그러나 그대가 그녀와 더 많이 살수록 그대는 그녀가 본래는 낯선 사람이라는 사실을 잊어버릴 가능성이 많다. 그런데도 그녀는 낯선 사람으로 남아 있다. 그대가 그녀를 얼마나 사랑하는지 그것은 아무 상관이 없다.

진짜로 그대가 그녀를 더 많이 사랑한다면 그녀는 더 낯설어 보일 것이다. 왜냐하면 많이 사랑할수록 더 깊이 들어가 그녀 속에 끊임없이 흐르는 강물을 볼 수 있기 때문이다. 그녀는 살아 있기에 매순간 변화한다. 만약 그대가 깊이 바라보지 않는다면, 단지 그녀가 그대의 아내라는 면에만 집착한다면 그녀는 언제나 같은 이름을 가진 정형된 틀 속에 들어가 있게 된다. 그대는 그 틀을 자신의 아내라고 계속 생각할 것이다. 그녀가 변해야 할 때마다 그녀는 자신의 변화를 감추어야 한다. 그녀도 사랑이 가득한 분위기 속에서만 살 수는 없다. 하지만 그녀는 그렇게 살고 있다고 가장해야 한다. 그대가 아내로부터 사랑을 기대하기 때문이다.

그때 모든 것은 거짓이 된다. 그녀는 변화되는 것을 허락받지 못했다. 그녀는 자기 자신이 될 수 없다. 그때 어떤 것이 강요되고 관계 전체가 죽은 것으로 된다. 따라서 그대가 사랑할수록 그대는 변화의 형태를 더 깊이 절감할 것이다. 그때 그대는 매순간 낯선 이가 된다. 그대는 예견할 수 없다. 그대는 그대의 아내가 내일 아침 어떻게 행동하리라고 예상할 수 없다. 그것은 그대가 오직 죽은 아내, 죽은 남편을 가졌을 때만이 가능한 일이다. 예상이란 사물에 대해서만 가능하다. 사람에 대해서는 예상할 수 없다. 만약 어떤 사람을 예상할 수 있다면 그는 이미 죽은 사람이라고 알면 된다. 그는 죽은 것이다. 그의 삶은 단지 거짓일 뿐이다.

그래서 그대는 예상할 수 있다. 살아 있는 사람에 대해서는 아무 것도 예상할 수 없다. 그는 변화하기 때문이다.

그대의 친구를 낯선 사람처럼 바라보라. 그도 한 사람이다. 두려워하지 마라. 우리는 낯선 사람을 두려워한다. 그래서 우리는 친구가 낯선 사람이라는 사실을 계속 잊어버린다. 만약 그대가 친구를 낯선 사람으로 볼 수 있다면 낯선 사람으로부터 어떤 것을 기대할 수 없기 때문에 그대는 더 이상 좌절하지 않을 것이다. 그대는 친구를 당연하게 받아들일 것이다. 기대나 좌절 없이 말이다. 아무도 그대의 기대를 채워줄 수 없다. 그대의 기대를 채워주기 위해 존재하는 사람은 아무도 없다. 모든 사람이 그 자신의 만족을 위해 살고 있다. 하지만 그대는 다른 사람이 그대를 만족시켜 주리라고 기대한다. 그리고 다른 사람 역시 그대가 자신들을 만족시켜 주리라고 기대한다. 그때 갈등이, 폭력이, 투쟁과 불행이 생기는 것이다.

언제나 낯선 사람임을 염두에 두라. 그 점을 잊지 마라. 그대의 가장 가까운 친구조차도 낯선 사람이다. 가능한 한 그대로부터 멀리 떨어져 있는 낯선 사람 말이다. 이런 느낌이, 이런 앎이 그대에게 일어난다면 그대는 낯선 사람을 바라볼 수 있고, 또한 그 속에서 친구를 발견할 수 있다. 만약 친구가 낯선 사람이 될 수 있다면 어떤 낯선 사람도 친구가 될 수 있다. 낯선 사람을 바라보라. 완전히 낯선 사람이 거기에 있다. 그는 그대의 언어를 알지 못한다. 그는 그대와 국적도 다르다. 종교도 다르고 피부색도 그대와 다르다. 그대가 백인이고 그가 흑인이거나, 그대가 흑인이고 그가 백인일 수도 있다. 그와 언어를 통해서는 의사를 교환할 수 없다. 나라도, 종교도, 인종도, 피부색도, 그 어떤 것도 공통적인 배경이 없다. 그는 전적으로 낯선 사람이다. 그러나 그의 눈을 들여다보라. 거기엔 같은 것이 있다. 그것이 인류라는 것이다. 그것이 바로 공통분모다. 같은 존재계다. 그대가 그것의 친구가 될 수 있는 근거인 것이다.

그대는 그의 언어를 이해하지 못하지만 그를 이해할 수 있다. 침묵으로도 교통할 수 있기 때문이다. 그의 눈을 그대가 깊이 들여다볼 때 친구가 될 수 있다는 사실이 나타날 것이다. 그리고 만약 그대가 들여다보는 법을 안다면 그때는 원수조차 그대를 속일 수 없다. 그대는 그 속에서 친구의 가능성을 발견할 수 있다. 그는 자신이 그대의 친구가 아니라는 것을 증명할 수 없다. 아무리 멀더라도 그는 그대에게 가깝다. 왜냐하면 그대는 그와 같은 존재계의 흐름 속에 있기 때문이다. 그대는 그와 같은 존재의 대지를 밟고 있다.

만약 이런 일이 일어난다면 그때는 나무조차 그대와 상관이 있게 된다. 돌멩이 하나까지도 그대와 멀지 않다. 하나의 돌멩이는 매우 낯설다. 만남을 이룰 공통적인 배경도 없고 어떤 의사전달도 가능하지 않다. 그러나 같은 존재계가 거기에 있다. 돌도 역시 존재한다. 돌도 역시 존재 속에 동참한다. 그는 거기에 있다. 나는 그것을 '그'라고 부른다. '그' 역시 시간과 공간 속에 존재한다. 태양은 '그'에게도 떠오른다. 그대에게 떠오르는 것과 마찬가지로. 어느 날 '그'는 이 땅 위에서 사라질 것이다. 그대가 사라지는 것처럼 말이다. 그대가 죽는 날이 있듯이 그도 죽는 날이 있다. 그 돌은 사라질 것이다. 존재계 속에서 우리는 만난다. 그 만남이 곧 우정이다. 개인적으로는 우리가 모두 다르지만, 다르게 현현되었지만 본질 속에서 우리는 하나다.

현현 속에서 우리는 모두 낯선 사람들이다. 그래서 우리가 아무리 가깝다고 하더라도 여전히 멀다. 그대는 가까이 다가앉을 수 있고 서로를 껴안을 수도 있다. 하지만 더 이상 가까워질 가능성은 없다. 그대의 인격이 변하는 한 그대는 결코 동일하지 않다. 비슷할 수도 없다. 그대는 언제나 낯선 사람이다. 거기에서 그대는 서로 만날 수 없다. 그대가 만날 수 있기 전에 이미 그대는 변하기 때문이다. 만남의 가능성이 없다. 육체와 마음에 관한 한 그 어떤 만남도 있을 수 없다. 그대가 만날 수 있기 전에 이미 그대는 더 이상 동일하지 않다.

그대는 지켜본 적이 있는가? 그대는 누군가에게 사랑을 느낀다. 그것은 매우 깊은 갈구이다. 그대는 그것으로 가득 차게 된다. 그러나 그대가 '아이 러브 유'라고 말하는 순간 그것은 사라진다. 그대는 그것을 지켜본 적이 있는가? 그것은 이제 거기에 없다. 한낱 추억일 뿐이다. 그전 거기에는 그것이 있었다. 하지만 지금은 없다. 그대가 그것에 동의하고 실현시킨 바로 그 사실이 변화의 영역 속으로 들어가 버렸다. 그대가 그것을 느낄 때 그것은 본질 속에 깊이 들어가 있다. 그러나 그대는 그것을 밖으로 끄집어 내어 시간과 변화의 틀 속에 집어 넣고 있다. 그것은 강물 속으로 들어가고 있다. 그대가 '아이 러브 유'라고 말할 때 그것은 완전히 사라져 버린다. 그것을 지켜보기란 너무나 어렵다. 그러나 지켜본다면 그것은 사실이 된다. 그때 그대는 볼 수 있다. 친구 속에 낯선 사람이 있고 낯선 사람 속에 친구가 있다. 그때 그대는 '동일하지 않은 동일함'으로 남을 수 있다. 그대는 주변만 변했다. 본질에서는, 중심에서는 동일함이 남아 있다.

'명예와 불명예 속에서도'에서 누가 명예스럽고 누가 불명예스러운가? 그대인가? 결코 아니다! 오직 변화하고 있을 뿐이지 그대가 아니다. 누군가 그대를 존경한다. 만약 그대가 그것을 받아들인다면 그대는 어려워질 것이다. 그는 그대의 특정한 모습만을 존경한다. 그는 그대의 변화하는 인격 속에 나오는 한 장면을 존경하는 것이다. 그대는 친절하고 사랑이 넘친다. 그는 그것을 존경한다. 그러나 이 친절과 사랑은 단지 주변적인 것이다. 다음 순간 그대에게는 사랑이 사라진다. 그대에게 증오가 넘친다. 거기에 어떤 꽃도 피지 않는다. 오직 가시들만 돋아 있다. 그대는 행복하지 않을 것이다. 그대는 슬프고 침울해져 있다. 혹, 그대는 잔혹해져 있으며 분노하고 있다. 그러면 그는 그대를 존경하지 않을 것이다. 그대를 멸시할 것이다. 그때 다시 사랑이 나타난다. 타인이 그대를 만날 때 그들은 그대 자신과 접촉하는 것이 아니라 그대라는 현상, 그대의 변화와 접촉하는 것이다.

이것을 기억하라. 그들은 그대를 존경하거나 멸시하는 것이 아니다. 그들은 둘 중 그 어떤 것도 할 수 없다. 왜냐하면 그들은 그대를 모르기 때문이다. 그들은 그대를 알 수 없다. 만약 그대조차 그대 자신을 알지 못한다면 어떻게 그들이 그대를 알 수 있겠는가? 그들은 단지 자신들의 공식만을 갖고 있다. 그들 나름대로의 이론, 잣대, 기준을 갖고 있을 뿐이다. 그들은 자신들의 시금석을 갖고 있다. 그러면서 이렇게 말한다.

"만약 어떤 사람이 이러저러하다면 우리는 그를 존경할 것이다. 만약 그가 그러저러하다면 우리는 그를 멸시할 것이다."

그래서 그들은 자신들의 기준에 따라 행동한다. 그리고 그대는 그들의 시금석과 접촉할 수 없다. 단지 그대의 변화하는 겉모습만 접촉할 뿐이다.

그들은 그대를 하루는 죄인이라고 부르다가 다음날은 또 성자라고 부를 것이다. 그들은 오늘 그대를 성자라고 부를 수도 있다. 그리고 다음날은 그대에게 반대할 것이다. 돌로 그대를 쳐죽일 수도 있다. 무슨 일이 일어나고 있는가? 그들은 그대의 주변과 접촉하고 있는 것이다. 그들은 결코 그대 자신 속으로 들어오지 못한다. 이 점을 기억하라. 그들이 무슨 말을 하든지 그것은 그대 자신에 관한 것이 아니다. 그대는 그들의 이해력 너머에, 이해력 밖에 존재한다. 그들의 비난, 그들의 감사, 그들이 하는 무슨 행동이라도 그대 자신에 관한 것이 아니다. 단지 시간 속에 나타나는 그대의 겉모습에 관한 것일 뿐이다.

선(禪)의 일화 한 가지를 들려주고 싶다. 한 젊은 수행승이 일본의 옛 수도인 교토 근처에 살고 있었다. 그는 매우 젊고 아름다웠다. 그래서 마을 전체가 그를 보고 즐거워할 정도였다. 그들은 그를 존경했고 위대한 성자라고 믿었다. 그런데 하루는 모든 것이 거꾸로 뒤바뀌었다. 한 나이 어린 처녀가 임신을 했는데 그녀는 부모에게 아이 아버지가 그 수행승이라고 말했던 것이다. 그러자 마을 전체는 그를 불신하고 반대했다. 깊은 배신감을 느낀 것이다. 그리고 얼마 후 처녀가 아기를 낳자 그들은 그의 암자로 몰려가 그것을 불태워 버렸다. 매우 추운 겨울날 아침이었다. 그들은 아기를 그 승려에게 던졌고, 특히 그 처녀의 아버지는 이렇게 말했다.

"이 애는 당신 자식이다. 그러니 책임을 져라."

그러자 그 승려는 단지 이렇게 대답했다.

"그런가?"

그때 아기가 울기 시작했다. 그러자 그는 거기에 모인 사람들에 대해서는 돌아보지도 않고 아기를 돌보는 데만 열중했다.

사람들은 각자 집으로 돌아가고 불탄 암자는 완전히 무너져 버렸다. 그리고 아기는 배가 고파서 계속 울어댔다. 그 승려는 아기를 안고 시내로 돌아다니며 동냥을 했다. 하지만 이제 와서 누가 그에게 시주를 하겠는가? 단지 몇 달 전까지만 해도 그는 위대한 성자로 대접받았는데 이제 그는 가장 파렴치한 죄인으로 몰린 것이다. 그는 집집마다 사람들을 찾아다니며 도움을 구했으나 그들은 차갑게 문을 닫아 버렸다. 그들은 이제 완전히 그를 경멸하고 있었다. 그러던 어느 날 그가 그 처녀의 집에 당도했다. 처녀는 아기의 울음소리를 듣자 가슴이 찢어지는 것 같았다. 그때 승려가 문밖에 서서 단지 이렇게 말했다.

"나에게는 아무것도 주지 마라. 나는 큰 죄인이다. 그러나 아기는 죄인이 아니다. 그대는 이 아기에게 젖을 줄 수 있다."

그러자 그 처녀는 아기의 진짜 아버지를 숨긴 사실을 사람들에게 고백했다. 그 승려는 절대적으로 결백했던 것이다.

그래서 그 마을 전체는 다시 그를 존경하게 되었다. 그들은 그의 발 앞에 엎드려 용서를 구했다. 특히 처녀의 아버지는 그에게 아기를 돌려달라고 눈물을 흘리며 이렇게 애걸했다.

"당신은 왜 아니라고 말하지 않았습니까? 왜 아기가 당신의 자식이 아니라고 부인하지 않았습니까? 아기는 당신 자식이 아닙니다."

그러자 그 승려는 '그런가? 이 아기가 내 자식인가?'라고 말했던 것과 똑같이 이렇게 대답했다.

"그런가? 이 아기가 내 자식이 아닌가?"

이것은 이 경전의 방편이 얼마나 삶에 깊이 적용되는지 보여주는 것이다. 명예와 불명예 속에서 그대는 '동일하지 않은 동일함'으로 남아 있어야 한다. 주변에서 무슨 일이 일어나든지 내면의 중심은 동일함으로 남아 있어야 한다. 주변은 변화해야 한다. 그러나 그대의 중심은 변화할 필요가 없다. 그리고 그대는 주변과 중심 그 둘 다이기 때문에 이 방편에 대해 모순적인 말이 나올 수밖에 없다. 동일하지 않은 동일함이 되라고 말하는 것이다. 이 방편은 사랑과 미움, 가난과 부유, 안락과 불편 등 서로 반대되는 모든 양극적 상황에 적용할 수 있다. 그 상황에서 '동일하지 않은 동일함'으로 남는 것이다.

변화란 단지 그대의 주변에서만 일어나고 있음을 알라. 그것은 그대 자신에게 일어날 수 없다. 그것은 불가능하다. 그래서 그대는 얼마든지 그것과 분리되어 남을 수 있다. 이 분리는 억지로 되는 것이 아니다. 그대는 단지 그것이 그러함을 알 뿐이다. 일부러 한 발 물러나는 것과 같은 노력은 필요 없다. 만약 그대가 일부러 분리되려고 한다면 그대는 여전히 주변에 서 있게 된다. 그대는 중심을 알지 못한다. 중심은 언제나 주변과 분리되어 있다. 그것은 초월적이다. 그것은 항상 저 너머에 있다. 그 아래에서 무슨 일이 벌어지든지 거기에 영향이 미치지 않는다.

이것을 극단적인 상황에서 시도해 보라. 그대가 동일하다고 느끼는 어떤 것에 대해서 말이다. 어떤 사람이 그대를 모욕할 때 그의 말을 듣고 있는 그대 자신에게 초점을 맞추라. 어떤 것도 보이지 말고, 어떤 반응도 하지 말고 단지 듣기만 하라. 그는 그대를 욕하고 있다. 그리고 다른 사람은 그대를 칭찬한다. 단지 들어라. 모욕이나 칭찬이나, 명예나 불명예나 단지 듣기만 하라. 그대의 주변은 반응을 일으키며 혼란스러워질 것이다. 그것 역시 바라보라. 그 상태를 바꾸지 마라. 그저 바라보라. 그대의 중심에 깊이 들어앉아서 말이다. 그대는 그 어떤 강제력도 기울이지 않은, 그저 자발적이고 자연스러운 분리가 거기에 있음을 발견하게 될 것이다.

그대가 한번 자연스러운 분리의 느낌을 갖게 되면, 그 어떤 것도 그대를 당황시킬 수 없다. 그대는 언제나 고요하게 남는다. 이 세상에서 어떤 일이 일어나더라도 그대는 동요하지 않는다. 어떤 사람이 그대를 죽이더라도 단지 몸만 해당될 것이다. 그대는 해당되지 않는다. 그대는 저 너머에 남을 것이다. 이 '저 너머'는 그대를 존재계로 인도할 것이다. 축복과 영원 속으로, 진리 속으로, 죽음이 없는 생명 그 자체 속으로 이끌어 갈 것이다. 그대는 그것을 신이라고 불러도 좋다. 아니면 그대가 부르고 싶은 대로 불러도 좋다. 그대는 그것을 니르바나로 부를 수 있다. 그 무슨 이름이라도 좋다. 하지만 그대가 주변에서 중심으로 들어가지 않는 한, 그대 속에 있는 영원성을 자각하지 않는 한 종교적 체험은 그대에게 일어나지 않을 것이다. 그리고 진정한 삶도 살 수 없다. 그대는 놓치고 있다. 그저 모든 것을 놓치고 있을 뿐이다. 그리고 삶의 엑스터시를 놓치는 일은 얼마든지 흔히 일어날 수 있는 일이다.

샹카라는 이렇게 말했다.

"나는 오직 무엇이 변하는 것이며 무엇이 변하지 않는 것인지 아는 자, 무엇이 움직이는 것이며 무엇이 움직이지 않는 것인지 아는 자만을 출가 수행자라고 부를 것이다."

인도 철학에서 이런 식별력을 비베크(vivek)라고 부른다. 이 두 가지 영역, 즉 변화하는 것과 변화하지 않는 것을 식별하는 능력이 바로 비베크인 것이다.

이 방편은 그대가 무엇을 하든지 아주 깊게, 그리고 아주 쉽게 사용되어질 수 있다. 그대는 배고픔을 느끼는가? 이 두 가지 영역을 기억하라. 배고픔은 주변에 의해서만 느껴질 수 있다. 주변은 음식을, 영양분을 필요로 하기 때문이다. 그대는 음식이 필요 없다. 어떤 영양분도 필요 없다. 그러나 육체도 그것을 필요로 한다. 기억하라. 배고픔이 일어날 때 그것은 주변에서 일어나는 것이다. 그대는 단지 그 사실을 아는 자일 뿐이다. 만약 그대가 거기에 없다면 배고픔은 알려질 수 없다. 만약 육체가 거기에 없다면 배고픈 일은 일어나지 않는다. 거기에 그대 없이 지식만 존재할 수 없다. 육체는 아는 능력이 없기 때문이다. 육체는 느낌을 가질 수 있다. 하지만 그것을 알 수는 없다. 반대로 그대는 그것을 알지만 가질 수는 없다.

그러니 '나는 배고프다'라고 말하지 마라. 항상 이렇게 속으로 말하라.

"나는 내 육체가 배고프다는 것을 안다."

그대의 앎에 주안점을 두라. 그때 식별력이 생겨난다. 그대는 하루하루 나이를 먹어 가면서 '나는 늙어가고 있다'라고 말하지 마라. 단지 이렇게 말하라.

"내 육체가 늙어가고 있다."

그리하여 죽음의 순간이 올 때 그대는 역시 알게 될 것이다.

"내가 죽어가고 있는 것이 아니라, 내 육체가 죽어가고 있다. 나는 몸을 바꾸고 있는 것이다. 단지 집을 바꾸는 것일 뿐이다."

만약 이 식별력이 깊어지면 어느 날 갑자기 거기에 깨달음이 있을 것이다.

자, 두번째 방편으로 들어가자.

67

여기에 변화의 구(球)가 있어 변화하고 변화한다.
변화를 통해 변화를 소멸시켜라.

첫째로 이해해야 할 것은 그대가 알고 있는 모든 것이 변화라는 것이다. 그대 자신, 아는 자만을 제외하고는 모든 것이 변화 그 자체다. 그대는 변하지 않는 것을 본 적이 있는가? 이 세상 전체는 변화의 현상을 가지고 있다. 히말라야조차 변하고 있다. 과학자들은 그것이 자라고 있다고 말한다. 히말라야는 세상에서 가장 젊은 산이다. 그것은 계속 성숙하고 있다. 아직 쇠퇴하는 시점에까지 이르지 못한 것이다.

만약 그대가 히말라야와 빈드야찰(Vindhyachal)을 비교한다면 히말라야는 어린애 나이밖에 되지 않는다. 빈드야찰은 가장 오래된 산들 중의 하나다. 그것은 너무 늙어서 오히려 낮아지고 있다. 지난 수십 세기 동안 그것은 계속 낮아졌다. 따라서 히말라야처럼 굳건하고 요지부동으로 보이는 것도 변하고 있다. 그것은 돌들의 강이다. 돌 역시 강물처럼 흘러다니는 것이다. 그 변화의 속도가 달라보일 뿐 모든 것은 변하고 있다.

그대가 알 수 있는 것 중에 변하지 않는 것은 아무것도 없다. 내 말의 요지를 기억하라. 그대가 알 수 없는 것만이 변하지 않는다. 아는 자, 그 자신을 제외하고는 모든 것이 변한다. 그리고 아는 자는 항상 앎 뒤에 숨겨져 있기 때문에 드러나지 않는다. 그것은 결코 아는 행위의 대상이 되지 않는다. 언제나 주체인 것이다. 그대가 무엇을 하고 무엇을 알든지 그것은 그 뒤에 있다. 그대는 그것을 알 수 없다. 내가 이렇게 말할 때 동요하지 마라. 그대가 그것을 알 수 없다고 내가 말할 때 나는 그것이 대상으로서 알 수 없다는 뜻이다. 나는 그대를 볼 수 있다. 그러나 같은 방식으로 내가 어떻게 나 자신을 알 수 있겠는가? 그것은 불가능하다. 지식이라는 관계점에서는 두 가지가 필요하다. 아는 자와 알려지는 대상이 필요한 것이다.

그래서 내가 그대를 볼 때 그대는 알려지는 대상이 되고 나는 아는 자가 된다. 지식은 하나의 다리로서 거기에 존재할 수 있다. 그러니 내가 어디서 나 자신을 바라보며 그 다리를 만들 수 있겠는가? 거기에는 오직 나 자신만이 홀로 있다. 그것은 전적으로 홀로인 것이다. 둑은 한쪽밖에 없는데 어떻게 다리를 연결한단 말인가? 어떻게 아는 자 자체를 안단 말인가?

그래서 '자기 인식(self-knowledge)'은 부정적인 과정이 될 수밖에 없다. 그대는 그대 자신을 직접 알 수 없다. 그대는 단지 그대가 아닌 것만을 계속 제외시켜 나갈 수밖에 없다. 더 이상 지식의 대상이 거기에 남아 있지 않을 때, 다시 말해 그대가 어떤 것도 알 수 없을 때, 단지 텅 빈 허공만이 남아 있을 때-이것이 바로 명상이며 명상은 단지 지식의 모든 대상을 없애 버리는 것이다-그때 의식이 존재하는 순간이 드러난다. 그러나 의식할 수 있는 대상은 아무것도 없다. 앎만이 있을 뿐 알 수 있는 대상은 없다. 앎이라는 단순하고 순수한 에너지만 흐를 뿐 대상은 없다.

아무것도 알 수 있는 대상이 없는 상태에서 그대는 그대 자신을 어떤 특별한 감각으로 안다고 경전은 말한다. 그러나 그 지식은 다른 모든 종류의 지식과는 전적으로 다르다. 그래서 같은 단어를 쓴다면 오해가 일어날 것이다. 따라서 자기를 아는 지식이란 것은 모순이라고 말하는 신비주의자들이 있었다. 그 단어는 사실 매우 역설적인 말이다. 지식은 항상 그 대상으로서의 타자(他者)가 있다. 따라서 자기를 아는 지식이란 가능하지 않다. 자기는 결코 대상이 될 수 없기 때문이다. 그러나 대상으로서의 타자가 없을 때는 어떤 일이 일어난다. 그대는 그것을 '자기 인식(self-knowledge)'이라고 부를 수도 있다. 그러나 그 말도 오해의 소지가 있다.

그래서 그대가 아는 모든 것은 변화한다. 도처에, 이 벽조차 끊임없이 변하고 있다. 이제 물리학은 이 말을 지지하고 있다. 고정된 것처럼 보이는 벽조차 매순간 변하고 있다. 거대한 흐름이 거기에 계속된다. 모든 원자들이 움직이고 있다. 모든 전자들이 달리고 있다. 모든 것이 빠르게 움직이고 있다. 그 움직임이 너무나 빨라서 그대는 그것을 감지하지 못한다. 그래서 벽은 영원히 고정된 것처럼 보인다. 아침에도 그대로이고 오후에도 그대로이며 저녁에도 그대로이다. 어제도 그대로이고 내일도 그대로일 것이다. 그대는 그것이 마치 동일한 것처럼, 변치 않는 것처럼 생각할 것이다. 하지만 그렇지 않다.

여기 선풍기가 있다. 그 날개가 아주 빨리 돌아가면 그저 하나의 원이 있는 것처럼 보인다. 날개 사이의 공간은 그 원 속에 가려져 보이지 않는다. 마찬가지로 전자 알갱이들도 그렇게 빨리 움직이고 있다. 그대 눈에는 날개가 전혀 보이지 않을 것이다. 그대는 움직임을 감지할 수 없다. 선풍기의 날개는 마치 고정된 것처럼 보인다. 그리고 그대의 손을 그 틈 사이로 넣을 수 없다. 손이 그 날개만큼 빨리 돌 수 없기 때문이다. 손가락이 들어가기 전에 다른 날개가 이미 그자리에 와 있기 때문에 그대는 언제나 날개만을 만질 뿐 틈새로 들어갈 수 없다. 움직임이 너무 빨라지면 마치 움직이지 않는 것처럼 보인다. 그래서 사물들은 움직이지 않는 것이다. 하지만 알고 보면 그것은 너무나 빨리 움직인다. 단지 그 움직임의 겉모양을 보고 우리는 그것을 고정된 것이라고 생각한다.

이 방편은 모든 것이 변화라고 말한다. '여기에 변화의 구(球)가 있어…' 붓다의 모든 철학이 이 경구 위에 서 있다. 붓다는 모든 것이 흐름이며, 변하고 있고, 아무것도 영원하지 않다고 말했다. 그리고 사람은 이것을 알아야 한다고 말했다. 붓다는 바로 이 점을 강조한 것이다. 그의 철학은 바로 여기에서 나왔다. 그는 말한다.

"변화, 변화, 변화, 이것을 계속 기억하라."

왜인가? 그대가 변화의 사실을 기억해 낼 수 있다면 거기에 분리가 일어난다. 모든 것이 변하고 있는데 그대는 어떻게 집착할 수 있겠는가?

그대가 어떤 얼굴을 본다. 매우 아름다운 얼굴이다. 그대가 그 얼굴을 볼 때 아름다움이 계속될 것이라는 느낌을 갖는다. 이 점을 깊이 이해하라. 이 아름다움이 계속 남아 있으리라고 결코 기대하지 마라. 하지만 그대가 이 아름다움이 빠르게 변하고 있음을 안다면, 단지 이 순간만 아름다우며 다음 순간 추해질지도 모른다는 사실을 확실히 자각한다면 그대는 어떻게 거기에 집착할 수 있겠는가? 그것은 불가능하다. 육체를 보라. 그것은 살아 있다. 다음 순간 그것은 죽을 것이다. 모든 것이 부질없다. 그대가 변화를 느낀다면 말이다.

붓다는 그의 왕궁을 떠났고 그의 가족을 떠났다. 그의 아름다운 부인과 자식도 떠났다. 어떤 사람이 그에게 '왜'라고 묻자 그는 이렇게 대답했다.

"어떤 것도 영원하지 않다. 그러니 무슨 소용이 있겠는가? 자식도 죽을 것이다."

그리고 붓다가 왕궁을 떠나는 날 밤에 그의 아들이 태어났다. 붓다는 떠나기 전에 마지막으로 아내를 보러 아내의 방으로 갔다. 거기엔 태어난 지 몇 시간밖에 되지 않은 아들이 있었다. 아내는 등을 문으로 향한 채 아기를 안고 잠들어 있었다. 붓다는 작별 인사를 하고 싶었지만 곧 그것이 부질없다는 생각이 들었다.

다음 순간 그의 마음에는 하나의 생각이 섬광처럼 스치고 지나갔다.

'이 아기는 태어난 지 하루, 아니 몇 시간밖에 되지 않았다. 그

러니 나는 아기의 얼굴을 봐둬야 한다.'

그러나 다시금 그는 스스로에게 말했다.

"무슨 소용이 있겠는가? 모든 것은 변하고 있다. 이 아이는 오늘 태어났지만 다음 언젠가는 죽을 것이다. 그러면 그는 여기에 없다. 지금 그는 여기에 있다. 그리고 어느 날 다시 그는 여기에 없을 것이다. 그러니 무슨 소용이 있는가? 모든 것은 변하고 있다."

그는 돌아섰다. 그리고 떠났다.

그 후에 어떤 사람이 '당신은 왜 그 모든 것으로부터 떠났습니까?'라고 묻자 붓다는 이렇게 대답했다.

"나는 변하지 않는 것을 찾고 있었다. 변하는 것에 집착한다면 좌절감만 느끼게 될 것이다. 변하고 있는 것에 집착한다면 나는 어리석은 자다. 그것은 변할 것이기 때문이다. 그것은 결코 동일한 상태로 남아 있지 않을 것이다. 그때 나는 좌절을 느낄 것이다. 그래서 나는 절대로 변하지 않는 것을 찾고 있다. 만약 절대로 변하지 않는 것이 있다면 오직 그때만이 삶의 의미와 가치가 있다. 그렇지 않다면 모든 것은 부질없다."

그의 모든 가르침은 만물이 변화한다는 사실에 기초한 것이다.

이 방편은 아름답다. 이 방편은 말한다.

"변화를 통해 변화를 소멸시켜라."

붓다는 이 후반부에 대해서는 아무 말도 하지 않았다. 후반부는 기본적으로 탄트라적 전통이다. 붓다는 모든 것이 변한다고만 말했다. 그것을 느낀 그때 그대는 집착을 버릴 것이다. 그리고 그대가 집착하지 않을 때 점점 변화하는 모든 것으로부터 떠날 것이다. 그대는 그대 자신 속으로 떨어질 것이다. 변화가 없는 내면의 중심으로 말이다. 그러므로 변화를 통해 변화를 계속 소멸시켜 나가라. 그러면 그대는 자신을 더 이상 변화하지 않는 중심으로 떨어뜨릴 것이다. 바퀴의 중심으로 말이다. 붓다는 자신의 종교를 상징하는 것으로 바퀴를 선택했다. 왜냐하면 바퀴는 계속 움직이지만 그 중심은 가만히 있기 때문이다. 삼사라, 이 윤회의 세계는 바퀴처럼 움직인다. 그대 개체의 인격은 바퀴처럼 돈다. 그리고 그대 내면의 본질은 바퀴의 중심처럼 부동한 채로 남아 있다. 그것은 돌아다니지 않는다.

붓다는 '삶은 변화다'라고 말할 것이다. 그는 이 방편의 전반부에 대해서 찬성할 것이다. 그런데 이 방편의 후반부는 전형적인 탄트라의 문구다. '변화를 통해 변화를 소멸시켜라'라고 말하고 있다. 탄트라는 변화하는 것으로부터 떠나지 말라고 말한다. 그 속으로 뛰어들라고 말한다. 집착하지는 마라. 그러나 뛰어들어라. 왜 두려워하는가? 그 속에 뛰어들었다가 살아 나오라. 변화가 일어나는 것을 허용하라. 변화 자체를 통해 변화를 소멸시켜라. 두려워하지 마라. 달아나지 마라. 어디로 달아나겠는가? 어떻게 피할 수 있는가? 변화는 어디에든 있다. 탄트라는 말한다. 모든 것의 변화는 도처에 있다고. 그대가 어디로 도망가겠는가? 변화를 피해서 어디로 갈 수 있는가?

그대가 가는 곳마다 거기에 변화가 일어날 것이다. 모든 도피 행위는 부질없는 짓이다. 그러므로 도피하려 들지 마라. 그러면 그때는 어떻게 하겠는가? 집착하지 말고 변화 속에 살아라. 변화가 되라. 변화에 대해서 어떤 투쟁도 하지 마라. 그것과 함께 움직여라. 강물은 흘러가고 있다. 그대도 강물과 함께 흘러가라. 헤엄조차 치지 마라. 그저 강물이 그대를 실어 나르도록 하라. 흐름과 싸우지 마라. 그대의 에너지를 흐름과 투쟁하는 데 낭비하지 마라. 그저 푹 쉬어라. 그저 내버려둬라.

투쟁 속에서 그대는 모든 것이 변한다는 이 사실을 잊어버릴지도 모른다. 그래서 탄트라는 '변화를 통해 변화를 소멸시켜라'라고 말하는 것이다. 싸우지 마라. 그럴 필요가 없다. 그대의 내면으로는 변화가 들어올 수 없다. 그러니 두려워하지 마라. 이 세상에 살아라. 이 세상이 그대 속으로 들어올까봐 두려워하지 마라. 이길 저길을 모색하지 마라.

사람들에게는 두 가지 유형이 있다. 한 가지는 변화하는 이 세상에 집착하는 것이고 또 한 가지는 도망가는 것이다. 그러나 탄트라는 그것 역시 변화라고 말한다. 그래서 집착하는 것은 부질없으며 도망가는 것 역시 같은 것이다. 무슨 소용이 있겠는가? 붓다는 이렇게 말했다.

"이 변화의 세상에서 살아 남으려는 것이 무슨 소용이 있겠는가?"

그리고 탄트라는 말한다.

"거기에서 벗어나려는 것이 무슨 소용이 있겠는가?"

둘 다 부질없다. 그러니 변화가 일어나도록 허용하라. 그대는 그것과 관계하지 않으면 된다. 그것은 일어날 것이고, 그대는 그것에 대비할 필요조차 없다. 그대는 변화하지 않았다. 그러나 세상은 변해 왔다. 앞으로도 그대는 변하지 않을 것이며 세상은 변해갈 것이다. 그러니 왜 일부러 번잡스럽게 만드는가?

"변화를 통해 변화를 소멸시켜라."

이것은 매우 의미심장한 가르침이다. 분노를 통해 분노를 소멸시켜라. 섹스를 통해 섹스를 소멸시켜라. 탐욕을 통해 탐욕을 소멸시켜라. 삼사라를 통해 삼사라를 소멸시켜라. 그것과 싸우지 마라. 그저 푹 쉬어라. 싸움은 긴장을 만들고 고뇌와 근심을 만들기 때문이다. 그대는 불필요하게 복잡해질 필요가 없다. 세상을 있는 그대로 내버려둬라.

두 가지 종류의 유형이 있다. 한 가지는 세상을 있는 그대로 내버려두지 못하는 유형이다. 그들은 혁명을 부르짖는다. 그들은 그것을 변화시킬 것이며 변화시키려고 투쟁할 것이다. 그들은 변화를 위해 자신들의 모든 삶을 파괴시킬 것이다. 하지만 그것은 이미 변하고 있다. 사실 그들은 별로 필요하지 않다. 그들은 단지 자신들을 소멸시키고 있는 것이다. 그들은 변화하는 세상에서 불타 없어질 것이다. 그리고 세상은 언제나 변해 왔다. 어떤 혁명도 진짜로 필요한 것은 아니다. 세상은 그 자체가 혁명이다. 그것은 변하고 있다.

그대는 왜 인도인들이 혁명을 일으키지 않는지 궁금해 할 것이다. 그것은 인도인들이 모든 것은 이미 변하고 있다는 견해를 갖고 있기 때문이다. 왜 그대는 그것을 변화시키려고 그토록 애를 태우는가? 그대는 변화시킬 수도 없고 변화를 멈추게 할 수도 없다. 그것은 변하고 있다. 왜 자신을 낭비하는가?

세상을 변화시키려는 유형은 종교의 눈으로 보면 일종의 노이로제 환자다. 사실 그는 자기 자신과 만나는 것을 두려워한다. 그래서 그는 외부로만 눈을 돌려 이 세상에 빠져서 살려고 하는 것이다. 그리고 이렇게 말한다.

"나라는 변화되어야 한다. 정부도 변화해야 한다. 이 사회, 이 경제, 이 구조가 모두 변화해야 한다."

그리고 그는 곧 죽을 것이다. 그는 '자기 인식'을 통해 생겨나는 엑스터시를 한 번도 맛보지 못하고 죽는다. 세상은 계속될 것이고 그 바퀴는 계속 굴러갈 것이다. 그것은 이미 수많은 혁명을 보여주었다. 그리고 앞으로도 그럴 것이다. 그대는 그것을 멈출 수가 없다. 그리고 변화를 앞당길 수도 없다.

이것이 바로 신비주의의 태도이다. 신비주의는 세상을 변화시킬 필요가 없다고 말한다. 그러나 신비주의 역시 두 가지 유형을 가지고 있다. 하나는 이 세상을 변화시킬 필요가 없다고 말한다. 그러나 자기 자신을 변화시킬 필요는 있다고 말한다. 그는 변화를 믿는다. 이 세상의 변화 뿐만 아니라 자기 자신의 변화까지도 말이다. 그러나 탄트라는 말한다. 그 누구도 변화해야 할 필요가 없다고. 이 세상도 그대 자신도 말이다. 이것이야말로 신비주의 중에서도 가장 깊은 핵심이다. 그대는 세상을 변화시킬 필요가 없다. 그리고 그대 자신도 변화시킬 필요가 없다. 그대는 모든 것이 변하고 있음을 알고 있다. 그 변화 속에서 둥둥 떠다녀라. 그 변화 속에서 편히 쉬어라.

어떤 변화도 일으키려는 노력을 하지 않는 순간 그대는 전적으로 이완할 수 있다. 어떤 작은 노력이라도 들어 있다면 그대는 이완할 수 없다. 그때는 긴장이 일어난다. 미래에 어떤 가치 있는 일이 벌어질 것이기 때문이다. 세상은 변화해 나갈 것이다. 세상은 이상적인 공산주의가 되든지 지상낙원이 될지도 모른다. 혹은 그대가 미래 어느 순간에 신의 나라, 혹은 모크샤에 들어갈지도 모른다. 낙원 한 모퉁이 어디에선가 천사들이 그대를 영접하려고 기다리고 있을지도 모른다. 그러나 그 '어디에선가'는 미래의 문제다. 이런 태도를 갖고 있다면 그대의 긴장은 계속될 것이다.

탄트라는 그것을 잊어버리라고 말한다. 세상은 벌써 변하고 있고 그대 역시 변하고 있다. 변화는 존재계다. 그래서 그것에 대해 걱정하지 않아도 된다. 변화는 그대가 없어도 일어나고 있다. 그대는 필요치 않다. 그대는 미래를 걱정하지 말고 그저 떠다녀라. 갑자기 변화의 한가운데서 결코 변화하지 않는 그대 내면의 중심을 자각하게 될 것이다. 그것은 언제나 있는 그대로, 동일하게 남아 있다.

왜 이런 일이 일어나는가? 그대가 충분히 이완되었기 때문이다. 그때 변화의 배경은 그대에게 대조의 느낌을 준다. 그것을 통해 그대는 변함없음을 느낄 수 있다. 만약 그대가 이 세상이나 자신을 변화시키려는 어떤 노력 속에 있다면 그대는 그대 속에 미세하게 움직이지 않는 중심을 발견할 수 없다. 그대는 변화에 너무 사로잡혀 있다. 그대는 그 상황이 어떤지를 정확히 볼 수 없다.

변화는 온통 주위에 널려 있다. 변화는 삶의 배경이 된다. 그리고 대조가 일어난다. 그대는 이완된다. 그래서 그대의 마음속에는 어떤 미래도 없다. 미래에 대해 생각하지 않는 것이다. 그대는 지금 여기에 존재한다. 이 순간이 전부다. 모든 것이 변하고 있다. 그때 문득 그대는 결코 변하지 않는 내면 속의 한 점을 인식한다. 이것이 바로 '변화를 통해 변화를 소멸시켜라'라는 의미다.

싸우지 마라. 죽음을 통해서 죽음 없음이 되라. 죽음을 통해서 죽음이 죽게 하라. 그것과 싸우지 마라. 탄트라의 태도는 이해하기 어렵다. 우리의 마음은 뭔가를 하고 싶어하지만, 탄트라는 될 수 있으면 뭔가를 하지 않으려는 것이기 때문이다. 그것은 단지 편히 쉬는 것을 원한다. 그리고 이것이야말로 가장 깊이 감춰진 비밀들 중의 하나다. 만약 그대가 이것을 느낄 수 있다면 그대는 어떤 것에 대해서도 신경 쓸 필요가 없다. 이 하나의 방편이 그대에게 모든 것을 줄 수 있다.

그때 그대는 어떤 것을 할 필요가 없다. 그대는 변화를 통해 변화가 소멸될 수 있다는 비밀을 알았기 때문이다. 죽음을 통해 죽음이 소멸될 수 있으며, 섹스를 통해 섹스가 소멸될 수 있다. 분노를 통해 분노가 타 없어질 것이다. 이제 그대는 독을 통해 독이 말라 없어질 수 있는 비밀을 알게 된 것이다.

〈질문〉

"변화를 통해 변화를 해결하고 섹스를 통해 섹스를 해결한다는 등등의 것은 인간 그 자체로는 어렵지 않겠습니까? 집착이나 고뇌와 낙심이라는 결과 없이 그것이 가능하겠습니까?"

인간 그 자체만으로 이것을 할 수 있다. 이것은 오직 인간 그 자체에게만 주어진 것이다. 탄트라는 그대처럼 아픈 사람을 위한 약이다. 그러니 그것이 그대에게 맞지 않는다고 생각하지 마라. 그것은 그대를 위한 것이며 그대는 그것을 할 수 있다. 그러나 우선은 집착으로 떨어질 수 있는 가능성이 있다고 말할 때 그것이 무슨 뜻인지를 그대는 이해해야 한다. 그리고 거기에 집착으로 떨어진 결과가 있다. 좌절감으로서 말이다. 그대는 이해하지 못한 것이다. '변화를 통해 변화를 소멸시켜라'라고 하는 것은 거기에 집착이 있다고 하더라도 그것과 싸우지 말라는 뜻이다. 집착하라. 그러나 또한 지켜보는 자가 되라.

집착이 거기에 있는 것을 허락하라. 그것과 싸우지 마라. 탄트라는 싸움이 없는 과정이다. 싸우지 마라. 좌절감이 올 것이다. 물론 좌절감이 거기에 있다. 그러나 또한 지켜보는 자가 되라. 그대는 집착한다. 그리고 동시에 그대는 지켜보는 자다. 이제 좌절감이 온다. 그리고 그대는 그것이 올 것이라는 것도 잘 안다. 이제 좌절하라. 그러나 지켜보라. 그때 집착을 통해 집착이 소멸된다.

그대가 불행을 느낄 때 이렇게 해보라. 불행하라. 그것과 싸우지 마라. 이것을 해보라. 그것은 놀라운 것이다. 불행이 존재할 때 그대는 불행을 느낀다. 그대의 문들을 닫고 불행하라. 이제 그대는 무엇을 할 수 있는가? 그대는 불행하다. 그래서 그대는 불행하다. 이제 전적으로 불행하라. 갑자기 그대는 불행을 인식하게 될 것이다. 하지만 그대가 그것을 바꾸려 한다면 그대는 결코 인식하지 못할 것이다. 왜냐하면 그대의 노력, 그대의 에너지, 그대의 의식이 변화를 향해, 어떻게 이 불행을 바꿀까 하는 것을 향해 방향지워지기 때문이다.

그때 그대는 상황을 바꾸려는 것에 대해서만 생각하기 시작한다. 그때 그대는 정말로 아름다운 경험, 즉 불행 그 자체를 놓치고 있는 것이다.

이제 그대는 원인 결과들에 대해 생각하고 있고, 어떻게 하면 그것을 잊어버릴 수 있을까, 어떻게 하면 그것을 초월할 수 있을까를 생각하고 있다. 그리고 그대는 불행 자체를 놓치고 있다. 불행은 거기에 있고 그것은 자유로워질 수 있다. 아무것도 생각하지 마라. 불행이 어떻게 창조되는지에 대해서 분석하지 마라. 그 결과가 어떻게 나타날지에 대해 생각하지 마라. 그것들은 자동적으로 따라올 것이다. 그래서 그대는 나중에 볼 수 있다. 서둘 필요가 없다. 불행하라. 단지 불행하라. 그것을 바꾸려 하지 마라.

얼마나 오랫동안 그대가 불행한 채로 남을 수 있는지를 보라. 그대는 그 일의 전모에 대해서 웃을 것이다. 그 일의 전모가 우스꽝스럽게 보인다. 왜냐하면 그대가 전적으로 불행하다면 갑자기 그대의 중심은 불행을 넘어서 있기 때문이다. 그 중심은 결코 불행할 수 없다. 그것은 불가능하다. 그대가 불행과 함께 남아 있을 수 있다면 그 불행은 배경이 될 것이다. 그리고 결코 불행할 수 없는 그대의 중심은 갑자기 솟아오른다. 그때 그대는 불행하면서도 불행하지 않다. 그것이 바로 '동일하지 않은 동일함'인 것이다. 이제 그대는 불행을 통해 불행을 소멸시켰다. 이것이 바로 그 뜻이다. 이것이 바로 그것의 의미다. 그대는 아무것도 하지 않고 있다. 단지 불행을 통해 불행을 다 태워 버렸다. 불행은 구름이 사라지듯이 사라질 것이다. 그리고 푸른 하늘이 열릴 것이다. 그대는 웃을 것이다. 그대는 아무것도 하지 않았다. 그리고 그대는 아무것도 할 수 없다. 그대가 할 수 있는 모든 것은 더 많은 혼란과 더 많은 불행을 만드는 것일 뿐이다.

누가 이 불행을 만들었는가? 그대이다. 이제 그대는 그것을 변화시키려고 한다. 그러면 더 악화될 것이다. 그대는 불행의 창조자다. 그대가 그것을 만들었다. 그대가 그 근원이다. 그리고 이제는 불행의 근원 자체가 노력하고 있다. 그대는 무엇을 할 수 있는가? 이제 환자는 자신을 치료하려 한다. 그는 그 모든 것을 만들어 낸 장본인이다. 이제 그는 수술을 생각하고 있다. 그것은 바로 자살인 것이다. 어떤 것도 하지 마라. 내면은 매우 깊다. 그대는 아주 여러 번 불행을 멈추려고 했다. 우울함에서 벗어나려 했다. 이것저것을 정지시키려고 했다. 하지만 아무것도 일어나지 않았다. 그러니 이제 이 방편을 시도해 보라. 아무것도 하지 않는 것을 말이다. 불행이 거기에 있도록, 그것의 전체성 속에 있도록 허용하라. 그것이 자체의 강렬함을 지니도록 놔두라. 아무것도 하지 않은 채로 남아 있어라. 그저 그것과 함께 있어라. 일어나는 상황을 지켜보라. 삶은 변화다. 히말라야조차 변하고 있다. 그래서 그대의 불행도 변하지 않을 수 없다. 그것은 그 스스로 변할 것이다. 그리고 그대는 그 변화의 과정을 보게 될 것이다. 그것이 사라지고 있는 것을, 멀리 떨어져 나가는 것을 말이다. 그리고 그대는 홀가분함을 느낀다. 하지만 그대는 아무것도 하지 않았다.

한번 그대가 그 비밀을 알게 되면 어떤 것이라도 그것 자체를 통해서 소멸시킬 수 있다. 그러나 비밀은 아무것도 하지 않고 고요히 존재할 것이다. 분노가 거기에 있다. 그저 존재해 있어라. 단지 존재하라. 아무것도 하지 마라. 만약 그대가 이렇게 할 수 있다면, 그저 거기에 존재할 수 있다면, 현재할 수 있다면, 지켜볼 수 있다면, 그 어떤 것도 바꾸려는 노력을 하지 않는다면, 이 무위(non-doing) 속에 머물 수 있다면, 모든 사물을 그것 자체의 방식대로 내버려둘 수 있다면 그대는 어떤 것이라도 소멸시킬 수 있다. 그대는 할 수 있다.

이제 됐는가?

욕망으로부터 자유에 이르는 길

탄트라는 말한다。 속박과 자유는 상대적인 현상일 뿐이라고 말이다。 탄트라는 그대가 속박으로부터 자유로워져야 한다고 말한다。 그대가 그로부터 자유로워지지 않는 한 진정한 자유는 없다。

욕망으로부터 자유에 이르는 길

68

암탉이 병아리들을 기르듯이 실체 속에서 특별한 앎들과
특별한 행동들을 길러라.

69

진실로 말하자면 속박과 자유는 서로 이어져 있기 때문에
이 말들은 오직 우주를 두려워하는 자들만을 위한 것이다.
이 우주는 마음들의 반영이다.
그대가 하나의 태양으로부터 물 속에 비친
수많은 태양들을 보듯이 얽매임과 해탈을 그렇게 보라.

혜능(慧能)대사가 어떤 사람에게 물었다.

"무엇이 문제인가? 사람이 자신의 아집을 풀 수 있고, 또한 자기가 누구인지 알려고 노력할 수 있는 근거가 무엇인가?"

그는 왜 아무 노력도 없이 알 수 있는 것에 문제를 제기하는가? 도대체 어떤 문제가 있어야 했는가? 그대가 있다. 그대는 그대가 있다는 것을 안다. 그런데 왜 그대는 자신이 누구인지 알 수 없는가? 그대는 어디에서 자신을 놓친 것인가? 그대는 의식적이다. 그대는 자신이 의식적인 것을 의식한다. 삶이 거기에 있다. 그대는 살아 있다. 그런데 왜 그대는 자신이 누구인지 알지 못하는가? 무엇이 그 장벽이 되는가? 무엇이 그대로 하여금 이 기본적인 자기 인식(self-knowledge)을 못하도록 가로막는가? 만약 그대가 그 장벽을 이해할 수 있다면 그 장벽은 쉽게 해결될 수 있을 것이다. 그래서 진실한 물음은 어떻게 자신을 알 수 있는가 하는 것이 아니다. 진실한 물음은 '어떻게 해서 나 자신을 알지 못하는가'라는 것이며 '왜 그런 명백한 실체를 놓치고 있는가'하는 것이다. 사실 그것은 그대에게 너무나 가까이 있는 기본적 진리이다. 어떻게 그대는 그것을 계속 놓치고 있는가? 그대는 하나의 방편을 마련해야 한다. 그렇지 않으면 그대 자신으로부터 벗어나기가 어렵다. 그대는 벽을 만들어야 한다. 어떤 특별한 감각 속에서 자신을 속여야 한다.

그러면 자신으로부터 벗어나게 하는, 자신을 알지 못하게 하는 그 속임수는 무엇인가? 만약 그대가 그 속임수를 이해하지 못한다면 그대가 무엇을 하든지 도움이 되지 않을 것이다. 속임수가 남아 있기 때문이다. 그리고 그대는 자신을 어떻게 알 수 있는지, 진리를, 실체를 어떻게 알 수 있는지 계속 묻는다. 그리고 결과적으로 그대는 장벽을 계속 간과하고 있다. 오히려 그것을 더 두껍게 쌓는다. 그리하여 그대가 무슨 방편을 수행하든지 아무 소용도 없게 될 것이다.

사실 자신을 아는 데는 어떤 적극적인 행동도 필요치 않다. 그저 부정적이고 수동적인 어떤 것이면 된다. 어쨌든 그대는 스스로가 쌓아 올린 장벽을 부숴 버려야만 한다. 장벽이 사라지는 순간 그대는 저절로 알게 될 것이다. 장벽이 없는 순간 앎이 생긴다. 그대는 그 앎을 위해 어떤 적극적인 노력도 기울일 필요가 없다. 그대는 그 앎을 어떻게 놓쳐 왔는지 깨닫기만 하면 되는 것이다.

그래서 그대가 계속 저지르고 있는 몇 가지 과오들을 이해해야 한다. 첫째 그대는 꿈속에 살고 있다. 그리고 그 꿈이 장벽이 된다. 실체는 꿈이 아니다. 그것은 존재한다. 그대는 도처에 있어 그대를 둘러싸고 있다. 내면과 외부에 있다. 그대는 실체를 놓칠 수 없다. 그러나 그대는 꿈을 꾸고 있다. 그때 그대는 실체와는 전혀 엉뚱한 차원에서 움직인다. 꿈의 세계를 헤매고 있는 것이다. 그때 꿈은 구름처럼 그대를 덮는다. 그리고는 장벽을 만들어 낸다. 마음이 꿈에서 깨어나지 않는 한 진실은 알려질 수 없다. 꿈을 통해서 실체를 보려 하지만 그때 실체는 왜곡된다. 그리고 그대의 눈은 꿈으로 가득 찬다. 그대의 귀도 꿈으로 가득 차고 손도 꿈으로 가득 찬다.

그래서 그대가 만지는 것은 무엇이든지 꿈을 통해 전달된다. 그대가 보는 것 역시 꿈을 통해 보는 것이며, 듣는 것도 마찬가지다. 그대는 모든 것을 왜곡시킨다. 그대에게 전달되는 것은 무엇이든지 꿈을 통해 전달된다. 그 꿈들은 모든 것을 변질시켜 버린다. 모든 것을 채색해 버린다. 꿈꾸는 그 마음 때문에 그대는 외부와 내면 모두에서 실체를 놓치고 있는 것이다. 그대는 실체와 접촉하기 위해 모든 방법과 수단들을 모색할 수 있지만 꿈꾸는 마음을 통해서 하려고 한다. 결국 그대는 종교적인 꿈을 꾸기까지 한다. 그대는 실체에 대한, 진리에 대한, 신에 대한, 그리스도와 붓다에 대한 꿈을 꾼다. 그러나 그것 역시 꿈일 것이다. 꿈은 멈춰져야만 한다. 꿈꾸고 있는 것은 실체를 아는 데 사용될 수 없다.

내가 '꿈꾸고 있는 것'이라고 말하는 것이 무슨 의미인 줄 아는가? 그대는 지금 당장 내 말을 듣고 있다. 하지만 거기에 꿈이 있다. 그리고 그 꿈은 들려오는 말들을 계속 해석하고 있다. 그래서 사실 그대는 내 말을 듣는 것이 아니라 꿈이 하는 말을 듣고 있다. 해석은 자동적으로 일어나기 때문이다. 그대는 들리는 말에 대해서 생각하고 있다. 생각할 필요가 어디 있겠느냐? 단지 듣기만 하라. 생각하지 마라. 그대는 생각하기 때문에 제대로 들을 수 없는 것이다. 생각과 듣기를 동시에 하기 때문에 그대가 듣는 것은 무엇이든지 그대 자신의 소음이다. 그것은 내가 한 말이 아니다. 생각을 멈춰라. 그저 듣기만 하고 생각은 지워 버려라. 그때 상대방이 하는 말을 정확하게 들을 수 있게 될 것이다.

꽃을 바라볼 때 꿈꾸는 것을 멈춰라. 그대의 눈이 생각으로 가득 차게 하지 마라. 과거나 미래에 대한 꿈으로 가득 차게 하지 마라. 꽃에 대해서 이미 알고 있던 지식도 개입시키지 마라. '이 꽃은 아름답다'라는 말조차 하지 마라. 왜냐하면 그렇게 하는 순간 그대는 실체를 놓치기 때문이다. 이런 말들이 바로 장벽이 되는 것이다. 하지만 그대는 말한다.

"이 꽃은 아름답다."

그런 말들이 들어오는 순간 실체는 그 말로 인해서 해석되어 버린다. 왜곡되는 것이다. 말들이 그대 주위를 둘러싸지 못하게 하라. 직접 보라. 직접 들어라. 그리고 직접 만져라.

그대가 누군가를 만질 때 단지 만지기만 하라. 피부가 곱다느니 부드럽다는 말을 하지 마라. 그때 그대는 놓친다. 그대는 꿈속으로 들어가 버리는 것이다. 피부가 어떠하든지 그것은 지금 여기에 있다. 그것을 만져라. 피부 그 자체가 직접 그대에게 와 닿게 하라. 그대는 아름다운 얼굴을 바라본다. 그것을 바라보라. 그 얼굴 자체가 들어오게 하라. 그것을 해석하지 마라. 아무 말도 하지 마라. 그대의 과거심을 거기에 집어 넣지 마라.

첫째로 꿈은 그대의 과거심이 만들어 내는 것이다. 과거의 마음은 그대의 주위를 계속 맴돌고 있다. 더 이상 그것이 들어오지 못하게 하라. 그러면 미래 역시 들어오지 못한다. 그대가 아름다운 얼굴을, 아름다운 몸을 보는 순간 욕망은 즉시 일어난다. 그대는 소유하고 싶어진다. 그대는 아름다운 꽃을 본다. 그것을 꺾고 싶다. 그때 그대는 움직인다. 꽃은 거기에 있지만 그대는 욕망 속으로, 미래 속으로 들어간다. 이제 그대는 거기에 있지 않다. 그래서 그대는 존재하지도 않는 과거 속에 있거나 아직 닥쳐오지 않는 미래 속에 있다. 그대는 지금 당장 존재하는 것을 놓치고 있다.

그래서 첫째로 기억할 것은 말들이 그대와 실체 사이에 가로놓이지 않도록 해야 한다는 것이다. 말이 적을수록 장벽은 적어진다. 말이 아예 없어지면 장벽도 없다. 그때 그대는 실체를 직접 대면한다. 즉시 얼굴과 얼굴을 대하는 것이다. 그러나 말이 있다면 그것은 모든 것을 파괴한다. 말은 본질을 변질시키기 때문이다.

나는 어떤 여자의 자서전을 읽은 적이 있다. 그녀는 지난날을 회고하면서 어느 날 침대에서 일어난 직후를 기술하고 있었는데 처음에 그녀는 이렇게 썼다.

'어느 날 아침 나는 눈을 떴다.'

하지만 곧바로 그녀는 이렇게 말했다.

"'나는 눈을 떴다'라고 쓰는 것은 옳지 않아. 그때 나는 아무것도 하지 않았어. 눈은 제 스스로 뜨여진 거야."

그녀는 문장을 고쳐 썼다.

'내가 눈을 뜬 것이라고 말하는 것은 옳지 않다. 나는 아무것도 하지 않았다. 내가 노력한 부분은 없다. 그것은 어떠한 행위가 전혀 아니다. 눈은 제 스스로 뜨였다.'

하지만 그렇게 써놓고 보니 좀 우스꽝스럽게 보였다. 눈은 그녀에게 속한 것이기 때문이다. 그런데 어떻게 눈이 제 스스로 뜨여지는 일이 가능하겠는가? 그렇다면 이제 어떻게 말해야 하는 것인가?

언어로는 결코 그것을 무엇이라고 딱 잘라 말할 수 없다. 만약 그대가 '나는 눈을 떴다'라고 말한다면 그것은 거짓말이다. 그리고 '눈이 제 스스로 뜨였다'라고 말하는 것도 역시 거짓말이다. 눈은 단지 몸의 일부분이기 때문이다. 그것들은 스스로 뜰 수 없다. 거기에는 모든 메커니즘이 관련되어 있다. 우리가 무슨 말을 하든지 이와 같다. 만약 그대가 인도의 시골 마을, 특히 원시적인 생활을 하는 곳에 간다면—인도는 시골로 가면 아직도 원시적인 생활을 하는 부족들이 많이 있다—그들은 다른 언어 구조를 갖고 있다. 그들의 언어 구조는 매우 기초적이며 사실적이다. 그래서 그들은 시를 지을 수 없다. 그들의 언어 구조는 꿈을 꾸는 데 별 도움이 되지 않는다.

만약 비가 내리면 우리는 영어로 이렇게 말한다. '그것은 비가 내리고 있다 (It is raining)'라고 말이다. 그러면 그 원시부족의 사람들은 묻는다.

"여기에서 '그것(It)은' 무엇을 뜻하는 것인가? '그것'이 가리키는 것이 무엇인가? 그리고 '내리고 있다(raining)'는 것이 무엇인가? 그들은 그저 간단히 비(rain)라고만 말한다. 비가 실체다. 그러나 우리는 많은 것을 덧붙인다. 말이 많아질수록 우리는 점점 실체로부터 멀어지는 것이다.

붓다는 이렇게 말하곤 했다.

"그대가 '한 사람이 걸어간다'고 말할 때 그 말이 무슨 뜻인가? 그 사람이 어디에 있는가? 오직 걸어가는 것만이 있다. 그대의 '한 사람'이라는 것은 무엇인가?"

우리는 '한 사람이 걸어간다'고 말할 때 한 사람 같은 어떤 것이 있고, 또 걸어가는 것 같은 어떤 것이 있다고 생각한다. 그 두 가지 사물이 합쳐진 것이라고 본다. 그러나 붓다는 거기에 '걸어감'만 있다고 말한다.

그대가 '강이 흘러간다(The river is flowing)'라고 말할 때 그 말은 무슨 뜻인가? 거기에는 단지 '흘러감(flowing)'만이 있다. '흘러감'은 곧 강이다. '걸어감(walking)'은 곧 사람이다. '보고 있음(seeing)'도 곧 사람이며, '서 있음(standing)'과 '앉아 있음(sitting)' 역시 곧 사람이다. 만약 그대가 이 모든 것들, 즉 걸어감, 서 있음, 앉아 있음, 생각하고 있음, 꿈꾸고 있음 등을 제거해 버린다면 거기엔 무엇이 남아 있겠는가? 거기에는 사람이 남아 있지 않다. 그러나 언어는 다른 세계를 만들어 낸다. 그리고 언어 속을 헤매고 다니는 동안 우리는 계속 실체에서 멀어져 간다.

그래서 먼저 기억해야 할 것은 어떻게 하면 불필요한 말들을 끼워 넣지 않는가 하는 것이다. 그대는 필요할 때 그것들을 사용할 수 있다. 그러나 말을 할 필요가 없다면 텅 빈 채로 남아 있어라. 침묵으로 남아 있어라. 사물들을 계속 언어화시킬 필요가 없다.

둘째로, 투영하지 마라. 어떤 사물을 보고 그대의 생각을 투영하지 마라. 거기에 있는 것을 그대로 바라보라. 아무것도 덧붙이지 말고 그냥 바라보라. 그대는 하나의 얼굴을 본다. 그대가 '아름답구나!'라고 말하는 것은 군더더기를 덧붙이는 것이다. 혹은 '못생겼구나!'라고 말하는 것도 마찬가지다. 얼굴은 그저 얼굴이다. 아름답다거나 추하다고 하는 것은 그대의 해석이다. 그런 것은 거기에 없다. 같은 얼굴도 어떤 사람에게는 아름답고 어떤 사람에게는 추하게 느껴지는 것이다. 그리고 또 다른 사람에게는 둘 다 아니다. 그 세번째 사람은 무관심한지도 모른다. 그는 그것을 쳐다보지도 않을 수 있다. 같은 얼굴인데 말이다. 얼굴은 단순히 얼굴이다. 거기에 어떤 것을 끌어들이지 마라. 투영하지 마라. 그대의 투영물은 그대의 꿈이다. 만약 그대가 투영한다면 그때 그대는 놓칠 것이다. 이것은 매일 일어나고 있다.

그대는 어떤 얼굴을 바라보고 그것이 아름답다고 생각한다. 그때 욕망이 생겨난다. 그 욕망은 그 얼굴이나 몸을 위한 것이 아니다. 그것은 그대 자신의 해석, 그대 자신의 투영을 위한 것이다. 거기에 앉아 있는 얼굴은 단지 하나의 영사막일 뿐이다. 거기에다 그대 자신을 투영시킨다. 그리고 그때 환상은 반드시 생겨난다. 진짜 얼굴은 그대의 투영 때문에 생겨난 비실체를 억지로 지워 버릴 수 없기 때문이다. 하지만 오래 가지 않아서 그 투영물은 떨어져 나갈 것이고 다시 진짜 얼굴이 나타날 것이다. 그러면 그대는 자신이 속고 있었다고 느낀다. 그대는 이렇게 말할 것이다.

"이 얼굴에 무슨 일이 일어났는가? 이 얼굴은 너무나 아름다웠는데 이제 모든 것이 추해졌다."

또다시 그대는 해석하기 시작한다. 그가 누구든지간에 그는 그대로 남아 있다. 하지만 그대의 해석과 투영은 계속된다. 그대는 에너지가 그것 자체를 주장하도록 허용하지 않는다. 그대는 그것을 계속 억압한다. 내면적으로나 외부적으로 억압하고 있다. 그대는 결코 실체가 그 자체를 주장하는 것을 허락하지 않는다.

어느 날 물라 나스루딘은 한 이웃에게 부탁을 받았다. 그의 부탁은 나스루딘의 말(馬)을 몇 시간 동안만 빌릴 수 있느냐는 것이었다. 그러자 물라가 말했다.

"당신에게 내 말을 기쁘게 빌려주겠소. 그러나 지금은 내 마누라가 말을 타고 나가 버렸소. 그들은 오늘 하루 종일 들어오지 않을 거요."

바로 그때 마굿간에서 말이 울음 소리를 내었다. 그 이웃 사람이 물라 나스루딘을 쳐다보았다. 그러자 나스루딘은 이렇게 말했다.

"좋소! 당신은 누구를 믿으시오? 나요? 아니면 외양간에 있는 저 말이오? 저 놈의 말은 거짓말 잘하기로 유명하오. 당신은 누구를 믿으시오?"

우리는 우리 주위에다 온통 거짓된 세상을 만들어 놓았다. 그것은 우리의 투영 때문이다. 그러나 만약 실체가 그 자체를 주장한다면, 그래서 말이 마굿간에서 울음 소리를 낸다면 우리 역시 물라처럼 이렇게 묻는다.

"당신은 누구를 믿는가?"

우리는 그 자체를 계속 주장해 온 실체보다는 우리 자신이 투영한 꿈을 믿어 왔다. 실체는 매순간 우리에게 그 자체를 주장하지만 우리는 우리의 환상을 계속 고집한다. 그 때문에 종국에 가서 모든 사람이 환멸을 맛보아야 하는 것이다. 그것은 실체 때문이 아니다. 모든 남자와 여자가 종국에 가서는 자신의 환상이 깨지는 것을 느낀다. 그리고는 마치 삶 전체를 낭비해 버린 것처럼 느낀다. 하지만 때는 이미 늦었다. 그대는 이제 아무것도 할 수 없다. 더 이상 그대에게 시간은 남아 있지 않다. 시간은 모두 흘러가 버렸고 죽음만 남겨 놓고 있다. 그대의 환상은 깨진다. 이제 기회는 완전히 잃어버렸다.

왜 모든 사람이 환멸을 느끼는가? 삶에 실패한 사람 뿐만 아니라 성공을 거둔 사람들도 똑같은 것을 느낀다. 실패한 사람이 환멸을 느끼는 것은 이해가 간다. 하지만 성공한 사람도 똑같이 느낀다. 나폴레옹이나 히틀러, 알렉산더 같은 사람들도 모두 환멸을 느꼈다. 삶 전체가 쓸모 없는 폐물이 되어 버렸다. 왜인가? 그 원인이 실체에 있는가? 아니면 그대가 투영해 온 꿈에 있는가? 그때는 더 이상 그대가 꿈을 투영하지 못한다. 그리고 실체는 그 자체를 주장한다. 그리하여 궁극적으로는 실체가 이기고 그대는 진다. 그대는 오직 투영을 하지 않을 때에만 이길 수 있다.

그러므로 이 두번째 것을 기억하라. 사물을 있는 그대로 직접 바라보라. 투영하지 마라. 해석하지 마라. 그대의 마음을 사물에 투입시켜 고집하지 마라. 실체가 그 자체를 주장하도록 허락하라. 그것이 무엇이든지 말이다. 실체는 언제나 좋은 것이다. 그대의 꿈이 아무리 아름답다고 하더라도 꿈은 나쁜 것이다. 그대는 환멸로서 그 여행을 마치게 될 것이기 때문이다. 그리고 그대가 일찍 환멸을 느낄수록 좋다. 그러나 하나의 환상이 지나가고 나면 그대는 즉시 또 다른 환상을 만들어 그자리를 메꾼다.

단절의 틈새를 허락하라. 두 개의 환상 사이에 틈새가 벌어지게 하라. 그 간격이 넓어져서 그 사이로 실체가 보여질 수 있도록 하라. 이것은 지극히 어렵다. 실체를 있는 그대로 보는 것 말이다. 그것은 그대의 욕망을 따르지 않을지도 모른다. 그대의 욕망에 따라야 할 필요가 없다. 그러나 그때 그대는 실체와 함께 살아야 한다. 실체 속에서 살아야 한다. 그리고 그대는 그 속에 존재한다. 그대 자신을 계속 속이기보다는 실체와 대면하는 것이 훨씬 낫다. 지금까지 그대는 자신이 어떻게 투영을 계속하는지 인식하지 못했다. 누군가가 어떤 것을 말하면 그대는 그것과 다른 어떤 것으로 이해한다. 그리고 그대의 이해 위에 사물들을 정리한다. 그때 그대는 카드로 집을 짓는 것과 마찬가지다. 그것은 부질없으며 무의미하다. 그대가 받아들인 말은 그의 뜻과 다르다. 그는 그런 말을 한 적이 결코 없다.

항상 거기에 있는 것을 보라. 서두르지 마라. 어떤 것을 이해하지 못하는 것이 오해하는 것보다 낫다. 무지한 상태를 의식하면서 남아 있는 것이 그대가 안다고 생각하는 것보다 훨씬 낫다. 그대의 관계성을 살펴보라. 남편과의, 아내와의, 친구와의, 스승과의, 부하와의 관계성을 말이다. 보라! 모든 사람이 자신의 방식대로 생각하고 있다. 자신의 방식대로 타인을 해석하고 있다. 거기에는 진정한 만남이 없다. 진정한 대화가 없다. 그때 그들은 싸우고 있는 것이다. 끊임없는 갈등 속에 있는 것이다. 그 갈등은 두 사람 사이에 있는 것이 아니다. 그 갈등은 공상 속에 있다. 그대가 타인에 대한 어떤 공상도 갖지 않도록 깨어 있어라. 실재와 함께 남아 있어라. 아무리 어렵고 힘들더라도, 때때로 불가능하게 보이더라도 말이다. 그러나 그대가 한번 실재와, 진실과 함께 남아 있을 때의 아름다움을 알게 되면 그대는 결코 꿈의 제물이 되지 않을 것이다.

그리고 세번째로, 그대는 왜 꿈을 꾸는가? 꿈은 하나의 보상 수단이다. 그대가 실체에서 어떤 것을 바라지만 그것을 얻을 수 없다면 그때 그대는 꿈을 꾸기 시작한다. 예를 들면 만약 그대가 하루 종일 단식을 한다면 밤에 그대는 꿈을 꿀 것이다. 그 꿈은 황제의 만찬에 초대되어 마음껏 먹고 또 먹는 꿈이다. 그대는 낮에 종일 굶었으니 밤에는 먹어야 한다. 만약 낮에 그대가 성욕을 억압했다면 성적인 꿈을 꾸게 될 것이다. 그대의 꿈은 그대가 낮에 무엇을 억압했는지를 보여줄 수 있다. 꿈은 하나의 대체물이다. 심리학자들은 인간이 꿈 없이 살아가는 것은 어려울 것이라고 말한다. 그 말이 어떤 의미에서는 옳다. 인간은 꿈 없이 살아가기 어려울 것이다. 그러나 만약 그대가 초월을 원한다면 그때 그대는 꿈 없이 살아야 한다. 왜 꿈이 만들어지는가? 욕망 때문이다. 채워지지 못한 욕망이 꿈이 된다.

그대의 욕망을 연구해 보라. 그것을 관찰하고 인식하라. 그대가 그것을 더 자세히 관찰할수록 그것은 더 확실히 사라질 것이다. 그때 그대는 마음에 거미줄 따위를 치지 않을 것이다. 그대는 그대 자신의 사사로운 세계 속으로 들어가지 않을 것이다. 꿈은 다른 사람과 공유할 수는 없다. 아무리 가까운 두 사람이라도 같은 꿈속에 들어갈 수 없다. 그대는 꿈속에 다른 사람을 초대할 수 없다. 왜인가? 그대와 그대의 연인이 아무리 사랑한다 해도 꿈속으로 함께 들어갈 수는 없다. 그대의 꿈은 그대의 것이다. 다른 사람의 꿈은 다른 사람의 것이다. 그것들은 모두 개인적이다. 그러나 실체는 개인적이지 않다. 미치는 일은 개인적인 것이다. 그러나 실체는 우주적인 것이다. 그대는 실체를 타인과 함께 나눌 수 있다. 하지만 그대가 꾼 꿈은 나누지 못한다. 그것들은 그대 개인적인 공상이며 정신병이다. 그러니 어떻게 되어야 하겠는가?

낮 동안의 생활에서 사람은 전체적으로 살 수 있다. 아무것도 밤으로 미룰 것이 없다. 만약 그대가 음식을 먹고 있다면 전체적으로 먹어라. 그것을 전체적으로 즐겨라. 밤에 먹는 꿈을 꿀 필요가 없도록 말이다. 만약 그대가 누군가를 사랑한다면 그대의 꿈에 사랑이 들어올 필요가 없을 만큼 전적으로 사랑에 몰입하라. 그대가 낮에 하는 것은 무엇이든지 전적으로 하라. 그리하여 아무것도 꿈속에서 완성을 기다려야 하는 미완성이 되지 않게 하라. 이런 식으로 몇 달만 하면 그대의 꿈은 질이 달라질 것이다. 꿈은 점점 줄어들 것이고 대신에 잠의 심도는 점점 깊어질 것이다. 밤에 꿈이 적어질수록 낮에 투영하는 행위도 줄어든다. 왜냐하면 지금 그대의 꿈은 낮에도 계속되기 때문이다. 밤에는 눈을 감고 꿈을 꾸고, 낮에는 눈을 뜨고 꿈을 꾼다. 그래서 그대 마음속에서는 꿈이 계속된다.

어떤 순간이라도 좋다. 그대의 눈을 감고 기다려 보라. 곧 그대의 영사막에서 영화가 상영되고 있음을 그대는 느끼기 시작한다. 꿈은 언제나 거기에 있다. 꿈은 그대를 기다리고 있다. 단지 그대가 인식하느냐 못하느냐의 차이뿐이다. 그것은 대낮의 별과 같다. 별은 하늘에서 사라진 것이 아니다. 단지 태양 때문에 보이지 않을 뿐이다. 그것들은 태양이 지기를 기다렸다가 어두워지면 나타나기 시작한다.

그대의 꿈은 그대가 잠을 자지 않을 때도 항상 마음속에 있다. 그것들은 단지 기다리고 있을 뿐이다. 눈을 감아라. 그러면 그것들은 기능하기 시작한다. 밤에 잠잘 때 꿈이 줄어들면 낮에 그대가 깨어 있는 질이 틀려질 것이다. 그대의 밤이 바뀌면 낮도 바뀐다. 그대의 잠이 바뀌면 그대의 깨어 있음도 바뀐다. 그대는 더욱 생생하게 깨어 있을 것이다. 꿈이 줄어들수록 그대의 잠도 줄어들 것이다. 그대는 더욱 직접적으로 볼 수 있다.

그러므로 어떤 것도 미루지 마라. 그것은 한 가지 길밖에 없다. 그대가 무슨 행동을 하든지 전적으로 행동 속에 몰입하라. 엉뚱한 곳으로 이동하지 마라. 만약 그대가 샤워를 하고 있다면 거기에 몰입하라. 세상에 대해서는 완전히 잊어버려라. 그때 그 샤워 행위는 그대에게 전 우주가 된다. 모든 것이 멈춘다. 세상이 자취를 감춘다. 거기에 오직 그대와 샤워만이 남는다. 거기에 남아 있어라. 각각의 동작과 함께 움직여 가라. 어떤 것도 뒤에다 남기지 마라. 건너뛰지도 마라. 오직 행동과 함께하라. 그때 꿈은 사라질 것이다. 그리고 꿈이 줄어듦과 함께 그대는 더욱 깊이 실체를 꿰뚫을 수 있게 될 것이다.

자, 이제 방편으로 들어가자.

68

암탉이 병아리들을 기르듯이 실체 속에서 특별한 앎들과 특별한 행동들을 길러라.

여기에서 열쇠가 되는 말은 '실체 속에서'이다. 그대는 많은 것들을 기른다. 그리고 암탉처럼 꼭꼭 품는다. 그러나 실체 속에서가 아니라 꿈속에서 그렇게 한다. 그대는 많은 것을 하지만 꿈속에서 한다. 꿈을 기르지 마라. 꿈이 그대 속에서 자라나게 하지 마라. 꿈꾸는 데 에너지를 공급하지 마라. 모든 꿈에서부터 그대 자신을 철수시켜라. 그대는 꿈속에다 너무 많은 것을 축적해 놓았기 때문에 그렇게 하기가 어려울 것이다. 만약 갑자기 그대 자신을 꿈속에서 전적으로 철수시킨다면 그대는 마치 심연으로 가라앉거나 죽는 것처럼 느껴질 것이다. 왜냐하면 그대는 항상 길게 늘어진 꿈속에서 살아왔기 때문이다. 그대는 지금 여기에 존재한 적이 없다. 그대는 항상 엉뚱한 곳에 가 있었다. 그리고는 뭔가를 희망해 왔다.

그대는 그리이스 신화에 나오는 '판도라'의 상자를 아는가? 신은 인간을 벌하기 위해 '판도라'라는 여자와 함께 상자 하나를 인류에게 내려보냈다. 그 상자 속에는 인류에게 현재 만연되어 있는 모든 질병들이 다 들어 있었다. 그전에는 질병이란 것이 없었다. 그리고 인간의 호기심으로 인해 상자가 열려졌을 때 그 질병들이 모두 쏟아져 나왔다. 판도라는 그 질병들을 보고 무서워서 다시 상자를 닫았다. 거기에는 오직 하나가 남아 있었는데 그것은 희망이었다. 만약 이 희망마저 없었다면 인간은 아마 완전히 자포자기했을 것이다. 이 모든 질병들이 인간을 죽음에 이르게 했다. 그럼에도 인간은 희망 때문에 계속 살아간다.

그대는 왜 사는가? 그대는 스스로에게 그렇게 물어본 적이 있는가? 그대는 지금 이 상태대로라면 살아갈 아무런 이유도 발견하지 못한다. 그대가 살아 있는 것은 단지 희망 때문이다. 그래서 그대는 언제나 희망이 담긴 판도라의 상자를 갖고 다닌다. 왜 지금 그대는 살아 있는가? 왜 그대는 아침마다 일어나는가? 왜 그대는 매일 다시 시작하는가? 왜 이런 반복을 계속하는가? 무슨 이유 때문인가? 그대는 지금 당장에 자신이 왜 살아 있는지의 이유를 찾지 못한다. 찾을 수가 없다. 굳이 찾는다면 그 이유는 미래의 어떤 것 때문이다. 미래에 어떤 것이 일어날지도 모른다는 희망 때문이다. 언젠가 어떤 것이 일어날지도 모른다. 하지만 그대는 그날이 언제 다가올지 모른다. 그리고 그날이 되어도 무슨 일이 벌어질지 모른다. 그저 어떤 일이 언젠가 일어날 것이라는 막연한 기대뿐이다. 그런 희망 때문에 그대는 자신의 삶을 연장시킨다. 자신을 계속 달래며 붙들고 있는 것이다.

인간은 단지 희망 속에서 산다. 그리고 이것은 삶이 아니다. 희망은 꿈을 의미하기 때문이다. 그대가 지금 여기에 살지 않는 한 그대의 삶은 사는 것이 아니다. 그대는 죽은 몸뿐이다. 그대의 희망을 모두 이루어 줄 내일은 결코 오지 않는다. 죽음이 올 때, 그때서야 비로소 지금만이 있을 뿐 내일은 없다는 것을, 더 이상 미룰 수 없다는 것을 깨닫는다. 그때 그대는 환멸을 느낄 것이다. 속았다고 생각할 것이다. 그러나 아무도 그대를 속이지 않았다. 그대는 자신의 전체 삶 덩어리의 주인이다.

순간에 살아 보라. 현재 속에 말이다. 희망을 품지 마라. 그 희망의 본질이 어떠하든, 그것이 세속적이든 탈속적이든간에 말이다. 그것은 아무 차이도 없다. 그것들은 종교적일 수도 있다. 미래 어디에선가, 저 세상이나 천국에서, 혹은 니르바나 속에서, 사후에 성취하는 희망일 수도 있다. 그러나 아무런 차이도 없다. 희망을 품지 마라. 그대가 여기에서 그 미묘한 절망감을 느낀다면 여기에 남아 있어라. 지금 여기 이 순간으로부터 벗어나지 마라. 움직이지 마라. 그것을 겪어라. 그리고 희망이 들어오지 못하게 지켜라.

희망을 통해서 꿈이 들어온다. 희망 없는 상태가 되라. 만약 삶이 절망적이라면 희망이 없어진다. 그 상태를 받아들여라. 그리고 어떤 미래의 사건에 대해서도 집착하지 마라. 그때 갑자기 거기에 변화가 일어날 것이다. 한번 그대가 현재의 순간으로 들어온다면 꿈은 사라진다. 그때 그것들은 더 이상 일어날 수가 없다. 그 원천이 제거된 것이다. 그런데 그대는 그것들과 협조하며 그것들을 마음에 품는다. 그래서 그것들이 일어나는 것이다. 그것들과 협조하지 마라. 그것들을 품지 마라.

이 방편은 특별한 앎들을 기르라고 말한다. 그것은 무슨 뜻인가? 그렇지 않아도 그대는 뭔가를 기른다. 특별한 앎이 아니라 특별한 이론들을 기른다. 특별한 가설들을, 경전들을, 철학들을, 가치관들을, 신념 체계들을 말이다. 그러나 특별한 앎들을 기르지는 않는다. 탄트라는 그런 것들을 내던져 버리라고 말한다. 경전들, 이론들, 그런 것들은 아무 쓸데없다. 진짜로 실재하는 그대 자신의 앎들을, 그대 자신의 경험들을 길러라. 아무리 사소한 것처럼 보여도 진정한 앎이 중요하다. 그대의 삶은 그것에 기초하고 있다. 그것들이 어떤 것들이라도 좋다. 항상 그대 자신이 경험한 실재적이고 특별한 앎들을 생각하라.

그대는 어떤 것들을 알고 있는가? 그대는 많은 것들을 안다. 그러나 그 모든 것은 빌려온 것이다. 어떤 사람이 이미 말해 놓은 것들이며, 그들이 그대에게 준 것들이다. 교사들이, 부모들이, 이 사회가 그대의 마음을 꾸며 놓았다. 그대는 신에 대해 안다. 그대는 사랑에 대해 안다. 명상에 대해 안다. 그러나 진짜로 아는 것은 아무것도 없다. 그대가 진정으로 맛본 것은 아무것도 없다. 이 모든 것은 그저 빌려왔을 뿐이다. 다른 어떤 사람들이 맛본 것이다. 그 맛은 그대 자신의 경험이 아니다. 그리고 그대 역시 눈을 갖고 있다. 하지만 그 눈을 사용하지 않는다. 다른 사람들이 경험한 것, 붓다가 경험하고 예수가 경험한 것을 그대의 앎으로 빌려왔다. 그런 것들은 거짓이다. 그대에게는 아무런 소용이 없다. 그것들은 무지보다 더 위험하다. 무지는 그대의 것이고 지식은 빌려온 것이기 때문이다.

무지한 상태가 더 낫다. 적어도 무지만큼은 그대의 것이기 때문이다. 그것은 진실이다. 정직하고 진지한 것이다. 빌려온 지식들로 그대를 꾸미는 행위를 그만두라. 그러지 않는다면 그대는 자신이 무지하다는 것을 잊어버릴 것이다. 그리고 그대는 계속 무지한 상태로 남을 것이다.

그래서 이 방편은 '특별한 앎들을 길러라'라고 말한다. 항상 신선하고 직접적이고 즉각적인 어떤 것을 알려고 노력하라. 어떤 사람도 믿지 마라. 그대의 믿음은 그대를 실족시킬 것이다. 그대 자신을 신뢰하라. 만약 그대가 자신을 신뢰할 수 없다면 어떻게 다른 사람을 신뢰할 수 있겠는가?

사리풋타(Sariputta)가 붓다에게 와서 말했다.

"저는 당신을 믿으려고 왔습니다. 제가 믿음을 가질 수 있도록 도와주십시오."

그때 붓다는 이렇게 말했다고 한다.

"만약 그대가 그대 자신을 믿지 않는다면 어떻게 나를 믿을 수 있겠는가? 그러니 나에 대해서는 잊어버려라. 먼저 그대 자신을 신뢰하라. 오직 그때만이 다른 사람을 신뢰할 수 있다."

그러니 이 점을 기억하라. 그대는 자신을 믿지 못하는 한 다른 누구도 믿을 수 없다. 먼저 그대 속에 항상 신뢰가 있어야 한다. 오직 그때만이 신뢰는 흘러갈 수 있다. 오직 그때 신뢰가 흘러넘쳐 다른 사람에게까지 도달할 수 있다. 그러나 그대 스스로가 아는 것이 없다면, 아무 경험도 하지 않았다면 어떻게 자신을 신뢰할 수 있겠는가? 자신을 신뢰하려고 노력해 보라. 아무런 경험이 없는 한 그대는 어려울 것이다. 결국 그대는 다른 사람의 눈을 통해서 본 경험들에 의지할 수밖에 없다. 진리는 오직 위대한 성자들만이 알 수 있는 것이라고 생각할 것이다. 그러나 그렇게 생각하지 마라. 그대 자신을 신뢰해야 한다.

따라서 일상적인 경험에서 시작하라. 지식이 그대 자신의 경험이 되게 하라. 그때야 비로소 그 지식들은 그대가 성장하는 데 도움이 될 것이다. 그것들이 그대를 성숙시킬 것이다.

정말 이상한 노릇이다. 그대는 다른 사람의 눈으로 본다. 다른 사람의 삶을 산다. 그대는 장미를 보면서 '아름다운 장미'라고 말한다. 진짜로 그것이 그대의 느낌인가? 아니면 단지 그대 주위에 퍼져 있는 장미는 아름답다고 하는 문구를 인용한 것뿐인가? 이것이 그대의 앎인가? 본래부터 그대 스스로가 알고 있었는가? 그대는 달빛이 아름답다고 말한다. 하지만 그것이 그대의 앎인가? 아니면 시인들이 노래한 것을 단지 반복하는 것인가? 만약 그대가 앵무새처럼 흉내낸다면 그대는 자신의 삶마저도 진짜로 살아볼 수 없다. 그대가 어떤 것을 주장할 때마다 먼저 그것이 그대 자신의 앎이며 경험인지 스스로 검토해 보라.

그리고 그대의 것이 아닌 것은 모두 내던져 버려라. 그대의 것만을 품고 길러라. 오직 그 길을 통해서만 그대가 성장할 수 있다. 이 방편 '…특별한 앎들을, 특별한 지식들을 실체 속에서 길러라'에서 항상 이 '실체 속에서'라는 말을 기억하라. 어떤 것을 행하라. 그것은 그대 스스로 그 무엇을 한 것인가? 아니면 다른 사람을 그저 추종한 것인가? '아내를 사랑하라'라는 말이 있다. 그대는 진짜로 아내를 사랑하는가? 아니면 단지 그런 말이 있어서 의무를 이행하듯이 하는 것인가? '그대의 부모 형제 처자를 사랑하라'라는 가르침에 따르는 것인가? 아니면 진정으로 우러나온 사랑을 하는 것인가? 만약 가르침에 없는 것이라면 행위하지도 않고 따르지도 않을 것인가? 그대는 진짜로 사랑해 본 적이 있는가? 그대는 자신을 속일 수 있다. 그대는 '그렇습니다!'라고 대답할 수 있다. 그러나 그대가 입을 열기 전에 살펴보라. 만약 그대가 진짜로 사랑을 했다면 그대는 변형되었을 것이다. 진정한 사랑은 그대를 변화시킨다. 그대가 아직도 변화되지 않은 것은 그대의 사랑이 거짓이기 때문이다. 그리고 그대의 삶 전체도 거짓이다. 그대는 자신이 아닌 행동들을 계속 흉내내고 있다. 그대 자신의 행동을 하라. 그리고 그것을 길러라.

붓다는 훌륭하다. 하지만 그대는 붓다를 흉내낼 수 없다. 예수도 훌륭하다. 아름답다. 그러나 그 역시 그대가 따라할 수 없다. 만약 그대가 따라한다면 그대는 추해질 것이다. 그대는 복사품이 될 것이다. 그대는 거짓이 될 것이다. 그리고 그대는 존재계로부터 받아들여지지 않을 것이다. 거짓은 그 어떤 것도 받아들여지지 않는다. 붓다를 사랑하라. 예수를 사랑하라. 그러나 그들의 복사품은 되지 마라. 모방하지 마라. 항상 그대를 자신만의 방식으로 움직이게 하라. 그대는 어느 날 붓다와 같아질 수 있다. 그러나 그 길은 기본적으로 그대 자신의 길이다. 어느 날 그대는 한 사람의 예수가 될 것이다. 그러나 그것 역시 다른 통로를 통해서 여행하며 다른 것들을 경험해야 일어날 것이다. 한 가지만은 확실하다. 그 통로가 어떠하든지, 그 경험이 무엇이든지 그것은 진실해야 하고 실제적이어야 하며 그대 자신의 것이어야 한다. 그때 그대는 도달할 것이다. 거짓을 통해서는 결코 진리에 도달할 수 없다. 거짓은 더 많은 거짓으로 그대를 인도할 것이다.

어떤 것을 하라. 그러나 그것을 하는 자가 그대 자신이며 그 누구도 따라하지 말아야 함을 기억하라. 그때는 아무리 작은 행동이라도 그것은 사토리(見性)의 근원이 된다. 삼마디(우주의식)의 근원이 되는 것이다.

그대는 직장에서 집으로 돌아왔을 때 아이들에게 미소를 지을 것이다. 그 미소는 거짓이다. 그대는 가장하고 있다. 그대는 미소를 짓지만 아이들이 그대에게 미소를 요구하기 때문이다. 그것은 가면이다. 입술만 빼고는 그대 속에 아무것도 미소짓는 것이 없다. 그것들은 인위적으로 제조된 것이다. 기계적인 것이다. 그리고 그것이 습관으로 굳어져서 어떻게 미소짓는지조차 완전히 잊어버렸다. 그대는 웃지만 그 웃음은 그대의 중심에서부터 나오는 것이 아니다.

항상 기억하라. 그대가 무엇을 하든지 행위는 중요하지 않다. 그대의 중심에서 나온 것인지 아닌지만 살펴보라. 만약 그대의 중심에서 나온 것이 아니라면 차라리 하지 않는 것이 더 낫다. 그것을 하지 마라. 아무도 그대에게 강요하지 않는다. 그대의 에너지를 보존하라. 어떤 진정한 것이 그대에게 일어날 수 있도록 말이다. 그때 그것을 하라. 미소짓지 마라. 에너지를 아껴라. 언젠가 진정한 미소가 다가올 것이다. 그때 그것은 그대를 완전히 변화시킬 것이다. 그때 그것은 전체적이다. 그때 그대 육체의 모든 세포가 미소지을 것이다. 그것은 하나의 폭발이 될 것이다. 아무것도 가장한 것이 없이 말이다.

그리고 아이들은 안다. 그대는 그들을 속일 수 없다. 그대가 그들을 속일 수 있는 순간 그들은 이미 더 이상 아이들이 아니다. 그들은 그대의 미소가 거짓이라는 것을 감지해 낼 수 있다. 진실한 사람은 그것을 감지해 낼 것이다. 그대의 눈물은 거짓이다. 그대의 미소도 거짓이다. 이런 행동들은 작은 것이다. 하지만 그대는 그 작은 행동들로 이루어져 있다. 그러니 거대한 어떤 것을 생각하지 마라. 만약 작은 것에 거짓되다면 그대는 언제나 거짓될 것이다.

큰 것에서 거짓되기란 쉽다. 그대가 작은 것에서 거짓되다면 큰 것에 거짓되기란 너무 쉽다. 큰 것은 언제나 전시용이기 때문이다. 그것들은 다른 사람들에게 보이기 위한 것이다. 그래서 그대는 손쉽게 거짓될 수 있다. 그대는 성자가 될 수 있다. 성스러움이 존경받는 것이라면 말이다. 그때 그대는 전시용이다. 전시된 상품이 된다는 말이다. 그대는 성자가 될 수 있다. 존경받고 에고가 만족되기 때문이다. 그러나 그때 모든 것은 거짓이 될 것이다. 한 번 생각해 보라. 사회가 바뀌면, 공산주의 국가로 바뀌면 성자들은 즉시 사라진다. 아무도 그들을 존경하지 않기 때문이다.

내 친구들 중에 비구(불교 승려)가 있었다. 그는 스탈린 시대 때 소비에트 러시아로 갔다. 그는 자신이 사람들과 악수를 하면 그때마다 사람들은 손을 빼면서 이렇게 말했다고 했다.

"당신은 부르주아의 손을 갖고 있군요."

그는 매우 아름다운 손을 갖고 있었다. 비구들은 아무것도 하지 않는다. 그들은 걸인들이다. 물론 귀족적인 걸인이다. 그래서 어떤 노동도 하지 않는다. 그의 손은 부드럽고 아름다우며 여성적이었다. 인도에서는 사람들이 그의 손을 만질 때마다 '정말로 아름다운 손이군요!'라고 감탄한다. 그러나 러시아에서는 그의 손을 만질 때마다 손을 빼면서 비난을 서슴지 않았다. 부르주아의 손이며 사기꾼의 손이라는 것이었다. 그는 그 후에 인도로 돌아와서 내게 이렇게 말했다.

"나는 거기에서 비난을 하도 많이 받았기 때문에 차라리 노동자가 되고 싶었다."

러시아에서는 성자들이 사라졌다. 아무도 존경하지 않았기 때문이다. 모든 성스러움은 단지 전시용일 뿐이다. 그것은 쇼맨십이다. 오직 진짜 성자들만이 러시아에서 살 수 있다. 가짜들은 살 수가 없다. 거기에서 그대가 성자가 되려면 투쟁을 해야 한다. 사회 전체가 그대에게 반대할 것이기 때문이다. 그러나 인도에서는 성자가 되는 길이 가장 편히 먹고 사는 방법이다. 모든 사람들이 그대를 존경할 것이다. 그대는 가짜가 될 수 있다. 그리고 거짓은 그 대가를 지불한다.

이 점을 기억하라. 그대가 눈을 뜨는 아침부터 진실하려고 노력하라. 거짓된 것은 어떤 것이든지 내다 버려라. 꼭 7일 동안만 이렇게 계속해 보라. 거짓된 것은 어떤 것이라도 하지 마라. 어떤 것을 잃더라도 밀고 나가라. 진실하게 남아 있어라. 7일이 다 가기 전에 그대 속에서 새로운 삶이 느껴질 것이다. 죽음의 얼음이 깨지면서 새로운 삶의 흐름이 그대에게 흘러 들어올 것이다. 그대는 처음으로 다시 살아난다는 것을 느낄 것이다. 이것이 바로 부활이다.

'행위들을 길러라, 앎들을 길러라, 그러나 실체 속에서.'

꿈속에서가 아니다. 그대가 하고 싶은 것은 무엇이든지 하라. 그러나 살펴보라. 그대가 지금 하고 있는 일이 진정 그대 자신이 하고 있는 일인가? 아니면 그대의 어머니나 아버지가 그대를 통해서 하고 있는 일인가? 왜냐하면 죽은 사람들, 죽은 부모들, 이 사회, 구세대들이 오랜 세월 동안 그대 안에서 계속 행동해 왔기 때문이다. 그들은 여러 가지 구실과 조건들을 만들어서 그대 속에 자신들을 가득 채웠다. 그렇게 해서 죽은 사람들이 그대를 통해 살고 있는 것이다.

그대가 뭔가를 할 때마다 언제나 살펴보라. 그대의 아버지가 그대를 통해서 그것을 하는 것인지, 아니면 그대 자신이 그것을 하는 것인지 말이다. 그대가 화가 났을 때 그것은 그대의 분노인가? 아니면 그런 식으로 그대 아버지가 화를 내곤 했는가? 그대는 단지 흉내내고 있다. 나는 인간 사회에 여러 가지 유형들이 계속되고 있음을 보아왔다. 만약 그대가 결혼을 한다면 그대의 결혼은 그대 부모들의 결혼과 거의 똑같을 것이다. 그대는 그대의 부친처럼 행동할 것이고 그대의 아내는 그대의 모친처럼 행동할 것이다. 그대는 같은 환경을 만들어 낼 것이다. 그대가 화를 낼 때 살펴보라. 거기에 그대 자신이 있는가? 아니면 다른 누군가가 있는가? 그대가 무슨 말을 할 때 살펴보라. 그것이 그대의 말인지 그대 선생의 말인지를. 그대가 사용하는 몸짓은 그대 자신의 것인가? 아니면 누군가가 그대 손에 쥐어준 것인가? 이런 일을 일일이 살펴보기란 매우 어려운 일이다. 그러나 이것이 바로 사드하나(수행)이다. 영적인 노력이 의미하는 것이다.

그리고 모든 거짓을 떠나라. 당분간은 그대가 우둔한 것처럼 느껴질지도 모른다. 왜냐하면 모든 거짓이 떨어지고 난 뒤에 시간이 좀 걸려야 실재가 나타나서 자신을 주장할 것이기 때문이다. 그 동안에 시간의 간격이 발생한다. 그 기간을 허락하라. 그 기간을 두려워 마라. 조만간 그대의 거짓된 자아는 떨어져 나갈 것이다. 가면은 벗겨질 것이다. 그리고 그대의 진짜 얼굴이 들어올 것이다. 오직 그 진짜 얼굴을 통해서만이 그대는 신과 조우할 수 있다. 그래서 이 방편은 '암탉이 병아리들을 기르듯이 실체 속에서 특별한 앎들과 특별한 행동들을 길러라'라고 말하는 것이다.

자, 두번째 방편으로 넘어가자.

69

진실로 말하자면 속박과 자유는 서로 이어져 있기 때문에
이 말들은 오직 우주를 두려워하는 자들만을 위한 것이다.
이 우주는 마음들의 반영이다.
그대가 하나의 태양으로부터 물 속에 비친 수많은 태양들을 보듯이 얽매임과 해탈을 그렇게 보라.

이것은 매우 심오한 방편이다. 가장 심오한 것 중에 하나다. 그래서 정말로 희귀한 마음들만이 이것을 시도했다. 선(禪)은 바로 이 방편에 기초를 두고 있다. 이 방편은 매우 어려운 것을 말하고 있다. 이해하기 어렵고 경험하기 어려운 것을 말이다. 그러나 이해가 필요하다. 이 방편에서는 세상과 니르바나가 둘이 아니라고 말한다. 그것들은 하나다.천국과 지옥은 둘이 아니다. 하나다. 속박과 자유도 둘이 아니다. 서로 상반되는 것들이 둘이 아니라 하나라고 말하는 것을 우리는 쉽게 이해하기 힘들다.

우리는 이 세상이 속박이라고 말한다. 그러면 어떻게 이 세상을 해탈할 수 있는가? 그때의 해탈은 속박과는 상반되는 어떤 것이다. 그러나 이 방편에서는 그 둘이 같은 것이라고 말한다. 속박과 자유가 말이다. 그대가 그 둘로부터 자유롭지 않는 한 진정으로 자유로워질 수 없다. 속박은 그대를 묶고 해탈 또한 그대를 묶는다. 속박이 그대를 노예로 만든다면 해탈 역시 그대를 노예로 만든다.

이 점을 이해해 보라. 어떤 사람이 속박을 뛰어넘으려고 시도한다. 그가 무엇을 하고 있는가? 그는 집을 떠나고 가정을 떠나고 부자들을 떠난다. 이 세상의 모든 것으로부터 떠난다. 그는 속박에서 벗어나려고 이 사회를 떠난다. 이 세상의 족쇄에서 벗어나기 위해 말이다. 바로 그때 그는 자신에게 새로운 족쇄를 만들어낸다. 그 족쇄는 부정적이다.

돈을 만지지 않는 한 성자를 보았다. 그는 사람들에게 존경을 받았다. 그는 돈에 미친 사람들로부터 존경을 받지 않을 수가 없었다. 그는 보통 사람들과 다른 극으로 이동한 것이다. 만약 그대가 그의 손에 돈을 쥐어준다면 그는 마치 독이라도 묻었거나 전갈에게 물린 듯이 손을 틀 것이다. 그는 돈을 던져 버린다. 그러면 그는 성스러워진다. 미묘한 전율이 그의 몸에 전해진다. 무슨 일이 일어나고 있는가? 그는 돈과 싸우고 있는 것이다. 그는 탐욕적인 인간임에 틀림없다. 그는 한때 돈에 너무 집착해 있었는지 모른다. 그리고 지금도 여전히 돈이 문제다. 그리고 이제 그는 인간과 반대 방향으로 나간다. 그러나 어쨌든 거기에는 강박관념이 있다.

나는 여자들의 얼굴을 쳐다보지 못하는 한 산야신을 보았다. 그는 두려워서 항상 땅만 쳐다보고 다녔다. 그는 여자가 거기에 있으면 결코 시선을 들지 않았다. 무엇이 문제인가? 그는 성욕이 강한지도 모른다. 섹스에 대해 모든 것을 알고 있는 것이다. 그래서 그는 여자로부터 달아나려 했다. 이제 그는 여자로부터 멀어졌는지 모른다. 하지만 이것이나 그것이나 똑같다. 그는 여전히 여자 문제로 자유롭지 못하다. 그는 여자로부터 달아났지만 아직도 거기에는 강박관념이 남아 있다. 그는 이제 여자에게서 벗어났다고 생각한다. 그러나 이것은 새로운 속박이다. 그대는 반동적인 행동에 의해서 자유로워질 수 없다. 그대가 반대하는 어떤 것이 그대를 부정적으로 묶을 것이다. 그대는 그것으로부터 달아날 수 없다. 만약 어떤 사람이 이 세상을 반대하고 해탈에 찬성한다면 그는 해탈할 수 없다. 그는 세상에 여전히 남아 있을 것이다. 반대하는 바로 그 자세가 하나의 속박이다.

이 방편은 매우 심오하다. 그것은 이렇게 말하고 있다.

"진실로 말하자면 속박과 자유가 서로 이어져 있기 때문에…"

그것들은 반대가 아니다. 그것들은 상대적이다. 무엇이 자유인가? 그대는 '속박이 없는 것'이라고 말한다. 그러면 속박은 무엇인가? '자유가 없는 것'이라고 말한다. 그대는 그것들을 정의할 때 서로를 이용한다. 그것은 찬 것과 더운 것의 관계이다. 반대가 아니다. 찬 것은 무엇이며 더운 것은 무엇인가? 같은 현상의 온도가 다른 상태이다. 그것들은 서로 상대적이다. 찬물이 들어 있는 물통이 있으면 다른 물통은 더운물이 들어 있다. 그대는 그 둘 다에 손을 집어 넣는다. 그때 그대는 무엇을 느끼는가? 온도 차이를 느낄 것이다.

처음에 그대가 얼음물에 손을 넣었다가 그 다음에 더운물과 찬물에 손을 넣는다면 어떻게 느끼겠는가? 그대는 찬물이 좀 덜 따뜻하다고 느낄 것이다. 그대의 손이 찬물보다 훨씬 더 차가워졌다면 찬물이라도 더운물처럼 느껴질 것이다. 그것은 상대적이다. 찬물이라고 해서 반드시 차게만 느껴지는 것은 아니다. 거기에 단지 온도 차이만 있을 뿐 같은 현상이다.

탄트라는 말한다. 속박과 자유가, 삼사라와 모크샤가 둘이 아니며 같은 것의 상대적인 현상일 뿐이라고 말이다. 그래서 탄트라는 독특하다. 탄트라는 그대가 속박으로부터 뿐만 아니라 모크샤로부터도 자유로워져야 한다고 말한다. 그대가 그 둘 다로부터 자유로워지지 않는 한 진정한 자유는 없다.

그러니 첫번째 것을 이해하라. 그것은 어떤 것에도 반대하지 말라는 것이다. 반대하게 되면 그것에 속해 있는 다른 것으로 이동하게 되기 때문이다. 그것은 반대인 것처럼 보이지만 사실은 아니다. 섹스에서 브라흐마챠리아로 이동하지 마라. 만약 그렇게 되려고 노력한다면 그대의 브라흐마챠리아는 그저 성적인 것 외에 아무것도 아니다. 탐욕에서 무욕으로 가지 마라. 무욕은 미묘한 탐욕이다. 그대가 믿는 종교가 탐욕적으로 되지 말라고 가르친다면 그것은 그대에게 어떤 이익을 주는 계기가 될 수 있기 때문이다.

나는 한 성자로 알려진 사람과 머문 적이 있었다. 그는 그의 추종자들에게 이렇게 말했다.

"만약 너희들이 탐욕을 떠난다면 너희는 피안의 세계에서 더 많은 것을 받으리라. 더 큰 상을 얻게 되리라!"

탐욕적인 사람들, 저 세상에 대한 욕심이 많은 사람들은 이 설교에 자극을 받을 것이다. 그래서 그들은 여기에서 많을 것을 버릴 준비를 한다. 저 세상에 가서 많이 얻으려고 말이다. 그러나 거기에 소유욕은 그대로 남아 있다. 그렇지 않다면 어떻게 탐욕적인 사람이 갑자기 욕심을 버릴 수 있겠는가? 그의 욕심을 깊이 만족시켜 주는 어떤 동기가 숨겨져 있음이 틀림없다.

그러므로 상대극을 만들지 마라. 반대극으로 보이는 모든 것이 서로 연결되어 있다. 그것들은 같은 현상의 정도 차이일 뿐이다. 만약 그대가 이것을 느낄 수 있다면 그때는 양극이 모두 같다. 만약 이 느낌이 깊어진다면 그대는 양쪽 모두를 초월하게 된다. 그때 그대는 삼사라도 아니고 모크샤도 아니다. 진짜로 그대는 아무것도 구하지 않게 된다. 구하는 마음이 멈추게 된다. 그 멈춤 속에서 그대는 자유로워질 것이다. 모든 것이 같다는 그 느낌 속에서 미래는 저절로 떨어져나가 버린다. 이제 그대는 어디에 설 수 있겠는가? 섹스와 브라흐마차리아가 둘 다 똑같다. 그러면 어디로 가겠는가? 탐욕과 무욕이, 폭력과 비폭력이 같은 것이면 어디로 가야 하겠는가?

그대가 갈 곳은 어디에도 없다. 그때 움직임은 멈춘다. 미래가 없다. 그대는 아무것도 바랄 수 없다. 모든 바람들이 똑같기 때문에 의미가 없는 것이다. 차이가 있다면 단지 정도의 차이일 뿐이다. 그대는 무엇을 바랄 수 있겠는가? 종종 사람들이 나에게 오면 나는 그들에게 이렇게 묻는다.

"그대가 진정으로 바라는 것은 무엇인가?"

그들의 바람은 있는 그대로의 그들 속에 이미 있다. 만약 그들에게 욕심이 많다면 그들은 무욕을 바란다. 그들이 성욕이 강하다면, 성욕에 사로잡혀 있다면 그들은 브라흐마챠리아를 원한다. 어떻게 하면 섹스를 초월할 수 있을지 묻는다. 왜냐하면 그들은 섹스 때문에 불행하다고 느끼기 때문이다.

그러나 브라흐마챠리아가 되고 싶은 이 바람은 이미 그들의 성욕 속에 뿌리박고 있다. 그들은 묻는다.

"어떻게 하면 이 세상에서 벗어날 수 있습니까?"

이 세상은 그들에게 너무 과하다. 그들은 부담을 느낀다. 그들은 너무 많은 것에 집착해 있기 때문이다. 세상은 그대가 집착하지 않는 한 그 어떤 것도 짐지울 수 없다. 부담감은 짐 때문이 아니라 그대의 머리 때문이다. 그대는 스스로 그것을 지고 간다. 그리고 그대는 전세계를 다 짊어지고 있다. 그러니 그대는 무거울 수밖에 없다. 이런 불행한 경험 속에서 반대 상황에 대한 새로운 바람이 생겨난다. 그리고 그대는 반대편을 향해 찾아가기 시작한다.

그들은 지금까지 돈을 향해 달려왔다. 그래서 이제 그들은 명상을 향해 달려간다. 전에 그들은 이 세상의 어떤 것을 좇아 다녔다. 그리고 지금은 저 세상의 어떤 것을 좇고 있다. 그러나 좇아가는 것은 여전히 남아 있다. 그리고 그 좇아 다님이 문제다. 대상은 관계가 없다. 바람 그 자체가 문제다. 무엇을 바라는지는 의미가 없다. 그대가 바라고 있다는 그것이 문제다. 그대는 대상을 계속 바꿀 뿐이다.

오늘 그대는 A를 바란다. 그리고 내일은 B를 바란다. 그대는 자신이 변화되었다고 생각할 것이다. 그리고 모레는 C를 바랄 것이다. 그리고 자신은 변형되었다고 생각한다. 그러나 그대는 변형되지 않았다. 그대는 A를 바라고, B를 바라고, C를 바랬다. A, B, C는 그대가 아니다. 욕망을 갖고 있는 것은 그대다. 그대는 변화하지 않고 여전하다. 그대는 속박을 원했다. 그래서 그대는 좌절했고 그 좌절에 진저리가 났다. 그때 그대는 자유를 원한다. 그대는 자유에 대한 바람을 갖게 되고 그 바람은 새로운 속박이 된다.

따라서 그대는 자유를 바랄 수 없다. 바람은 속박이다. 그래서 그대는 해탈을 바랄 수 없다. 바람이 멈출 때 진짜 자유가 거기 있다. 그래서 이 방편은 말한다.

"진실로 말하자면 속박과 자유가 서로 이어져 있기 때문에…"

그러므로 상대편 극부에 매료되지 마라.

"…이 말들은 우주를 두려워하는 자들만을 위한 것이다…."

속박이나 자유라는 말은 우주를 두려워하는 자를 위한 말이다.

"…이 우주는 마음의 반영(反影)이다…."

그대가 이 우주 속에서 보는 것은 무엇이든지 하나의 반영이다. 만약 그것이 속박처럼 보이면 그것은 그대 마음의 반영임을 의미한다. 그것이 자유처럼 보인다면 그것 역시 그대 마음의 반영이다.

"그대가 하나의 태양으로부터 물 속에 비친 수많은 태양들을 보듯이 얽매임과 해탈을 그렇게 보라."

태양이 떠오른다. 그 아래는 수많은 연못들이 있다. 어떤 것은 더럽고 어떤 것은 깨끗하다. 어떤 것은 크고 어떤 것은 작다. 어떤 것은 아름답고 어떤 것은 추하다. 하지만 하나의 태양은 많은 연못에 반사된다. 우리는 그 반영들을 헤아리면서 태양이 아주 많다고 생각한다. 반영이 아니라 실체를 들여다보는 자는 그것이 하나임을 알게 될 것이다. 그대가 보는 세상 역시 그대를 반영한다. 만약 그대가 성욕으로 가득 차 있다면 이 세상은 성적으로 보일 것이다. 만약 그대가 도둑이라면 모든 사람이 도둑처럼 보일 것이다.

한번은 물라 나스루딘과 그의 아내가 낚시질을 하고 있었다. 그런데 그 곳은 낚시질 금지 구역이었다. 오직 낚시 면허증을 가진 사람만이 고기를 잡을 수 있었다. 그런데 갑자기 한 경찰관이 나타났다. 물라의 아내는 남편에게 이렇게 말했다.

"물라, 당신은 낚시 면허증을 갖고 있으니 먼저 도망치세요. 그러면 도중에 틈을 봐서 제가 도망칠게요."

그래서 물라는 달리기 시작했다. 그는 달리고 또 달렸다. 그래도 경찰관은 계속 따라왔다. 물론 물라는 아내를 거기에 두고 왔다. 물라는 자신의 심장이 막 터져 버릴 것만 같을 때 드디어 멈추었다. 그러나 바로 그때 경관이 그를 붙잡았다. 경찰 역시 숨을 몰아 쉬면서 말했다.

"면허증 좀 봅시다."

그러자 물라는 그의 낚시 면허증을 보여주었다. 경관은 그것을 자세히 살펴보았지만 틀림없었다. 그래서 경관이 말했다.

"그런데 왜 도망치듯 달렸소? 나스루딘. 왜 도망을 친 거요?"

나스루딘이 말했다.

"나는 지금 의사에게 가는 길이오. 의사는 내게 매일 식사를 한 뒤에 반 마일씩 달리라고 말했소."

경관이 말했다.

"좋소. 그러나 당신은 쫓아오면서 멈추라고 소리치는 나를 분명히 보았소. 왜 그때 멈추지 않았소?"

나스루딘이 말했다.

"나는 당신도 같은 의사에게 가는 줄 알았소."

그것은 논리적이다. 무엇이든지 일어나는 것은 논리적이다. 그대가 주위에서 보는 모든 것은 실체보다는 그대의 반영에 더 가깝다. 그대는 모든 곳에서 반사되는 그대 자신을 보고 있다. 그대가 변하는 순간 반영도 변한다. 그대가 전적으로 고요해지는 순간 온 세상도 고요해진다. 세상은 속박이 아니다. 속박은 그대의 반영이다. 세상은 속박된 곳이 아니다. 그리고 세상은 해탈의 세계도 아니다. 해탈은 또 하나의 반영이다.

붓다는 온 세상을 니르바나로 보았다. 크리슈나 역시 세상 전체가 하나의 축제였으며 환희였다. 거기에는 불행이 없었다. 그러나 탄트라는 말한다. 그대가 보는 것은 무엇이든지 하나의 반영임을 말이다. 보이는 모든 것이 사라지고 오직 거울만이 남을 때 그것만이 진실이다.

어떤 것이 보인다면 그것은 반사물이다. 진실은 하나다. 그리고 많은 반영들이 비쳐진다. 한번 이것을 이해한다면, −이론적으로가 아니라, 실존적으로, 체험을 통해서−그대는 자유롭게 될 것이다. 그 자유는 얽매임과 해탈 둘 다로부터의 자유다.

나로파(Naropa)가 깨달음을 얻었을 때 누군가에게 질문을 받았다.

"당신은 이제 해탈을 성취했습니까?"

나로파가 말했다.

"'예' 그리고 '아니오' 둘 다이다. '예'는 내가 속박 속에 없기 때문이고, '아니오'는 해탈 또한 속박의 반영이기 때문이다. 속박 때문에 나는 해탈을 생각한 것이다."

모든 것을 이런 식으로 보라. 그대는 아프다. 그때 그대는 건강을 원한다. 건강을 바라는 그 바람은 그대 병의 일부분이다. 만약 그대가 진짜로 건강하다면 건강을 그렇게 갈망하지는 않을 것이다. 건강하다면 건강을 느낄 수도 없다. 오직 병을 앓아본 사람만이 건강하다는 것을 느낄 수 있다. 만약 그대가 태어날 때부터 건강해서 한 번도 아파본 적이 없다면 그대는 자신이 건강하다는 것을 느끼지 못한다. 건강이 거기에 있지만 느낄 수가 없는 것이다. 오직 그 역을 통해서, 반대 극부와 비교해서 알 수 있는 것이다. 만약 그대가 아프다면 그대는 건강을 느낄 수 있다. 그리고 그대가 건강을 느낀다면 그대는 여전히 아프다는 사실을 기억하라.

그래서 나로파는 그렇게 말한 것이다.

"'예'와 '아니오' 둘 다이다. '예'는 이제 어떤 속박도 없기 때문이며 '아니오'는 속박이 사라지면서 해탈 역시 사라졌기 때문이다. 해탈은 속박의 부분이었다. 나는 이제 그 둘을 모두 초월했다. 거기에는 속박도 없고 해탈도 없다."

종교를 하나의 갈구나 바람으로 만들지 마라. 그것을 모크샤(해탈)나 니르바나와 같은 어떤 바람의 대상으로 만들지 마라. 거기에 어떤 바람도 없을 때 그것은 저절로 일어난다.

〈질문〉

"깨달은 사람은 꿈을 꿉니까? 깨달은 사람의 수면은 그 본성과 질이 어떤 것입니까?"

아니다. 깨달은 사람은 꿈을 꿀 수 없다. 그리고 만약 그대가 꿈을 너무 좋아한다면 그대는 결코 깨달을 수 없다. 잘 들어라! 꿈은 수면의 일부분이다. 꿈을 꾸려면 먼저 그대가 잠에 떨어져야 한다. 일반적으로 꿈을 꾸기 위해서는 그대가 잠속으로 들어가야 한다. 잠속에서 그대는 무의식이 된다. 그대가 무의식적일 때 꿈이 일어날 수 있다. 꿈은 언제나 무의식적일 때만 일어난다.

깨달은 사람은 잠을 자면서도 의식적이다. 그는 무의식적으로 될 수 없다. 만약 그대가 그에게 클로로포름이나 그와 비슷한 마취제를 먹인다 해도 오직 그의 주변만이 잠들 뿐이다. 그의 의식은 깨어 있다. 그의 의식은 잠에 의해서 방해받지 않는다.

크리슈나는 바가바드 기타에서 모든 사람이 잠잘 때 요기는 깨어 있다고 말했다. 그 말은 요가 수행자는 밤에도 잠을 자지 않는다는 말이 아니다. 그들 역시 잠을 잔다. 그러나 그들의 잠은 그 질이 다르다. 오직 그들의 육체가 잠들어 있을 뿐이다. 그때 그들의 잠은 아름답다. 그것은 하나의 휴식이다.

그대의 잠은 휴식이 아니다. 그것은 보통 힘드는 일이 아니다. 아침에 눈을 뜨면 종종 그대는 자신이 완전히 지쳐 있는 것을 발견하기도 한다. 저녁에 잠자기 전보다 더 지쳐 있다. 밤새도록 그대는 애를 쓴 것이다. 도대체 무슨 일인가? 혹시 그대에게 기적이 일어난 것은 아닌가?

밤새도록 그대는 내적 갈등을 겪었다. 그대의 육체는 쉴 수가 없었다. 마음이 너무 심하게 활동했기 때문이다. 마음의 활동은 육체를 피곤하게 한다. 육체 없이는 마음이 활동할 수 없기 때문이다. 따라서 마음의 활동은 곧 육체의 활동이다. 그래서 밤새도록 그대는 육체 노동을 한 것과 같다. 아침에 기진맥진하게 되는 것은 바로 그 때문이다.

어떤 사람이 깨닫는다라고 할 때 그것은 무슨 뜻인가? 그것은 오직 한 가지, 이제 그가 완전히 의식적이라는 뜻이다. 그의 마음에 무슨 일이 일어나더라도 그는 인식하게 된다. 그대가 인식하는 순간 그 일은 완전히 멈춘다. 단지 인식을 통해서 그 일들이 멈추는 것이다. 그것은 어두운 방 안에 촛불이 켜지는 것과 같다. 촛불이 켜지는 순간 어둠이 사라진다.

어떤 사람이 깨달았을 때 이제 그는 내면의 빛을 갖게 된다. 그 내면의 빛은 의식의 불꽃이다. 그 의식의 불꽃으로 인해서 잠이 사라진다. 다른 것은 없다. 그것이 전부다. 그러나 잠이 사라지기 때문에 모든 것의 질이 바뀐다. 이제 그가 무슨 일을 하든지 완전한 각성 속에서 일하게 된다. 필수불가결했던 무의식은 이제 존재하기가 불가능하다.

그는 화를 낼 수 없다. 그것은 화를 내지 않기로 결심했기 때문이 아니다. 화는 무의식 속에서만 존재할 수 있는 것이다. 그래서 무의식이 없다면 당연히 화도 존재할 수 없다. 그는 미워할 수 없다. 미움 역시 무의식 속에서만 존재할 수 있다. 그는 사랑이 되었다. 그것은 사랑하려고 결심했기 때문이 아니다. 빛이 거기에 있을 때, 의식이 거기에서 깨어날 때 사랑은 저절로 꽃피어난 것이다. 그 모든 것이 자연스럽다. 그리고 꿈은 불가능해진다. 꿈은 무엇보다 무의식을 필요로 하기 때문이다. 하지만 그는 무의식적으로 될 수 없다.

붓다의 제자인 아난다가 붓다에게 가서 말했다. 그는 붓다와 같은 방에서 함께 자고 함께 일어날 만큼 가까이 생활했다.

"이것은 기적입니다. 너무나 신기합니다. 당신은 결코 잠을 자지 않는군요."

붓다는 언제나 한 가지 자세로 밤을 새웠다. 그는 처음 눈을 감는 순간부터 눈을 뜰 때까지 오른손을 베고 옆으로 누운 그 자세를 바꾸지 않았다. 아난다가 잠을 자다 일어나서 붓다를 보면 언제나 그대로였다. 그는 수년 간 그것을 지켜보았다. 그러던 어느 날 그가 그 까닭을 물었던 것이다.

"말씀해 주십시오. 당신은 밤새도록 무엇을 하십니까? 당신은 한 가지 자세로만 누워 계십니다."

붓다는 이렇게 대답했다고 한다.

"오직 한 번 나는 잠에 떨어진 적이 있었다. 그러나 그때 나는 붓다가 아니었다. 깨달음이 일어나기 그 며칠 전에 나는 잠속으로 들어갔다. 그런데 갑자기 나는 내가 잠속을 헤매고 있음을 알고 왜 내가 잠속으로 들어갔는지 궁금하게 생각했다. 나는 어떤 인식도 갖지 못한 채 무의식적으로 들어간 것이다. 그러나 깨달은 뒤부터는 그럴 필요가 없다. 내가 원한다면 나는 잠속으로 들어갈 수도 있다. 그러나 그럴 필요가 없다. 그렇지 않고서도 육체는 충분히 휴식할 수 있다."

의식은 잠조차도 꿰뚫어 버린다. 그러나 그대가 한 가지 자세로 밤새도록 있을 수 있다고 해서 깨달은 것은 아니다. 그대는 그것을 훈련할 수 있다. 그것은 어렵지 않다. 그대는 자신을 단련시킬 수 있고 며칠만 하면 그것이 가능해진다. 그러나 그것이 요점은 아니다. 그대가 만약 예수가 잠이 드는 것을 본다고 해서 왜 그가 잠에 빠지는지 의아해 하지 마라. 그가 잠이 든 것은 의식적인 것이다. 그가 원한다면 그는 할 수 있다.

나에게는 그것이 정반대로 일어났다. 깨닫기 전에는 나는 밤새도록 한 번도 움직이지 않았다. 아침에 잠에서 깨어나면 내가 전혀 움직이지 않았음을 기억해 낸다. 하지만 그때 이후로 나는 밤새도록 움직인다. 나는 5분 이상 한 가지 자세로 있지 않는다. 나는 움직이고 또 움직인다. 그리고 그 움직임들을 모두 알 만큼 나는 잠이 들지 않는다. 그러나 그대는 외부로부터 어떤 것을 더듬어 나갈 수 없다. 오직 내면에서부터만이 가능하다.

깨달은 사람에게는 잠속에서도 의식이 남아 있다. 그때 꿈은 일어날 수 없다. 첫번째로 꿈은 무의식을 요구한다. 그리고 두번째로 꿈은 단 한 가지 목적, 즉 연장된 경험을 요구한다. 그러나 깨달은 사람에게는 연장된 경험이란 것이 없다. 미완성의 경험이 없다. 모든 것이 완전하다. 그는 식사를 했다. 그 후에 식사에 대해서는 다시 생각하지 않는다. 그는 배고픔을 느낄 때 다시 식사를 할 것이다. 그러나 중간에는 식사에 대한 생각이 없다.

그는 목욕을 한다. 그러나 내일 목욕할 것에 대해서는 생각하지 않는다. 때가 되어 그가 살아 있다면 목욕을 할 것이다. 상황이 허락되면 그 일은 일어날 것이다. 그러나 미리 생각하지 않는다. 행동이 거기에 있다. 그러나 그것에 대한 어떤 사념도 일으키지 않는다.

그대는 무엇을 하고 있는가? 그대는 지속적으로 반복 연습을 하고 있다. 끊임없이 내일을 위해 마치 자신이 연극배우인 양, 남에게 보여주기 위해 내일에 대한 것을 생각한다. 왜 그렇게 미리 연습을 하는가? 때가 되면 그대는 거기에 있을 것이다.

깨달은 사람은 순간에 산다. 그 행위 속에 몰입한다. 그는 너무나 전체적으로 살기 때문에 미완성이라는 것이 없다. 만약 어떤 것이 미완성으로 남는다면 그때 그것은 꿈속에서 완성될 것이다. 꿈은 하나의 완성이다. 연장된 경험을 매듭짓는 것이다. 마음은 미완성된 것을 갖고서 편안해 하지 못한다. 그것을 어떻게든 매듭짓기 위해 궁리한다. 그때 그대는 꿈에서 그것을 완성한다. 그제서야 그대는 편안해진다. 그것이 꿈이라 해도 마음에게는 이완의 효과를 발휘한다.

그대는 무엇을 꿈꾸고 있는가? 그대는 낮에 완성하지 못했던 미완성의 행동들을 완성시키고 있는 것이다. 낮에 그대가 어떤 여인에게 키스를 하고 싶었지만 그대는 할 수 없었다. 그래서 이제 꿈속에서 그대는 키스를 할 것이다. 그대의 마음은 비로소 쉴 수 있다. 긴장이 풀어질 수 있다.

그대의 꿈은 그대가 불완전하다는 것을 뜻할 뿐이며 깨달은 사람은 완전하다. 그는 무엇을 하든지 전적으로 한다. 그래서 아무것도 마음에 남는 것이 없다. 그러니 꿈을 꿀 필요가 없다. 사람이 깨닫게 되면 밤에는 꿈이 끝나고 낮에는 생각이 끝난다.

생각이 끝난다고 해서 생각할 수 없게 된다는 말은 아니다. 그도 필요할 때는 생각할 수 있다. 만약 그대가 그에게 어떤 질문을 던진다면 그는 즉시 생각할 것이다. 그러나 예행연습은 필요 없다. 그대 같으면 먼저 생각한다. 그리고 나서 대답한다. 그러나 그는 생각하는 대로 즉시 말한다. 그의 대답이 곧 그의 생각이다. 그의 생각과 말 사이에는 어떤 간격도 없다. 그것은 동시적이다. 그는 말이 세련되지 않을 수도 있다. 그러나 거기엔 어떤 예행연습도 없다. 어떤 사념도 어떤 꿈도 없다. 그는 삶을 산다. 생각과 꿈을 가지면 그대는 삶을 놓친다.

이제 됐는가?

빛과 함께 하는 탄트라 명상

탄트라는 자아실현에 관한 것이다.
어떻게 하면 그대를 더욱 성장시킬 수 있는가에
관한 것이다. 기억하라.
탄트라는 그대 자신에게 관심이 있지
이상형에 관심이 있는 것이 아니다.

빛과 함께 하는 탄트라 명상

70

그대의 정수(精髓)가 빛줄기가
되어 중심에서 척추를 타고 올라간다고 상상하라.
그러면 그대 속에서 '살아 있음'이 일어나리라.

71

혹은 이것을 두 중심 사이의 공간에서
번갯불이 치는 것처럼 느껴라.

72

투명하게 살아 있는 현존으로서 우주를 느껴라.

인간은 정상과 비정상, 그리고 초정상(supernormal)의 세 가지 방식으로 분류될 수 있다. 서양의 심리학은 기본적으로 비정상적인 상태만을 다루는 것이다. 그것은 병리학적 접근으로서 정상적인 사람의 상태에서 병적으로 떨어진 사람들만 다룬다. 하지만 동양의 심리학, 즉 탄트라와 요가는 인간을 초정상의 관점에서 바라본다. 그것은 보통의 상태를 넘어선 사람에 대한 것이다. 그리고 그 둘 다 비정상이다. 병적인 사람은 건강하지 않기 때문에 비정상이고, 초정상적인 사람은 보통 인간보다 훨씬 건강하기 때문에 비정상이다. 그 차이는 부정과 긍정의 차이이다.

서양의 심리학은 심리 치료법의 일부로 발전되었다. 프로이드, 융, 아들러, 그리고 다른 심리학자들은 비정상적인 사람, 정신적으로 아픈 사람들만을 다루었다. 이 때문에 인간에 대한 서양의 전 관점이 오류에 빠지게 되었다. 프로이드는 병적인 사례들만 연구했다. 당연히 아픈 사람들만 그를 찾아간 것이다. 정신병자들 말이다. 그들은 그에 의해서 연구되어졌고, 그 연구의 결과를 통해서 정상적인 사람까지 이해하려 했다. 그러나 병적인 사람이 전부는 아니다. 그들은 아픈 사람들이다. 결국 그런 연구 방식 때문에 서양의 심리학은 오류에 빠질 뿐만 아니라 유해한 것이 되었다. 왜냐하면 정상적인 인간도 병적인 관점에서 바라보게 되었기 때문이다. 만약 병적이고 비정상적인 마음의 상태만 심리학적 연구의 사례로 채택되게 되면 인간을 바라보는 시각 전체가 병적인 것이 되고 만다. 이런 태도 때문에 서양 사회 전체의 수준이 떨어져 버렸다. 아픈 사람이 기초가 되고 삐뚤어진 사람이 근본이 되어 버린 것이다.

그리고 만약 그대가 오직 비정상적인 사람만 연구한다면 그대는 초정상적인 존재에 대해서는 생각조차 할 수 없다. 붓다는 프로이드에게 불가능한 연구 대상이다. 상상할 수조차 없다. 그래서 붓다는 허구적이고 신비적인 인물밖에 될 수 없다. 붓다는 실체가 될 수 없는 것이다. 프로이드는 오직 아픈 사람만 접촉했다. 그가 정상인에 대해 무슨 말을 하든지 그 기초가 되는 것은 아픈 사람에 대한 연구 결과였다. 그것은 아픈 사람이 의사를 찾아가는 것과 같은 것이다. 건강한 사람은 의사에게 가지 않는다. 그럴 필요가 없기 때문이다. 오직 건강하지 못한 사람만이 갈 것이다. 그리고 수많은 환자들을 연구한 결과로 그는 보통 인간에 대한 청사진을 머리 속에 갖게 되었다. 하지만 그 그림은 옳은 것이라고 볼 수 없다. 그는 오직 병든 사람만 연구했기 때문이다. 만약 그대가 병든 사람에 대한 개념을 정상인의 기본으로 생각한다면 사회 전체가 고통을 당하는 것으로 보일 것이다.

동양의 심리학, 특히 탄트라와 요가 역시 인간에 대한 개념을 갖고 있다. 하지만 그 개념은 초정상적인 사람들의 연구에 기초를 두고 있다. 붓다, 파탄잘리, 샹카라, 나가르쥬나, 카비르, 나낙크 같은 사람들 말이다. 그들은 인간의 가능성과 잠재력의 최고 정점에 도달한 사람들이다. 저열한 계층이 아니라 가장 고양된 의식들만 연구 대상으로 삼은 것이다. 만약 그대가 이처럼 연구한다면 그대의 마음은 열리게 된다. 그대는 성장할 수 있다. 이제 그대는 가장 높은 성취가 가능하다는 것을 알게 되었기 때문이다. 만약 그대가 저열한 의식 수준만 관찰한다면 어떤 성장도 불가능하다. 거기에는 도전이 없다. 만약 그대가 정상이라면 그대는 행복해 할 것이다. 그대는 비뚤어지지 않은 것만으로, 정신적으로 아프지 않은 것만으로 충분하게 느낄 것이다. 그대는 문제의식을 갖지 않을 것이고 거기에 도전은 없다.

그러나 만약 그대가 초정상적 부류들, 그대가 이를 수 있는 가장 높은 가능성을 꽃피운 사람들만 연구한다면 그때 그대에게는 성장의 문이 열린다. 그대는 성장할 수 있다. 하나의 도전이 그대에게 부딪혀 온다. 그대는 현 상태의 자신에 만족할 수 없다. 더 높은 성취가 가능해지고 그들은 그대를 부르고 있다. 이 점이 깊이 이해되어져야 한다. 오직 그때만이 탄트라의 심리학은 받아들여질 수 있다. 그대가 어떤 경지에 있든지 끝은 아니다. 그대는 단지 중간에 있다. 그대는 떨어질 수도 있고 올라갈 수도 있다. 그대의 성장은 끝난 것이 아니다. 그대는 완성품이 아니다. 그대는 아직 길 위에 있다. 어떤 것이 그대 속에서 계속 자라 가고 있다.

탄트라와 그 모든 방편들은 이 성장의 가능성에 기초한 것이다. 그리고 기억하라. 그대가 충분히 될 수 있는 것이 되지 못했다면 결코 만족할 수 없다. 그대는 될 수 있는 것이 되어야 한다. 그것은 필수적이다. 그렇지 않다면 그대는 좌절할 것이다. 그대는 무의미함을 느낄 것이다. 삶에 아무런 목적도 없음을 느낄 것이다. 그대는 그럭저럭 살아가겠지만 거기에 기쁨은 없다. 그대는 다른 많은 것에 성공할지도 모르지만 그대 자신에 대해서는 실패한 것이다. 부가 거기에 있지만 그대는 실패했다. 그대는 위대한 정치가가 되었지만, 그래서 모든 사람이 그대를 성공한 인물로 꼽지만 그대는 그대 자신의 실패자다. 어떤 사람이 매우 부자가 되었다. 모든 사람은 그가 이제 성공했다고 생각한다. 그러나 그는 자신이 실패한 인간이라는 것을 안다. 이 세상은 정말 이상하다. 그대는 자신의 눈만 빼고 모든 사람의 눈에 성공한 사람으로 보이는 것이다.

사람들은 매일 나에게 온다. 그리고 그들은 모든 것을 갖고 있다고 말한다. 그런데 지금은 무엇인가? 그들은 실패자들이다. 그들이 어디에서 실패했는가? 왜 실패했다고 느끼는가? 그들의 내면적인 개성은 여전히 개화되지 않은 채로 있다. 그들은 꽃을 피우지 못했다. 마슬로우(Maslow)가 말하는 '자아실현'을 하지 못한 것이다. 그들은 내면적으로 실패했다. 그리고 궁극적으로 다른 사람이 하는 말은 무의미하다. 그대가 느끼는 것이 중요하다. 만약 그대가 자신을 실패자로 느낀다면 다른 사람이 그대가 나폴레옹이나 알렉산더 같은 사람이라고 느끼더라도 소용이 없다. 오히려 그것은 더욱 그대를 짓누를 것이다. 이 세상 모든 사람이 그대를 성공한 사람으로 생각하더라도 그대는 자신이 아니라는 것을 알고 있다. 그대는 자신을 속일 수 없다. 자아실현에 있어서만큼은 속일 수 없다. 조만간 그대는 자신을 불러내어 무슨 일이 있었는지 깊이 조사해 봐야 할 것이다. 그러나 그대의 삶은 그저 소모되고 있을 뿐이다. 그대는 기회를 포기했고 무의미한 것들만 긁어 모았다.

자아실현은 그대 성장의 최고 정점을 말한다. 거기에서만이 그대는 깊은 만족을 느낄 수 있다. 거기에서만이 '이것은 나의 운명이다, 이것은 내가 무엇임을 뜻하는 것이며, 이 땅에 존재하는 의미이다'라고 그대는 말할 수 있다. 그리고 탄트라는 이 자아실현에 관한 것이다. 어떻게 하면 그대를 더욱 성장시킬 수 있는가에 관한 것이다. 기억하라. 탄트라는 그대 자신에게 관심이 있지 이상형(理想型)에 관심이 있는 것이 아니다. 그것은 지금의 그대와 미래에 꽃피울 수 있는 그대 자신의 잠재력에 관심이 있다. 그 차이는 매우 크다. 모든 가르침은 이상형에 관심이 있다. 그들은 붓다처럼 되라고, 예수처럼 되라고 가르친다. 그들은 이상형의 모델을 갖고 있고 그대는 그것처럼 되어야 한다. 그러나 탄트라는 그대를 향한 이상형 같은 것은 없다. 그대 미래의 이상형은 그대 속에 감추어져 있다. 그것은 타인으로부터 그대에게 주어질 수 없다. 그대는 붓다처럼 되기 위해 존재하는 것이 아니다. 그럴 필요가 없다. 붓다는 한 사람으로 충분하다. 더 이상의 복사품은 가치가 없다. 존재계는 언제나 독특하다. 그것은 결코 반복하지 않는다. 반복은 지겨운 것이다. 존재계는 언제나 새롭다. 영원히 새롭다. 그래서 붓다조차 재생 반복되지 않는다. 그토록 아름다운 현상도 반복되지 않는 것이다.

왜인가? 만약 고타마 붓다와 똑같은 사람이 계속 나온다면 그것은 지겨움을 만들어 낼 것이다. 그러면 거기에 무슨 소용이 있는가? 오직 독특한 것만이 의미가 있다. 복사품은 무의미하다. 그대가 오직 처음일 때 그대의 운명은 성취된 것이다. 만약 그대가 두번째라면 그대는 놓친 것이다.

그래서 탄트라는 이것저것이 되라고 결코 말하지 않는다. 거기에는 이상형 같은 것이 없다. 그래서 그 이름이 탄트라이다. 탄트라는 방편들에 대해서 말한다. 이상형에 대해서가 아니다. 그것은 그대가 어떻게 될 수 있는가를 말하는 것이지 무엇이 되라고 말하지 않는다. '탄트라(tantra)'란 말이 바로 방편(technique)이란 말이다. 그것은 오직 '어떻게'에만 관심이 있지 '무엇'에는 관심이 없다. 그 '무엇'은 그대가 성숙하면 저절로 될 것이다. 단지 방편을 사용하라. 점점 그대 내면의 잠재력은 개화할 것이다. 한 번도 손길을 거치지 않은 가능성이 열릴 것이다. 그것이 열려 감에 따라 그대는 그것이 무엇인지 저절로 깨닫게 될 것이다. 아무도 그것이 무엇이라고 미리 말할 수는 없다. 그대가 그것이 되지 않는 한 아무도 그대가 무엇이 될 수 있다고 예언하지 못한다.

그래서 탄트라는 그대에게 오직 방편들만 준다. 이상형을 제안하지 않는다. 이 점에서 탄트라는 다른 모든 도덕적 전통과 얼마나 다른가? 도덕적 전통들은 언제나 이상형을 제안한다. 만약 그대가 그 종교로부터 어떤 방편을 얻는다고 해도 그것은 항상 특정한 이상형과 함께 제시된다. 그러나 탄트라는 그대에게 어떤 이상형도 제안하지 않는다. 그대의 성취 자체가 바로 이상형이며 그대의 미래는 미지의 것이다.

과거로부터 빌려온 어떤 이상형도 도움이 될 수 없다. 이 존재계에서는 그 어떤 것도 반복되지 않기 때문이다. 그리고 만약 그것이 반복된다면 무의미하다.

선승(禪僧)들은 명상 도중에 붓다를 만나면 즉시 붓다를 죽이라고 말한다. 거기에 붓다가 서 있는 것을 허락하지 마라. 선승들은 붓다의 제자들이다. 그러나 그들은 붓다를 즉시 죽인다. 왜냐하면 붓다라는 이상형이 그대를 최면에 빠뜨려서 그대가 자신을 잊어버릴 수도 있기 때문이다. 만약 그대가 자신을 잊어버린다면 그대는 길을 잃을 것이다. 붓다는 이상형이 아니다. 그대가 이상형이다. 그대의 알려지지 않은 미래가 말이다. 그것은 발견되어져야 하는 것이다.

탄트라는 그대에게 발견의 기법을 전수한다. 보석은 그대 속에 있다. 그러므로 이 두번째 것을 기억하라. 그대 자신이 이상형이라는 것을 믿기란 무척 어렵다. 모든 사람이 그대를 우습게 보고 있기 때문이다. 그래서 그대 역시 자신을 비난한다. 그대는 언제나 다른 누군가가 되고 싶어했다. 하지만 그것은 거짓이며 위험하기까지 하다. 그렇게 되면 그대는 모조품이 될 것이며, 모든 것이 위조된다. 그대가 다른 사람을 흉내내는 한 그대는 실체가 아니다. 기계적인 장치만 그대를 둘러싸고 있을 뿐 그대의 실체는, 그대의 육성은 사라져 버리고 만다. 그러니 모조품이 되지 마라.

진짜가 되라.

탄트라는 그대를 믿는다. 그리고 자신을 믿으라고 가르친다. 탄트라를 받아들이는 사람이 얼마 되지 않는 것도 바로 그 때문이다. 왜냐하면 아무도 자신을 믿지 않기 때문이다. 그러나 탄트라는 그대를 믿는다. 그리고 그대가 바로 이상형이라고 말한다. 그러니 다른 누구를 흉내내지 마라. 모방은 그대 주위에 거짓 인격을 만들어 낼 것이다. 그리고 그것이 자신이라고 생각할 것이다. 하지만 아무리 시간이 지나도 그것은 그대가 되지 않는다. 그래서 두번째로 기억해야 할 것은 고정된 이상형 같은 것은 없다는 사실이다. 그대는 미래를 미리 알 수 없다. 그대는 오직 현재만을 알 수 있다. 그리고 그대가 성장하는 바로 눈앞의 미래만을 생각할 수 있다. 어떤 고정된 미래가 없다는 것은 좋은 일이다. 그렇지 않다면 거기에는 자유가 없어지기 때문이다. 만약 고정된 미래가 있다면 인간은 로봇일 뿐이다.

그대는 어떤 고정된 미래도 갖고 있지 않다. 그대는 여러 개의 가능성을 갖고 있다. 그대는 여러 가지 방식으로 성장할 수 있다. 그리고 그대의 성장만이 궁극적인 만족을 가져다 준다. 그대는 어떤 방식으로든 성장해야 하고 그 성장은 더 큰 성장을 낳는 계기가 된다. 그리고 방편들은 과학적인 방식이기 때문에 도움이 될 수 있다. 그로 인해 그대는 불필요한 방황을 안해도 된다. 만약 그대가 어떤 방편도 갖고 있지 않는다면 그대는 많은 생을 소모할 것이다. 그대는 어떤 움직임도 불가능한 지점에 이를 때까지 계속 성장할 것이다. 그것은 정점에 이르지 않는 한 그대 속에서 삶의 에너지가 계속 흘러나올 것이기 때문이다. 그것은 가장 높은 봉우리에 이를 때까지 계속된다. 그리고 사람이 계속해서 태어나는 것도 바로 이 때문이다. 그래서 그대 자신을 그냥 내버려두어도 언젠가는 도달할 것이다. 하지만 그 여행은 너무나 길고 지루하며 답답한 것이 될 것이다.

스승과 함께 과학적인 방편을 갖게 된다면 그대는 많은 시간을 절약할 수 있다. 기회와 에너지를 절약할 수 있다. 때때로 몇 초 안에 그대는 몇 번의 생을 통해서 이룩하는 성장보다 더 많은 성장을 할 수도 있다. 만약 올바른 방편을 따라 수행한다면 성장은 폭발적으로 일어날 것이다. 그리고 이 방편들은 수백만 년 동안의 수행에서 사용되어진 것들이다. 그것들은 한 사람에 의해 고안된 것이 아니다. 수많은 구도자들에 의해 고안된 것으로 오직 그 진수들만 여기에 있다. 이 112가지 방편들에 전세계의 모든 방편들을 담을 수 있다. 이 112가지 방편에 속하지 않는 방편은 어디에도 없다. 이것들은 본질적으로 영적 탐구의 결실에서 나온 것이다. 그러나 모든 방편이 누구에게나 다 맞는 것은 아니다. 그대는 그것들을 가려내어야 한다. 오직 몇 가지 방편만이 그대에게 도움이 될 수 있다. 그래서 그대는 그것을 찾아내어야 한다. 그리고 여기에 두 가지 방식이 있다. 하나는 그대에게 효력을 발생하는 방편을 발견할 때까지 그대 자신의 시행착오를 통과하는 것이고, 다른 하나는 스승에게 귀의해서 스승이 그대에게 맞는 것을 선택해 주는 것이다. 이것이 두 가지 방식이다. 물론 이 선택 역시 그대에게 달린 것이다.

자, 이제 방편으로 들어가자.

70

그대의 정수(精髓)가 빛줄기가 되어 중심에서부터 척추를 타고 올라간다고 상상하라.
그러면 그대 속에서 '살아 있음'이 일어나리라.

많은 요가의 방편들이 이 방편에 기초해서 이루어졌다. 먼저 그것이 무엇인지 이해하라. 그리고 나서 적용하라. 척추는 그대의 몸과 마음에 기초가 된다. 그대의 마음, 그대의 머리는 척추의 마지막 부분이다. 몸 전체가 이 척추에 뿌리를 두고 있다. 만약 척추가 젊으면 그대 역시 젊다. 그러나 척추가 늙으면 그대도 늙는다. 만약 그대가 척추를 젊게 유지할 수 있다면 쉽사리 늙지 않는다. 모든 것이 그대의 척추에 달려 있다. 만약 그대의 척추가 살아 있다면 그대는 매우 영민한 마음을 갖게 될 것이다. 그러나 척추가 둔해지고 죽어 가면 그대는 무딘 마음을 갖게 될 것이다. 그래서 요가의 방편 전부가 바로 이 척추를 생기 있고, 민감하며, 빛으로 가득 차고, 젊고, 신선하게 만들려고 하는 것이다.

척추는 두 개의 끝이 있다. 그 하나는 시작 점으로서 섹스의 중추이며 그 끝은 정수리로서 '사하스라르(sahasrar)'라고 불린다. 이것이 바로 일곱번째 챠크라(center)이다. 척추의 시작 점은 땅과 연결되어 있다. 그래서 섹스는 그대 속에서 가장 대지(大地)에 가깝다. 시작의 중추에서 그대는 본능과 접촉한다. 인도 철학의 한 종파인 샹키야(sankhya) 학파에서는 그 본능을 프라크리티(prakriti)라고 부르는데 그것은 대지, 혹은 물질을 나타내는 말이다. 그리고 마지막 중추인 사하스라르는 머리에 있는 것으로 거기에서 그대는 신성과 접촉한다. 이것이 그대 존재의 양극이다. 시작은 섹스이고 나중은 사하스라르이다. 이 사하스라르는 영어로 번역할 말이 없다. 그리고 이것들은 두 개의 극을 이룬다. 그대의 삶이 섹스 중심이든지 아니면 사하스라르 중심이든지 둘 중 하나다. 그대의 에너지가 섹스 중추로 내려가든지 아니면 사하스라르로 가서 우주 속으로 해방되든지 둘 중 하나다. 사하스라르에서 그대는 브라흐만 속으로 흘러 들어간다.

절대적 존재계 속으로 말이다. 섹스 중추에서 그대는 상대적 존재계 속으로 흘러 들어갈 것이다. 이것은 두 가지 흐름이다. 두 가지 가능성이다. 그대의 흐름이 위로 올라가지 않는 한 불행은 결코 끝나지 않는다. 때때로 그대는 행복의 일별을 대할지도 모른다. 하지만 그것은 그저 일별일 뿐이다. 잠깐 동안의 환상적인 것으로 끝난다.

에너지가 위로 흐르기 시작하면 그대는 훨씬 더 실재적인 일별을 갖게 될 것이다. 그리고 한 번 그것이 사하스라르에 도달하면 에너지는 거기에서 해방된다. 그리고 절대적인 지복을 누리게 될 것이다. 그것이 니르바나이다. 그때 거기에는 일별이 아니라 축복 그 자체가 있다. 그래서 요가와 탄트라의 모든 방편에서 그대의 에너지를 상승시키려 한다. 하지만 그것은 중력 방향의 반대이기 때문에 쉽지 않다. 하지만 에너지가 섹스 쪽으로 흐르는 것은 매우 쉽다. 일상적으로 일어나는 일이다. 그것은 중력을 따라가기 때문이다. 지구는 모든 것을 아래로 잡아당긴다. 그대의 섹스 에너지는 지구에 의해서 당겨지는 것이다. 그대는 그것을 느끼지 못하겠지만 우주비행사들은 그것을 느낀다. 그들이 지구의 중력권을 넘어서는 순간 그들은 성욕을 느끼지 못한다. 육체는 무게를 잃고 성욕은 해체되어 버린다.

지구는 그대의 생명 에너지를 끌어당기고 있다. 이것은 자연적으로 벌어진다. 생명 에너지가 땅에서부터 나온 것이기 때문이다. 그대가 먹는 모든 음식은 그대 속에서 에너지를 만들어 낸다. 그것은 모두 땅에서 나온 것이다. 땅의 다른 모습이다. 그리고 그 땅은 다시 대지로 돌아가려 한다. 이 순환은 끊임없이 계속된다. 그대는 수많은 생을 이런 식으로 살아온 것이다. 만약 그대가 우주비행사들처럼 중력권을 뛰어넘지 않는 한 그대는 같은 방식으로 끝없이 돌고 돌 것이다. 따라서 그 굴레에서 벗어나기 위해 도약해야 한다. 그때 지구 중력의 자장은 깨질 것이다. 그것은 깨질 수 있다.

이 방편은 어떻게 하면 그 굴레를 깨트리느냐 하는 것이다. 어떻게 하면 에너지를 수직 상승시켜서 새로운 중심에 도달하느냐 하는 것이며, 어떻게 해서 그 새로운 에너지가 그대 속에서 모습을 드러낼 수 있느냐 하는 것이다. 그 에너지가 드러나면 그대는 새로운 사람이 된다. 그 에너지가 그대의 사하스라르로, 섹스의 반대극으로부터 해방되면 그대는 더 이상 인간이 아니다. 그때 그대는 이 땅에 속한 것이 아니다. 그대는 신성이 된다. 크리슈나가 신이며 붓다가 신이라고 말할 때 바로 이것을 가리킨 말이다. 그들의 육체는 그대의 것과 똑같다. 그들의 육체는 병들고 늙고 죽는다. 그들의 몸에 일어나는 모든 것이 그대의 몸 속에서도 일어난다. 오직 한 가지만 그대의 몸 속에서 일어나지 않는다. 그것은 에너지가 중력의 방향에 반대해서 상승한 것이다.

그러나 그것은 그대의 눈에 보이지 않는다. 때때로 그대가 붓다의 자세로 앉아 있을 때 그대는 그것을 느낄 수 있다. 갑자기 그대는 에너지가 그대 속에서 솟구쳐 올라오는 것을 느낀다. 그대의 에너지가 상승하기 시작한 것이다. 오직 그때 그대는 어떤 것이 일어났다는 것을 안다. 단지 붓다와 접촉을 가지는 것에 의해서 그대의 에너지는 사하스라르를 향해 위로 올라갈 수 있다. 붓다가 너무나 강력해서 중력조차 그 힘을 발휘하지 못한다. 중력은 그대의 에너지를 잡아당길 수 없다. 이런 분위기를 느끼게 하는 예수나 붓다나 크리슈나는 신으로 불리어졌다. 그들은 지구보다 강한 에너지의 근원을 갖고 있다.

어떻게 지구의 에너지 굴레가 깨어질 수 있는가? 이 방편은 그

굴레를 깨는 데 매우 유용하다. 먼저 기본적인 어떤 것을 이해하라. 만약 그대가 그 전모를 관찰한다면 그대의 섹스 에너지가 상상력과 함께 움직이는 것을 볼 수 있다. 상상력을 통해서 그대의 섹스 중추가 작동하기 시작한다. 실제로 상상력 없이는 그것이 작동할 수 없다. 그대가 사랑에 빠질 때 더 잘 작동하는 것도 바로 이 때문이다. 사랑의 상상력이 함께 들어오기 때문이다. 만약 그대가 사랑에 빠지지 않는다면 그것은 작동이 쉽지 않다.

고대로부터 남자 매춘부가 발견되지 않는 것도 이 때문이다. 매춘부는 오직 여자뿐이다. 남자가 사랑을 느끼지 못한다면 그것은 매우 어렵다. 돈 때문에 그가 사랑을 가질 수 있겠는가? 그대는 성교를 위해 남자에게 돈을 지불할 수 있다. 그러나 그가 그대에 대해서 어떤 상상력도 동원시킬 수 없다면 그는 실패할 것이다. 여자는 섹스 행위가 수동적이기 때문에 사랑이 없이도 가능하다. 실제로 여자들의 그 기능이 반드시 필요한 것은 아니다. 그들은 완전히 딴생각을 하면서도 성교에 임할 수 있다. 그리고 아무것도 느끼지 못할 수 있다. 그래서 창녀들은 그대와 성교를 할 때 실제의 몸과 하는 것이 아니다. 그대는 시체하고 하는 것과 같다. 그래서 여자들은 쉽게 창녀가 될 수 있다. 그들의 섹스가 수동적이기 때문이다.

섹스 중추는 상상력을 통해서 기능한다. 꿈속에서조차 그대가 발기하고 사정할 수 있는 것도 바로 그 때문이다. 그것들은 실재처럼 기능한다. 그리고 꿈은 단지 상상력일 뿐이다. 모든 건강한 남자들에게 관찰되는 바이지만 밤 동안에 적어도 10회는 발기한다. 마음의 매순간마다, 섹스에 대한 스쳐가는 생각으로도 곧 발기가 된다. 그대의 마음은 많은 에너지를 갖고 있다. 많은 능력을 갖고 있다. 의지도 그중에 하나다. 그러나 그대가 섹스만큼은 의지대로 할 수 없다. 섹스만큼은 의지력 불능이다. 만약 그대가 억지로 누군가를 사랑하려 한다면 그대는 불능에 빠질 것이다. 그러므로 의지로 하려 들지 마라. 의지가 섹스에 있어서만큼은 아무 작용도 하지 못한다. 오직 상상력만이 그 기능을 다할 수 있다. 상상하라. 그러면 그 중추는 작동하기 시작할 것이다. 내가 왜 이 사실을 강조하는가? 만약 상상력이 에너지를 움직이는 데 도움이 된다면 그때는 그것을 아래로 뿐만 아니라 위로도 움직일 수 있다. 상상력에 의해서 말이다. 그렇다고 상상력에 의해서 피를 돌릴 수는 없다. 그대는 상상력으로 몸의 다른 어떤 기능도 조절할 수 없다. 그러나 섹스 에너지만큼은 상상력에 의해서 움직여진다. 그대는 그것의 방향을 바꿀 수 있다. 이 방편은 말한다.

"그대의 정수(精髓)가 빛줄기가 되어…상상하라."

그대 자신을, 존재를 빛줄기로 생각하라. 그러면 중심에서부터 척추를 따라 올라간다. 그때 그대 속에서 '살아 있음'이 일어난다. 요가는 그대의 척추를 일곱 개의 중추(center)로 구분해 놓았다. 첫번째 중추가 곧 섹스 중추이다. 그리고 마지막 중추가 사하스라르이다. 그 사이에 다섯 개의 중추가 있다. 어떤 전통에서는 아홉 개로 나누기도 하고 세 개로 나누기도 한다. 그리고 어떤 데서는 네 개로 구분하는 전통도 있다. 몇 개로 나누느냐 하는 것은 중요하지 않다. 그대 스스로 나눌 수도 있다. 첫째는 성의 중추이며, 둘째는 배꼽 뒤편이고, 셋째는 심장 뒤편이며, 넷째는 양미간이다. 그리고 다섯째가 정수리로서 사하스라르가 된다. 이렇게 다섯 개로 나누어도 된다.

이 방편은 그대 자신을 상상하라고 말한다. 눈을 감고 그대 자신이 마치 빛줄기가 된 것처럼 상상하라. 그러나 이것이 단지 상상만은 아니다. 태초에 빛이 있었다. 그리고 실제 역시 그러하다.

모든 것이 빛으로 구성되었기 때문이다. 이제 과학은 모든 것이 전기로 구성되어 있다고 말한다. 그리고 탄트라는 모든 것이 빛의 알갱이로 구성되어 있다고 말한다. 그대의 몸도 마찬가지다. 코란에서 신은 빛이라고 말한 것도 이런 맥락이다. 그대는 빛이다! 그러니 먼저 그대는 단지 빛줄기라고 상상하라. 그리고 나서 섹스 중추로 옮겨 가라. 그대의 주의력을 그 곳에 집중시켜라. 마치 섹스 중추가 빛의 근원이며 그 빛줄기가 섹스 중추로부터 척추를 따라서 상승한다고 느껴라. 배꼽 중추를 향해 올라가고 있다고 느껴라. 그대는 한 번에 그대의 섹스 중추와 사하스라르를 연결시키기 어렵기 때문에 그런 구분이 필요한 것이다. 그래서 더 세밀하게 구분할수록 더 많은 도움이 될 것이다. 만약 곧바로 연결할 수 있다면 구분은 필요 없다. 그때는 모든 구분을 없애 버리고 섹스 중추에서 사하스라르까지 생명력을, 에너지를 바로 상승시킬 수 있다. 하지만 그대의 마음은 보다 작은 조각들을 좋아한다. 그래서 세밀하게 구분할수록 상상하기 쉬워진다.

그대의 섹스 중추로부터 배꼽까지 빛의 강줄기가 거슬러 간다고 생각하라. 즉시 그대는 훈기를 느낄 수 있을 것이다. 그 훈기는 다른 사람조차 느낄 수 있다. 그대의 상상력을 통해서 섹스 에너지는 상승하기 시작한다. 그리고 그것이 두번째 중추인 배꼽에까지 왔다고 느끼면 배꼽이 또 다른 빛의 샘이 될 것이다. 거기에서 빛은 다시 심장의 중추까지 올라갈 것이고, 빛이 심장의 중추에까지 도달하면 심장의 고동은 바뀔 것이다. 그대의 호흡은 더욱 깊어지고 그 훈기는 가슴에까지 이를 것이다. 더 위로 올라가라.

"… 그대 속에서 살아 있음이 일어나리라."

그대가 훈기를 느껴 감에 따라 그대는 점점 '살아 있음'을 느낄 것이다. 새로운 생명이 그대에게 다가온다. 내면의 빛이 일어나고 있다. 섹스 에너지는 두 가지 부분으로 이루어져 있다. 하나는 물질적인 부분이고 하나는 심령적인 부분이다. 그대의 몸은 모두 이 두 부분으로 이루어져 있다. 물질과 영적인 것으로 말이다. 섹스 에너지도 마찬가지다. 여기서 물질적인 부분은 정액이다. 그것은 위로 올라갈 수 없다. 올라가는 통로도 없다. 이 때문에 서양의 생리학자들은 탄트라나 요가의 방법이 넌센스라고 생각하며 완전히 부정해 버렸다. 어떻게 정액이 위로 올라갈 수 있는가? 거기에는 어떤 통로도 없다. 그들의 말이 한편으로는 옳지만 한편으로는 잘못되었다. 정액, 즉 물질적인 부분은 올라갈 수 없다. 그러나 그것이 전부는 아니다. 그것은 섹스 에너지의 물질 부분이다. 그리고 그것의 심령적 부분은, 비물질적 부분은 올라갈 수 있다. 그때는 척추 속에 있는 미세한 통로와 그 각각의 에너지 중추가 이용된다. 그러나 그것은 느껴져야 한다. 상상력으로 이루어지는 것이다. 그런데 그대의 감각은, 느낌은 이미 죽은 지 오래다.

어디에선가 심리 치료사가 그의 환자인 한 여인에 대해서 쓴 것을 본 기억이 난다. 그는 그녀가 뭔가를 느꼈다고 말하고 있었다. 그러나 심리 치료사는 그녀가 무엇을 하든지 그녀는 느끼지 못한다는 것을 알았다. 단지 느낌에 대한 생각을 할 뿐이었다. 그리고 그것은 다른 것이다. 그래서 치료사는 그의 손을 그녀의 손 위에 얹고 누르면서 눈을 감으라고 말했다. 그리고 그녀가 무엇을 느끼는지 물었다. 그녀는 즉시 말했다.

"나는 당신의 손을 느껴요."

그러나 치료사는 이렇게 말했다.

"아닙니다. 이것은 당신의 느낌이 아닙니다. 이것은 단지 당신의 생각입니다. 나는 당신의 손 위에 내 손을 올려 놓았고 당신은 내 손을 느낀다고 말합니다. 그러나 그것은 느낌이 아닙니다. 그것은 단지 추리일 뿐입니다. 당신은 무엇을 느낍니까?"

그러자 그녀가 말했다.

"당신의 손가락을 느낍니다."

그 치료사는 다시 말했다.

"아닙니다. 그것도 느낌이 아닙니다. 어떤 것도 추리하지 마십시오. 단지 눈을 감고 내 손이 있는 곳까지 느낌을 보내 보십시오. 그리고는 당신이 느끼는 것을 말해 보십시오."

그러자 그녀가 말했다.

"오! 나는 전체를 잃고 있었습니다. 이제 압력과 온기를 느낍니다."

손이 그대를 만질 때는 손이 느껴지는 것이 아니라 압력과 온기가 느껴진다. 손이란 것은 단지 추리일 뿐이다. 그것은 지성이지 느낌이 아니다. 온기와 압력, 그것이 바로 느낌이다. 그제서야 그녀는 제대로 느끼고 있었다. 우리는 느낌을 완전히 잃어버렸다. 그대는 느낌을 개발해야 한다. 오직 그때만이 이런 방편을 수행할 수 있다. 그렇지 않다면 그것들은 기능을 발휘하지 않을 것이다. 단지 생각의 유희로 끝날 것이다. 단지 그대는 느끼고 있다고 생각할 뿐이다. 그리고 아무 일도 일어나지 않을 것이다. 그래서 사람들은 나에게 와서 이렇게 말한다.

"당신은 이런 방편이 매우 중요하다고 말했지만 아무 일도 일어나지 않았습니다."

그들은 시도했다. 그러나 그들은 한 가지 차원을 놓치고 있었다. 느낌의 차원을 말이다. 그러므로 우선은 그대가 느낌을 개발해야 한다. 그때 그대가 시도할 수 있는 방법들이 있는 것이다.

그대는 적어도 한 가지는 할 수 있다. 만약 그대 집안에 어린아이가 있다면 매일 한 시간 동안만 아이를 따라서 해보라. 그것은 붓다를 따르는 것보다 훨씬 더 많은 것을 얻을 것이다. 어린아이로 하여금 사지가 마음대로 움직이도록 허용하라. 그리고 그대 역시 그렇게 하라. 아이를 따라하라. 그대는 처음으로 새로운 생명 에너지가 그대에게 들어오는 것을 느낄 것이다. 그대는 다시 어린아이가 될 것이다. 아이를 보라. 그리고 그저 따라서 하라. 아이는 온 구석을 돌아다니며 모든 것을 만질 것이다. 만질 뿐만 아니라 그것들을 맛볼 것이다. 냄새맡을 것이다. 단지 그대로 따라하라. 그가 하는 것은 무엇이든지 말이다.

그대도 한때는 어린아이였던 적이 있었다. 그대 역시 이렇게 했다. 아이는 느끼고 있다. 그는 생각을 하고 있는 것이 아니다. 그는 냄새를 느낀다. 그래서 냄새가 나는 구석을 찾아간다. 그는 사과를 본다. 그리고 그는 그것을 맛본다. 그저 어린아이처럼 맛보라. 그가 사과를 먹고 있을 때 그것을 지켜보라. 그는 전적으로 그 속에 몰입되어 있다. 온 세상이 떨어져 나간다. 세상은 더 이상 거기에 없다. 오직 사과만이 있다. 아니, 거기엔 사과도 없고 아이도 없다. 오직 먹는 행위만 있다. 한 시간 동안만 아이를 따라 해보라. 한 시간이면 그대가 다시 어린아이가 되는 데 충분한 시간이다.

사회적 지위 등등으로 남의 눈을 의식해 온 그대의 방어 기제는 내팽개쳐질 것이다. 그대의 갑옷은 떨어져 나갈 것이다. 그대는 아이의 눈에 비치는 세상을 바라보기 시작할 것이다. 그것은 느낌의 차원이다. 그대가 그것을 느낄 때 그대는 비로소 제대로 느낄 수 있다. 어린아이처럼 뛰어 놀고 있는 그대는 카펫의 감촉을 즐길 것이다. 압력과 온기는 오직 순수하게 어린아이를 따라

하는 것에 의해 느껴질 것이다. 어른은 어린아이에게서 많은 것을 배울 수 있다. 조만간 그대의 실제적인 순수함이 터져 나올 것이다. 그대는 다시 한 번 어린아이가 되고 그대는 그것이 하나가 된다는 의미임을 안다. 그대는 단순히 잊어버렸던 것이다.

느낌의 중추가 그 기능을 시작해야 한다. 오직 그때만이 이 방편들은 도움이 될 것이다. 그렇지 않다면 그대는 에너지가 올라간다고 계속 생각하겠지만 거기엔 어떤 느낌도 없다. 만약 거기에 느낌이 없다면 상상력은 무용지물이다. 오직 느낌이 있을 때 상상력은 그대에게 결과를 보여줄 것이다. 그대는 많은 다른 것을 할 수 있다. 그리고 그것들을 하려는 특별한 노력은 필요 없다. 그대가 잠을 잘 때 단지 그대의 침대나 베개의 감촉을 느껴보라. 차가움을 말이다. 그것에 주의를 기울여라. 베개를 들고 장난을 쳐보라.

그대의 눈을 감아라. 그리고 냉방기계의 소음을 들어보라. 혹은 자동차 소음이나 시계, 아니면 그 밖의 소리들을 들어보라. 단지 들어라. 이름붙이지 마라. 무슨 말도 꺼내지 마라. 마음을 사용하지 마라. 그저 감각 속에 살아라. 아침에 눈을 뜨는 순간, 이제 잠이 달아났다고 느낄 때, 그때 생각을 시작하지 마라. 짧은 순간이라도 그대는 다시 어린아이가 될 수 있다. 순진무구하고 신선한 상태로 말이다. 그대는 무엇을 할 것인지에 대해 생각하지 마라. 그대가 사무실을 향해 출발할 때, 전철을 기다리고 있는 동안에도 말이다. 생각하기를 시작하지 마라. 그대는 그 모든 넌센스를 위한 시간을 충분히 갖게 될 것이다. 그저 기다려라. 단 한순간만이라도 들려오는 소음을 단지 들어보라. 새가 노래하고, 바람이 나무를 스치며, 아이들이 울거나 우유 파는 사람이 종을 울린다. 일어나는 일들을 그대로 느껴보라. 그것에 대해 민감해져 보라. 그것에 대해 열려 있어 보라. 그것이 그대에게 일어나도록 허용하라. 그리하면 그대의 감각은 살아나며 성장할 것이다.

그대가 샤워를 할 때 그 감촉을 느껴라. 물방울이 그대를 만지고 있다. 그 감촉을 느껴라. 그 시원함을, 그 따뜻한 온기를 말이다. 그대는 하루 종일 이런 기회를 만날 때마다 그런 식으로 느껴 보라. 그런 기회는 어디에나 있다. 모든 곳에 말이다! 호흡할 때에도 그 호흡을 느껴 보라. 공기가 그대의 몸 속으로 들어왔다가 나가는 감촉을 느껴 보라. 그대 자신의 몸을 느껴라. 그대는 그것을 느끼지 못하고 있다.

우리는 우리 자신의 육체에 대해 두려워한다. 아무도 자신의 몸을 사랑스럽게 만지지 않는다. 그대는 자신의 몸에게 어떤 사랑이라도 주어본 적이 있는가? 문명 사회는 언제나 자신의 몸을 만지는 것을 두려워했다. 그것은 어린아이 때부터 자신의 몸을 만지는 것을 금기시했기 때문이다. 사랑스럽게 자신의 몸을 만지는 것은 자위행위처럼 보인다. 그러나 그대가 자신의 몸을 사랑스럽게 만져주지 않는다면 그대의 몸은 우둔해지고 그 감각은 죽어 버릴 것이다. 손바닥으로 그대의 눈을 어루만져 보라. 그 감촉을 느껴 보라. 그대의 눈은 다시 신선해지고 생기를 얻게 될 것이다. 그대의 몸의 모든 구석을 느껴라. 그대 연인의 몸을, 그대 친구의 몸을 느껴라. 마사지는 좋은 것이다. 친구끼리 서로 마사지를 하면서 상대방 몸의 감촉을 느낄 수 있다. 그대는 더욱 민감하게 될 것이다.

감각과 느낌을 만들어 보라. 그러면 이 방편을 수행하기가 쉬워질 것이다. 그때 그대는 '살아 있음'이 그대 속에서 일어나는 것을 느낄 것이다. 이 에너지가 다른 곳으로 가도록 내버려두지 마라. 그것이 사하스라르로 가게 하라. 이 점을 기억하라. 그대가 이것을 언제 하든지 중간에 그치지 마라. 그대는 그것을 완성해야 한다. 따라서 중간에 아무도 그대를 방해하지 못하게 하라. 만약 이 에너지가 척추 중간쯤 머물게 된다면 그것은 해를 끼칠 수도 있다. 그것은 해방되어져야 하는 것이다. 그러니 그것이 머리까지 이르도록 하라. 마치 그대의 두개골 뚜껑이 열린 것처럼 느껴라.

인도에서는 사하스라르가 일천 개의 연꽃잎을 가진 연꽃이 개화된 것으로 상징된다. '사하스라르'라는 말 자체가 '일천 개의 연꽃잎을 가진'이란 뜻이다. 그대의 머리가 일천 개의 연꽃잎이 모두 벌어져 매연꽃잎마다 빛의 에너지가 나와 우주 속으로 들어가고 있는 연꽃이라고 상상하라. 이것은 또 다른 사랑의 행위다. 그러나 본능이 깃든 사랑이 아니라 궁극이 깃든 사랑이다. 또 다른 오르가즘이다.

오르가즘에는 두 가지 유형이 있다. 하나는 성적인 것이고 또 하나는 영적인 것이다. 성적인 것은 가장 낮은 중추에서 나오고 영적인 것은 가장 높은 중추, 사하스라르에서 나온다. 그대는 가장 높은 곳에서 가장 높은 것과 만나며, 가장 낮은 곳에서 가장 낮은 것과 만난다. 실제로 성행위 속에서 그대는 이것을 실행해 볼 수 있다. 물론 그대의 파트너도 동시에 할 수 있다. 에너지를 위로 올라가게 하라. 그때 성행위는 탄트라 사드하나(수행)가 된다. 그것은 명상이 된다.

그러나 에너지를 몸 속 어딘가에, 어떤 중추에 머물게 하지 마라. 어떤 사람이 사업상의 문제로 그대를 찾아온다거나 전화를 걸어서 그대의 수행을 방해하지 못하게 하라. 에너지를 중간에 남겨 놓아서는 안된다. 잘못하면 그 에너지가 뭉친 중추는 상처를 입게 되고 정신질환에 걸리기도 한다. 그러므로 이 점을 주의

하라. 절대적인 프라이버시가 지켜지는 곳에서만 이것을 하라. 이 방편은 처음에 시작하면 끝까지 해야 한다. 그래서 머리 위로 에너지가 내보내져야 한다.

이 방편을 수행하게 되면 그대는 여러 가지 경험을 하게 될 것이다. 그대는 빛줄기가 섹스 중추에서부터 올라오는 것을 느끼게 될 것이다. 그때 섹스 중추가 진동하게 되고 발기가 되기도 한다. 그러면 많은 사람들이 나에게 와서 겁이 났었다고 말한다. 그들은 명상을 시작할 때마다, 그래서 깊이 들어갈 때마다 발기가 된다고 말했다. 그들은 그것이 도대체 무슨 현상인지 궁금해 한다. 그들은 명상 속에서는 섹스가 나타나선 안된다고 생각했기 때문에 걱정을 한 것이다. 그러나 그대는 생명의 기능을 알지 못한다. 그것은 좋은 징조다. 그것은 에너지가 지금 거기에 살아 있다는 뜻이다. 이제 그것은 움직임을 필요로 한다. 그러니 두려워하지 마라. 뭔가 잘못되었다고 생각하지 마라. 그것은 좋은 징조다. 그대가 명상을 시작할 때 성의 중추는 더욱 민감해지고 생기에 차게 된다. 그리고 시작에 있어서 그 흥분은 어떤 성적인 흥분과도 같은 것이다. 하지만 그것은 시작할 때뿐이다. 그대의 명상이 깊어질수록 에너지는 위로 올라가는 것을 느낄 것이다. 그리고 에너지가 위로 올라가면 섹스 중추는 고요해진다. 흥분이 가라앉는다.

에너지가 사하스라르에 도달하게 될 때 섹스 중추에는 어떤 감각도 일어나지 않는다. 그것은 전적으로 고요하고 침묵해 있다. 그것은 완전히 식을 것이다. 그리고 온기는 머리까지 올라가게 될 것이다. 만약 섹스 중추가 흥분되면 그것은 뜨거워진다. 그대는 뜨거움을 느낄 수 있다. 이것은 신체적인 현상이다. 에너지가 올라가면 섹스 중추는 시원해지고 열기는 머리로 올라간다.

그대는 현기증을 느끼게 될 것이다. 에너지가 머리로 올라오면 그대는 현기증을 느낀다. 어쩌면 그대는 구토증을 느낄지도 모른다. 처음으로 에너지가 머리로 올라갔기 때문이다. 그대는 이전에는 그런 경험이 없었기 때문에 그것에 맞추어져야 한다. 그러니 두려워하지 마라. 때때로 그대는 즉시 무의식적으로 될 수 있다. 그러나 두려워하지 마라. 그것도 종종 일어날 수 있다. 만약 너무 많은 에너지가 갑자기 머리로 몰려 폭발한다면 그대는 기절할 수도 있는 것이다. 그러나 그 무의식은 한 시간 이상 갈 수 없다. 한 시간 안에 에너지는 자동적으로 떨어지거나 방출된다. 그대는 한 시간 이상 그런 식으로 남아 있을 수 없다. 사실 내가 한 시간이라고 말했지만 정확하게 말하면 8분이다. 그것보다 더 오래갈 수는 없다. 이것은 수백만 년 동안의 실험 속에서 한 번도 빗나간 적이 없다. 그러니 두려워하지 마라. 만약 그대가 무의식적으로 된다 해도 그것은 좋다. 깨어나고 나면 그대는 상쾌함을 느낄 것이고, 처음으로 진짜 잠을 잔 것 같을 것이다. 그것은 가장 깊은 잠이다.

요가에서는 그것을 특별한 이름으로 부른다. 그것은 '요가 탄드라(Yoga Tandra)'인데 요기의 잠이라는 뜻이다. 그것은 매우 깊은 잠이다. 그 잠을 통해 그대는 가장 깊은 중심에까지 들어가게 될 것이다. 그러나 두려워하지 마라. 그리고 머리가 뜨거워진다면 그것 역시 좋은 징조다. 그 에너지를 발산시켜라. 마치 그대의 머리가 활짝 핀 연꽃처럼 열려 있다고 느껴라. 거기에서 에너지가 나와 우주 속으로 들어간다고 느껴라. 에너지가 발산되면 시원함을 느낄 것이다. 열기 뒤에 따라오는 이런 시원함은 그대가 이전에는 결코 느껴 보지 못했을 것이다. 이 방편을 수행할 때 끝까지 완전히 하라. 결코 중간에 그만둔 채로 그치지 마라.

자, 두번째 방편으로 들어가자.

71

혹은 이것을 두 중심 사이의 공간에서 번갯불이 치는 것처럼 느껴라.

이것은 앞의 방편과 유사하지만 약간의 차이가 있다. 하나의 중추와 또 다른 중추 사이에서 빛줄기가 올라오고 있다. 그대는 그것을 번갯불이 치는 것으로 느낄 수 있다. 섬광으로 말이다. 어떤 사람에게는 첫번째 방편보다 두번째 방편이 더 적합할지도 모른다. 그것은 상상력에 있어서 개인의 차이 때문이다. 점진적인 것을 상상할 수 없는 사람이 있고 순간적인 것을 상상할 수 없는 사람이 있다. 만약 그대가 점진적인 것을 상상하기가 더 쉽다면 그때는 첫번째 방편이 좋다. 하지만 그대가 순간적으로 한 중추에서 빛줄기가 섬광처럼 일어나는 것을 느낀다면 그때는 바로 두번째 방편으로 들어가는 것이 좋다. 그때는 첫번째 방편이 그대에게 적합하지 않다. 이 두번째 방편이 그대에게 더 좋다.

"번갯불이 치는 것처럼 느껴라."

빛의 섬광이 하나의 중추에서 다른 중추로 도약한다. 그렇기 때문에 두번째 것이 더욱 실제적이다. 왜냐하면 빛은 언제나 도약하기 때문이다.천천히 성장하는 빛은 없다. 빛은 도약이며 비상이다.

전깃불을 보라. 그대는 전깃불이 지속적인 흐름이라고 생각한다. 그러나 그것은 착각이다. 거기에는 수많은 간격들이 있다. 그 간격들이 너무 작아서 그대가 감지할 수 없는 것이다. 전기는 도약하면서 흘러간다. 한 번 도약할 때마다 한 번 어둠의 틈이 생긴다. 그러나 그 틈이 너무 빨라서 그대는 절대로 느끼지 못한다.

그렇지 않다면 매순간 거기에 어둠이 있을 것이다. 한 번 전기가 흐르고 빛이 나온 뒤에 어둠이 따른다. 그리고 다시 빛난다. 빛은 도약이다. 그것은 결코 점진적인 흐름이 아니다. 그 도약을 상상할 수 있는 사람은 두번째 방편이 가장 적합하다.

"혹은 이것을 두 중심 사이의 공간에서 번갯불이 치는 것처럼 느껴라."

이대로 한번 해보라. 만약 그대가 강물처럼 점진적으로 빛줄기가 올라오는 것을 더 쉽게 상상할 수 있다면 그때는 첫번째 방편이 자신에게 맞다고 생각하면 된다. 하지만 천천히 움직이는 빛줄기가 상상이 되지 않으면 빛줄기 따위는 잊어버려라. 그때는 하늘에 치는 번개를 생각하라. 그것은 한 곳에서 단숨에 다른 곳으로 이동하는 것이다.

대개 여자들에게는 첫번째 방편이 더 쉽고, 남자들에게는 두번째가 더 쉽다. 여성적인 마음은 점진적인 것에 익숙해 있고, 남성적인 마음은 도약하는 것을 더 좋아할 것이다. 남성적인 마음은 도약적이다. 그것은 하나에서 다른 것으로 뛰어오른다. 여성적인 마음은 그 반대로 점진적인 과정을 좋아한다. 그것은 도약적이지 않다. 여성과 남성의 논리 구조가 매우 다른 것도 이 때문이다. 남자는 하나에서 다른 것으로 뛰어 넘어간다. 그러나 여성에게는 이것이 불가능하다. 그녀들에게는 점진적인 성장이어야만 한다. 따라서 그대가 선택하라. 그대가 쉽고 좋다고 느끼는 것을 하면 된다.

이 방편에 관해서 두세 가지 정도 더 살펴볼 것이 있다. 그대가 번갯불을 생각할 때 뜨거움을 느껴 참을 수 없을 것같이 보일 수가 있다. 그때는 그 방편을 사용하지 마라. 번갯불은 그대에게 많은 열을 줄 수 있다. 그대가 그것을 느낀다면 참기 어렵다. 그때는 첫번째 방법이 더 쉽다. 힘들다고 느끼면서 억지로 하려 들지 마라. 때때로 폭발이 너무 커서 그대는 그것을 두려워하게 될지도 모른다. 그리고 한번 두려워지면 다시는 하지 않을 것이다. 그때 공포가 들어온다.

그래서 사람은 어떤 것도 두려워할 것이 없음을 언제나 인식해야 한다. 만약 그대에게 공포가 들어오고 그대가 그것을 감당하기 힘들다고 느껴지면 하지 마라. 그때는 첫번째 방편인 빛줄기를 이용하는 것이 최고다. 만약 빛줄기가 너무 뜨겁게 다가온다고 느껴진다면 그때는 빛줄기가 시원한 것이라고 생각하라. 그것을 시원하다고 상상하라. 그때 그대는 온기를 느끼는 대신 모든 것에서 시원함을 느낄 것이다. 그것 역시 효과적인 방법이다. 그래서 그대는 결정할 수 있다. 일단 시도해 보기로 결정하라. 이 방편 역시 다른 것들과 마찬가지로 그대가 힘들고 부담스럽게 느껴진다면 하지 마라. 다른 방편들도 많이 있다. 그대에게 맞지 않는 것을 억지로 할 필요는 없다. 내면에 불필요한 혼란이 생기면 그대는 풀 수 있는 한계보다 더 많은 문제들을 만들어 낼 것이다.

이 때문에 인도에서는 특별한 요가를 개발시켰다. 그것은 '사하지 요가(sahaj yoga)'라고 불리는 것인데 사하지란 자발적인, 자연스런 등의 뜻을 가진 말이다. 따라서 항상 이 '사하지'란 말을 기억하라. 만약 그대에게 어떤 방편이 자발적으로 다가오면, 거기에서 더 많은 연관성이 느껴진다면, 더 건강해지고 더 생기 있어지며 더 편안함을 느낀다면 그것이야말로 그대에게 적합한 방편이다. 그것과 함께하라. 그대는 그것을 믿어도 좋다. 불필요한 문제를 만들지 마라. 내면의 메커니즘은 매우 복잡하다. 만약 그대에게 과분한 어떤 것을 고집한다면 그대는 많은 것을 파괴할지도 모른다. 그러므로 그대와 어울린다고 느끼는 어떤 것과 함께 하는 것이 더 좋다.

이제 세번째 방편이다.

72

투명하게 살아 있는 현존으로서 우주를 느껴라.

이것 역시 빛과 관계되는 방편이다. 만약 그대가 어떤 약물, 이를테면 LSD나 그와 유사한 것을 복용하면 그때 그대를 둘러싼 세상 전체가 투명하게 빛나는 색채들의 향연이 된다. 그것은 LSD 때문이 아니다. 세상이 바로 그러하다. 단지 그대의 눈이 너무 무디어졌기 때문이다. LSD가 그대를 둘러싼 세계를 빛의 세계로 만들어 주는 것이 아니다. 세상은 이미 오색찬란하다. 세상이 잘못된 것은 아무것도 없다. 그것은 무지개 색이며 투명한 빛과 신비한 색채들의 집합이다. 그러나 그대의 눈이 너무나 무디다. 그래서 그대는 그렇게 오색찬란한 세계를 느끼지 못하는 것이다.

LSD는 단지 그대의 눈을 맑게 해줄 뿐이다. 그것이 세상을 바꾸는 것은 아니다. 단지 그대의 무딘 부분을 화학적으로 변화시키는 데 한몫 할 뿐이다. 그때 세상은 그대 앞에서 빛의 폭발을 일으킨다. 그것은 새로운 것이다. 평범한 의자조차 황홀한 현상으로 변모한다. 마루 위에 있는 구두를 보라. 그것은 새로운 색깔과 젊음을 뽐내게 된다. 일상적인 자동차의 소음조차도 음악적으로 들린다. 그대가 항상 보아 왔던 나무는 태어나서 처음 보는 것처럼 새로울 것이다. 그대는 매일같이 그 나무 밑을 지나다녔지만 그런 모습은 한 번도 본 적이 없다. 나뭇잎 한장 한장이 기적처럼 보인다.

이것이 실체가 존재하는 방식이다. 이런 실체를 만들어 낸 것은 LSD가 아니다. LSD는 그대의 우둔함을 일깨웠다. 그대의 무감각성을 말이다. 이제 그대는 세상을 있는 그대로 보기 시작한 것이다. 그러나 LSD는 그대에게 단 한 번의 일별을 보여줄 수 있을 뿐이다. 만약 그대가 그것에 의지한다면 곧 LSD조차도 그대의 무딘 신경을 어찌 할 수 없다. 그때 그대는 더 강한 약물을 찾아야 할 것이다. 그러다가 그대가 약물을 끊게 되면 그때 세상은 그전보다 더욱 무뎌진 모습으로 나타날 것이다. 그것은 물론 세상이 변한 것이 아니라 그대 자신이 더욱 무뎌졌기 때문이다.

며칠 전에 한 아가씨가 나를 만나러 왔다. 그녀는 성행위 속에서 어떤 오르가즘도 느낄 수 없다고 말했다. 그녀는 여러 남자들과 잠자리를 같이했지만 한 번도 오르가즘을 느낄 수 없었다고 말했다. 그 절정은 결코 오지 않았고 그녀는 좌절했다. 그래서 나는 그녀에게 자신의 사랑과 성생활에 대해서 전부 이야기해 줄 것을 요청했다. 그때 나는 그녀가 전기진동기(vibrator)를 사용해 왔다는 것을 알게 되었다. 지금 서양에서는 이것이 흔히 사용된다. 한번 그대가 남자의 성기 대신 전기진동기를 사용하고 나면 그때는 어떤 남자도 그대를 만족시켜 줄 수 없다. 전기진동기보다 더 강력한 것은 없기 때문이다. 그때 그대의 질(膣)과 클리토리스(陰核)는 무뎌지고 죽은 것처럼 변한다. 그리고 오르가즘은 불가능한 것이 되고 만다. 이제 어떤 오르가즘도 일어날 가능성은 없다. 그대는 이제 더욱 강한 전기진동기를 필요로 하고 그것은 점점 극단적으로 가게 될 것이다. 그리하여 그대의 전체 섹스 메커니즘은 딱딱한 돌처럼 변할 것이다. 이것은 우리의 모든 감각에서 일어나고 있는 현상이다. 만약 그대가 어떤 외부적인 수단을 사용한다면 그대는 무뎌질 것이다.

LSD는 그대를 궁극적으로 무더지게 만들 것이다. 그것과 함께는 결코 성장하지 못하기 때문이다. 만약 그대가 성장한다면 그때 그것은 다른 과정이다. 그때 그대는 더욱 예민해진다. 그리고 그대가 예민해진 만큼 세상도 달라진다. 이제 그대는 많은 것을 느낄 수 있다. 이전에는 무더서 느끼지 못했던 것들을 말이다.

이 방편은 내면의 감수성에 기초하고 있다. 우선 감수성을 키워라. 문을 닫고 방 안을 어둡게 하라. 작은 촛불 하나를 켜라. 촛불을 앞에 두고 간절하고 사랑 어린 자세로 촛불에게 이렇게 기도하라.

"당신 자신을 내게 드러내 주십시오."

그전에 목욕을 하고 찬물로 그대의 눈을 씻어 내라. 그리고 나서 기도하는 분위기로 촛불 앞에 앉아라. 그것을 바라보라. 다른 모든 것을 잊어버려라. 단지 작은 촛불의 초와 불꽃만을 바라보라. 그것을 계속 응시하라. 5분이 지나면 그대는 촛불에서 많은 것들이 변하고 있다는 것을 느낄 것이다. 하지만 촛불이 변한 것은 아니다. 기억하라. 그대의 눈이 변하고 있다.

사랑 어린 자세로, 세상을 향해서는 문닫아 버린, 그리고 전적인 집중으로, 가슴의 느낌으로 초와 불꽃을 바라보라. 그때 그대는 새로운 색깔들이 불꽃 주위에 퍼져 있는 것을 발견할 것이다. 이전에는 한 번도 본 적이 없는 음영이 거기에 있다. 무지개 빛깔들이 모두 거기에 있다. 빛은 모든 색깔의 집합이기 때문에 빛이 있는 곳은 어디든지 무지개가 있다. 그대는 예민한 감각을 가지고 있어야 할 것이다. 단지 그것을 느껴라. 그리고 그것을 쳐다보기만 하라. 눈물이 흐르기 시작해도 그냥 바라보라. 눈물은 그대의 눈을 더욱 신선하게 만들어 줄 것이다.

때때로 그대는 불꽃이, 초가 신비하다고 느낄 것이다. 그것은 그대가 가지고 있는 보통 초가 아니다. 그것은 새로운 마력을 갖고 있다. 미묘한 신성이 그 속으로 들어왔다. 이것을 계속하라. 그대는 다른 여러 가지 것에서도 이렇게 할 수 있다.

내 친구 중의 하나가 나에게 와서 흥미 있는 이야기를 했다. 그는 대여섯 명쯤 되는 자신의 친구들이 그룹을 이루어 바위에 관한 실험을 해왔다고 말했다. 나는 어떻게 실험을 했는지 물었다. 그들은 강 둑에 있는 바위들을 찾아가 손으로 만지고, 얼굴을 비비며 혀를 대어 맛보고, 냄새 맡고, 온갖 가능한 방법으로 그 바위들을 느꼈다고 했다. 단지 강 둑에 있는 흔한 바위였지만 말이다.

그들은 이렇게 한 시간 동안 꼬박 했다. 그때 기적이 일어난 것이다. 거기에 있던 모든 사람이 이렇게 말했다.

"내가 이 바위를 가질 수 있을까? 나는 이것과 사랑에 빠졌다."

그냥 흔해빠진 바위인데도 말이다. 만약 그대가 그것과 공감대를 형성한다면 그대는 사랑에 빠질 것이다. 만약 그대가 어떤 감각도 갖고 있지 않다면 그때는 아무리 아름다운 사람이 그대에게 와도 그대는 마치 바위와 함께 있는 것 같다. 그대는 절대로 사랑에 빠질 수 없다.

감수성은 자라나야 한다. 그대의 모든 감각은 더욱 생기 있게 살아나야 한다. 그때 그대는 이 방편을 사용할 수 있다.

"투명하게 살아 있는 현존으로서 우주를 느껴라."

모든 곳에 빛이 있다. 그 빛은 수많은 모양을 갖고 있다. 빛은 도처에서 일어나고 있다. 그것을 보라! 모든 현상은 빛 때문에 생겨나는 것이다. 나뭇잎 하나를 보라. 꽃을 보라. 바위를 보라. 그대는 곧 거기에서 광선이 나오고 있음을 느낄 것이다. 단지 참을성 있게 기다려라. 서두르지 마라. 서두르게 되면 아무것도 나타나지 않을 것이다. 서두를 때 그대는 무더진다. 어떤 것을 향해서도 침묵하며 기다려라. 그대가 깨어 있지 못한 연고로 항상 있어왔지만 한 번도 보지 못한 새로운 현상을 발견하게 될 것이다.

그대가 살아 있는 존재계의 현존을 느낄 때 그대의 마음은 완전히 침묵 속에 쌓이게 될 것이다. 그대는 단지 그것의 한 부분이 될 것이다. 거대한 교향곡 속의 한 음표로서 말이다. 부담도 없고 긴장도 없다. 한 방울의 물이 대양으로 떨어졌을 뿐이다. 하지만 처음에는 거대한 상상력이 필요하게 될 것이다. 그리고 만약 그대가 다른 감각들에 대해서 훈련을 하려고 한다면 그것은 도움이 될 것이다.

그대는 여러 가지 방법으로 이것을 시도해 볼 수 있다. 우선 다른 사람의 손을 잡아라. 그리고 눈을 감고 상대방의 손안에 있는 생명을 느껴라. 그것을 느껴라. 그리고 그것이 그대에게 들어오도록 허용하라. 그대 자신의 생명이 상대방에게 흘러 들어가도록 허용하라. 나무와도 그렇게 할 수 있다. 나무 앞에 앉아서 나무 둥치에 손을 대고 눈을 감아라. 그리고 나무에서 일어나는 생명을 느껴라. 그러면 그대는 즉시 변화할 것이다.

한 의사가 피술자의 느낌이 그들의 생화학에 어떤 변화를 일으키는지를 알아보는 실험을 했다. 그는 그 느낌이 즉시 피술자의 신체에 생화학적 변화를 일으킨다는 사실을 발견했다. 그는 열두 명의 피술자를 대상으로 실험을 했는데 모두 실험 전에 그들의 소변을 받았다. 그때는 그들의 소변이 정상이었다.

그리고 각각의 사람들에게 다른 스트레스를 받게 했다. 한 사람은 공포와 분노, 잔인성과 폭력적인 영화를 보여주었다. 그것은 단지 영화였다. 30분 동안 그는 공포영화를 보았다. 물론 그 영화로 인해 그의 감정엔 변화가 일어났다. 그는 스트레스를 받았다. 그리고 또 다른 사람에게는 매우 즐거운 영화를 보여주었다. 그는 행복감을 느꼈다. 그런 식으로 열두 명을 각기 다른 상황에 놓이게 하고 그들의 소변을 다시 받았다. 소변을 분석한 결과 모든 사람의 소변이 처음과 달라졌다. 몸 속에서 화학적 변화가 일어난 것이다. 그들의 체질 상태가 바뀐 것이다.

그대는 자신이 무엇을 하고 있는지 인식하지 못한다. 살인하는 장면의 영화를 볼 때 자신이 무엇을 하고 있는지 그대는 모른다. 그대는 자신의 몸에 변화를 일으키고 있는 것이다. 추리소설을 읽을 때 역시 그대는 자신이 무엇을 하고 있는지 모른다. 그대는 자신을 죽이고 있는 것이다. 그대는 흥분한다. 그대는 두려워한다. 긴장감이 그대를 덮친다. 이 때문에 그대는 추리소설을 즐긴다. 더 많은 긴장이 있을수록 그대는 더욱 그것을 즐긴다. 그리고 더 많은 흥분이 일어날수록 그대는 즐거워한다. 그대는 자신의 몸을 화학적으로 변화시키고 있는 것이다.

이 모든 방편들이 그대의 몸을 화학적으로 변화시킬 것이다. 만약 그대가 온 세상이 생명으로, 빛으로 가득 차 있다고 느낀다면 그때 그대는 자신의 몸을 화학적으로 변화시킨다. 그리고 이것은 하나의 연쇄반응이다. 그대의 몸이 화학적인 변화를 일으킬 때 그대는 세상이 더욱 생기 넘치게 보일 것이다. 그리고 그것이 더욱 생기 있게 보인다면 그대 육체의 화학적 균형은 다시 바뀔 것이다. 그때 이것은 하나의 고리가 된다.

만약 이 방편을 3개월 동안 계속한다면 그대는 완전히 다른 세계에 살게 될 것이다. 그것은 그대가 완전히 달라지기 때문이다.

〈질문〉

"매일 당신의 강의 중에는 '전체적인 각성'이니 '흔들리지 않는 깨어 있음' 등등의 말이 나옵니다. 또한 그것은 마음이나 반복되는 생각에 의해서 성취될 수 없으며 몸으로 느껴져야만 하는 것이라고 말씀하십니다. 그러나 그것을 얻지 않고서 미리 어떻게 느낄 수 있습니까? 또한 성취를 이끌어 가는 선봉으로서의 그 느낌이란 것이 무엇입니까? 아직 일어나지 않은 것을 어떻게 상상하고 느낄 수 있습니까? 마음을 벗어나는 것에 의해 그것이 일어납니까? 이런 모든 과정이 무엇이며 어떻게 해서 일어나는 것입니까?"

내가 마음에 의해서 각성이 얻어질 수 없다고 말하는 것은 그대가 그것에 대한 생각을 통해 얻을 수 없다는 뜻이다. 그대는 생각하고 또 생각하고 계속 생각할 수 있다. 그러나 그대는 쳇바퀴 속을 계속 돌게 될 뿐이다. 마음에 의해서 얻을 수 없다는 것은 생각을 통해서 얻을 수 없다는 뜻이다. 그대는 그것을 수행해야 한다. 실행을 하라는 뜻이다. 그것은 생각이 아니라 오직 실행을 통해서만이 일어날 수 있다. 그것이 첫번째 것이다. 그래서 깨어 있음이 무엇인지, 그것을 어떻게 얻을 수 있는지, 혹은 그 결과가 무엇인지에 대해서 생각하지 마라. 생각을 멈춰라. 행동을 시작하라.

그대는 길을 걸을 때 각성 속에서 걸어라. 그것은 그대에게 어려울 것이다. 그대는 자꾸만 잊어버릴 것이다. 하지만 너무 염려하지 마라. 다시 기억날 때마다 깨어 있어라. 한걸음 한걸음 옮길 때마다 완전히 깬 상태에서 걸어라. 마음이 다른 곳으로 달아나지 못하게 하라. 먹을 때는 먹어라. 깨어 있으면서 씹어라. 그대가 무엇을 하든지 그것을 기계적으로 하지 마라. 그리고 그것은 다르다. 내가 느낌을 통해서만이 가능하다고 말할 때 그 의미는 이런 것이다. 예를 들어 지금 내가 손을 드는데 기계적으로 들 수 있다. 그리고 이번에는 완전히 각성해서 손을 들 수 있다. 이렇게 해보라. 한 번은 기계적으로, 그 다음에는 각성 속에서 하라. 그대는 변화를 느끼게 될 것이다. 그 질은 즉시 바뀐다.

각성 속에서 걸어라. 그대는 다르게 걸을 것이다. 지금까지와는 다른 우아함이 그대의 걸음 속에 깃든다. 그대는 좀더 천천히, 그리고 더욱 아름답게 걷는다. 만약 그대가 기계적으로 걷는다면 —그대는 이미 걷는 방법을 알기 때문에 걸음을 위해 특별히 깨어 있을 필요가 없다—그때 걸음은 추악해진다. 거기에는 우아함이 없다. 그대가 무엇을 하든지 깨어 있으면서 하라. 그리고 그 차이를 느껴라. 내가 '느낌'이라고 말할 때 그것은 관찰을 의미한다. 먼저 그것을 기계적으로 하라. 그 다음에는 각성 속에서 하라. 그 차이를 느껴라. 그대는 그 차이를 느낄 수 있을 것이다.

예를 들어 만약 그대가 각성 속에서 먹는다면 그때 그대는 육체가 필요로 하는 만큼 이상으로 먹을 수 없다. 사람들은 나에게 와서 말한다.

"다이어트를 좀 시켜주십시오. 몸무게가 계속 늘어가고 있습니다. 몸은 계속 비대해집니다. 그러니 다이어트를 할 수 있도록 도와주십시오."

그러면 나는 그들에게 이렇게 말한다.

"다이어트를 생각하지 마라. 의식을 생각하라. 다이어트로는 아무것도 안된다. 그대는 그것을 할 수 없다. 하루 이틀은 할 수 있을 것이다. 하지만 계속하지는 못한다. 그러니 차라리 각성 속에서 식사를 하라."

그 질이 변한다. 만약 그대가 각성 속에서 먹는다면 그대는 더 많이 씹을 것이다. 무의식적으로, 기계적인 습관으로 먹을 때는 단지 위장 안으로 음식을 밀어 넣는 것일 뿐이다. 그대는 전혀 씹지 않는다. 단지 채워 넣을 뿐이다. 그때는 아무런 즐거움도 없다. 거기에 즐거움이 없기 때문에 그대는 즐겁기 위해서 더 많은 음식을 필요로 한다. 맛도 느끼지 못한다. 그래서 그대는 더 많은 음식을 집어 넣는다.

단지 깨어 있어라. 그리고 일어나는 것을 보라. 그대가 깨어 있다면 그대는 더 많이 씹을 것이고 더 많은 맛과 먹는 즐거움을 느낄 것이다. 그래서 더 많은 시간이 걸릴 것이다. 만약 그대가 30분만에 식사를 한다면 이제는 한 시간 반이 걸릴 것이다. 세 배나 되는 시간이 말이다. 30분 동안에는 평소 무의식적으로 먹는 양의 3분의 1밖에 먹지 못한다. 하지만 그대는 훨씬 더 많은 충족감을 느끼게 된다. 훨씬 더 즐거운 것이다. 그리고 몸이 즐거우면 그것은 그대가 식사를 그만해야 할 때를 알려준다. 몸이 전혀 즐겁지 않을 때는 언제 멈추어야 할지 결코 말해 주지 않는다. 그래서 그대는 계속 먹는다. 그러면 감각은 갈수록 무더지고 그대는 몸이 말하는 것을 절대로 듣지 못한다. 그대는 거기에 존재하지 않고 먹기만 한다. 그것이 문제를 일으킨다. 거기에 존재하라. 그러면 모든 과정이 천천히 순리대로 풀릴 것이다. 그때 몸은 스스로 말할 것이다.

"그만 먹어!"

몸이 그렇게 말할 때 그때가 적절한 순간이다. 그대가 그 소리를 알아들으면 몸의 명령을 그냥 지나칠 수 없다. 그대는 멈출 것이다. 그러므로 그대의 몸이 말을 하도록 허용하라. 몸은 매순간 무엇이든 말을 하고 있다. 그러나 그대는 거기에 존재하지 않으므로 들을 수가 없다. 깨어 있어라. 그러면 그것을 듣게 될 것이다.

그리고 내가 '그것을 느껴라'라고 말할 때 그것이 어려운 줄은 나도 안다. 깨어 있지 않고서 어떻게 깨어 있음을 느낄 수 있겠는가? 나는 그대가 지금 당장 붓다의 깨달음을 느낄 수 있다고 말하는 것이 아니다. 그러나 그대는 어디에선가 시작해야 한다. 그대가 바닷물 전체를 얻을 수는 없다. 그러나 한 방울, 단지 한 방울의 물이 그대에게 맛을 준다. 그리고 그 맛은 바다의 맛과 같다. 그대가 단 한순간이라도 깨어 있다면 그대는 불성을 맛볼 것이다. 그것은 순간적인 일별이지만 그대의 삶의 지평은 넓어졌다. 그리고 이것은 사고를 통해서는 결코 일어나지 않을 것이다. 오직 느낌을 통해서만이 일어난다.

느낌을 강조하는 것은 느낌이 산 경험이기 때문이다. 사고는 거짓이다. 그대는 사랑에 대해서 계속 생각할 수 있다. 그리고 이론을 만들어 낸다. 그대는 각종 미사여구로 사랑을 장식할 수 있다. 하지만 그대는 사랑이 무엇인지 모른다. 그것을 느껴보지 못했다. 그대는 존재의 성장 없이도 지식적으로 성장할 수 있다. 그리고 이것들은 두 가지 다른 차원이다. 그대는 지식의 차원에서 계속 성장할 수 있다. 그대의 머리는 계속 커지고 더 커진다. 그러나 그대 자신은 왜소한 채로 남아 있을 것이다.

그때 아무것도 실제적으로 성장한 것은 없다. 오직 축적만이 있다. 그대가 어떤 것을 느끼기 시작할 때 그대는 성장한다. 그대의 존재가 성숙된다. 그리고 그렇게 하려면 어디에선가 시작해야 한다. 그러니 시작하라! 처음에는 실수가 있을 것이다. 반드시 그럴 수밖에 없다. 그대는 계속 잊어버릴 것이다. 그것은 자연스러운 일이다. 그러나 좌절하지 마라. 노력을 내팽개치면서 '나는 할 수 없다'라고 말하지 마라. 그대는 그것을 할 수 있다! 예수나 붓다 안에 있었던 똑같은 가능성이 그대 속에도 있다. 그대는 씨앗이다. 그대는 어떤 것도 부족하지 않다. 그대는 단지 정리가 필요할 뿐이다. 지금은 뒤죽박죽으로 엉켜 있기 때문이다. 하지만 있을 것은 모두 있다. 그대는 한 사람의 붓다가 될 수 있다. 그러나 그대의 자질을 재조합하는 것이 필요하다.

지금 당장 그대는 혼돈이다. 거기에 정리가 일어나지 않았기 때문이다. 그대가 깨어나기 시작할 때 정리는 일어난다. 그대가 그것을 인식하는 것에서 선이 그어지기 시작한다. 그리고 그 혼돈은 위대한 교향악이 될 것이다.

이제 됐는가?

현존에 관한 방편들

이 방편들은 그대가 자신에게로 되돌아오도록 돕기 위한 것이다. 그대가 자신과 만날 수 있는 상황을 만드는 것이다. 그러기 위해서는 많은 것들이 부서져 나가야 한다. 잘못된 모든 것들이, 거짓된 것들이 말이다.

현존에 관한 방편들

73

여름날 그대가 티없이 맑은 하늘을 바라볼 때,
끝없이 깨끗한,
그 투명함 속으로 들어가라.

74

샥티여!
이미 그대 자신의 머리 속으로 빨려 들어가 버린 듯이
모든 공간을 바라보라.
그 찬란함 속으로.

75

잠을 깨는 것, 잠을 자는 것, 꿈을 꾸는 것,
이 속에서 그대는 자신을 빛으로 알라.

내가 그대의 눈을 들여다볼 때 거기에서 그대를 볼 수 없다. 마치 그대가 없는 것 같다. 그대는 있지만 거기에 없다. 이것이 바로 모든 고통의 핵심이다. 그대는 거기에 현존하지 않고도 살아간다. 그리고 만약 그대가 현존하지 않는다면 그대의 삶은 지겨움 그 자체가 될 것이다. 지금 그대에게 일어나고 있는 상황이 바로 이것이다. 그래서 내가 그대의 눈을 들여다볼 때 나는 거기에서 그대를 찾을 수 없다. 그대는 아직 돌아오지 않았다. 그대는 거기에 존재하지 않는다. 하지만 그대가 존재할 수 있는 상황이 거기에 있다. 그리고 가능성이 거기에 있다. 그대는 언제라도 거기에 있을 수 있다. 그러나 아직 그대는 거기에 없다.

이 부재(不在)를 아는 것이 명상을 향한, 초월을 향한 여행을 시작하는 것이다. 자신이 어떻게 그 자리에서 빠져 버렸는지 그대가 알게 된다면… 그러나 그대는 그 이유를 알지 못하고 그냥 있다. 그대는 어떻게 그렇게 되었는지, 그대 속에 누가 있는지조차 알지 못한다. 이 부지(不知)가, 이 알지 못함이 모든 고통을 만들어 낸다. 그대가 무엇을 하든지 부지불식간에 하기 때문에 고통만 만들어 낼 것이다. 그대가 무엇을 하는지는 문제가 아니다. 그대가 뭔가를 할 때 거기에 그대 자신이 현존하느냐, 아니면 부재하느냐가 문제이다.

그대가 무엇을 하든지 전적인 현존 속에서 할 수 있다면 그대의 삶은 환희가 될 것이다. 축복이 될 것이다. 만약 그대가 현존하지 않고 어떤 것을 한다면 그대의 삶은 고통의 바다가 될 것이다. 그럴 수밖에 없다. 지옥이란 그대의 부재를 의미한다.

그래서 구도자에게는 두 가지 유형이 있다. 하나는 언제나 무엇을 해야 할지 찾는 유형이다. 그 구도자는 잘못된 길에 들어서 있다. 왜냐하면 무엇을 하느냐는 전혀 문제가 안되기 때문이다.

행위의 문제가 아니라 존재의 문제다. 무엇으로, 어떻게 존재하느냐 하는 것이다. 그러니 행위에 대해서는 생각하지 마라. 그대가 무엇을 하든지 그대가 거기에 부재한다면 그것은 무의미한 것이 될 것이다.

그대가 세상 속으로 들어가든지 아니면 수도원으로 들어가든지, 그대가 군중 속에 있든지 히말라야 산 속에서 혼자 살든지 그것은 아무 차이가 없다. 그대는 여기에도 부재하고 거기에도 부재할 것이다. 그러면 그대가 군중 속에 있든지 아니면 홀로 있든지 고통스러울 것이다. 그대가 부재할 때 그대가 하는 것은 무엇이든지 잘못된 것이다.

또 하나의 유형은 구도자의 올바른 모형이다. 그는 무엇을 해야 할지를 찾지 않는다. 그는 어떻게 하면 거기에 현존하느냐를 중요하게 여긴다. 그에게 있어서 최우선의 문제는 현존할 수 있느냐 없느냐 하는 것이다.

어떤 사람이 고타마 붓다를 찾아왔다. 그의 마음은 자비심과 동정심으로 가득 차 있었다. 그리하여 그는 붓다에게 물었다.

"제가 이 세상을 돕기 위해서 무엇을 할 수 있습니까?"

붓다는 그 말을 듣고 웃으면서 말했다.

"그대는 현존하지 않기 때문에 아무것도 할 수 없다. 그대가 여기에 없는데 어떻게 무엇을 한단 말인가? 그러니 세상에 대해서는 생각하지 마라. 다른 사람을 돕는다든지 세상을 위해 어떤 봉사를 할 것인지 따위는 잊어버려라. 우선 존재하라. 그대가 존재할 수 있다면 그때 그대가 무엇을 하든지 그것은 참된 봉사가 될 것이다. 그것은 기도가 되고 자비행이 될 것이다. 그대의 현존이 열쇠다. 그대의 존재가 바로 혁명이다."

그래서 여기에 두 가지 길이 있다. 행위의 길과 명상의 길이 그것이다. 그것들은 대칭적인 반대편이다. 행위의 길은 기본적으로 그대를 행위자로서만 생각한다. 그것은 그대의 행위를 바꾸려고 할 것이다. 그것은 그대의 성격, 그대의 도덕성, 그대의 인간관계를 바꾸려 하지만 그대 자신은 아니다. 반면에 명상의 길은 그대의 행위에는 관심이 없다. 그것은 직접 그리고 즉시 그대 자신에게만 상관한다. 그대가 무엇을 하느냐는 상관 않는다. 그대 자신이 무엇이냐 하는 것이 중요하다. 그것이 그 길의 기본이며 근원이다. 모든 행위가 그대에게서 나오기 때문이다.

기억하라. 그대의 행위들은 변할 수 있고 고쳐질 수 있다. 정반대의 행위로도 자리바꿈할 수 있다. 그러나 그것들은 그대 자신을 변화시키지 않는다. 어떤 외적인 변화도 내면의 혁명을 가져오지 못한다. 외부는 피상적이고 내면의 핵심은 접근할 수 없는 것이기 때문이다. 그대가 무엇을 하든지 행위로서는 내면을 만날 수 없다. 그러나 그 역은 성립된다. 내면이 달라지면 표면은, 외부는 자동적으로 변한다. 그래서 혁명이 가능하다. 그러니 기본적인 문제를 생각하라. 오직 그때만이 우리는 명상의 이 방편들 속으로 들어갈 수 있다.

그대가 무엇을 하든지 그것은 상관하지 마라. 그것은 속임수일 수 있다. 그것은 실제적인 문제로부터 달아나기 위한 책략일 수 있다. 예를 들면 그대는 폭력을 잘 쓴다. 그래서 그대는 비폭력적이 되기 위해 많은 노력을 할 수 있다. 그리고 비폭력적이 되면 그대는 종교적인 사람이 되었다고 생각한다. 비폭력적이 되면 신성에 가깝게 갔다고 생각한다. 또한 그대는 잔인하다. 그래서 그대는 자비심을 가지려고 많은 노력을 한다.

그대는 그것을 할 수 있다. 그러나 아무것도 변하지 않을 것이다. 그대는 여전히 똑같다. 그대의 잔인성은 그대 자비심의 일부가 될 것이다. 그리고 그것은 더 위험하다. 그대의 폭력은 그대의 비폭력의 일부가 될 것이다. 그것은 더욱 미묘하다. 그대는 폭력적인 비폭력을 부르짖을 것이다. 그대의 비폭력은 폭력의 모든 광기를 담고 있다. 그대의 자비행을 통해서 더욱 잔인해질 것이다.

그대는 자비스러운 행동을 통해서 살인도 할 수 있다. 그토록 많은 종교전쟁이 이런 연유로 일어났다. 그들은 자비심을 표방하며 싸운다. 그대는 매우 자비스럽게, 비폭력적으로 죽일 것이다. 그대는 사랑스럽게 살인할 수 있다. 왜냐하면 그대는 그대가 죽이는 사람을 위한답시고 그를 죽이기 때문이다. 그대는 그를 돕는답시고 그를 죽이는 것이다.

그대는 그대의 행위들을 바꿀 수 있다. 그리고 이런 노력은 기본적인 변화, 궁극적인 변화를 피하기 위한 책략일 뿐이다. 그러므로 먼저 그대가 존재해야 한다. 그대는 더욱 깨어 있어야 하며 자신의 존재를 의식해야 한다. 오직 그때만이 그대에게 현존이 일어난다.

그대는 자신을 느끼지 못한다. 설령 느끼더라도 그것은 다른 사람을 통해서다. 흥분을 통해서, 자극을 통해서, 반응을 통해서 말이다. 다른 사람이 필요하다. 다른 사람을 통해서 그대는 자신을 느낄 수 있다. 이 얼마나 우스꽝스런 일인가? 흥분 없이, 거울이 될 만한 다른 사람 없이 홀로 있게 되면 그대는 지루함을 느낀다. 잠에 떨어진다. 그대는 자신을 결코 느끼지 못한다. 거기에 그대의 현존이 없다. 그대는 부재한 상태로 살아간다.

이 부재한 상태의 존재가 바로 비종교적인 마음이다. 그대 자신의 현존으로, 존재의 빛으로 가득 채워지는 것이 바로 종교적으로 되는 것이다. 그러므로 이것을 기본적인 문제로서 기억하

라. 나의 시선은 그대의 행위를 향하지 않는다. 그대가 무엇을 하든지 나는 상관하지 않는다. 나는 오직 그대의 상태, 그대가 현존하는가 부재하는가, 깨어 있는가 깨어 있지 못한가만을 볼 뿐이다. 그것이 나의 관심사다. 그리고 우리가 들어가게 될 이 방편들은 그대를 현존하도록 만들기 위한 것이다. 그대를 지금 여기로 끌어다 놓기 위한 것이다.

그대가 자신을 느끼는 데 다른 사람이 필요하다거나 과거가 필요할 때－그대는 과거의 기억을 통해서 자신이 누구라는 것을 느낄 수 있다. 혹은 미래가 필요할 것이다. －그대는 꿈속으로 욕망을 투사할 수 있다. 그대는 자신이 바라는 이상형을, 내생의 삶들을, 모크샤를 투사할 수 있다. 그대는 자신을 느끼기 위해 과거나 미래를 향한 투사를 필요로 한다. 그것으로도 부족하면 다른 사람을 찾는다. 그대 혼자로는 자신을 느끼는 데 충분하지 못한 것이다. 이것이 병이다. 그대가 홀로 있는 것으로써 충분하지 않는 한 아무것도 그대에게 충분한 것은 없다. 한번 그대가 홀로 있어 자신을 느끼는 데 충분하다면 그대는 승리하게 된다. 이제 투쟁은 끝난다. 이제 더 이상의 고통은 없다. 되돌아가야 할 전환점은 더 이상 오지 않는다.

이 지점을 넘어서면 영원한 축복이, 은총이 있다. 이 지점을 넘기 전에는 고통을 당해야 한다. 그리고 모든 고통이 바로 그대 자신의 행위 때문에 생겨난다. 그대가 스스로 자신의 고통을 만들어 내는 것이 얼마나 기적 같은 일인가? 다른 사람이 고통을 만들지 않는다. 만약 다른 사람이 만든다면 이 지점을 넘어서기란 대단히 어렵다. 만약 이 세상이 고통을 만든다면 그대가 할 수 있는 일이 무엇이겠는가? 하지만 그 고통들은 자신이 만드는 것이다. 자신의 악몽이다. 그래서 거기에 넘어설 수 있는 가능성이 있는 것이다.

첫번째로, 그대는 자신이 존재한다고 계속 생각한다. 그대는 자신이 존재한다고 믿는다. 이것은 단순한 하나의 믿음이다. 그대는 자신과 한번도 조우한 적이 없다. 그대는 자신과 얼굴을 대면한 적이 없다. 거기에 그대 자신과의 어떤 만남도 없다. 그대는 단순히 자신이 있다고 믿을 뿐이다. 이 믿음을 전적으로 내던져 버려라. 이 거짓 믿음이 있는 한 그대는 결코 변형되지 못할 것이다. 이 거짓 믿음 때문에 그대의 전생애는 거짓투성이가 될 것이다.

구제프는 제자들에게 이렇게 말하곤 했다.

"무엇을 해야 하는지 나에게 묻지 마라. 그대는 아무것도 할 수 없다. 어떤 것을 하려면 먼저 그대가 필요할 것이다. 그런데 그대가 거기에 없다면 누가 그것을 하겠는가? 그대가 행위에 대해서 생각할 수는 있다. 그러나 그대는 진정으로 할 수 있는 것이 아무것도 없다."

이 방편들은 그대가 자신에게로 되돌아오도록 돕기 위한 것이다. 그대가 자신과 만날 수 있는 상황을 만드는 것이다. 그러기 위해서는 많은 것들이 부서져 나가야 한다. 잘못된 모든 것들이, 거짓된 모든 것들이 말이다. 실체가 드러나려면 그전에 모든 거짓이 일소되어야 한다. 그대가 존재한다는 가장 거짓된 명제를 위시해서 말이다.

구제프는 그대 속에 영혼이 없다고 주장해야 했다. 모든 전통에 반대해서 그는 이렇게 말했다.

"인간은 영혼이 없다. 영혼은 단순한 가능성이다. 그것은 있을 수도 있고 없을 수도 있다. 그것은 성취되어져야 하는 것이다. 그대는 단지 하나의 씨앗이다."

그리고 이런 강조는 좋다. 가능성이 거기에 있다. 잠재력이 거기에 있다. 하지만 아직 그것은 실현되지 않았다. 우리는 기타를 읽고 우파니샤드를 읽으며 바이블을 읽는다. 그러면서 우리에게 영혼이 있다고 믿는다. 그것은 마치 씨앗이 자신을 나무라고 생각하는 것과 같다. 나무는 그 속에 숨겨져 있을 뿐 아직 발현되지 않았다. 따라서 그대는 자신이 씨앗으로 남아 있다고 기억하는 것이 좋다. 그대는 씨앗으로 죽을 수도 있다. 나무는 저절로 나올 수 없기 때문에, 저절로 싹이 트지 않기 때문이다. 그대는 그것에 대해 의식적으로 어떤 것을 해야 한다. 오직 의식을 통해서만이 씨앗은 성장한다.

성장에는 두 가지 유형이 있다. 하나는 무의식적인, 자연적인 성장이다. 상황이 주어지면 저절로 자라나는 것이다. 그러나 영혼은, 아트만은, 내면의 존재는, 그대 속에 있는 신성은 성장의 다른 유형에 속한다. 그것은 오직 의식을 통해서만 성장한다. 그것은 자연적이지 않다. 그것은 초자연적이다.

자연 그 자체로 내버려두면 그것은 성장하지 않을 것이다. 그대로 내버려두면 그것은 결코 진화하지 않는다. 그대는 의식적인 노력을 기울여야 한다. 그것은 오직 의식을 통해서만이 자라기 때문이다. 의식은 한번만 거기에 초점이 맞춰지면 성장하기 시작한다. 이 방편은 그대를 좀더 의식적으로 만들기 위한 것이다.

이제 방편으로 들어가자.

73

여름날 그대가 티없이 맑은 하늘을 바라볼 때,
그 끝없이 깨끗한,
그 투명함 속으로 들어가라.

마음은 혼란이다. 거기에는 맑음이 없다. 마음은 항상 북적대고 있고 사념의 구름으로 가득 차 있다. 결코 맑은 하늘, 텅 빈 하늘, 투명한 하늘이 없다. 마음은 그렇게 될 수 없다. 그대는 마음을 투명하게 만들 수 없다. 마음의 본성상 그렇게 될 수가 없다. 그대가 마음을 뒤에다 밀어 제쳐놓을 수 있다면, 마음을 갑자기 초월할 수 있다면, 그것으로부터 벗어날 수 있다면 투명함이 그대에게 일어날 것이다. 그대는 투명해질 수 있다. 그러나 마음은 아니다. 투명한 마음 같은 것은 존재하지 않는다. 전에도 없었고 앞으로도 없을 것이다. 마음은 불투명을, 혼란을 의미한다.

마음의 구조를 이해하려고 해보라. 그때 이 방편은 그대에게 분명해질 것이다. 마음이 무엇인가? 그것은 연속적인 생각의 흐름이다. 연결이 되든 안되든, 상관이 있든 없든 모든 곳에서 주워 모은 여러 가지 차원의 인상들이 한데 모여 뒤섞인 것이다. 그리고 그대의 삶 전체는 먼지로 잔뜩 뭉친 먼지 덩어리가 될 것이다.

아기가 태어난다. 아기는 마음이 없기 때문에 투명하다. 마음이 나타나는 순간 혼란이 들어온다. 아기는 순수하고 투명하지만 그는 지식을 모아야 한다. 정보를, 문화를, 종교를, 필요하고 유용한 모든 조건들을 모아야 한다. 수많은 자료들을 그는 모을 것이다. 그때 마음은 시장바닥이 된다. 군중이 된다. 그토록 많은 자료들 때문에 혼란이 거기에 없을 수 없다. 그대가 모으는 것은 무엇이든지 그 어떤 것도 확실하지 않다. 지식은 항상 변하고 자라는 것이기 때문이다.

내 주변에 투철한 탐구 정신을 가진 한 친구가 있었는데 그가 나에게 자기 교수에 대한 이야기를 한 적이 있었다. 그는 의과대학에 다녔는데 그 교수 밑에서 5년 동안을 배웠다고 했다. 그 교수는 자신의 전공에 있어서 인정받는 학자였는데, 마지막 강의 시간에 자신의 학생들을 모아 놓고 이렇게 말했다고 한다.

"내가 너희들에게 마지막으로 가르쳐 줄 것이 하나 있다. 그것은 내가 지금까지 가르친 것 중 50%만 맞고 나머지 50%는 절대적으로 틀렸다는 사실이다. 그러나 문제는 그 다음이다. 나는 어떤 50%가 맞는 것이고, 어떤 50%가 틀린 것인지 잘 모르겠다."

모든 지식이 이와 같다. 아무것도 확실하지 않다. 아무도 모른다. 모두가 그저 더듬거리고만 있을 뿐이다. 더듬거려서 체계를 만들어 내고, 그 체계는 수천 수만 가지나 된다. 힌두교에서 어떤 것을 말하고, 기독교에서 또 다른 것을 말하며, 모하메 역시 또 다른 어떤 것을 말하고 있다. 모두 모순되고 상충된다. 하나도 일치하는 것이 없고 확실한 것이 없다. 그런 이 모든 자료들이 그대의 마음을 구성하기 위한 자료들이다. 그대가 모은 것이다. 그대의 마음은 고물창고다. 거기에 혼란이 없을 수가 없다. 오직 많이 알지 못하는 사람만이 확신할 수 있다. 그대가 많이 알수록 그대는 더욱 불확실해질 것이다.

원시인들은 훨씬 확신에 차 있었고 분명해 보인다. 그것은 그들이 단지 서로 모순되는 사실들을 몰랐기 때문이다. 현대인들의 마음은 훨씬 혼란스럽다. 그것은 너무나 많이 알기 때문이다. 그대가 많이 알수록 그대는 불확실해질 것이다. 오직 바보들만이 확신할 수 있다. 오직 바보들만이 도그마에 빠질 수 있다. 오직 바보들만이 조금도 주저하지 않을 수 있다. 그러나 많이 알면 알수록 그대가 딛고 있는 땅에서 점점 멀어진다. 그대는 더욱 주저하게 될 것이다. 내가 말하고자 하는 것은 그대의 마음이 자랄수록 그대는 마음의 본성이 혼란임을 잘 알게 되리라는 점이다.

내가 오직 바보들만이 확신할 수 있다고 말하는 것이 붓다가 바보라는 뜻은 아니다. 그렇다고 그가 불확실한 것도 아니다. 이 차이점을 기억하라. 그는 확실한 것도 아니고, 불확실한 것도 아니다. 그는 단지 맑을 뿐이다. 마음과 함께라면 불확실하다. 그리고 바보들의 마음은 확실하다. 그러나 마음이 없으면 확실이나 불확실 둘 다 사라진다.

붓다는 투명함이다. 그는 공간이다. 열린 공간이다. 그는 확신하지 않는다. 확신할 것은 아무것도 없다. 그렇다고 그가 불신 속에 빠져 있는 것도 아니다. 그에게는 그 어떤 것도 불확실하지 않기 때문이다. 오직 확신을 구하는 사람에게만은 불확실할 수 있다. 항상 혼란된 사람은 언제나 분명함을 찾는다. 붓다는 마음을 떨쳐 버린 사람이다. 그리고 그 마음과 함께 모든 혼란, 모든 확실성, 모든 불확실성이 떨어져 나갔다.

이런 식으로 그것을 보라. 그대의 의식은 하늘과 같고 마음은 구름과 같다. 하늘은 구름에 의해 물들지 않는다. 구름은 오고 갈 뿐이다. 어떤 흔적도 남기지 않는다. 하늘은 언제나 순수하게 남아 있다. 어떤 기록도, 어떤 발자국도 없다. 구름의 그 어떤 것도 남지 않는다. 그것은 왔다가 가고, 하늘은 어떤 동요도 없이 그대로 남아 있다. 생각들은 왔다가 가고 마음들은 자라나고 사라진다. 그대는 마음을 하나만 갖고 있다고 생각하지 마라. 그대는 수많은 마음을 갖고 있다. 그것은 군중이다. 그대의 마음은 계속 변화한다.

그대가 공산주의자라면 특정한 마음의 유형을 갖게 된다. 그대는 그것을 떠나서 반공주의자가 될 수 있다. 그때 그대는 다른 마음을 갖게 될 것이다. 다를 뿐만 아니라 정반대의 마음을 갖게 된다. 그대는 마음을 마치 옷처럼 갈아 입을 수 있다. 그리고 그대는 계속 변한다. 그대는 그것을 인식하지 못할 수도 있다. 이 구름들은 오고 간다. 그대가 하늘을 인식할 수 있다면 투명함은, 맑음은 성취될 수 있다. 만약 그대의 초점이 변화를 좇는다면 그대는 하늘을 알 수 없다. 그러니 구름이 아닌 하늘에 초점을 맞춰라.

이 방편은 말한다.

"여름날 그대가 티없이 맑은 하늘을 바라볼 때, 그 끝없이 깨끗한, 그 투명함 속으로 들어가라."

하늘을 명상하라. 구름 한 점 없는 여름날 하늘, 끝없이 맑고 깨끗한, 거기에 아무것도 움직이지 않는, 전적인 처녀성을 가진 그 하늘을 명상하라. 그 투명함 속으로 들어가라. 투명함이 되라. 허공이 되라.

그대가 구름 없는 열린 하늘을 명상한다면 갑자기 마음이 사라져 버린다. 그것은 마음이 떨어져 나간 것이다. 거기에 간격이 생겨날 것이다. 갑자기 그대는 맑은 하늘이 마치 그대 속으로 들어오는 것 같은 느낌을 갖게 될 것이다. 그리고 그 간격은 점점 벌어진다. 당분간 생각들이 멈추게 될 것이다. 마치 복잡한 길에 교통량이 끊기고 아무런 움직임이 없는 것처럼 말이다.

처음에는 그것이 순간적일 것이다. 그러나 그 순간들은 변형된다. 마음은 점점 가라앉을 것이고 거기에 더 큰 간격이 생겨날 것이다. 몇 분 동안 거기에는 한 점의 사념도 없게 될 것이다. 사념도 없고 구름도 없어서 외부의 하늘이 내면과 하나가 된다. 오직 생각이 장벽이 되었기 때문에, 생각이 바깥은 바깥이고 안은 안이라고 나누어 놓았기 때문에 생각이 사라지면 하늘과 내면은 하나가 된다. 그때 안과 바깥의 경계선은 사라진다. 그것들은 하나가 된다. 생각 때문에 구분이 생겨난 것이다.

하늘에 대해 명상하는 것은 아름답다. 그저 누워 땅에 대해서는 잊어버려라. 한적한 바닷가에서 등을 땅에 대고 하늘을 바라보라. 그냥 바라보기만 하라. 그때는 맑은 하늘이 좋다. 구름 한 점 없는 끝없이 투명한 하늘 말이다. 그 투명함을 느껴라. 그 경계선 없는 확장을 말이다. 그리고 그 투명함 속으로 들어가라. 그것과 하나가 되라. 마치 그대가 하늘이 된 것처럼, 허공이 된 것처럼 느껴라.

처음에, 다른 어떤 것도 하지 않고 그대가 열린 하늘만을 명상한다면 거기에서 불연속이 일어날 것이다. 틈이 생겨날 것이다. 그것은 그대가 무엇을 보든지 그것이 그대 속으로 들어오기 때문이다. 그대가 허공을 바라보면 허공이 그대 속으로 들어온다.

그대가 뭔가를 볼 때 그것은 외부의 사물이 아니다. 내면의 무엇이 투사된 것이다. 그리고 그대는 그 대상에 도달하기 시작한다. 이런 식으로 해서 그대가 보는 모든 것이 그대 속으로 녹아든다. 그리하여 그대 자신을 만들어 낸다. 외부는 지속적으로 내면과 연결되어 있는 것이다.

열린 하늘을 들여다보는 것은 좋다. 어떤 경계도 없는 그 끝없는 확장은 아름답다. 그대 자신을 표시하는 경계선마저 사라진다. 그것은 경계선 없는 하늘이 그대 속에 반사될 것이기 때문이다. 만약 그대가 눈을 깜빡거리지 않고 응시할 수 있다면 더욱 좋다. 왜냐하면 눈을 깜빡일 때 생각이 일어나기 때문이다. 그러므로 깜빡거리지 말고 응시하라. 허공을 응시하라. 그 텅 빔 속으로 들어가라. 그대가 그것과 하나가 되었음을 느껴라. 어떤 순간에도 하늘은 그대 속으로 들어갈 것이다.

먼저 그대는 하늘 속으로 들어간다. 그리고 나면 하늘이 그대 속으로 들어온다. 거기에 만남이 있다. 내면의 하늘은 외부의 하늘과 만난다. 그 만남 속에 깨달음이 있다. 그 만남 속에 무심이 있다. 왜냐하면 만남은 오직 마음이 거기에 없을 때만 가능하기 때문이다. 그 만남 속에서 처음으로 그대의 마음이 그대가 아님을 알게 된다. 그전까지는 그대의 마음이 곧 그대 자신이었다. 하지만 이제 그런 혼란은 거기에 없다. 혼란은 마음 없이는 존재할 수 없기 때문이다. 불행도 없다. 불행도 마음 없이 존재할 수 없는 것이다.

그대는 이 사실을 한 번이라도 지켜본 적이 있는가? 과연 그대의 마음 없이 그대가 불행할 수 없는 것인가? 그렇다. 마음 없이는 그대는 불행할 수 없다. 마음이, 불행의 근원이 거기에 없기 때문이다. 누가 그대에게 이 불행을 주었는가? 누가 그대를 불행하게 만들었는가? 이렇게 반대 방향으로 생각해 보면 진실을 알 수 있다. 그대는 마음 없이는 불행할 수 없다. 그리고 마음을 갖고서는 결코 지복을 느낄 수 없다. 마음은 지복의 근원이 될 수가 없다.

그래서 내면과 외부의 하늘이 만나면 마음은 사라진다. 단 한 순간만이라도 그대는 새로운 생명으로 가득 채워질 것이다. 그 삶은 질적으로 다르다. 그것은 영원한 삶이며 죽음에 오염되지 않은, 어떤 공포에도 오염되지 않은 삶이다. 그 만남 속에서 그대는 지금 여기에 존재하게 된다. 현재에 있게 될 것이다. 과거와 미래는 사념에 속한 것이다. 과거와 미래는 그대 마음에 속한 부분이다. 현재는 존재다. 그것은 마음의 일부가 아니다.

이 순간만큼은 그대가 마음에 속해 있지 않다. 지나간 순간은, 그리고 다가올 순간은 그대의 마음에 속해 있다. 그러나 이 순간만큼은 절대로 그대의 마음에 속한 것이 아니다. 아니 오히려 그대가 이 순간에 속해 있다. 그대는 여기, 지금 여기에 존재한다. 그대의 마음은 다른 어딘가에, 항상 다른 어딘가에 존재한다.

그대 자신을 내려놓아라.

나는 한 수피의 이야기를 읽은 적이 있다. 한 수피가 혼자서 여행을 하는 도중에 외줄기 길을 걷고 있었다. 그 길은 매우 황폐한 길이었다. 그런데 그는 한 농부가 소달구지 옆에 서 있는 것을 보았다. 그 소달구지는 진흙탕에 빠져 있었다. 길은 울퉁불퉁했고 농부는 그 소달구지 위에 사과를 싣고 있었다. 그런데 어디에선가 달구지의 짐막이 뒷칸이 떨어져 나가서 울퉁불퉁한 길을 오는 동안 사과가 다 떨어져 버린 것이다. 그런데도 그 농부는 그 사실을 모르고 있었다.

소달구지가 진흙탕에 빠지자 처음에 그는 그것을 어떻게든 빼내려 했다. 하지만 모든 노력이 허사였다. 그래서 그는 이렇게 생각했다.

'이제 내 짐들을 다 부려야 한다. 그러면 빠져나올 수도 있을 거야.'

그는 돌아보았다. 그러나 사과는 열두 개도 채 남지 않았다. 이미 길에다 모두 흘린 것이다. 그대는 그의 불행을 느낄 수 있을 것이다. 수피는 화가 나서 소리치는 농부의 말을 기억해 두었다. 그 농부는 이렇게 말했다.

"빠졌네, 진짜 빠졌어. 제기랄, 부릴 것도 없네."

그는 달구지 위의 짐들을 모두 부리면 달구지가 빠져 나올 걸로 생각했다. 하지만 그 달구지에는 부릴 짐조차 없었다.

다행스럽게도 그대는 그런 식으로 빠지지 않았다. 그대는 부릴 짐이 있다. 그대의 수레는 너무 무겁다. 그래서 그대는 마음이라는 짐을 부릴 수 있다. 그대의 마음이 거기에서 떨어지는 순간 그대는 날아간다. 그대는 날 수 있게 될 것이다.

이 방편, 푸른 하늘 속을 들여다보며 그것과 하나가 되는 것은 가장 실제적인 방편 중의 하나다. 많은 전통들이 이것을 사용해

왔다. 그리고 특히 현대인들의 마음에는 이것이 매우 유용할 것이다. 왜냐하면 땅 위에는 아무것도 남아 있지 않기 때문이다. 땅에는 명상할 만한 것들이 아무것도 없다. 오직 하늘밖에 없다. 그대가 주위를 둘러보면 모두 인간이 만든 것뿐이다. 모든 것이 한계를 갖고 있고 경계선을 갖고 있다. 오직 하늘만이 다행스럽게도 여전하다. 그것은 명상에 대해 열려 있다.

이 방편을 수행해 보라. 도움이 될 것이다. 그러나 세 가지 사항을 기억해야 한다.

첫째, 눈을 깜빡거리지 말고 응시하는 것이다. 만약 눈이 아프기 시작해도, 그래서 눈물이 흘러내린다 해도 걱정하지 마라. 눈물이 오히려 도움이 된다. 눈물은 그대의 눈동자를 적셔서 신선하게 만들어 줄 것이다. 그대는 계속 응시하라.

두번째로, 하늘에 대해서 생각하지 마라. 기억하라. 그대는 하늘에 대해서 생각할 수 있다. 그대는 많은 시들을, 하늘에 대한 아름다운 시구들을 기억할 수 있다. 그때 그대는 요점을 놓칠 것이다. 하늘에 '대해서' 생각하지 말고 그것 속으로 들어가라. 그것과 하나가 되라. 만약 그대가 그것에 대해서 생각한다면 또다시 장벽이 생겨난다. 그대는 또다시 하늘을 놓치고 있는 것이다. 그리고 그대는 자신의 마음속에 다시 갇히게 될 것이다. 하늘에 대해서 생각하지 마라. 하늘이 되라. 그저 응시하고 하늘 속으로 들어가라. 하늘이 그대 속으로 들어오도록 하라. 만약 그대가 하늘 속으로 들어간다면 하늘도 즉시 그대 속으로 들어올 것이다.

그대는 어떻게 그것을 할 수 있는가? 단지 더 멀리, 더 멀리 응시하는 길밖에 없다. 계속 응시하라. 마치 경계선을 찾으려는 듯이 계속 멀리 바라보라. 그대가 할 수 있을 만큼 깊이 들어가라. 바로 그 순간에 장벽은 무너질 것이다. 이 방편은 적어도 한 번에

40분 간은 실행되어져야 한다. 그것보다 적게 해서도 안되고 많이 해도 큰 도움은 없다.

그대가 하나가 되었다고 실제로 느낄 때 그때 눈을 감을 수 있다. 하늘이 그대 속에 들어왔을 때 그대는 눈을 감을 수 있다. 그대는 하늘을 내면에서도 볼 수 있다. 그때 어떤 부족함도 없다. 그래서 오직 40분 후에 하늘과 하나가 되었다는 느낌이 들 때 거기에 마음은 더 이상 없다. 눈을 감아라. 그리고 내면의 하늘 속에 머물러라.

투명함은 세번째 사항에 도움이 될 것이다. '그 투명함 속으로 들어가라'에서 투명함이 도움이 될 것이다. 오염되지 않은, 구름으로 가려지지 않은 하늘이 말이다. 그대를 온통 둘러싼 그 투명함을 자각하라. 그것에 대해서 생각을 일으키지 마라. 단지 그 투명함, 그 순수함, 그 결백함을 자각하라. 그리고 나는 이 말들을 반복하지 않을 것이다. 하지만 그대는 생각하기보다 느껴야 한다. 그리고 한번 그대가 하늘을 응시해 들어가면 느낌이 다가올 것이다. 그것은 이 세 가지 사항들을 상상하는 것이 그대의 역할이 아니기 때문이다. 그것들은 이미 거기에 있다. 만약 그대가 응시한다면 그것들은 저절로 그대에게 일어나기 시작할 것이다.

하늘은 순수하다. 존재계에서 가장 순수한 것이 하늘이다. 아무것도 그것을 오염시킬 수 없다. 세상은 왔다가 간다. 땅은 있다가도 사라진다. 그러나 하늘은 언제나 순수한 채로 남아 있다. 순수함이 거기에 있다. 그대는 일부러 순수함을 투사할 필요가 없다. 그대는 단지 느끼기만 하면 된다. 투명함이 거기에 있기에 하늘이 그대에게 일어나도록 허용하라. 그대는 그것을 강요할 수 없다. 그대는 단지 그것이 일어나도록 허락할 수 있을 뿐이다.

실제로 모든 명상은 어떤 것이 저절로 일어나도록 자신을 허용하는 것이다. 강제성의 의미로 생각하지 마라. 결코 어떤 것을 억지로 한다고 생각하지 마라. 그대는 어떤 것도 강제로 할 수 없다. 실제로 그대가 강제적으로 하려 든다면 그대는 모든 불행을 만들어 낼 것이다. 아무것도 억지로 될 수 없다. 단지 일어나도록 허용할 수 있을 뿐이다. 여성적으로 되라. 수동적으로 되라. 하늘 아래 그냥 남아 있어라. 하늘은 절대적으로 수동적이다. 열려 있고 수용적이고 예민해져라. 어떤 강제성도 띠지 마라. 그때 하늘은 그대를 관통할 것이다.

"여름날 그대가 티없이 맑은 하늘을 바라볼 때, 그 끝없이 깨끗한, 그 투명함 속으로 들어가라."

그러나 만약 그때가 여름이 아니라면 그대는 어떻게 하겠는가? 만약 하늘에 구름이 끼어 맑지 않다면 그땐 눈을 감고 내면의 하늘 속으로 들어가라. 단지 눈을 감아라. 만약 그대가 거기에서 어떤 생각들을 보게 된다면 그것을 단지 하늘에 구름이 떠가는 것처럼 바라보라. 그 배경을 인식하라. 그것은 사념의 조각과는 다르다.

우리는 생각들에 너무나 사로잡혀 있어서 그 틈새를 인식하지 못한다. 하나의 생각이 지나가고 다른 생각이 일어나기 전 거기에 틈이 있다. 그 틈 속에 하늘이 있다. 그때, 생각이 없는 그 사이에 무엇이 있겠는가? 바로 거기에 비어 있음이 있다. 그래서 만약 하늘이 구름으로 가려져 있다면, 그때가 여름철이 아니라면, 그리고 하늘이 맑지 않다면 눈을 감아라. 그대의 마음을 배경에다 초점 맞춰라. 생각들이 흘러오고 흘러가는 내면의 하늘에 말이다. 생각에다 너무 많은 주의를 기울이지 마라. 그것들이 움직이는 허공에다 주의를 기울여라.

예를 들어 우리는 이 방 안에 앉아 있다. 나는 이 방 안을 두 가지 방식으로 본다. 하나는 내가 그대를 보기 위해서 그대가 있는 공간에는 관심을 두지 않는다. 나는 그대만을 볼 뿐이다. 내 마음의 초점을 그대가 있는 이 방이 아니라 여기에 앉아 있는 그대에게 맞춘다. 또 한 가지는 나의 초점을 바꿀 수 있다. 나는 이 방을 볼 수 있다. 그때 나는 그대에게 무관심해진다. 그대는 거기에 있다. 그러나 나의 집중력은 방 안의 공간에 있다. 그때는 바라보는 관점 전체가 바뀐다.

내면의 세계에서도 단지 이렇게 하라. 공간을 바라보라. 생각들이 그 속을 움직이고 있다. 그것들에 대해 무관심하라. 그것들에게 어떤 주의를 기울이지 마라. 그것들은 거기에 있다. 자동차들이 거리를 달리듯이 말이다. 그저 거리만을 바라보고 자동차들에게는 무관심해져라. 지나가는 사람이 누구인지 알려고 하지 마라. 그저 누군가가 공간 속을 지나가고 있다는 것만 보라. 그때 투명한 하늘이 내면에 펼쳐질 것이다.

여름까지 기다릴 필요가 없다. 우리의 마음에서 그런 경우를 찾을 수 있기 때문이다. 마음은 이렇게 말할 것이다.

"여름은 여기에 없다. 만약 여름이 온다 해도 하늘은 맑지 않을 것이다."

자, 이제 두번째 방편이다.

74

삭티여!
이미 그대 자신의 머리 속으로 빨려 들어가 버린 듯이
모든 공간을 바라보라.
그 찬란함 속으로.

이 방편을 위해서는 눈을 감아라. 이것을 실행할 때는 눈을 감고 마치 공간 전체가 그대 자신의 머리 속으로 빨려 들어간 것처럼 느껴라. 처음에는 어려울 것이다. 이것은 매우 진보된 기법 중의 하나다. 그러므로 몇 가지 단계를 거쳐가는 것이 바람직할 것이다. 한 가지씩 하라. 만약 그대가 이 방편을 원한다면 단계를 밟아라.

첫째로, 잠을 자는 동안, 잠을 자려고 할 때 침대에 누워라. 눈을 감아라. 그대의 발이 어디에 있는지 느껴라. 그대의 키가 6피트이든 5피트이든 발이 어디에 있는지 느껴라. 그때 한 가지 사항을 상상하라. 그대는 6인치 더 길어진다. 그대의 키가 6인치 더 커지는 것을 상상하라는 말이다. 그저 눈을 감고 이것을 느껴보라. 상상 속에서 그대의 키가 6인치 더 커졌다고 느껴라.

그 다음 두번째 단계에서 그대의 머리를 느껴라. 그것이 어디에 있는지 내면에서 느껴야 한다. 이번에도 그대의 머리가 6인치 더 길어졌다고 느껴라. 그대가 이것을 느낄 수 있을 때 모든 것이 쉬워질 것이다. 그때 그대는 이 방편을 보다 잘 수행할 수 있다. 그대의 키가 12피트가 된다거나 그대의 몸이 방 전체를 가득 채운다고 느껴라. 그 다음에는 단계적으로 집 전체가 그대 속에 있다고 느껴라. 한번 그대가 그것을 느낄 수 있다면 그때는 매우 쉽다. 만약 그대의 몸 길이가 6인치 더 길어졌다고 생각되면 모든 것이 쉬워진다. 그렇게만 된다면 3일 내로 그대 안에 집 전체가 들어올 수 있다. 그리고 3일 안에 그대는 하늘이 될 수 있다. 그때 이 방편은 자연스럽게 실행할 수 있다.

"샥티여! 이미 그대 자신의 머리 속으로 빨려 들어가 버린 듯이 모든 공간을 바라보라. 그 찬란함 속으로."

그때 그대는 눈을 감고 하늘 전체가, 허공 전체가 그대의 머리 속으로 빨려 들어간 것을 느낄 수 있다. 그대가 이렇게 느끼는 순간 마음은 사라진다. 마음은 좁다란 공간을 필요로 하기 때문이다. 그런 광활함 속에서는 마음이 존재할 수 없다. 마음은 오직 좁고 한정된 곳에서만 존재할 수 있다. 그런 무한한 공간에서는 마음이 존재할 장소가 없다.

이 방편은 갑자기 마음이 폭발해 버리고 거기에 공간이 나타나는 점에서 매우 좋다. 3개월 안에 그대는 이것을 느낄 수 있다. 그러면 그대의 삶 전체가 달라질 것이다. 그러나 그것을 향해 단계적으로 나아가라. 때때로 사람들은 이 방편을 수행하다가 미쳐버리기도 한다. 그들은 완전히 균형을 잃어버린다. 그 충격은 엄청난 것이다. 갑자기 그대의 머리가 허공 전체를 흡수했다는 것을 알게 되면 그때 그대는 자신 속에서 별과 달이 운행하는 것을 볼 수 있을 것이다. 전 우주가 그대 속에서 돌아가고 있다. 그대는 현기증을 느끼게 될 것이다. 많은 전통에서 이 방편은 매우 조심스럽게 행해지곤 했다.

금세기 인도의 신비주의자 중에 하나인 람티어쓰(Ramteerth)는 이 방편을 사용하곤 했다. 이 방편을 수행하면 자살을 하게 된다는 것을 아는 많은 구경꾼들이 그에게로 몰려들었다. 그러나 그에게는 이것이 자살의 요인이 되지 않았다. 왜냐하면 전 우주가 자신 안에 있음을 아는 사람에게는 자살이 불가능하기 때문이다. 그것은 일어날 수가 없다. 거기에서는 아무도 자살할 수 없다. 그러나 다른 사람들, 외부에서 구경하는 사람들에게는 자살로 보인다.

그는 우주 전체가 자신 속에서, 자신의 머리 속에서 움직이고 있다는 것을 느끼기 시작했다. 그의 제자는 그가 시를 짓고 있는 줄 알았다. 그때 그들은 그가 미쳤다고 느끼기 시작했다. 왜냐하면 그가 자신은 우주이며 모든 것이 자신 속에 있다고 주장하기 시작했던 것이다. 그러던 어느 날 그는 절벽에서 강으로 뛰어내렸다. 그는 뛰어내리기 전에 아름다운 시 한 편을 적었다.

"나는 우주가 되었다. 이제 나는 이 몸이 짐스럽고 불필요함을 느낀다. 그래서 나는 그것을 되돌려 보낸다. 이제 어떤 경계선도 필요하지 않다. 나는 무한한 브라흐만이 되었다."

정신의학 과정을 마친 어떤 이는 그가 미쳤다고 말했다. 단지 신경쇠약에 걸린 것이라고 말이다. 그러나 인간 의식의 더 깊은 차원을 아는 사람은 그가 한 사람의 묵타(mukta), 즉 깨달은 사람이 되었다고 말했다. 그러나 보통의 마음에게 그것은 하나의 자살이다.

이런 방편들에는 위험이 따른다. 내가 점차적으로 단계를 밟아가라고 말하는 것도 바로 이 때문이다. 하지만 그대는 모른다. 어떤 것도 가능하다. 때때로 그대는 자신의 잠재력을 인식하지 못한다. 그대가 어떻게 준비해야 하는지, 그리고 어떤 일이 일어날지 전혀 알지 못한다. 그래서 단계적으로 이것을 수행하라는 것이다.

먼저 그대의 상상력을 작은 것부터 펼치기 시작하라. 몸이 좀 더 커졌다거나 작아졌다는 것에서 말이다. 그대는 두 가지 방법을 다 쓸 수 있다. 그대의 키가 5피트 6인치다. 그러면 자신이 4피트, 3피트, 2피트, 1피트가 되었다고 느껴라. 그대는 하나의 씨앗이 될 수도 있다. 이것은 단지 한 가지 훈련 방식이다. 그대가 느끼고 싶은 대로 느낄 수 있는 상상력 훈련이다. 그대의 내면은 느끼는 데 있어서 절대적으로 자유롭다. 아무것도 어떤 것을 느끼는 데 방해가 되지 않는다. 그것은 그대의 느낌이다. 그대는 커질 수도 있고 작아질 수도 있다. 갑자기 그대는 그것이 자신이라는 것을 알게 된다.

그리고 만약 그대가 이것을 잘할 수 있다면 그대는 쉽게 그대의 육체에서 빠져나올 수 있다. 만약 그대가 상상력을 통해 커지거나 작아질 수 있다면 그대는 몸에서 이탈할 수 있게 된다. 그대는 자신의 몸 밖에 서 있다는 것을 상상하는 것만으로 몸 밖에 서 있게 된다. 그러나 금방 되는 것은 아니다.

먼저 작은 것부터 단계적으로 실행하라. 그리고 그대가 그것을 느낄 때 그대는 좀더 수월하게 된다. 그대는 두려워하지 않는다. 그때 그대는 방 안 전체에 가득 차는 것을 느끼게 된다. 실제로 그대는 벽의 촉감을 느낄 수 있다. 그때는 집 전체가 그대 속에 있다. 그대는 자신 속에서 그것을 느낄 것이다. 그리고 계속하라. 점점 하늘이 그대의 머리 속에서 느껴지게 하라. 한번 그대가 머리 속에서 하늘을 느낄 수 있다면, 거기에 빨려 들어가면 마음은 간단히 사라진다. 거기에서 마음이 할 일은 없다.

이 방편은 다른 사람과 같이 있는 상태에서 하는 것이 좋다. 스승과 혹은 동료와 같이 있어라. 혼자 그것을 하지 마라. 그대를 돌봐줄 어떤 사람이 필요하다. 이것이 바로 단체적인 방법이다. 많은 사람들이 단체 속에서 수행한다. 그러면 쉽고 덜 해롭고 덜 위험하다. 왜냐하면 때때로 하늘이 내부에서 폭발하면 며칠 동안 그대는 자신의 육체를 의식하지 못하게 된다. 그대는 몸 밖으로 빠져 나올지도 모른다. 혹은 그 느낌 속으로 완전히 몰입될 수도 있다. 시간이 사라지기 때문이다. 그대는 시간이 얼마나 흘렀는지 느낄 수 없다. 육체가 사라진다. 그대는 몸을 느낄 수 없다. 그대는 하늘이 된다. 다른 사람이 그대의 육체를 보살펴줘야 한다. 매우 사랑스런 보살핌이 필요한 것이다.

그래서 스승이나 그룹과 함께 하면 이 방편은 덜 해롭고 덜 위험해진다. 그룹과 함께 할 때는 무엇이 가능한지 알게 된다. 무슨 일이 일어나고 무슨 일을 해야 하는지…. 만약 그런 마음 상태에서 그대가 갑자기 깨어나면 그대는 미칠지도 모른다. 그대의 마음이 돌아오는 데는 시간이 필요하기 때문이다. 만약 갑자기 육체로 되돌아오면 그대의 신경계는 그 충격을 견더낼 수 없다. 신경계는 그것을 위해 만들어진 것이 아니다. 그것은 단련되어져야 한다. 그러니 홀로 이 방편을 수행하지 마라. 그대는 그룹 속에서 할 수 있다. 한적한 장소에서 몇몇의 동료들과 함께 할 수 있다. 그리고 갑자기 하지 말고 단계적으로 하라.

자, 세번째 방편이다.

75

잠을 깨는 것, 잠을 자는 것, 꿈을 꾸는 것,
이 속에서 그대는 자신을 빛으로 알라.

먼저 '잠을 깨는 (waking) 것'부터 시작하라. 요가와 탄트라는 인간 마음의 생태를 세 가지로 구분했다. 기억하라. 마음의 생태를 요가와 탄트라는 잠을 깨고, 잠을 자고, 꿈꾸는 것, 이 세 가지로 구분했다. 이것들은 그대 의식을 구분한 것이 아니다. 그대 마음을 구분한 것이다. 그리고 의식은 네번째에 해당한다.

그 네번째에 대해 인도에서는 어떤 이름도 붙이지 않았다. 그들은 단지 그것을 '투리야(turiya)'라고 불렀는데 그 말은 글자 그대로 '네번째'라는 뜻이다. 그리고 앞의 세 가지에는 각기 나름대로의 이름이 붙어 있다. 이것은 구름에 해당되는 것으로 다음과 같이 부를 수 있다. 잠을 깬 구름, 잠자는 구름, 꿈꾸는 구름이라고 말이다. 그것들은 모두 구름이다. 그것은 허공 속을 흘러간다. 그것들은 하늘이 아니다. 하늘은 한정되는 의미의 이름으로 불려질 수 없다. 그래서 단지 '네번째'란 이름으로 남아 있는 것이다.

서양의 심리학은 근세에 들어서야 꿈의 차원을 겨우 인식했다. 실제로 프로이드에게만 꿈이 중요한 것이었다. 그러나 힌두교에서 꿈은 가장 오래된 개념 중의 하나다. 말하자면, 그대는 어떤 사람이 꿈속에서 무엇을 하고 있는지 알지 못하고는 그를 진짜로 알 수 없다는 식이다. 왜냐하면 그가 잠을 깬 상태에서는 책임과 체면 때문에 다소간 거짓된 행동을 하기 때문이다. 그는 자신이 원치 않는 많은 것을 해야만 한다.

그는 자유롭지 않다. 사회가 있고 규범들이 존재한다. 도덕성이 거기에 있다. 그는 계속해서 자신의 욕망들과 싸워야 한다. 욕망들을 억누르고 수정하고 융화시켜 이 사회에 받아들여져야만 한다. 그리고 사회는 그대를 전체적인 존재로 받아들이지 않는다. 사회는 그대를 선별한다. 문화라고 하는 것이 바로 이것이다. 문화는 선별을 뜻한다.

모든 문화는 하나의 조건 지우는 행위를 의미한다. 그래서 어떤 것은 선택되고 어떤 것은 부정된다. 전체적인 존재로서 그대는 어떤 사회에서도 받아들여지지 않는다. 그 어디에서도 말이다. 오직 일정한 면만 받아들여진다. 이 나라나 저 나라나 그 어디에서도 인간의 존재 전체는 용납되지 않는다. 그래서 잠을 깬 상태는, 의식이 있는 상태는 거짓된 행동, 인위적인 행동을 할 수밖에 없다. 그대는 거기에서 실재 인물이 아니다. 단지 배우일 뿐 어떤 자발성도 없다. 오직 꿈속에서만 그대는 자유롭다. 꿈속에서만이 그대는 자기 자신으로 돌아온다.

꿈속에서는 그대가 하고 싶은 것은 무엇이든지 할 수 있다. 아무도 상관하지 않는다. 거기서 그대는 혼자다. 아무도 꿈속을 들여다보지 못한다. 아무도 그대를 간섭할 수 없다. 그대가 꿈속에서 하는 일은 그대의 일이다. 아무도 상관할 수 없다. 그래서 꿈은 절대적인 사생활이다. 그것들이 절대적인 사생활이기에, 그 누구와도 상관이 없기에 거기에서 그대는 자유로울 수 있다. 그래서 그대의 꿈이 알려지지 않는 한 그대의 진짜 얼굴은 알려질 수 없다. 힌두교는 이 사실을 알고 있었다. 꿈은 관통되어져야 했다. 그러나 그것들 역시 구름이다. 아무리 자유롭다고 해도 그것은 구름이다. 사람은 그것들을 마찬가지로 넘어서야 한다.

그래서 세 가지 상태가 있다. 잠을 깬 상태, 잠을 자는 상태 그리고 꿈을 꾸는 상태가 그것이다. 꿈은 프로이드에게 매우 원초적인 것이다. 이제 잠자는 것은 밝혀지고 있다. 이제 서양에서는 많은 수면 연구소들이 잠이 무엇인지 알기 위해 작업하고 있다. 우리에게는 잠이 무엇인지 모른다는 것이 매우 이상하게 보여진다. 하지만 잠속에서 그대에게 실제로 무슨 일이 일어나는지는 아직까지 과학적으로 밝혀지지 않았다.

그리고 만약 꿈이 무엇인지 알 수 없다면 인간이 무엇인지도 알기 어렵다. 인간은 그의 생애 3분의 1을 잠속에서 보내기 때문이다. 생애 3분의 1을 말이다! 만약 그대가 60년을 산다면 20년은 잠을 자는 데 보낼 것이다. 그것은 매우 굵직한 부분이다. 그대는 잠을 자는 동안 무엇을 하는가? 뭔가 신비스런 것이 계속 일어나고 있다. 그리고 그것은 너무 본질적인 것이어서 그것 없이는 삶을 영위하기가 불가능하다. 뭔가 깊은 것이 일어나고 있다. 하지만 그대는 인식하지 못한다.

잠을 깬 상태에선 그대는 딴사람이 된다. 꿈속에서 다시 다른 사람이 된다. 깊은 잠속에서 또다시 그대는 다른 사람이 된다. 깊은 잠속에서는 자신의 이름조차 기억할 수 없다. 그대는 그대가 이슬람교도인지 기독교인인지 힌두교도인지 모른다. 그대는 자신이 부자인지 가난한지 모른다. 어떤 자기 확인도, 인상도 가질 수 없다.

잠을 깬 상태에서 그대는 이 사회와 함께 있다. 꿈속에서는 그대의 욕망과 함께 있다. 그리고 깊은 잠속에서는 그대의 본성과 함께 있다. 본성의 자궁 속에 깊이 빠져 있다. 그리고 요가와 탄트라는 그대가 오직 이 세 가지 상태를 넘어서야만이 브라흐마, 즉 우주 전체 속에 존재하게 된다고 말한다. 그래서 이 세 가지는 초월되어야 할 것들이다.

그런데 한 가지 차이가 있다. 서양의 심리학은 이제 이 상태들을 연구하는 데 관심을 갖기 시작했다. 동양의 구도자들은 벌써부터 이 세 가지 상태를 인식해 왔다. 하지만 그것 자체를 연구하기보다는 그것을 초월하는 것에 관심을 갖고 있었다. 따라서 이 방편은 초월의 방편이다.

"잠을 깨는 것, 잠을 자는 것, 꿈을 꾸는 것, 이 속에서 그대는 자신을 빛으로 알라."

매우 어렵다. 그대는 잠을 깬 상태에서 시작해야 한다. 꿈속에서 어떻게 기억하겠는가? 그대는 꿈을 의식적으로 만들어 낼 수 있는가? 꿈을 조작할 수 있는가? 꿈에서 자신의 소원대로 이루어지게 할 수 있는가? 그대는 할 수 없다. 인간은 얼마나 무능한가! 그대 스스로는 한 편의 꿈도 만들어 낼 수 없다. 그것들은 저절로 일어나는 것이다. 그대의 의지는 아무 도움도 못된다. 그러나 그 꿈을 통해서 어떤 방편이 만들어질 수는 있다. 그리고 그 방편들은 초월하는 데 큰 도움이 될 것이다. 왜냐하면 그대가 만들어 낼 수 있다면 그대는 초월할 수 있기 때문이다. 그러나 우선은 잠을 깬 상태에서부터 시작해야 한다.

그대가 의식이 있는 낮 동안, 움직이고 먹고 일하는 동안 그대 자신이 빛이라고 기억하라. 마치 그대의 심장에서 불꽃이 타오르고 있으며, 그대의 육체는 그 불꽃을 둘러싼 오오라(後光)라고 생각하라. 그것을 상상하라. 그대의 심장은 불꽃이며 육체는 그 불꽃에서 나오는 빛이다. 그 생각이 그대 마음과 의식에 깊이 박히게 하라. 그것을 흡수하라.

그렇게 하는 데는 시간이 좀 걸릴 것이다. 그러나 그대가 계속 그렇게 생각한다면, 그리고 상상하고 느낀다면 일정 기간 안에 그대는 종일토록 그것을 잊어버리지 않을 수 있다. 그대가 길을 걸을 때도 하나의 불꽃이 움직이는 것이다. 처음에는 아무도 그것을 눈치채지 못하지만 그대가 계속한다면 3개월 후에는 다른 사람도 알아보게 될 것이다. 다른 사람이 알 수 있게 될 때 비로소 그대는 수월해질 것이다. 다른 누구에게도 말하지 마라. 단지 불꽃을 상상하라. 그리고 그 불꽃을 둘러싼 오오라로서 그대의 몸을 생각하라. 그것은 물질적인 육체가 아니라 전기의 육체, 빛의 육체이다. 그것을 계속하라.

그대가 꾸준히 계속한다면 3개월 이내에 근처의 다른 사람이 그대에게 어떤 일이 일어나고 있는지 눈치채게 될 것이다. 그들은 그대 주위에 미묘한 빛이 있음을 느낄 것이다. 그대가 그들 가까이 다가갈 때 그들은 다른 종류의 온기를 느낄 것이다. 만약 그대가 그들을 만진다면 그들은 강렬한 자극을 느낄 것이다. 그들은 어떤 이상한 현상이 그대에게 일어나고 있음을 느끼게 될 것이다. 아무에게도 말하지 마라. 그들이 알게 될 때 그대는 좀더 수월해짐을 느낄 수 있다. 그리고 그때 그대는 두번째 단계로 들어갈 수 있다. 그전에는 안된다.

두번째 단계는 그것을 꿈속으로 가지고 들어가는 것이다. 이제 그대는 그것을 꿈꿀 수 있다. 그것이 실체가 되었다. 이제 그것은 단지 상상이 아니다. 그대는 상상을 통해서 그것을 실체로 회복시켰다. 그것은 실재하는 것이다. 모든 것이 빛으로 이루어져 있다. 그대는 빛이다. 지금까지는 그 사실을 인식하지 못했지만 말이다. 이제 모든 물질의 알갱이가 빛이다.

과학자들은 물질의 알갱이가 전자로 구성되어 있다고 말한다. 그것은 같은 말이다. 빛은 만물의 근원이다. 그대 역시 집약된 빛이다. 상상을 통해서 그대는 간단히 실체를 회복시켰다. 그 사실을 가슴에 새겨라. 그대가 빛으로 가득 채워졌음을 느낄 때 그대는 그 사실을 꿈속으로 가지고 들어갈 수 있다. 그전에는 안된다.

그리고 나서 잠속으로 떨어지는 동안에도 불꽃을 계속 생각하라. 그것을 계속 바라보라. 그대가 빛임을 느껴라. 그 사실을 기억하고… 기억하고… 기억하라. 그대는 잠에 떨어진다. 그리고 그 기억도 계속된다. 처음에는 그대가 내부에 불꽃을 갖고 있다고, 자신이 빛이라고 느끼는 꿈들을 갖기 시작할 것이다. 꿈속에서도 점점 같은 느낌을 갖고 움직일 것이다. 그러나 한 번 이 느낌이 꿈속으로 들어오면 그때부터 꿈은 사라지기 시작할 것이다. 꿈이 사라진다. 꿈이 점점 줄어들면서 더욱더 깊은 잠을 잔다.

그대의 모든 꿈속에서 이 실체가 드러날 때—그대가 빛이며 타오르는 불꽃임이—모든 꿈은 사라질 것이다. 오직 꿈이 사라질 때만이 그대는 이 느낌을 잠속으로 갖고 들어갈 수 있다. 그전에는 안된다. 이제 그대는 문에 서 있다. 꿈이 사라질 때 그대는 자신을 불꽃이라고 기억할 것이다. 그대는 꿈의 문턱에 서 있다. 이제 그대는 느낌과 함께 들어갈 수 있다. 그리고 한 번 그대가 자신이 불꽃이라는 느낌과 함께 잠속으로 들어갈 수 있다면 그대는 그 속에서도 그것을 인식할 것이다. 잠은 이제 그대가 아니라 그대의 육체에서만 일어날 것이다.

이 방편은 그대로 하여금 이 세 가지 상태를 뛰어넘는 데 도움을 주기 위한 것이다. 그대가 자신이 불꽃이며 빛인 것을 알 수 있다면 잠은 그대에게 일어나지 않을 것이다. 그대는 의식적이다. 그대는 의식적인 노력을 하고 있다. 이제 그대는 그 불꽃을 결정화시킨다. 육체는 잠들어 있지만 그대는 아니다.

이것이 바로 크리슈나가 바가밧 기타에서 한 말이다. 요기는 결코 잠들지 않는다고, 다른 사람이 잠들어 있는 동안에도 그들은 깨어 있다고. 잠들지 않는 것은 그들의 육체가 아니다. 그들의 육체는 잠을 잔다. 오직 육체만 잠을 자는 것이다. 육체는 휴식이 필요하다. 의식은 휴식이 필요 없다. 왜냐하면 육체는 일종의 기계장치지만 의식은 기계장치가 아니기 때문이다. 육체는 연료를 필요로 하고 휴식을 필요로 한다. 그 때문에 육체는 태어나고 자라고 늙고 죽는 것이다. 하지만 의식은 결코 태어나지도 늙지도 죽지도 않는다. 그것은 연료를 필요로 하지 않는다. 그것은 휴식을 필요로 하지 않는다. 그것은 순수한 에너지다. 영원하고 영구적인 에너지다.

그대가 이 불꽃과 빛의 이미지를 잠의 문턱을 통해서 가지고 들어갈 수 있다면 그대는 이후에 결코 잠들지 않을 것이다. 오직 육체만이 잠들 것이다. 그리고 육체가 잠자고 있는 것을 그대는 알게 된다. 한번 이것이 일어나면 그대는 '네번째'가 된다. 이제 잠을 깨는 것과, 꿈을 꾸는 것과, 잠을 자는 것은 마음의 부분이고 그대는 네번째가 된다. 그 세 가지를 모두 통과한 사람은 그것들 중 아무것도 아니다.

사실 이것은 매우 간단하다. 그대가 잠을 깬 상태에 있다면 그때 그대는 꿈속으로 들어간다. 그리고 그대는 두 가지 상태 모두 아니다. 그대가 깨어 있다면 그때 어떻게 꿈을 꿀 수 있겠는가? 그리고 그대가 꿈꾸는 상태 속에 있다면 어떻게 꿈이 없는 잠속으로 떨어질 수 있겠는가? 그대는 한 사람의 여행자임에 틀림없다. 이 상태들은 하나의 정거장이 되어야 한다. 그래서 그대는 여기에서 저기로 옮겨 다닐 수 있고 다시 되돌아올 수도 있다. 아침이 되면 그대는 다시 잠을 깬 상태로 들어갈 것이다.

이것들은 하나의 상태이다. 이 상태들 속에서 움직이는 자는 그대이다. 그래서 그대는 네번째이다. 이 네번째를 그대는 영혼이라고 부른다. 이 네번째를 신성이라고 부르며 불멸의 존재, 영원한 생명이라고 부른다.

"잠을 깨는 것, 잠을 자는 것, 꿈을 꾸는 것, 이 속에서 그대는 자신을 빛으로 알라."

이것은 무척 아름다운 방편이다. 그러나 처음에는 잠을 깨는 것에서 시작하라. 그리고 기억하라. 다른 사람이 알게 될 때 비로소 그대는 성공한 것이다. 그들은 알게 될 것이다. 그때 그대는 꿈속으로 들어갈 수 있다. 그 다음에는 잠속으로 들어간다. 그리고 마지막에 그대가 무엇이라는 것을 깨달을 수 있다. 그대는 네번째이다.

〈질문〉

"어젯밤 당신께서는 마음이 더욱 성장함에 따라 우리는 마음의 본성이 혼란임을 더 잘 알게 되리라고 말씀하셨습니다. 그러면 이 마음의 성장이 곧 마음의 투명함으로 이어진다는 말이 맞는 말입니까?"

내가 하는 말은 무엇이든지 이것과 관계되어 있다.

그렇다. 그것은 투명함으로 이어질 것이다. 왜냐하면 그대가 성숙한 마음을 가질 때에만 그대는 자신의 마음이 혼란스럽다는 것을 인식하기 때문이다. 마음이 혼란이라는 것을 아는 것만 해도 매우 진보된 마음이다. 자기의 마음이 혼란이라는 것을 모르는 사람들은 실제로 성숙되지 않은 마음을 갖고 있다. 그들은 아직 유아기적 상태이며 성장 과정에 있다. 오직 성숙한 마음만이 마음의 자질을 알 수 있다. 마음이 바로 혼란임을 말이다. 그리고 그대가 성숙한 마음을 갖고 있을 때에만 명상이 가능하다. 명상은 마음과는 정반대의 목표 지점에 있기 때문이다.

명상은 무심(no-mind)을 의미한다. 그러나 그대가 성숙한 마음조차 성취하지 못했으면서 어떻게 무심을 성취할 수 있겠는가? 그 마음을 잃어버리기 위해 먼저 마음을 성숙시켜라. 그러니 인간이 극적으로 무심의 상태에 도달해야 한다면 그때는 마음을 성장시키는 것이 무슨 소용이 있겠느냐고 생각지 마라. 왜냐하면 그대가 마음을 성취하지 않는다면 궁극은 결코 그대에게 일어나지 않기 때문이다. 마음이 거기에 있을 때만 그것이 일어날 수 있다. 그래서 나는 마음에 반대하지 않는다. 나는 모든 것에 찬성한다. 왜냐하면 모든 것은 반대편 극에 도달하는 데 소용이 있기 때문이다.

하나의 극성이 있다. 그리고 반대편 극에 이르기 위해서는 먼저 그 극성이 있어야 한다. 미친 사람은 명상할 수 없다. 왜인가? 그는 마음이 없기 때문이다. 그러나 그의 마음 없음은 붓다의 무심과 다르다. 마음 없음은 두 가지 차원이다. 마음 아래의 그것과 마음 위의 그것이다. 마음 위의 무심도 무심이고 마음 아래의 무심도 무심이다. 그대는 마음 아래로 떨어질 수 있다. 마음은 거기에 없다. 그러나 그것은 명상이 아니다. 그대는 마음을 초월해야 한다. 오직 그때만이 붓다의 무심을 성취할 수 있다. 그리고 항상 이 점을 기억하라. 그 둘이 너무 유사하기 때문에 그대는 전체적으로 오해할 수 있다. 그만큼 비슷하다.

예를 들어서 어린아이는 순박하다. 예수나 크리슈나도 순박하다. 그러나 그들의 순박은 어린아이의 그것과는 다르다. 그것은 어린아이같지만(childlike) 유치한(childish)것은 아니다. 어린아이는 무지하기 때문에 순박하다. 그래서 부정적인 의미에서 순박하다. 그 순박은 단지 부재(不在)를 의미한다. 조만간에 모든 것이 터져 나올 것이다. 그는 폭발을 기다리는 하나의 화산이다. 순박함은 폭발 전야의 고요일 뿐이다.

그러나 깨달은 자는 이미 넘어선 자이다. 폭발은 이미 일어났고 화산은 다시 조용해졌다. 따라서 이 고요함은 다르다. 첫번째 고요는 폭발 가능성을 가지고 있다. 그래서 그 고요는 표면적인 것이다. 깊이 들어가면 곧 동요할 준비가 되어 있다. 그러나 깨달은 자는 그 동요를 거쳐갔다. 태풍은 이미 지나갔다. 이 고요는, 이 순박함은 비슷하게 보이지만 깊은 차이가 있다.

그래서 때때로 바보는 깨달은 사람처럼 보일 수 있다. 그들에게는 교활하지 않다. 그들은 교활해지는 것이, 지성이 필요하다. 그들은 계산하지 않는다. 그래서 계산하는 마음이 필요하다. 그들은 남을 속일 수 없다. 그들은 그것이 싫어서 안하는 것이 아니다. 능력이 없는 것이다. 그들은 깨달은 사람처럼 보일 뿐이다. 그리고 깨달은 사람도 때때로 바보처럼 보인다. 같은 것이 다시 일어났기 때문이다. 하지만 그 차원은 완전히 다르다.

그대는 마음 아래로 떨어질 수 있다. 그때도 역시 무심해진다. 그러나 그것은 명상이 아니다. 그대는 단지 마음을 잃어버린 것이다. 명상을 향해 나아갈 계단을 잃어버린 것이다. 그래서 나는 마음에 반대하지 않는다. 마음을 성숙시켜라. 지성을 발전시켜라. 그러나 잘 새겨 두어라. 이것은 단지 마음을 내던져 버리기 위한 하나의 수단임을 말이다. 그것은 뗏목과 같다. 그대는 건너편 언덕에 도달하면 뗏목을 버린다. 그대는 뗏목에 대해 완전히 잊어버린다.

이제 됐는가?

존재계로 되돌아오라

잠들어 있는 것은 불순하고 깨어 있는 것은 순수하다。깨어 있는 것 외에 그 모든 것은 무의미하다。깨어 있지 않고서 행하는 모든 행위는 그것이 아무리 굉장해 보여도 무의미한 것이다。

존재계로 되돌아오라

76

비오는 캄캄한 밤에,
형상 중의 형상이 되어 저 암흑 속으로 들어가라.

77

달도 없이 캄캄한 흐린 밤이 없다면 눈을 감아라.
그리고 그대 앞에 있는 암흑을 발견하라.
눈을 떠라. 암흑을 보라.
그리하면 실수들은 영원히 사라지리라.

78

그대의 주시력이 빛날 때마다
바로 이 시점에서,
체험하라.

한번은 역사학자로 유명한 한 학자가 어느 시골 마을에 머물고 있었다. 거기에서 그는 닥터(doctor)라고 불리어졌다. 그 마을에는 늙은 우체부가 살고 있었는데 그는 그 닥터에 대해 호기심이 생겼다. 그가 어떤 종류의 닥터인지 궁금했던 것이다. 그래서 어느 날 그는 그 학자를 찾아가 물었다.

"선생님은 무슨 닥터이십니까?"

그러자 그 학자가 말했다.

"철학 닥터요."

하지만 늙은 우체부는 그런 말을 들어본 적이 없었다. 그래서 어리둥절해 하다가 말했다.

"저는 지금까지 그런 병이 있다는 것을 들어본 적이 없는데요."

이 이야기를 듣고 웃지 마라. 그 늙은 우체부의 접근 방식은 옳았다. 철학도 일종의 병이다. 물론 철학박사가 의사(doctor)는 아니다. 오히려 그들은 그 병의 완전한 희생물이다.

철학은 특수한 병이 아니다. 그래서 그대는 그것을 하나의 우연한 사례로 생각할 수 없다. 그것은 인간과 함께 태어났다. 그리고 인간의 마음만큼이나 나이를 먹었다. 모든 인간은 다소간 그것의 희생자다. 생각은 결국 아무런 결론도 내려주지 못하기 때문이다. 결국 악순환만 되풀이하게 한다. 그대가 많이 움직여서 빨리 움직일 수 있는 전문가가 되었다고 해도 그대는 그 어디에도 이르지 못한다.

이 점은 깊이 이해되어져야 한다. 만약 그대가 이것을 이해할 수 없고 느낄 수 없다면 그대는 명상 속으로 뛰어들 수 없다. 명상은 접근에 대해, 철학에 대해 완전히 반대적인 입장이다. 철학이 사고작용을 뜻한다면 명상은 생각 없음의 상태를 의미한다.

그것들은 완전히 반대극이다.

의문을 제기하고 그 답을 찾으려는 것이 바로 인간이다. 그러나 철학은 어떤 해답도 주지 못한다. 반면에 과학은 어떤 해답을 준다. 종교 역시 나름대로의 해답을 갖고 있다. 그러나 철학은 어떤 해답도 줄 수 없다. 철학에서 보여주는 모든 해답들은 겉치레에 불과하다. 그대가 그것들을 깊이 파고들면 파고들수록 더 많은 의문들이 쏟아져 나올 뿐 알맹이는 아무것도 없다. 그래서 철학의 모든 답들은 더 많은 질문으로 연결될 뿐이다. 그리고 이것은 끝없이 계속된다.

과학은 어떤 결론에 이른다. 과학은 사색보다는 실험에 의존하기 때문이다. 사색이 도움이 될 때도 있지만 그 기초는 어디까지나 실험이다. 과학이 어떤 해답에 이르게 되는 것도 바로 이 때문이다. 지난 3세기 동안 과학은 몇 가지 결론을 발표했다. 그러나 철학자들은 훨씬 오래 전부터 계속 연구에 연구를 거듭해왔지만 아무런 대답도, 한 가지 결론에도 이르지 못했다. 그것은 불가능하다. 생각이라는 것의 본성이 그러하기 때문이다. 만약 그대가 실험을 하는 데 보조수단으로 생각을 이용한다면 그때는 뭔가 도움이 될 것이다. 따라서 과학은 어떤 해답들을 말할 수 있는 것이다.

그리고 종교 역시 해답을 갖고 있다. 종교 또한 하나의 실험이기 때문이다. 과학이 대상에 대한 실험이라면 종교는 주체에 대한 실험이다. 그 둘 다 실험이 기초가 된다. 이 둘 사이에 철학이 있다. 어떤 실험도 하지 않고 단지 순수한 사고 작용, 추상적인 사념 활동만을 하는 것이다. 그대는 계속할 수 있다. 얼마든지 그것을 계속할 수 있다. 그러나 그 어떤 결론에도 이르지 못할 것이다. 추상적인 사고 작용은 그저 생각의 유희일 뿐 끝이 없다. 그대는 즐길 수 있다. 그 여행을 만끽할 수는 있다. 그러나 거기에 목표 지점은 없다.

종교와 과학은 이런 점에서 유사하다. 둘 다 실험을 믿는다. 물론 종교적인 실험은 과학의 그것보다 더 깊다. 과학에서는 실험자 자신은 관계되지 않기 때문이다. 그는 오직 도구로서 사물과 접촉할 뿐 자신은 언제나 한걸음 뒤에 물러서 있다. 그는 실험 결과와 어떤 관련도 없다. 그러나 종교는 다르다. 종교는 과학보다 더 깊다. 실험자 자신에 대한 실험이기 때문이다. 그래서 자신과 분리된 어떤 도구도 없다. 자기 밖의 어떤 대상도 없다. 그는 실험 도구이자 대상이며 방법이다. 그는 모든 것이다. 그리하여 그는 자신에 대한 작업을 한다.

이것은 쉬운 일이 아니다. 그대가 관련되어 있기 때문에 무척 까다롭다. 그대가 관련되어 있기 때문에 실험은 곧 체험이 된다. 과학에서는 실험이 그저 실험으로 끝난다. 과학자 자신은 실험 결과와 무관하다. 결과에 의해 자신이 변형되지는 않는다. 과학자는 실험 전과 실험 후가 똑같다. 그러나 종교에서는 실험을 통과하고 나면 이미 그대는 다른 사람이 된다. 그대는 이전과 같을 수가 없다. 그대는 변할 수밖에 없다. 그래서 종교적 실험은 체험이 되는 것이다.

이 점을 기억하라. 그대는 신에 관해서 계속 생각할 수 있다. 영혼에 관해서, 사후 세계에 관해서 그대는 생각할 수 있다. 그리고 그대가 단지 생각만으로 신에 대해 안 것이 있다면 그것을 믿을지도 모른다. 하지만 그것은 거짓이 될 것이다. 그대는 신에 관하여 어떤 것도 알 수 없다. 그 '관하여'란 말이 웃기는 말이다. 그대는 신을 알 수 있다. 그러나 신에 관하여는 알 수 없다. 바로 그 '관하여'가 철학을 만들어 낸다.

어떻게 그대는 신에 관해서 알 수 없는가? 예를 들면 그대는 사랑에 관해서 알 수 있는가? 그대는 사랑을 바로 알 수 있다. 하지만 사랑에 관해서는 알 수 없다. 그 '관해서'라는 것은 다른 어떤 사람의 지식을 빌려온다는 뜻이다. 그대가 타인의 의견을 수집하고 종합한다는 말이다. 그리고 그대는 이렇게 말한다.

"나는 신에 관해서 어떤 것을 안다."

그 '관해서'에서 비롯된 모든 지식은 거짓이며 위험하기까지 하다. 그대는 그것에 의해 속아넘어갈 수 있기 때문이다.

그대는 신을 알 수 있다. 그대는 사랑을 알 수 있다. 그대는 그대 자신을 알 수 있다. 그러나 그 '관해서'라는 것은 잊어버려라. 그 '관해서'가 철학이다. 우파니샤드가 뭐라고 말했다. 베다가 뭐라고 말했다. 바이블이, 코란이 이렇게 말했다. 하지만 그대는 아무것도 모른다. 그대에게는 모든 것이 '관해서'가 될 뿐이다. 그 지식이 그대의 체험이 되지 않는 한 그것은 쓸모없는 쓰레기다.

이 점은 그대가 깊이 명심해야 할 점이다. 그대는 생각을 계속할 수 있기 때문이다. 마음이라는 것은 그대가 명상에 관해서까지 생각할 수 있을 만큼 교묘한 것이기 때문이다. 그대는 어떤 것도 생각의 대상으로 만들 수 있다. 명상에 관해서조차 그대는 생각할 수 있다. 그것을 계속 사색할 수 있다. 하지만 아무것도 일어나지 않을 것이다.

나는 여러 가지 방법에 관해서 말하고 있다. 거기에 위험이 있다. 그대는 이 방법들에 대해서 생각하기 시작할 수도 있다. 그대는 지식적으로 더 풍부해질 수도 있다. 하지만 그런 지식은 소용이 없다. 그것은 아무런 결과도 낳지 못한다. 소용이 없을 뿐만 아니라 위험하다. 명상은 하나의 체험이기 때문에 '관해서'의 방식으로 아는 것은 가치가 없다.

체험이라는 말을 기억하라. 삶의 모든 문제는 실존적인 것이다. 그것은 그저 구경거리가 아니다. 그대는 생각만으로 그것을 해결할 수 없다. 그것은 삶으로써만 해결할 수 있는 것이다. 살아감을 통해서 미래가 열린다. 생각을 통해서는 어떤 미래도 열리지 않는다. 오히려 현재조차 닫힐 것이다.

그대는 자신이 생각을 하고 있는지조차 인식하지 못한다. 무슨 일이 일어났는가? 그대가 생각을 할 때마다 그대는 닫힌다. 현존하는 모든 것이 떨어져 나간다. 그대는 마음속에 있는 꿈속의 길을 걷고 있다. 하나의 단어는 또 다른 것을 만들어 낸다. 한 조각의 사념은 또 다른 사념을 불러온다. 그대는 계속 좇아 다닌다. 그대가 생각 속에 빠지면 빠질수록 그대는 존재계로부터 멀어진다. 생각은 그대가 현존에서 멀리 떨어져 나가는 지름길이다. 그것은 꿈속의 길이다. 개념들 속에서 꿈꾸고 있다. 그대가 두 발을 딛고 있는 땅으로 돌아오라. 종교는 이런 감각에서 매우 현실적이다. 그렇다고 세속적인 것은 아니다. 매우 본질적이며 실존적이다. 존재계로 돌아오라.

삶의 문제는 오직 그대가 실존에 깊이 뿌리박고 있을 때만이 해결될 수 있다. 생각 속에서 날아다니면 그대는 뿌리에서 멀리 떨어져 나간다. 그리고 그대가 멀어질수록 해결의 실마리는 점점 사라진다. 그리하여 결국에는 모든 것이 혼란스럽게 된다. 모든 것이 더욱 얽히고 설키게 된다. 그리고 얽힐수록 그대는 더 많이 생각할 것이다. 그대는 존재로부터 더 멀리 떨어져 나갈 것이다. 그러니 이제 인식하라! 그대 사념의 장난을 말이다.

이제 방편으로 들어가자.

76

비오는 캄캄한 밤에,
형상 중의 형상이 되어 저 암흑 속으로 들어가라.

고대 유대교에는 에세네(Essene)파라고 하는 비교(秘敎)수행 집단이 있었다. 그대가 잘 모를 수도 있겠지만 예수도 이 그룹의 한 멤버였다. 그는 이 단체의 교사였던 것이다. 이 엣세네파는 신을 완전한 어둠으로 보는 이 세상에서 단 하나밖에 없었던 명상학파였다. 우파니샤드는 '신은 빛이다'라고 말한다. 코란에서도 말한다. '신은 빛이다.' 그리고 바이블도 말한다. '신은 빛이다.' 그러나 엣세네파만은 이와 반대의 입장에 서 있었다. '신은 어둠이다. 완전한 암흑이다. 무한한 칠흑의 밤이다.' 엣세네파의 이 주장은 매우 의미심장하다. 그대는 이 말을 깊이 이해해야 한다. 오직 그때만이 이 방편을 올바르게 수련할 수 있다. 이 방편은 어둠 속으로 들어가는 엣세네파의 명상법이다. 그리하여 마침내는 어둠과 하나가 되는 명상법이다.

생각해 보라. 왜 사람들은 신을 빛으로 상징했는가? 이 세상 어디에서나 그렇게 해왔다. 왜인가? 사람들은 신이 정말로 빛이어서가 아니라 어둠을 두려워하기 때문이다. 신을 빛으로 본 것은 인간의 두려움 때문이다. 우리는 빛을 좋아한다. 우리는 어둠을 무서워한다. 그래서 우리는 신을 어둠으로서, 암흑으로서 생각할 수 없는 것이다. 이것은 순전히 인간의 착상이다.

인간의 신은 인간의 두려움에서부터 탄생되었다. 우리는 그에게 얼굴과 형상을 부여했다. 신의 모습과 얼굴은 우리들에 의해서 주어졌다. 따라서 지금 우리가 알고 있는 신의 모습은 우리 자신이 투사한 영상(影像)에 불과하다. 신은 우리의 창조물이다.

우리는 어둠을 무서워하기 때문에 신을 빛으로 만들어 버렸다. 그러나 진정한 신의 모습은 우리가 알고 있는 이런 인간적 영상과는 전혀 다른 것이다.

엣세네파는 말한다.

"신은 어둠이다. 어둠은 영원이다. 빛은 가기도 하고 오기도 하지만 어둠은 언제나 여기에 남아 있다."

아침에 해가 뜨면 빛이 비친다. 그리고 저녁에 해가 지면 어둠이 거기에 있다. 어둠은 떠오르는 것이 아니다. 어둠은 언제나 여기에 있다. 어둠은 지는 일도 떠오르는 일도 없다. 빛은 가기도 하고 오기도 하지만 어둠은 결코 가거나 오는 것이 아니다. 언제나 여기 그대로 남아 있다. 빛은 그 빛이 나오는 근원이 있다. 그러나 어둠은 근원이 없다. 근원이 없는 것만이, 근거할 데가 없는 것만이 영원할 수 있다. 무한할 수 있다. 빛은 우리를 혼란시킨다. 이 때문에 밝은 곳에서 잠을 잘 수 없는 것이다. 빛은 긴장하게 만든다. 그러나 어둠은 휴식이다. 전체적인 이완이다.

그런데 왜 우리는 어둠을 무서워하는가? 그것은 빛 때문이다. 빛이 우리의 생명처럼 여겨졌기 때문이다. 그리고 어둠은 마치 죽음처럼 여겨졌기 때문이다. 생명은 빛으로부터 온다. 죽을 때 그대는 저 영원한 어둠 속으로 떨어지는 것 같을 것이다. 이 때문에 검은 색은 죽음을 상징하는 색깔이 되었다. 신은 빛이요, 죽음은 어둠이다. 정말 그럴까? 그러나 이 생각은 어디까지나 우리의 두려움이 투사한 하나의 영상이다. 엄밀하게 보자면 어둠이야말로 영원이요, 무한이다. 그리고 빛은 유한하며 순간적이다. 어둠은 진정한 자궁이다. 이 모든 것이 어둠을 통해 나왔다가 어둠 속으로 떨어진다.

엣세네파는 바로 이런 관점을 갖고 있었다. 어둠을 사랑할 수 있을 때 어둠을 두려워하지 않게 된다. 공포가 없을 때만이 어둠 속으로 들어갈 수 있다. 그대는 전체적인 이완에 이를 수 있다. 이제 두려움은 없다. 그대 자신이 어둠과 하나가 되었기 때문이다. 죽음과 하나가 되었다. 이제 그대는 죽지 않는다. 그대는 영원 그 자체가 되었다. 죽을 수 없는 것이 되었다. 어둠이란 무엇인가? 어둠은 죽을 수 없는 것이다. 빛은 태어나기도 하고 죽기도 한다. 그러나 어둠은 태어나는 일도 죽는 일도 없이 언제나 그저 여기에 있다. 그것은 죽음 없음이다.

이 방편들을 위해서 그대는 먼저 어둠을 두려워하지 않아야 한다는 점을 기억해야 할 것이다. 암흑을 두려워하지 말아야 한다. 그렇지 않다면 어떻게 이것을 경험할 수 있겠는가? 어둠에 대한 두려움이 없어져야 한다. 그래서 준비 단계로서 다음의 것을 시도해 보라. 먼저 어둠 속에 앉아라. 불을 끄고 어둠을 느껴라. 어둠과 친해지도록 하라. 어둠이 그대를 만지도록 허용하라. 어둠을 직시하라. 어둠을 흡수하라. 온몸으로 어둠을 빨아들여라. 아직 두려움이 남아 있다면 이 방편은 그대에게 아무런 도움도 주지 못한다.

첫째, 어둠과 깊이 친밀해져야 한다. 모든 사람이 잠든 한밤중에 어둠과 마주하라. 아무것도 하지 말고 그냥 그렇게 어둠 속에 남아 있어라. 그것만으로도 어둠에 대한 느낌이 깊숙이 전해져 올 것이다. 어둠은 가장 근원적인 휴식이다. 그러나 그대는 그 두려움 때문에 이것을 알 수가 없었다. 잠이 오지 않을 때 그대는 당장 불을 켤 것이다. 그리고 책을 읽을 것이다. 아니면 뭔가를 할 것이다. 어둠 속에 그냥 남아 있으려고 하지 않을 것이다. 남아 있어라. 어둠과 함께 남아라. 어둠과 함께 있는다면 완전히 새로운 차원이 열릴 것이다.

인간은 어둠을 반대했다. 그래서 그는 어둠에 대해서 그 자신을 완전히 닫아버렸다. 이것은 이유가 있다. 역사적인 이유가 있다. 인간에게 있어서 밤은 위험했다. 그래서 인간은 밤이 되면 동굴이나 바위 틈에 숨어 있었다. 인간에게는 낮이 더 안전했다. 사방을 볼 수 있기 때문에 맹수에게 습격당할 위험이 없었다. 설령 맹수의 공격을 받더라도 피하거나 물리칠 수 있었다. 하지만 밤에는 달랐다. 밤은 사방이 어둠으로 둘러싸여 있어서 인간은 속수무책이었다. 그래서 인간은 어둠을 두려워하기 시작했다. 이 두려움은 우리의 무의식 속에까지 깊이깊이 스며들었다. 그래서 우리는 아직도 어둠을 두려워하고 있는 것이다.

우리는 이제 동굴 속에 살지 않는다. 우리는 이제 더 이상 맹수들의 먹이감이 아니다. 그들은 우리를 도저히 공격할 수 없게 되었다. 그런데도 우리 마음속에는 두려움이 아직 남아 있다. 어둠은 우리의 가장 깊은 부분까지 들어온 것이다. 수백만 년을 지내오면서 인간의 마음은 어둠을 두려워했다. 그대의 무의식은 그대 자신의 것이 아니다. 무의식은 유전적이며 공유적이다. 집단적인 것이다. 여기 두려움이 있다. 이 두려움은 어둠과의 친교가 없었기 때문이다.

또 한 가지가 있다. 이 두려움 때문에 인간은 불을 숭배하기 시작했다. 불이 처음 발견되었을 때 불은 신이 되었다. 불 덕분에 어둠에서 해방될 수 있었기 때문이다. 그래서 아주 위대한 신이 되었다. 옛 페르시아의 배화교도인 파씨(parsee)들은 아직도 불을 숭배한다. 이 불의 숭배가 종교 의식이 된 것은 순전히 어둠의 공포 때문이다. 밤에 불은 인간의 친구가 된다. 모든 위험으로부터 보호막이 되기 때문이다.

우리의 무의식 속에는 이 어둠에의 공포가 아직도 남아 있다.

그대는 이 공포를 미처 인식하지 못할지도 모른다. 그것을 자각할 수 있는 상황이 없기 때문이다. 하지만 언젠가 불을 끄고 어둠 속에 앉아 있어 보라. 태곳적의 그 두려움이 다시 몰려올 것이다. 그대 집 속에서도 그것을 느낄 수 있다. 맹수에게 둘러싸여 있던 그 두려움을 느끼게 될 것이다. 무슨 소리가 들린다. 어둠 속에서 나는 그 소리는 맹수의 소리다. 하나의 위험이 그대에게 다가오고 있다. 그러나 그대를 둘러싸고 있는 그 두려움은 실재하는 것이 아니다. 그것은 그대 무의식으로부터 나오는 두려움이다.

그래서 먼저는 그대의 무의식 속에 있는 두려움을 정복해야 한다. 그래야만 이 방편을 수련할 수 있다. 어둠의 명상법이기 때문이다. 시바는 가능한 모든 명상법을 전부 가르쳐 주고 있다.

이 방편에 대한 나 자신의 경험은 매우 아름다운 것이었다. 만약 그대도 이것을 할 수 있다면 멋진 일이다. 그대는 이전에 결코 알지 못했던 깊은 이완으로 들어갈 수 있다. 그러나 우선은 무의식의 공포를 없애야 한다. 한번 그대가 그것과 접촉할 수 있다면 그대는 너무나 깊은 우주적 현상과 접촉하는 것이다.

그대가 어둠 속에 있을 기회를 가질 때마다 각성하라. 그대는 너무 쉽사리 두 가지 일을 할 수 있기 때문이다. 그대는 아무 생각 없이 불을 켜든지 잠을 자 버릴 수 있다. 이 두 가지는 모두 어둠을 회피하는 것에 지나지 않는다. 잠들게 되면 두렵지 않다. 그대는 의식의 세계에 있지 않기 때문이다. 잠들지 않는다면 그대는 즉시 불을 켠다. 불을 켜지 마라. 잠들지 마라. 어둠과 함께 남아 있어라.

모든 형태의 두려움이 느껴질 것이다. 그 두려움을 그대 의식의 세계로 끌어내라. 그것들은 스스로 나올 것이다. 그것들이 나올 때 그대는 구경꾼으로 남아 있어라. 그것들은 머지않아 저절로 사라질 것이다. 그리고 아무 두려움 없이 어둠과 하나가 되는 날이 오게 될 것이다. 그대 전체로 뛰어들게 되면 이제 어둠은 아주 편안한 휴식이 될 것이다. 영원한 안식처가 될 것이다. 그때 그대는 '신은 어둠이다, 절대적인 어둠이다'라는 본질적인 말을 이해하게 될 것이다.

"비오는 캄캄한 밤에, 형상 중의 형상이 되어 저 암흑 속으로 들어가라."

모든 형상은 어둠 속에서 나왔다가 다시 어둠 속으로 빨려들어가 버린다. 이 세계는 어둠 속에서 만들어져 다시 어둠 속으로 사라져 버린다. 어둠은 자궁이다. 우주의 자궁이다. 거기 그 어느 것에도 흔들리지 않는 절대적인 고요함이 있다.

시바는 '이 방편을 수련하기 위해서는 비오는 캄캄한 밤이 좋다, 하늘이 구름으로 뒤덮여 있어 별빛 하나 없는 칠흑 같은 밤이 좋다, 이 칠흑의 밤에 형상 중의 형상이 되어 저 암흑 속으로 들어가라'라고 말한다. 어둠의 주시자가 되라. 이 어둠 속에서 그대 자신을 해체시켜 버려라. 이 어둠은 형상 중의 형상이다. 그대는 하나의 형상이었다. 그러므로 그대는 그 속에서 용해될 수 있다.

불빛이 있을 때 그대는 정의된다. 나는 그대를 볼 수 있다. 불빛이 있기 때문이다. 그대의 몸은 한정되어 있다. 그대는 하나의 경계선이다. 이 경계선이 존재하는 것은 불빛 때문이다. 그러나 불빛이 없을 때 경계선은 사라져 버린다. 어둠 속에서는 어떠한 경계선도 없다. 모든 것은 모든 것 속에 흡수되어 버린다. 형상은 사라져 버린다.

이것이 두려움의 이유 가운데 하나다. 그대가 구분되지 않을 때 그대는 자신이 누구인지 알 수 없게 된다. 얼굴도 볼 수 없고 몸도 볼 수 없다. 이 모든 것은 무형의 본질 속으로 흡수되어 버린다. 그대는 한정된 존재로서 자신을 느낄 수 없다. 그대의 존재는 희미하게 지워져 버리고 여기 두려움이 들어온다. 그대 자신이 누구인지 모르기 때문이다. 에고는 더 이상 존재할 수 없다. 경계가, 구분이 없어져 버렸는데 어떻게 에고가 존재할 수 있겠는가? 그래서 우리는 두려워한다. 불을 켜고 싶은 것이다.

명상을 할 때는 빛 속에서보다 어둠 속에서가 훨씬 쉽다. 빛은 구분을, 경계선을 긋기 때문이다. 어둠은 모든 구분을 지워 버린다. 그러나 빛 속에서는 그대가 아름답거나 추할 것이다. 부자든가 가난뱅이일 것이다. 빛은 이와 같이 경계선을 준다. 개성을 준다. 정중함과 무례함을, 죄인과 성자를 구분해 준다. 빛은 그대를 이러저러한 구분 속의 인간으로 한정해 준다. 그러나 어둠은 그대를 감싸 버린다. 그대를 통째로 받아들인다. 이렇게 저렇게 한정지어진 인간으로서가 아니라 어떤 구분도 없이 그냥 그대 전체를 받아들인다. 그대는 이 어둠에 싸여 어둠과 하나가 된다.

그러나 그대는 어둠을 두려워하고 있기 때문에 이를 이해하지 못한다. 두려움을 버려라. 두려움을 버리고 어둠과 하나가 되라.

"… 형상 중의 형상이 되어 저 암흑 속으로 들어가라."

어떻게 이 어둠 속으로 들어갈 수 있는가? 여기 세 가지 방법이 있다. 첫째, 어둠을 주시하라. 그러나 이것은 어렵다. 불을 주시하기는 쉽다. 빛의 근원을 바라보기는 쉽다. 거기에는 주시의 대상이, 시각의 초점이 있기 때문이다. 그대는 곧바로 그대의 주시력을 집중시킬 수 있다. 그러나 어둠에는 주시의 대상이 없다. 어둠은 모든 곳에 있다. 그대는 대상을 보지 못할 것이다. 시각의 초점을 모을 수가 없다. 이 진공 속을 주시하라. 그저 주시하라. 편안히 주시만 하라. 어둠은 그대 눈 속으로 들어올 것이다. 어둠이 그대 눈 속으로 들어올 때 그대는 이 어둠 속으로 들어간다.

어두운 밤이라도 이 방편을 수련하는 동안은 두 눈을 뜨고 있어야 한다. 절대로 눈을 감아서는 안된다. 눈을 감게 되면 그대는 전혀 다른 어둠을 볼 것이다. 그 어둠은 그대 자신의 어둠이다. 비실재적인 어둠이다. 그것은 부정적인 어둠이다. 그것은 결코 긍정적인 어둠이 아니다. 여기 불빛이 있다. 두 눈을 감게 되면 거기 그대 자신 속의 어둠을 볼 수 있다. 그러나 그 어둠은 단지 빛의 부정적인 부분일 뿐이다. 빛의 그늘일 뿐이다. 창문을 보고 있다가 눈을 감게 되면 그 창문의 영상이 보이는 것과 같다. 우리의 모든 경험은 빛 속에서만 가능하다. 두 눈을 감을 때 우리는 빛의 부정적인 면을 경험하게 된다. 그것을 우리는 무명(無明)이라고 부르지만 그것은 실재가 아니다.

눈을 뜨라. 어둠 속에서 두 눈을 뜨고 있어라. 여기 눈을 감을 때의 어둠과는 전혀 다른 어둠을 보게 될 것이다. 여기 긍정적인 어둠이 있다. 이 어둠 속을 주시하라. 눈이 아프고 눈물이 날 것이다. 그러나 개의치 말고 그대로 주시하라. 진짜 어둠이 그대 눈 속으로 들어오게 되면 그대는 그것으로 가득 채워질 것이다.

이 어둠이 그대에게 들어옴으로써 그대 안에 있던 그 부정적인 어둠은 모두 사라져 버린다. 이는 매우 심오한 현상이다. 그대 속에 있던 그 부정적인 어둠은 빛을 반대한다. 그것은 이미 빛의 결여일 뿐만 아니라 빛을 거부하는 것이다. 그것은 시바가 말하는 '형상 중의 형상'으로서의 어둠이 아니다. 시바는 긍정적인 어둠, 실재의 어둠을 말하고 있는 것이다. 우리는 이 어둠을 두려워한다. 이 어둠을 방어하기 위해서 수많은 발광체들을 만들어 냈다. 우리는 이 어둠이 무서워 밝은 세계 속에서 살고 있다. 두 눈을 감을 때 이 밝은 세계는 우리 내부에 부정적으로 투영되고 있다. 우리는 실재하는 이 어둠과의 연결선을 잃어버렸다. 엣세네파의 어둠, 시바의 어둠과의 연결선을 말이다. 이제 우리는 그 어둠을 두려워해 왔고 급기야는 우리 자신을 완전히 그것에서 멀어지게 했다. 우리는 그것과 등지고 있다.

그래서 이 어둠에의 명상은 어렵다. 하지만 불가능한 것은 아니다. 만약 그대가 그렇게 할 수 있다면 그것은 기적이다. 마술이다. 그대는 완전히 다른 존재가 될 것이다. 어둠이 그대 속에 들어올 때 그대도 이 어둠 속으로 들어가게 된다. 모든 것은 언제나 상호 수용적이다. 우주가 그대 속에 들어오지 않는 한 그대 역시 우주 속으로 들어갈 수 없다. 그렇다고 억지로 할 수는 없다. 폭행을 통해 되는 것도 아니다. 그냥 그대 전부를 내맡김으로써, 자신을 완전히 열어젖힘으로써 그것은 가능하다. 그리고 그대 속에 어떤 우주적 영역이 들어올 수 있도록 자리를 내어줄 때, 그때만이 그대는 그 속으로 들어갈 수 있다. 이것은 언제나 상대적이다. 그대가 할 수 있는 일은 먼저 자신을 여는 길이다.

이제 도시 속에서는 진짜 어둠을 찾기가 어려워졌다. 우리의 집 안에서도 그것을 찾기가 어려워졌다. 비실재적인 불빛이 모든 것을 비실재적으로 만들어 버렸다. 이제는 어둠까지 오염되어 버렸다. 어둠조차 순수하지 않다. 그래서 그대는 외딴곳으로, 전기가 들어오지 않는 곳으로 가야 한다. 깊은 산 속으로 들어가야 한다. 가서 일주일 정도만 이 순수한 어둠을 체험해 보라.

그대는 전혀 딴사람이 되어 돌아올 것이다. 이 절대적인 어둠 속의 일주일 안에 모든 공포가, 원초적인 공포가 드러날 것이다. 그대는 무서운 악마의 얼굴을 보게 될 것이다. 그대 자신의 무의식과 대면할 것이다. 인간의 모든 진화 과정이 거기 있다. 그것은 마치 인간이 지나온 모든 과정을 이 일주일 동안 모두 거치는 것과 같다. 그리고 그대 무의식으로부터 많은 것들이 의식의 표면으로 떠오를 것이다. 그것들은 실재처럼 보일 것이다. 그대는 두려움에 떨게 된다. 그것은 너무나 생생하기 때문이다. 하지만 그것들은 모두 그대의 마음이 그려낸 그림일 뿐이다.

정신병원에 있는 정신이상자들이 고통을 당하는 것은 다름 아닌 이 원초적인 두려움 때문이다. 그의 무의식 속에 있던 이 원초적인 두려움이 의식의 표면으로 표출되었기 때문이다. 그래서 광인들은 이 공포가 일어날 때마다 전율한다. 하지만 우리는 아직도 잘 모른다. 이 원초적인 공포를 어떻게 증발시켜 버려야 하는지를 말이다. 광인들에게 이 어둠의 명상법을 수련시킨다면 그 광증이 사라질 것이다.

일본에서는 일찍부터 이 방법으로 모든 미친 사람들을, 모든 신경쇠약증 환자들을, 정신분열증 환자들을 고쳤다. 그들은 환자를 3주에서 6주 정도 완전히 인간 사회와 고립된 곳에 가두어 버린다. 그러면 의사도 필요치 않다. 오직 한 사람만이 물과 양식을 날라다 준다. 그 사람도 단지 그 일만 할 뿐 어떤 대화도 하지 않는다. 그러면 그 미친 사람은 누구와도 대화가 불가능하다. 그 혼자만의 고독 속에서, 그 무시무시한 어둠 속에서, 그 공포의 긴 밤을 지새워야 하는 것이다.

물론 밤이 되어도 불을 밝힐 수가 없다. 그의 눈앞에 수많은 형상들이 지나간다. 그는 그 형상들에게서 눈을 돌릴 수 없다. 하지만 그 누구도 자신의 동료가 되어 줄 사람은 없다. 그는 혼자서 자신의 광증을 대면해야 한다. 즉각적으로 그리고 직접적으로 말이다. 3주 내지 6주가 지나면 그 광증은 사라지기 시작한다. 아무런 치료도 하지 않았다. 단지 혼자 내버려두는 것이 유일한 치료법이다.

이 점에 대해서 서양의 정신과 의사들은 의아해 한다. 그들은 실제로 그 치료가 어떻게 일어났는지 이해할 수가 없었다. 왜냐하면 그들은 몇 년씩 걸리기 때문이다. 그들은 온갖 방법을 다 동원해서 치료를 한다. 하지만 결코 그를 혼자 남겨 두지는 않는다. 그들은 그 광인 자신의 무의식 속에 있는 공포를 직접 대면하지 못하도록 한다. 그런 기회를 주지 않는다. 그대가 미친 사람을 치료하려고 할수록 점점 치료는 불가능해진다. 그는 더욱 그대를 의지하게 될 것이기 때문이다. 그리고 문제는 자신의 무의식과의 대면이지 외부로부터의 도움이 아니다. 따라서 뭔가를 아는 사람은 그대를 그대 자신과 대면시켜 줄 것이다.

그대는 무의식과 만나야 한다. 이 어둠에의 명상법은 그대의 광증을 완전히 흡수해 버릴 것이다. 이것을 수련하라. 집에서도 가능하다. 매일 밤 한 시간 동안 어둠 속에 앉아 있어라. 아무것도 하지 말고 그저 어둠 속을 주시하라. 무엇인가가 그대 속으로 들어오고 그대가 그것 속으로 들어간다는 것을 느낄 것이다.

석 달 동안 어둠과 함께 살아라. 어둠이 되어 어둠 속에 앉아 있어라. 그대는 모든 개체성의 느낌을, 자신이 따로 떨어져 존재한다는 느낌을 상실하게 될 것이다. 이제 그대는 외떨어진 섬이 아니다. 고도(孤島)가 아니라 광활한 바다가 된다. 저 어둠과 하나가 된다. 어둠은 바다와 같다. 그 어떤 것도 그처럼 광활하고 영원하지 않다. 그리고 어둠보다 그대에게 더 가까운 것은 없다. 어둠은 이제 두렵지 않다. 어둠은 언제나 그대 옆에 있으면서 그대를 기다려 왔다.

"비오는 캄캄한 밤에, 형상 중의 형상이 되어 저 암흑 속으로 들어가라."

이 어둠을 주시하라. 어둠이 그대 눈 속에 들어오게 하라.

둘째, 어머니 곁에 눕듯이 그렇게 어둠 속에 누워라. 어둠은 어머니다. 모든 것의 어머니다. 생각해 보라. 여기 아무것도 존재하지 않는데 무엇이 있겠는가? 어둠 이외의 것은 생각할 수 없다. 모든 것이 사라져 버렸다면 무엇이 남아 있겠는가? 어둠만이 거기에 있다.

어둠은 어머니다. 자궁이다. 마치 어머니의 자궁 속에 누워 있듯이 어둠 속에 누워라. 어둠은 따뜻해질 것이다. 그대는 곧 사방에서 어둠이 그대를 에워싸고 있음을 느끼게 될 것이다.

셋째, 걷고 일하고 말하고 먹고 무엇을 하든지 그대 속에 어둠이 고이게 하라. 어둠이 그대를 물들이도록 하라. 그대는 어둠의 운반자다. 우리가 앞에서 불꽃을 담고 다닌 것에 대해 이야기한 것처럼 어둠을 담고 다녀라. 그대가 불꽃을 담고 다닌다면, 그리고 그대가 빛으로 느낀다면 그대의 몸은 이상한 빛을 발산하게 될 것이다. 그리고 예민한 사람들은 그것을 느끼기 시작할 것이다. 어둠도 이와 똑같은 현상이 벌어진다.

그대 전신이 이 어둠으로 가득 차게 되면 그대는 차갑고 조용하고 깊은 이완 상태에 있게 될 것이다. 이때 사람들은 그대를 피하게 된다. 그들은 그대 가까이 가는 것을 두려워하게 된다. 그대에게 어둠의 공포가 있기 때문이다. 그들은 이 깊은 침묵을 도저히 견딜 수 없다. 그들에게 있어서 그대의 이 침묵은 참을 수 없는 고통이 될 것이다.

그대 속에 어둠을 담고 다닌다면 어둠을 두려워하는 사람들은 모두 그대를 피하게 될 것이다. 이 세상 모든 사람들이 하나같이 어둠을 무서워하고 있다. 그대 친구들마저 하나 둘씩 그대로부터 멀어져 가게 될 것이다. 그대 가족들조차 그대를 불편해 할 것이다. 그대가 방에 들어가게 되면 그 방은 차가운 연못의 분위기로 변한다. 모든 사람들은 들떠 있고 끊임없이 움직이려 한다. 그러므로 그들에게 있어서 그대의 눈을 쳐다본다는 것은 어려운 일이다. 그대의 눈은 깊은 골짜기, 심연과 같기 때문이다. 누가 그대의 눈을 쳐다보게 되면 그는 불안해진다. 거기 어둠이, 심연과 같은 고요함이 다가오기 때문이다.

그대 자신에게도 많은 변화가 일어나게 될 것이다. 이제 그대는 화를 낸다는 것이 불가능해진다. 어둠이 그대 전체를 물들일 때, 그대는 화를 낼 수 없다. 그대가 불꽃을 담고 다니면 그대는 매우 쉽게 화를 낼 수 있다. 불꽃이 그대를 열광시키기 때문이다. 불꽃을 담고 다니면 그대는 더욱 강한 성욕을 갖게 될 것이다. 불꽃이 그대를 자극하고 정열적으로 만들기 때문이다. 그러나 어둠을 담고 다닌다면 그대에게는 무성생식(asexuality) 현상이 일어나게 된다. 그대는 전혀 성욕을 느끼지 않게 될 것이다. 좀처럼 화를 내지 않게 된다. 이때 열정은 사라져 버린다. 그리고 그대는 자신이 남자인지 여자인지도 느낄 수 없게 된다. 말은 아무런 의미가 없다는 것을 느끼게 된다. 그대는 그냥 존재할 따름이다.

하루 종일 어둠을 담고 있다면 그것은 그대에게 많은 도움을 줄 것이다. 그대가 밤에 어둠에 대해서 명상하면 그것은 낮에도 어둠과 만날 수 있도록 도와준다. 결국 내면은 외부와 만나게 될 것이다.

어둠이 그대 속에 있다는 것을 생각만 해도 그대는 어둠으로 가득 차게 된다. 털구멍 하나하나가, 세포 하나하나가 어둠으로 채워질 것이다. 그대는 깊은 이완을 느끼게 된다. 그대 속에 있는 모든 것들이 서서히 사라져 버리게 된다. 그대는 뛰어다니지 않게 될 것이다. 그대의 걸음은 느려질 것이다. 마치 임산부처럼 천천히 걷게 될 것이다. 아주 주의깊게 걸을 것이다. 그대는 어떤 것을 담고 있기 때문이다.

그러나 그대 전신이 빛으로 가득 찬다고 생각하게 되면 이와 정반대의 현상이 일어난다. 그대의 걸음은 점점 더 빨라지게 될 것이고 마침내 그대는 뛰어다니게 될 것이다. 열정은 더욱더 불붙고 사람들은 더욱더 그대에게 몰려오게 될 것이다. 그대 마음은 더욱더 들뜨게 될 것이며 그대 주위에서는 언제나 자극적인 일들만이 일어나게 될 것이다. 빛을 운반할 때는 행동이 된다. 그러나 어둠을 운반할 때는 더욱더 휴식하게 된다. 다른 사람은 그대가 게으른 사람이라고 느끼기 시작할 것이다.

내가 대학에 있을 때 나는 2년 간 이 실험을 했다. 그때 나는 너무나 게을러져서 아침에 침대 속에서 일어나기가 무척 어려웠다. 내 지도교수는 나의 그런 변화에 무척 당황해 했다. 그들은 내가 뭔가 잘못되고 있다고 생각했다. 내가 아프거나 혹은 절대적으로 무관심해졌다고 생각한 것이다. 나를 끔찍이 아끼던 우리 학과장 교수는 나의 시험 날을 걱정했다. 그래서 그는 아침마다 집으로 나를 데리러 왔다. 내가 정시에 시험장에 도착할 수 있도록 하기 위해서였다. 그는 매일 내가 시험장에 들어가는 것을 보고서야 안심을 하고 집으로 돌아갔던 것이다.

그대의 자궁 속에 이 어둠을 받아들여라. 어둠과 하나가 되라. 이것은 삶에 있어서 가장 아름다운 경험 중의 하나다. 길을 걸을 때, 밥을 먹을 때, 앉아 있을 때, 일을 할 때… 그 무엇을 하든지 기억하라. 어둠이 그대 속에 채워져 있다고 말이다. 그때 무슨 변화가 일어나는지 눈여겨 보라. 그대는 더 이상 흥분할 수 없게 된다. 그대는 활동적이 될 수 없다. 그대는 긴장할 수 없다. 그대의 잠은 너무나 깊어서 꿈마저 사라질 것이다. 그리고 그대는 하루 종일 뭔가에 중독된 사람처럼 움직일 것이다.

이 명상법은 수피들에 의해서 하나의 수행법으로 채택되기도

했다. 수피 가운데서도 가장 독특한 종파 즉 '술취한 수피(Drunken Sufis)'들에 의해서 이 방법이 채택되었다. 그들은 이 어둠을 마신다. 땅에 깊은 구덩이를 파 놓은 다음 매일 밤 그 구덩이 속에 들어가 눕는다. 누워서 어둠에 대해 명상한다. 어둠과 하나가 된다. 그들의 눈은 점점 취하게 된다. 그대는 그들의 눈으로부터 깊은 휴식을 느끼게 될 것이다. 휴식의 바이브레이션을 느끼게 될 것이다. 그것은 그대가 깊이 취하고 졸리운 느낌을 느낄 때만이, 오직 그때만이 보여줄 수 있는 표정의 눈동자다. 그들은 술취한 수피로 알려져 있다. 어둠에 취한 것이다.

자, 두번째 방편이다.

77

달도 없이 캄캄한 흐린 밤이 없다면 눈을 감아라.
그리고 그대 앞에 있는 암흑을 발견하라.
눈을 떠라. 암흑을 보라.
그리하면 실수들은 영원히 사라지리라.

그대가 눈을 감을 때 나타나는 암흑이 거짓된 것이라고 내가 말했는데, 만일 달도 없이 캄캄한 밤이 없다면 그때는 어떻게 하겠는가? 달이 떠서 밤하늘이 밝다면 그때는 어떻게 하겠는가? 그때는 이 방편이 열쇠가 된다.

"달도 없이 캄캄한 흐린 밤이 없다면 눈을 감아라.
그리고 그대 앞에 있는 암흑을 발견하라."

이 암흑이 처음에는 거짓될 것이다. 하지만 그대는 그것을 실재로 만들 수 있다. 그것을 실재로 만드는 방법이 바로 '눈을 떠라, 암흑을 보라'이다. 처음에 그대는 눈을 감는다. 그리고 암흑을 본다. 그 다음엔 눈을 뜨고 그대가 내면에서 보았던 암흑을 외부에서 보라. 만약 그것이 외부에서 사라진다면 그것은 내부에서 본 그대의 암흑이 거짓임을 의미한다.

이것은 조금 더 어렵다. 처음에 그대는 내면에 진짜 어둠을 갖고 있다. 두번째는 가짜를 몰아낸다. 눈을 감아라. 어둠을 느껴라. 눈을 떠라. 그리고 어둠이 밖으로 나와 있는 것을 보라. 이것은 그대가 내면의 가짜 어둠을 밖으로 몰아내는 방법이다. 그것은 적어도 3주에서 6주 정도 걸릴 것이다. 그러던 어느 날 갑자기 그대는 내면의 어둠을 몰아낼 수 있게 될 것이다. 그렇게 되는 날 그대는 내면의 진짜 어둠에 이를 것이다. 이제 진짜만 담고 다닐 수 있게 되었다. 가짜는 가지고 다닐 수 없다.

그리고 이는 매우 신비한 체험이다. 만약 그대가 내면의 어둠을 바깥으로 내뿜을 수 있다면, 불이 켜진 방 안으로 들어가더라도 어둠을 발산시켜 그대 앞에 머무르게 할 수 있을 것이다. 그리고 그 경험은 매우 신비로운 것이 될 것이다. 그 방 안에는 불이 켜져 있기 때문이다. 태양 광선 앞에서조차 그대의 내면에 있는 어둠을 꺼낼 수 있다면 그때 그 어둠은 그대의 눈앞에 펼쳐질 것이다. 그대는 계속 어둠을 발산시킬 수 있다.

한번 그대가 이것을 경험하고 나면 그대는 칠흑 같은 어둠을 밝은 대낮에도 간직할 수 있다. 태양은 거기에 있지만 그대는 어둠을 펼칠 수 있다. 어둠은 항상 거기에 있다. 외부의 밝음과 상관없이 말이다.

티벳에는 이와 유사한 많은 방법들이 있다. 그들은 내면의 세계를 외부 세계로 이끌어 낼 수 있다. 그대는 아주 유명한 방편 한 가지를 들어보았는지 모른다. 그들은 그것을 '열기 요가(heat yoga)'라고 부른다. 티벳의 밤은 매우 춥고 눈까지 내린다. 그런

날 티벳의 라마승들은 영하의 날씨에도 불구하고 집 밖으로 나와서 눈을 맞고 앉아 있다. 그런데도 그들은 금세 땀을 흘리기 시작한다. 이것은 의학적으로 보자면 하나의 기적이다. 어떻게 땀을 흘릴 수 있는가? 그들은 내부의 열을 바깥으로 끄집어내고 있는 것이다.

같은 방식으로 내면의 차가움을 밖으로 끄집어낼 수도 있다. 마하비라의 삶이 이와 관련되어 있다. 아무도 오늘날까지 이것을 설명하려고 시도하지 않았다. 자이나교도들은 마하비라가 단지 고행을 하고 있다고 생각한다. 하지만 그렇지 않다. 그것은 태양이 작열하는 더운 여름날 아무런 그늘도 없는 땡볕 아래에 마하비라는 서 있다. 그는 그저 그 더운 곳에 서 있는 것이다. 또한 겨울에는 더욱 추운 곳, 나무 그늘이나 강가에 가서 앉아 있는다. 기온이 영하로 떨어진 곳에 말이다.

추운 계절에는 더 추운 장소를 찾아 명상을 하고 더운 계절에는 더 뜨거운 곳에서 명상을 한다. 사람들은 그가 미쳤다고 생각했다. 그리고 그의 추종자들은 그가 고행을 하고 있다고 생각했다. 그러나 둘 다 아니다. 그는 내면의 것을 밖으로 끄집어내는 방편을 수행하고 있는 것이다.

바깥이 더울 때 그는 내면의 차가움을 끄집어내려 했다. 그것은 대조적인 상황에서만 분명하게 느껴질 수 있다. 추운 날에는 내면의 열기를 밖으로 가져 나오는 것이다. 그것은 오직 대조적인 상황에서만 체험될 수 있다. 그는 육체를 적으로 생각하는 것이 아니다. 그는 자신의 육체를 학대하는 것이 아니다. 그러나 자이나 교도들은 마하비라가 자신의 육체를 죽이고 있다고 생각했다. 왜냐하면 그대가 자신의 육체를 죽일 수 있다면 그대는 욕망도 죽일 수 있기 때문이다. 이것은 너무나 극심한 넌센스다. 그는 그런 종류의 행동을 하고 있는 것이 아니다. 그는 단지 내면의 것을 외부로 끄집어내고 있는 것이다. 그리고 내부의 힘에 의해 보호받고 있는 것이다. 티벳의 라마승들이 눈이 오는데도 열을 끄집어내어 땀을 흘릴 수 있는 것처럼 말이다. 그들은 자신들을 보호하고 있는 것이다. ―티벳의 고산지대에서는 나무가 없어서 소똥을 제외하고는 땔감을 구하기가 무척 어렵다. 그리고 마하비라는 땡볕 아래서도 땀을 흘리지 않고 앉아 있었다. 그는 내면의 차가움을 끄집어내고 있었고 그것으로 자신의 몸을 보호하고 있었던 것이다.

이와 같은 방식으로 그대는 내면의 어둠을 바깥으로 끄집어낼 수 있다. 그리고 그 느낌은 매우 서늘하다. 만약 그대가 그것을 끄집어낼 수 있다면 그것에 의해 보호받게 된다. 어떤 흥분이나 열정도 그대를 동요시킬 수 없을 것이다. 이를 실행해 보라. 여기 세 가지 단계가 있다. 첫째로 먼저 눈을 뜨고 어둠을 주시하라. 그리하여 어둠이 그대 속으로 들어오게 하라. 둘째로 어둠을 그대를 포근하게 감싼 어머니의 자궁처럼 느껴라. 그것과 함께 살아라. 자신을 잊어버리고 그 속으로 더욱 몰입하라. 그리고 셋째로 그대가 어디로 가든지 어둠을 갖고 다녀라.

만약 이렇게만 할 수 있다면 어둠은 빛이 될 것이다. 그대는 어둠을 통해서 깨닫게 될 것이다.

"달도 없이 캄캄한 흐린 밤이 없다면 눈을 감아라. 그리고 그대 앞에 있는 암흑을 발견하라. 눈을 떠라. 암흑을 보라."

여기까지는 방법이다. 그것을 내부에서 느껴라. 그대가 그것을 지각할 수 있을 때까지 깊이 느껴라. 그리고 나서 갑자기 눈을 떠라. 그것을 외부에서도 느껴라. 그렇게 되기까지는 시간이 걸릴 것이다.

"…그리하여 실수들은 영원히 사라지리라."

그대가 내면의 어둠을 외부로 끄집어낼 수 있다면 그때 모든 오류가 영원히 사라질 것이다. 내면의 어둠이 느껴진다면 그대는 언제나 고요하고 냉정하며 흥분하지 않기 때문에 실수가 그대에게 남아 있을 수가 없다.

이 점을 기억하라. 실수들은 그대가 흥분할 수 있을 때만이, 흥분하기를 좋아할 때만이 그대와 함께 있을 수 있다. 그것들은 저절로 존재하지 않는다. 그것들은 오직 그대가 흥분할 수 있는 형편 속에서만 존재한다. 어떤 사람이 그대를 욕한다. 그리고 그대는 그 욕설을 흡수할 어둠을 내면에 갖고 있지 않다. 그대는 불이 붙는다. 화가 난다. 흥분하게 된다. 그때 모든 것이 가능하다. 그대는 폭력적으로 될 수도 있고, 그를 죽일 수도 있다. 미친 사람만이 할 수 있는 일을 그대는 할 수 있다. 거기에 어떤 것도 가능하다. 그대는 지금 미쳐 있다. 어떤 사람이 그대를 칭찬해도 마찬가지다. 그대는 다시 다른 극쪽으로 미치게 된다.

그대 주위에는 온통 그런 상황이 벌어지고 있다. 그대는 그것을 흡수할 능력이 없다. 그러나 붓다에게 욕설을 퍼부어 보라. 그는 그것을 흡수할 수 있다. 그는 그것을 삼켜 버릴 것이다. 그것을 소화시킨다. 무엇이 그 욕설을 소화시키는가? 내면에 있는 어둠과 침묵의 연못이 흡수하고 소화시킨다. 그대가 거기에 어떤 돌을 던지더라도 그것은 흡수된다. 그리고 어떤 반응도 일어나지 않는다.

이것을 수련해 보라. 어떤 사람이 그대를 욕할 때 그대는 어둠으로 가득 차 있음을 기억하라. 갑자기 그대는 거기에 어떤 반응도 일어나지 않음을 느낄 것이다. 그대는 길을 걷고 있다. 아름다운 여자나 남자가 지나간다. 그대는 흥분한다. 그때 어둠으로 가득 차 있음을 느껴라. 갑자기 열정이 사라질 것이다. 여기에는 어떤 믿음도 필요 없다. 단지 실험만이 필요하다. 절대적으로 실험만이 통하는 것이다.

그대가 욕망이나 열정, 혹은 성욕으로 가득 차 있음을 느낄 때 내면의 어둠을 그저 상기하라. 단 한순간만 눈을 감고 어둠을 느껴라. 어둠을 보라. 그 순간 열정은 사라진다. 욕망은 더 이상 거기에 없다. 내면의 어둠이 그것을 흡수해 버렸다. 그대는 무한한 진공이 되어 그 어떤 것도 한 번 거기에 떨어지면 다시는 되돌아오지 않을 것이다. 그대는 이제 하나의 심연이 되었다.

그래서 시바는 모든 실수가 영원히 사라질 것이라고 말할 수 있는 것이다. 이 방편들은 아주 단순해 보인다. 하지만 단순해 보인다고 해서 시도해 보지도 않고 방치해 버리지 마라. 이 방편들이 그대의 에고에 도전 심리를 일으키지 못할지도 모른다. 그러나 한 번 해보라. 우리는 간단한 것은 결코 하지 않는다. 단순하면 진리가 아니라고 생각하기 때문이다. 그러나 진리는 언제나 단순하다. 그것은 절대로 복잡하지 않다. 복잡할 필요가 없기 때문이다. 오히려 거짓말들이 복잡하다. 그것들은 단순하지 않다. 만약 단순하다면 금방 탄로가 날 것이기 때문이다.

그리고 어떤 것이 단순하게 보이기 때문에 우리는 거기에서는 아무것도 가능할 것 같지 않다고 생각한다. 그러나 아무것도 가능하지 않은 것이 아니다. 그런데도 에고는 뭔가 어려워야 도전하고픈 심리가 생겨난다. 그래서 많은 학파들과 많은 수행 단체들이 그대를 위해 단순한 것을 복잡하게 만들어 놓았다. 그들은 복잡하고 불필요한 절차들을 만들어서 그대로 하여금 어렵게 느껴지도록 한다. 그래야만 그대의 에고는 만족하게 되기 때문이다. 어떤 것이 어렵게 보일 때 그대는 이렇게 생각한다.

'이제야말로 뭔가가 되겠구나. 이것을 통과하는 사람은 극소수일 거야. 그래야 이것이 진짜 진리지.'

이 방편들은 절대적으로 단순하다. 시바는 그대의 심리 상태를 고려하지 않는다. 그는 오직 사실만을 정확하고 간단하게 기술했을 뿐이다. 마치 전보를 치는 것처럼 말이다. 어떤 에고의 도전도 추구하지 마라. 이 방편들은 그대 에고의 여행을 위한 것이 아니다. 그것들은 그대에게 도전하지 않을 수도 있다. 그러나 그대가 그것들을 수련한다면 그것들은 그대를 변형시킬 것이다. 그리고 도전은 좋은 것이 못된다. 도전 때문에 그대는 흥분되고 급기야는 미치게 되기 때문이다.

자, 세번째 방편이다.

78

그대의 주시력이 빛날 때마다
바로 이 시점에서,
체험하라.

무엇을 체험한단 말인가? 이 방편에서 첫째로 그대는 주시력을 발전시켜야 한다. 엄밀하게 말하자면 주시하는 자세를 개발해야 한다. 오직 그때만이 이 방편은 이루어질 수 있다. 그리고 그대의 주시력이 빛나는 곳에서 체험이 가능해진다. 그대는 자신을 경험할 수 있다. 꽃 한 송이를 바라보는 것만으로 그대는 자신을 경험할 수 있다. 그것은 바라보는 대상에 국한되는 것이 아니라 바라보는 자, 즉 주시자(注視者)의 문제이기도 하다. 물론 그대가 주시력의 비밀을 안다면 말이다.

한편 그대가 꽃을 바라볼 때 그대는 자신이 꽃을 바라보고 있다고 생각할 것이다. 그러나 그대는 꽃에 대해서 생각하기 시작했을 뿐 꽃 자체는 빠져 있다. 그대는 더 이상 거기에 없다. 그대는 엉뚱한 곳에 가 있다. 그래서 주시력이 빛난다는 말은 그대가 꽃을 바라볼 때 바라보는 그 자체에 열중해 있음을 의미한다. 그 순간에 그대는 엉뚱한 곳에 가지 않는다는 것을 의미한다. 마치 마음이 정지해 버린 것처럼 말이다. 이제 거기에 어떤 사고작용도 없다. 거기엔 오직 꽃에 대한 체험만이 있다. 그대는 거기에 있다. 꽃도 거기에 있다. 그리고 이 둘 사이에 어떤 사념도 없다.

갑작스럽게, ―이것이 가능하다면―꽃으로부터 그대의 주시력이 옮겨져서 자신에게로 향하게 된다. 그것은 하나의 원이 된다. 그대는 꽃을 바라볼 것이다. 그리고 그 바라봄은 뒤로 튕겨져 나간다. 반조(返照)가 되는 것이다. 그래서 꽃을 바라볼 때 거기에 반조가 일어난다. 거기에 아무런 사념도 없다면 말이다. 그때 그대는 꽃을 바라볼 뿐만 아니라 동시에 바라보는 자신을 주시하게 된다. 그때 주시자와 꽃은 두 가지 대상이 된다. 그대는 그 둘 모두를 주시하게 되는 것이다.

그러나 우선은 주시력을 훈련시켜야 한다. 그대는 전혀 주시할 줄 모르기 때문이다. 그대의 주시력은 단지 산만한 호기심일 뿐이다. 이것에서 저것으로 계속 옮겨 다니는 심심한 시선일 뿐이다. 어떤 한순간에도 그대는 주시하지 못한다. 내가 여기에서 말을 하고 있지만 그대는 내 말을 전부 듣지는 못한다. 한마디 말을 듣고 나면 그대의 주의력은 엉뚱한 곳으로 흘러간다. 그러다가 다시 돌아와서 또 한마디를 듣는다. 그런 식으로 해서 그대는 몇 가지 말만 들을 뿐이다. 그대는 산만한 생각들로, 그리고 빈틈으로 가득 찬다. 그리고는 내 강의를 잘 들었다고 생각한다.

그대가 자신과 함께 갖고 다니는 것은 무엇이든지 그것은 그대 자신의 일이다. 그것은 그대 자신의 창조물이다. 그대는 나로부터 단지 몇 마디의 말을 들었다. 그리고 그 사이엔 수많은 빈틈이 들어 있다. 그리고 그대가 그 빈틈 속에 채워 넣는 것이 모든 것을 변화시킨다. 나는 한마디 말을 한다. 그리고 그대는 그것에 대해서 생각하기 시작한다. 그대는 침묵 속에 남아 있을 수 없다. 만약 그대가 내 말을 듣는 동안 침묵 속에 남아 있을 수 있다면 그대는 주시력을 갖게 될 것이다.

주시력은 침묵 속에 깨어 있음을 뜻한다. 거기에는 어떤 사념의 간섭도 없다. 그것을 키워라. 그대는 오직 주시함으로써만 주시력을 키울 수 있다. 다른 길은 없다. 더 많이 주시하라. 그러면 주시력은 더 커진다. 어떤 것을 하든지, 어디에 있든지 그것을 키워 나가려고 하라.

그대는 자동차나 기차로 여행을 하고 있다. 거기에 앉아서 그대는 무엇을 하는가? 주시력을 키우려고 노력하라. 시간을 낭비하지 마라. 적어도 30분은 그대가 기차 속에 있을 것이다. 그때 주시력을 키워라. 단지 거기에 있어라. 생각하지 마라. 누군가를 보라. 기차를 보라. 혹은 창 밖을 보라. 그러나 보는 것 자체가 되라. 어떤 것도 사고하지 마라. 사고를 멈춰라. 거기에 있어라. 그리고 보라. 그대의 바라봄은 직접적이고 꿰뚫는 바라봄이 될 것이다. 그리고 그대가 바라보는 모든 곳에서부터 반조가 일어나 그대는 주시자 자신을 자각하게 될 것이다.

그대는 자신을 자각하지 못했다. 거기에 벽이 있었기 때문이다. 그대가 꽃을 바라볼 때 먼저 그대의 생각이 그대의 바라봄을 변질시킨다. 그 생각들은 생각 자체의 색깔들을 갖고 있다. 그리하여 시각을 통해 들어오는 정보 위에 그 색깔들을 덧칠해 버린다. 그리고 그 시선이 되돌아올 때 거기에서 그대를 찾을 수가 없다. 그대는 이미 엉뚱한 곳으로 가 버렸고 거기에 남아 있지 않다.

모든 시선은 되돌아온다. 모든 것은 반사되고 반영된다. 하지만 그대는 거기에 없어서 그것을 받지 못한다. 그러므로 거기에 있어 그것을 받아라. 하루 종일 그대는 많은 것을 대상으로 그렇게 할 수 있다. 그리고 점점 그대의 주시력은 커질 것이다.

"그대의 주시력이 빛날 때마다, 바로 이 시점에서, 체험하라."

그때 어디라도 바라보라. 그러나 단지 바라보기만 하라. 주시력이 생길 것이다. 그리고 그대는 자신을 체험하게 될 것이다. 그러나 첫번째 요건은 주시할 수 있는 능력을 갖는 길이다. 그리고 그대는 그것을 수련할 수 있다. 그때는 이를 위해 시간을 따로 마련해야 할 필요가 없다.

그대가 무엇을 하든지 밥을 먹든지, 목욕을 하든지, 서서 샤워를 하든지 단지 주시하라. 그러나 무엇이 문제인가? 문제는 우리가 마음과 함께 모든 것을 한다는 것이다. 우리는 계속해서 앞날을 계산하고 있다. 그대는 기차를 타고 가지만 그대의 마음은 다른 여행을 하고 있다. 다른 계획, 다른 프로그램을 짜고 있는 것이다. 이를 멈춰라.

선승 보쿠쥬는 이렇게 말했다.

"이것이 내가 아는 유일한 명상이다. 먹을 때 먹고 걸을 때 걸으며 졸리울 때는 잠잔다. 무슨 일이 일어나면 그저 일어나기만 한다. 거기에 내가 결코 끼어들지 않는다."

그것이 거기에 있는 전부다. 끼어들지 마라. 무슨 일이 일어나든지 일어나게 하라. 그대는 단지 거기에 존재할 뿐 간섭하지 마라. 이렇게 하면 그대의 주시력을 얻게 될 것이다. 그대가 주시력을 얻을 때 이 방편은 그대의 손안에 있다.

"그대의 주시력이 빛날 때마다, 바로 이 시점에서, 체험하라."

그대는 체험자를 체험할 것이다. 그대는 그대 자신으로 되돌아올 것이다. 모든 곳으로부터 그대는 자신이 반조되어 올 것이다. 모든 곳에서부터 그대는 반사될 것이다. 존재계 전체가 그대를 비출 것이다. 오직 그때만이 그대는 자신을 알 수 있다. 그전에는 알 수 없다.

존재계 전체가 그대 앞에서 거울이 되지 않는 한, 존재계의 모든 부분이 그대를 드러내 주지 않는 한, 모든 관계성이 그대에게 열리지 않는 한…….

그대는 그토록 무한한 현상이다. 보통의 거울만으로는 그대를 다 비춰낼 수 없을 만큼 말이다. 그대는 그토록 내면에 광대한 존재다. 전 존재계가 그대를 비춰주지 않는 한 그대는 어떤 일별도 얻을 수 없을 것이다. 존재계 전체가 그대의 거울이 될 때 오직 그때만이 그대는 자신의 진면목을 볼 수 있다. 그대 속에 신성이 거주하는 모습으로 말이다.

그리고 이 방편은 존재계를 그대의 거울로 만드는 것이다. 주시력을 만들어라. 좀더 깨어 있어라. 그때 그대의 주시력은 자랄 것이며 그대가 주시하는 모든 대상을 통해서 문득 그대는 자신을 체험하게 될 것이다. 이는 가능하다. 그러나 지금 당장은 불가능하다. 그대는 기본적인 요건을 갖추지 못했기 때문이다.

그대는 한송이의 꽃을 볼 수 있다. 그러나 거기에 주시력은 없다. 그대는 그저 꽃 주위를 빙빙 맴돌 뿐이다. 주마간산 격으로 꽃을 본다. 한순간도 거기에 멈춰 서서 제대로 주시하지 못했다. 그대는 진짜로 명상한 적이 없다.

"그대의 주시력이 빛날 때마다, 바로 이 시점에서, 체험하라."

그저 그대 자신을 상기하라.

이 방편이 큰 도움이 될 수 있는 깊은 이유가 있다. 그대가 벽에 공을 던져 맞추면 그 공은 반동으로 튀어나온다. 그대가 한 송이 꽃이나 한 사람의 얼굴을 바라볼 때 거기에 일정한 에너지가 방사된다. 그대의 주시는 에너지다. 그대가 바라보는 것을 자각하지 못할 때 그대는 어떤 에너지를 투자하는 것이다. 거기에 일정한 양의 에너지를 던지고 있다. 그대의 생명력을 쏟아 붓고 있다. 그대가 길거리를 하루 종일 내다보고 있으면 피곤함을 느끼는 것도 바로 이런 이유 때문이다. 지나가는 사람들, 광고물들, 군중들, 가게들 그런 것들을 계속 바라보고 있으면 그대는 지치게 되고 눈을 감고 휴식을 취하고 싶어진다. 무슨 일이 일어났는가? 왜 그대는 피곤함을 느끼는가? 그대는 에너지를 던지고 있는 것이다.

붓다와 마하비라는 한결같이 자기 제자들에게 너무 많이 바라보지 말라고 가르쳤다. 붓다는 그대가 네 발자국 앞에까지만 바라볼 수 있다고 말한다. 다른 곳을 바라보지 마라. 그대가 가고 있는 길만 바라보라. 네 발자국 정도 앞에 시선을 고정시켜라. 더 멀리 바라보지 마라. 그것은 불필요하게 에너지를 소모시키지 않게 하기 위해서다.

그대가 바라볼 때 그대는 어느 정도의 에너지를 던지고 있다. 기다려라. 고요해져라. 에너지가 되돌아오도록 하라. 그러면 그대는 놀랄 것이다. 에너지가 되돌아올 수 있게 한다면 그대는 지치지 않게 된다. 그렇게 하라. 내일 아침 당장 그렇게 해보라. 잠잠하라. 사물을 보라. 그리고 침묵하라. 그것에 대해 생각하지 마라. 한순간이라도 인내심을 갖고 기다려 보라. 그 에너지는 되돌아올 것이다. 사실 그대는 다시 충전될 수도 있다.

사람들은 내게 와서 묻는다. 나는 계속 책을 읽고 있기 때문이다. 그래서 그들은 이렇게 묻는다.

“어떻게 해서 눈이 여전히 좋습니까? 그렇게 읽어대시니 안경을 써도 벌써 쓰셔야 했을 텐데 말입니다.”

그대도 계속 읽을 수 있다. 아무 생각 없이 고요하게 읽기만 한다면 에너지는 다시 되돌아올 것이다. 그것은 결코 소모되지 않는다. 지치지 않는다. 나는 전생애 동안 하루에 열두 시간씩 책을 읽어 왔다. 때때로 열여덟 시간씩 읽는다. 그러나 나는 어떤 피곤함도 느끼지 않았다. 내 눈은 언제나 여전했다. 사념이 없을 때 에너지는 되돌아온다. 거기에는 어떤 장벽도 없다. 그대가 만약 거기에서 에너지를 재흡수한다면 이 재흡수는 재충전이다. 그때는 그대의 눈이 피곤해지기보다 오히려 그대는 더욱 이완되고 더욱 활기차고 더욱 에너지로 가득 차게 됨을 느낄 것이다.

〈질문〉

“열린 하늘을 주시하는 것과 깨달은 스승의 사진을 주시하는 것, 그리고 어둠을 주시하는 것 사이에는 어떤 차이점이 있습니까?”

주시의 방편은 대상하고는 별로 관계가 없다. 그것은 주시하는 행위 그 자체에 대한 것이다. 그대가 눈을 깜빡이지 않고 주시할 때 그대는 집중하게 되기 때문이다. 마음의 본성은 끊임없이 움직이는 것이다. 만약 그대가 어떤 움직임도 없이 제대로 주시하게 되면 마음은 곤란해진다.

마음의 본성은 하나의 대상에서 또 다른 대상으로 끊임없이 옮겨 다닌다. 만약 그대가 어둠이나 빛이나 어떤 다른 것을 제대로 주시한다면 그때 마음의 움직임은 멈춘다. 마음이 계속 움직인다면 그대는 주시하기가 불가능해지기 때문이다. 그때 그대는 주시의 대상을 계속 놓치게 될 것이다. 마음이 어딘가로 가버릴 때 그대는 잊어버릴 것이다. 그대는 자신이 무엇을 바라보고 있는지를 상기할 수 없다. 거기에는 단지 물질적인 대상만 있을 뿐이다. 그리고 그대에게서는 그 대상이 사라진다. 그대가 거기에 없기 때문이다. 그대는 생각 속으로 들어가 버린 것이다.

주시, 즉 트라탁(tratak)은 그대의 의식이 움직이는 것을 허락하지 않는다. 그대가 마음의 움직임을 허락하지 않을 때 처음에는 갈등이 일어난다. 그 갈등은 매우 심하다. 그러나 그대가 계속 주시하는 것을 수련한다면 마음은 점점 힘을 잃게 될 것이다. 투쟁할 힘을 말이다. 그리고 어느 순간 그것은 멈추고 만다. 마음이 멈출 때 거기엔 마음이 없다. 마음은 오직 움직임 속에서만 존재할 수 있다. 사념은 오직 운동을 통해 생겨난다. 거기에 어떤 움직임도 없다면 사념은 사라진다. 그대는 생각할 수 없다. 사념은 움직임을 뜻하기 때문이다. 하나의 생각에서 다른 생각으로 이동하는 것 말이다. 그것은 하나의 흐름이다.

만약 그대가 한 가지 사물에 대해서 계속적으로 주시한다면 깨어 있게 된다. 하지만 그대가 죽은 눈동자를 통해 바라본다면 그때 그대는 생각하기 시작한다. 그대가 죽은 사람의 눈으로, 생명이 없는 눈으로, 주인이 없는 눈으로 바라볼 때 그대의 마음은 움직인다. 그러면 거기에는 주시력에 어떤 도움도 주지 못한다. 주시는 그대의 눈 뿐만 아니라 전체적인 마음이 눈을 통해 집중되는 것을 의미한다.

그러므로 어떤 사물이든지 상관이 없다. 그대가 빛을 좋아한다면 그것은 좋다. 만약 어둠을 좋아할 수 있다면 그것 역시 좋다.

대상은 문제가 되지 않는다. 문제는 그대의 마음이 주시 속에서 완전히 멈추는 것이다. 그리고 오직 그 대상에 초점이 맞추어지는 것이다. 그래서 마음의 안달은, 동요는 멈추게 된다. 그대는 단지 바라보기만 할 뿐이다. 다른 어떤 행위도 하지 않는다. 그 깊은 주시는 그대를 완전히 변형시킬 것이다. 그것은 명상이 될 것이다.

그리고 이것은 좋다. 그대는 이렇게 할 수 있다. 그러나 그대의 눈과 의식은 그 바라봄 속에서 만나야 한다는 것을 기억하라. 그대는 진짜로 눈을 통해서 보고 있어야 한다. 그대가 거기에서 빠져나와 버리면 안된다. 그대의 현존이 필요하다. 전적인 현존 말이다. 그때 그대는 생각할 수 없다. 머리 굴림이 불가능하다. 그때 거기엔 오직 한 가지 위험성이 따른다. 그대가 무의식에 떨어질 수 있다는 점이다. 잠이 들지도 모른다. 그때 그대의 주시는 돌처럼 된다.

그대가 거기에 현존하지 않는 것, 이것이 주시할 때 생기는 첫번째 장벽이다. 그대의 마음은 움직일 것이다. 그대의 눈은 고정되어 있지만 말이다. 거기엔 눈과 마음의 어떤 만남도 없다. 그것이 첫번째 어려움이다. 만약 그대가 이 어려움을 극복한다면 두번째 어려움이 나타날 것이다. 그것은 움직이지 않는 데서 오는 잠이다. 그대는 잠이 들 것이다. 그대는 자기 최면에 빠질 것이다. 자신에 의해서 최면이 걸린다. 그것은 자연스럽다. 우리의 마음은 오직 두 가지 상태만을 알기 때문이다. 끊임없이 움직이는 것과 잠자는 것만을. 그리고 명상은 이 두 가지가 아닌 세번째 상태이다.

세번째 상태란 그대의 마음이 깊은 잠속에 있는 것처럼 고요해지면서 동시에 생각할 때처럼 깨어 있다는 점이다. 침묵과 깨어 있음 이 두 가지가 함께 존재해야 한다. 그대는 깨어 있어야 한다. 완전히 각성한 상태여야 한다. 그리고 깊은 잠속에서처럼 침묵해야 한다. 그래서 파탄잘리(Patanjali)의 요가 수트라는 명상이 일종의 깊은 잠이라고 했다. 거기엔 오직 한 가지 차이밖에 없다. 그대가 깨어 있다는 점 말이다. 파탄잘리는 수슈프티(sushupti)와 삼마디(samadhi), 즉 깊은 잠과 궁극적인 명상 상태를 인용해서 설명했다. 이 둘의 차이점은, 깊은 잠에서는 그대가 깨어 있지 않고 명상 속에서는 그대가 깨어 있다는 것이다. 물론 둘 다 깊은 침묵, ―물결치지 않는, 일렁이지 않는 침묵―에 빠져 있는 것이다.

처음에는 주시 속에서 그대가 잠에 떨어질 수도 있다. 그래서 만약 그대가 마음을 움직이지 않고 주시의 초점에 맞출 수 있다면 그때 깨어 있어라. 잠에 떨어지지 마라. 잠을 잔다면 그대는 심연 속으로, 수렁 속으로 떨어진다. 그래서 명상 속에 있는 것은 끊임없는 사념과 잠 사이에 연결된 좁다란 다리 위에 서 있는 것과 같다.

이제 됐는가?

에고를 조복받는 방편들

이 방편들은 수백만 년 동안의 수행에서 사용되어진 것들이다. 그것들은 한 사람에 의해 고안된 것이 아니다. 수많은 구도자들에 의해 고안된 것으로, 본질적으로 영적 탐구의 결실에서 나온 것이다.

에고를 조복받는 방편들

79

발끝에서부터 그대의 형체를 통해 올라오는 불꽃에 초점을 맞춰라.
그대의 몸이 타서 재가 될 때까지,
그러나 그대는 타지 않는다.

80

불에 타서 잿더미로 변한 가상의 세계에 대해서 명상하라.
그러면 그대는 인간을 넘어선 존재가 되리라.

81

주관적으로는, 글자들이 단어들 속으로 흘러들고
단어들은 문장 속으로 흘러든다.
객관적으로는, 굴레들이 세상 속으로 흘러들고
세상들은 법칙들 속으로 흘러든다.
그러므로 우리의 존재 속에서 이것들의 집약을 발견하라.

모든 깨달은 존재들, 모든 종교의 교조(教祖)들이 오직 한 가지 사실만큼에는 동의하고 있다. 그들은 여러 가지 면에서 서로 다르지만 그 모든 것 중에서 오직 한 가지 사실만큼은 일치하고 있다. 그것은 바로 인간이 자신의 에고 때문에 실체와 분리되어 있다는 점이다. 에고가 유일한 장벽이다. '내가 있다…,(I am)'라는 느낌 말이다.

이런 점에 붓다와 그리스도 그리고 크리슈나는 모두 동의했다. 그리고 내게는 이 에고의 해결이야말로 모든 종교적 노력의 가장 기본 문제라고 보인다. 다른 모든 것은 우연하고 돌발적인 것이다. 오직 이것만이 본질적이다. 그대는 자신의 에고 때문에 그토록 헤매고 있는 것이다.

그러면 이 에고란 도대체 무엇인가? 그것은 무엇으로 이루어져 있는가? 그것은 어떻게 일어나는가? 그리고 그것은 왜 그렇게도 중요한 것인가?

그대의 마음을 보라. 그대는 에고의 현상을 이론적으로 이해할 수 없다. 그것은 오직 실존적으로만 이해할 수 있다. 그대의 마음을 관찰하라. 그것을 지켜봐야 한다. 그때 그대는 깊이 이해할 수 있다. 만약 그대가 에고가 무엇인지를 이해한다면 그때는 에고의 해결은 문제도 아니다. 에고는 쉽사리 해결될 수 있다. 그것을 버리고 말고 할 것도 없다. 만약 그대가 그것을 이해할 수 있다면 그 이해가 바로 에고를 떨쳐 버리는 행위가 된다. 에고는 그대의 오해에서 생겨난 것이기 때문이다. 그것은 그대의 의식이 잠든 상태에서 나온 것이다.

만약 그대가 깨어 있다면, 그대의 의식이 그것에 초점을 맞춘다면 그것은 즉시 사라진다. 마치 어둠이 무엇인지 알기 위해 방안에 불을 켜면 어둠이 사라지듯이 말이다. 에고는 그대가 자신의 존재에 대해 깨어 있지 않기 때문에 생겨난 것이다. 그것은 그대의 잠들어 있음으로 생겨난 그림자다. 그래서 에고를 떨쳐 버리려는 노력 따위는 할 필요가 없다. 단지 그대가 그것을 볼 수 있다면 그 순간 그것은 저절로 떨어져 나간다.

그것은 무엇인가? 그대는 에고가 사라지고 없는 순간을 느껴 본 적이 있는가? 그대가 침묵할 때마다 에고는 거기에 없다. 그대의 마음이 긴장하고 분주하며 쉼이 없을 때 에고는 거기에 생겨난다. 그대가 이완하고 고요하며 쉼을 누릴 때 에고는 거기에 없다. 지금 당장 그대가 침묵할 수 있다면 에고가 어디에 있겠는가? 그대는 거기에 있을 것이다. 그러나 그 '내가 있다(I am)'라는 느낌은 없다. 이 점을 실존적으로 이해해 보라.

지금 당장 내가 말하는 대로 자신을 관찰해 보라. 그대가 침묵한다면, 전체적으로 깨어 있다면 어떤 '나(I)'라고 하는 느낌 없이 그대는 거기에 존재한다. 그리고 이와 정반대 현상도 일어난다. 만약 그대가 고뇌 속에서, 갈등 속에서 곤란해 한다면 그때 그대는 자신 안에서 집중되어 있는 에고를 느낀다. 그대가 분노 속에, 열정 속에, 폭력 속에, 공격성 속에 있을 때 그대는 자신 안에서 결정화된 에고를 느낀다. 반대로 그대가 사랑 속에, 자비 속에 있을 때마다 에고는 거기에 없다.

우리가 사랑에 빠지지 못하는 이유도 바로 그 때문이다. 에고 때문에 사랑이 불가능한 것이다. 우리가 사랑을 무엇이라고 부르든 그것은 일종의 섹스일 뿐 사랑이 아니다. 왜냐하면 그대는 에고를 없애 버리지 못하기 때문이다. 에고가 사라지지 않는 한 사랑은 존재할 수 없다. 사랑은, 명상은, 신은 오직 한 가지만을 요구한다. 거기에 에고가 없어야 한다는 것을 말이다. 바로 이런 이유 때문에 예수가 한 '신은 사랑이다'라는 말은 옳은 말이다. 에고가 없을 때만이 신과 사랑 그 두 가지 현상이 모두 일어날 수 있기 때문이다.

만약 그대가 사랑을 안다면 신을 알아야 할 필요는 없다. 그대는 이미 신을 알고 있다. 사랑은 신의 또 다른 이름이기 때문이다. 그대가 사랑을 안다면 굳이 명상 속으로 들어갈 필요가 없다. 사랑은 또 하나의 명상이기 때문이다. 그러나 세상에는 사랑이 없기 때문에 그토록 많은 명상 단체와 명상 교사들과 명상의 방편들이 필요한 것이다. 만약 사랑이 존재한다면 굳이 다른 수행을' 할 필요가 없다. 사랑을 통해서 이미 그 결실을 거두었기 때문이다. 그 결실이란 에고의 소멸이다.

그래서 첫번째로 이해해야 할 것은 그대가 침묵할 때마다 에고는 거기에 없다는 점이다. 그리고 내 말을 믿으려 하지 마라. 지금 나는 추상적인 이론에 대해서 말하는 것이 아니다. 이것은 하나의 사실이다. 그대는 내 의견을 따를 필요가 없다. 그대는 자신 속에서 그것을 관찰할 수 있다. 그리고 그 확인 작업을 내일로 연기할 필요도 없다. 지금 당장이라도 그대가 침묵한다면 그대 속에 어떤 한계나 결정체 없이 존재한다는 사실을 지켜볼 수 있다. 그대는 결정체 없이 존재한다. 거기에 어떤 결정화된 '나'라는 것이 없다. 거기에 현존이 있고 의식이 있다. 그러나 '내가 있다(I am)'라고 말할 수 있는 존재는 없다.

그대가 침묵할 때 에고는 존재하지 않는다. 그대가 침묵하지 않을 때 거기에 에고가 있다. 따라서 에고는 병이다. 모든 병이 거기에 얽혀 있다. 그래서 에고의 조복을 그토록 강조하는 것이다. 그것은 병의 정복을 강조하는 것이다.

둘째로 만약 침묵 속에서라면 한순간이라도 그대는 에고 없음(無我)의 상태로서 존재의 일별을 대할 수 있다. 그때 그대는 에고라는 현상에 대해 분석할 수 있다. 그 현상이 무엇인지 낱낱이 관찰할 수 있다. 마음은 축적된 과거다. 마음은 결코 여기에 있지 않다. 지금에 있지 않다. 그것은 언제나 과거에 산다. 그것은 기억의 축적이다. 마음은 기억의 집합체다. 그대가 겪은 모든 경험, 그대가 긁어 모은 모든 정보, 그대가 읽고 배우고 주워들은 모든 지식들이 축적된 것이다. 그리고 마음은 지금도 계속 축적하고 있다.

마음은 가장 거대한 창고다. 그것은 계속해서 축적하고 있다. 그대가 어머니의 자궁 속에 있을 동안에도 그 마음은 계속 축적했다. 그리고 그 당시의 기억들은 최면을 통해 되살릴 수 있다. 그대가 태어난 순간을 그대는 기억하지 못한다. 그러나 마음은 그때도 축적하고 있었다. 그대에게 무슨 일이 일어나든지 마음은 놓치지 않고 축적한다. 그리고 이제 그 기억들은 재생될 수 있다. 최면을 통해 다시 조명될 수 있다. 수백만 개의 기억들이 축적되었다. 이 축적이 바로 마음이다. 그래서 기억들이 곧 마음이다.

'나'라고 하는 것, 에고라는 것이 어떻게 생겨나는가? 그대의 내면에는 의식이 있다. 그리고 의식의 주변에는 모든 기억들이 축적되어 있다. 그것들은 유용하다. 그리고 그대는 그것들 없이 생존할 수 없다. 그것들은 필요하다. 그러나 그때 새로운 것이 이 둘 사이에 일어난다. 부수적인 현상이 말이다.

의식은 내면에 있다. 그대도 내면에 있다. '나'라는 것 없이 말이다. 그 내면에는 어떤 '나'도 없다. 그대는 존재한다. 어떤 핵심도, 결정체(結晶體)도 없이 그저 존재한다. 그리고 주변에는 매순간 지식들이, 경험들이, 기억들이 축적된다. 이것이 마음이다. 그대가 세상을 바라볼 때마다 마음을 통해서 바라본다. 그대가 새로운 경험을 통과할 때마다 그대는 기억을 통해서 그 경험들을 해석한다. 그대는 모든 것을 과거를 통해 바라본다. 과거는 하나의 중개인이다.

끊임없이 과거를 통해 바라보면서 그대는 과거와 자신을 동일시한다. 바로 그 동일시의 산물이 에고이다. 의식이 기억과 동일시될 때 에고가 생겨난다. 그대는 '나는 힌두교도다' 혹은 '나는 기독교인이다' 혹은 '나는 불교 신자다'라고 말한다. 그대는 무엇을 하고 있는가? 아무도 기독교인이나 힌두교도 혹은 자이나교도로 태어나지 않는다. 그대는 단지 하나의 인간으로 태어난다. 그리고 나서 그대는 교육받는다. 그대가 기독교인이라고 말이다. 이것은 하나의 기억이다. 그대는 이 기억을 통해서 자신이 기독교인이라고 느낀다.

그대의 의식은 기독교인이 아니다. 그렇게 될 수 없다. 의식은 단지 의식일 뿐이다. 그대는 자신이 기독교인이라고 교육받았다. 이 교육은 중심이 아니라 주변에 축적되는 것이다. 이제 그대는 색안경을 통해 세상을 바라보게 되며 세상은 온통 색안경의 색깔대로 보인다. 그 안경은 그대 속에 너무나 깊이 뿌리박고 있다. 그대는 그 안경을 떠나지 못한다. 그것을 벗어 던지지 못한다. 그대는 이미 그것에 너무 익숙해져 있어서 자신이 안경을 쓰고 있다는 사실을 까맣게 잊어버렸다. 그리고는 이렇게 말한다.

"나는 기독교인이다."

그대가 어떤 기억이나 지식이나 경험이나 이름이나 형태와 동일시할 때마다 그 '나'라는 것이 생겨난다. 그때 그대는 젊다든지 늙었다든지, 부자라든지 가난뱅이라든지, 잘생겼다든지 못생겼다든지, 교육을 받았다든지 못 받았다든지, 존경을 받는다든지 못 받는다든지 등등의 평가 방식으로 자신을 정의한다. 그대는 자신을 그대 주변에 축적해 온 것과 계속 동일시하고 거기에 따라서 에고는 자꾸 굳어진다. 자신을 마음과 동일시한 결과로 생기는 것이 바로 에고이다.

그래서 그대가 침묵할 때 에고가 사라지는 것이다. 그대가 침묵할 때는 마음이 작동하지 않기 때문이다. 그것이 바로 침묵의 의미다. 마음이 그 기능을 계속 작동하면 그대는 침묵한 것이 아니다. 그대는 침묵할 수도 없다. 마음의 작동은 내면적 소음이다. 그것은 그대 속에서 끊임없이 재잘거린다. 그 재잘거림이 멈출 때 마음은 거기에 없다. 혹은 그대가 마음을 초월해 버린다. 거기에 침묵이 흐른다. 그 침묵 속에는 에고가 없다.

때때로 잠시 동안 그대에게 침묵이 일어나는 순간이 있다. 그대가 살아가면서 매우 황홀한 기분을 느끼는 것도 이 때문이다. 그대는 그 상황이 또 일어나기를 바란다. 그래서 그대는 산에 올라가 아침 해가 뜨는 것을 바라본다. 갑자기 그대는 내면에서 기쁨이 솟구치는 것을 느낀다. 그대는 행복을 느낀다. 은총이 그대에게 임한다.

그때 무슨 일이 일어났는가? 그 침묵의 순간에 그대의 내면 속에서 계속되던 재잘거림이 멈춘 것이다. 그 현상은 너무나 황홀하고 위대하다. 그토록 아름답고 평화스럽고 고요한 정적이 그대를 감싼 것이다. 그 정지의 순간에 그대는 에고 없음의 상태를 깨달은 것이다. 물론 그것은 한순간이다.

사실 이런 순간들은 살아가면서 종종 일어난다. 섹스 행위 중에 일어나기도 하고, 음악을 듣다가도 일어날 수 있다. 그리고 그 상황은 너무나 황홀해서 그대는 완전히 압도된다. 끊임없이 재잘대던 그대의 마음은 한쪽으로 밀쳐진다. 하지만 우연히 일어난 그 상황은 오래가지 않는다. 곧바로 마음은 다시 작동하기 시작한다. 어쨌든 그대가 에고 없음의 상태에 이를 때, 그것이 우연히 일어나든지 아니면 어떤 방편을 수행함으로써 일어나든지 그것은 이전에는 없었던 미묘한 지복감을 느끼게 한다.

그 지복은 외부에서 오는 것이 아니다. 그것은 산이나 떠오르는 아침 태양, 혹은 아름다운 꽃에서 오는 것이 아니다. 그것은 섹스 행위에서 나오는 것도 아니다. 그런 것들은 단지 하나의 계기를 만들어 줄 뿐이다. 그것은 내면에서 나오는 것이다. 그래서 만약 그대가 외부적인 상황을 계속 반복한다고 해도 그것은 오지 않을 것이다. 이미 그 외부적 상황에 면역이 되었기 때문이다. 이미 그대가 익숙해져 있는 것이다.

같은 산, 같은 아침이 아무리 반복되어도 그대는 더 이상 그와 같은 지복을 느끼지 못한다. 그때 그대는 뭔가를 놓친 듯한 기분이 들 것이다. 처음에는 그 상황이 너무나 새로워서 그대의 마음은 완전히 멈춰 버렸다. 그 신비함이 너무 강렬해서, 그런 기적적인 일이 처음이어서 그대는 과거의 재잘거림을 계속할 수 없었다. 그토록 신선한 충격 속에서 그 재잘거림은, 그 사념의 흐름은 멈추고 말았다. 하지만 다음에 또다시 그 상황을 대하게 되면 그대는 이미 모든 것을 알고 있어 그 상황은 더 이상 놀랍지도 신비롭지도 않다. 마음은 그 작동을 멈추지 않는다. 이것은 사실 모든 경험 속에서 일어나는 일이다. 처음 그대가 그 상황을 맞이할 때는 신선하지만 똑같은 상황이 반복되면 거기에는 어떤 기쁨도 재현되지 않는다. 그대는 마음을 한쪽으로 밀쳐 둘 수 없다.

그래서 두번째로 기억해야 할 사실은 마음은 과거의 축적이라는 것이다. 그대의 의식은 그 축적된 과거 뒤편에 숨어 있다. 그리고 그대는 그 과거의 축적과 자신을 동일시한다. 그대는 '나는 이렇다' 혹은 '나는 저렇다'라고 말할 때마다 에고를 만들어 내고 있다.

셋째로, 만약 그대가 이것을 이해한다면 그때 세번째 지점은 어렵지 않다. 그 세번째 지점은 마음을 이용하는 것이다. 그것과 동일시할 필요가 없다. 그대는 마음을 하나의 도구로 사용할 수 있다. 그리고 그것 너머에 머물러 있어라.

실제로 그대는 항상 마음 너머에 존재해 있다. 그대가 지금 여기에, 항상 현재에 있어 왔기 때문에 마음은 과거에 있는 것이다. 그것은 그대 뒤편에 남겨진 흔적일 뿐이다. 그대의 그림자다. 지금 이 순간은 언제나 새로운 것이다. 그대의 마음은 지금 이 순간을 가질 수 없다. 이 순간이 지날 때 기억 속에 흡수될 것이고 그때 마음은 그것을 가질 수 있다. 그래서 매순간 순간마다 그대는 자유롭다.

붓다가 순간에 대해서 그토록 강조한 것도 바로 이 때문이다. 그는 이렇게 말했다.

"순간 속에 머물라. 거기에는 마음이 없다."

그러나 그 순간은 원자와 같다. 너무나 미묘하다. 그대는 그것을 쉽게 놓친다. 마음은 항상 과거다. 그대가 알고 있는 것은 무엇이든지 모두 과거다. 그리고 지금 이 순간을 지나가고 있는 실체는 마음의 부분이 아니다. 그 순간이 지나가야 마음의 부분이 된다.

만약 그대가 지금 여기에서 실체를 자각할 수 있다면 그대는 언제나 마음에 대해 초월적일 수 있다. 그리고 그때 그대는 마음에 사로잡히거나 연루되지 않고 그것을 하나의 도구로 이용할 수 있다. 결코 그것과 동일시하는 실수를 저지르지 않게 될 것이다. 그때 에고는 사라질 수밖에 없다. 그대는 무아(無我)가 될 것이다. 에고 없음의 상태가 될 것이다. 그때 그대는 아무것도 의무적으로 해야 할 것이 없다. 모든 것이 저절로 그대에게 일어날 것이다. 그대는 무방비 상태이며 개방되어 있다. 그때 존재계 전체가 그대에게 다가올 것이다. 그때 모든 엑스터시가 그대의 것이다. 그때 고통은 일어날 수 없다. 고통은 에고를 통해서 온다. 그리고 지복은 무아의 문을 통해서 온다.

이제 우리는 방편으로 들어갈 것이다. 이 방편들은 무아의 상태에 관한 것이다. 매우 간단한 방편이지만 그대가 이 배경을 잘 이해할 때만이 이것들을 수행할 수 있다. 그리고 여기에서 많은 것들이 가능해진다.

79

발끝에서부터 그대의 형체를 통해 올라오는 불꽃에 초점을 맞춰라.
그대의 몸이 타서 재가 될 때까지,
그러나 그대는 타지 않는다.

매우 간단하면서도 놀랍고 또한 수행하기 쉽다. 그러나 기본적인 사항들이 먼저 갖추어져야 한다. 붓다는 이 방편을 매우 좋아했다. 그는 제자들에게 이 방편을 수행하도록 권했다.

누구든지 붓다에게 입문하면 첫번째로 거치는 과정이 이것이었는데 입문자는 화장터에 가서 시체가 불에 태워지는 광경을 지켜보는 것이었다. 입문자는 3개월 동안 아무것도 하지 않고 오직 화장터에 앉아서 그 광경을 지켜봐야 했다. 그는 거기에서 머물며 시체가 들어오면 밤낮을 가리지 않고 앉아서 명상을 했다. 그 명상은 단지 시체를 바라보는 일이다. 그때 불이 붙여지고 그 시체는 불에 타기 시작한다. 그 과정이 3개월이었다.

붓다는 이렇게 말했다.

"그것에 대해 생각하지 마라. 그것을 단지 바라보기만 하라."

조만간 그대의 몸 역시 그렇게 되리라는 생각을 하지 않기는 어려운 일이다. 3개월은 긴 시간이다. 그리고 계속적으로, 밤낮으로, 시체가 태워질 때마다 구도자는 명상을 하게 된다. 그러면 오래가지 않아서 그는 자신의 몸이 장작 더미 위에 놓여지는 것처럼 느낄 것이다. 그는 자신의 몸이 태워지는 것처럼 보이기 시작할 것이다.

그것은 상당한 도움이 될 것이다. 만약 그대가 이 방편을 수행하고 싶다면 그때는 화장터로 가라. 그리고 그 광경을 지켜보라. 꼭 3개월이 아니어도 좋다. 그러나 적어도 한 구의 시체가 완전히 타서 재가 될 때까지는 지켜봐야 한다. 그리고 나면 그대는 자신이 불에 탄다는 상상을 쉽게 할 수 있다. 생각하지 마라. 단지 현상을 지켜보라. 일어나는 것을 지켜보라.

사람들은 자기 가족 중에 누가 죽으면 화장터로 간다. 그러나 결코 그 광경을 지켜보지는 않는다. 그들은 다른 일들에 대해서 이야기하기 시작한다. 그들은 죽음에 대해서도 토론을 벌인다. 거기서 많은 것들을 한다. 많은 잡담을 나눈다. 그러나 결코 시체가 불에 타는 그 광경을 지켜보는 일은 없다. 그것을 하나의 명상으로 삼아야 하는데도 말이다. 거기에서는 어떤 잡담도 허용되지 말아야 한다. 자기가 사랑하던 사람이 불에 타는 것을 보는 것은 매우 드문 경험이다. 그대는 거기에서 자신 역시 그렇게 태워질 것임을 알아야 한다. 그대의 어머니가 불에 타는 것을 보고 있다면, 혹은 그대의 아버지나 아내, 남편이 불에 타는 것을 본다면 그대 자신도 그 불꽃 속으로 들어간다는 것을 알아야 한다. 그 경험은 이 방편을 위해 많은 도움이 될 것이다. 이것이 첫번째 필요사항이다.

그대가 만약 죽음에 대해 많은 공포심을 갖고 있다면 그대는 이 방편을 수련할 수 없다. 왜냐하면 그 공포 자체가 그대를 가로막을 것이기 때문이다. 그대는 그 속으로 들어갈 수 없다. 그렇지 않으면 단지 피상적인 상상만 할 뿐이다. 그대의 존재 깊은 곳에서는 그 속으로 들어가지 않는다. 그때는 아무것도 일어나지 않을 것이다. 그러니 기억하라. 두번째는, 그대가 두려워하든 안하든 죽음은 확실한 것이라는 사실이다. 죽음만이 유일하게 확실한 것이다.

그대가 두려워하든 안하든 거기에는 어떤 차이도 없다. 그것은 상관이 없다. 삶 속에선 죽음을 제외하고는 모든 것이 불확실하다. 오직 죽음만이 확실하다. 다른 모든 것은 돌발적이다. 일어날 수도 있고 일어나지 않을 수도 있다. 그러나 죽음만큼은 반드시 일어난다. 그런데 인간의 마음을 보라. 우리는 언제나 죽음이 마치 사고인 것처럼 이야기한다. 어떤 사람이 죽었을 때 우리는 그의 죽음이 때이른 것처럼 말한다. 누가 죽든지 우리는 그 죽음이 사고인 것처럼 말한다. 오직 죽음만이 사고가 아니다. 그것은 우연하게 일어난 것이 아니다. 다른 모든 것은 우연하게 일어난다. 그러나 죽음만큼은 절대적으로 확실하다. 그대는 죽어야 한다.

내가 그대는 죽어야 한다고 말할 때 그것은 먼 미래의 일처럼 보일지 모른다. 그러나 그렇지 않다. 그대는 이미 죽었다. 그대가 태어나는 순간 그대는 죽었다. 삶과 함께 죽음은 이미 굳어진 현상이 되었다. 삶이 시작되면 그와 동시에 죽음도 시작된다. 사람이 한 번 태어나면 그는 이미 죽음의 영역 속으로 들어간 것이기 때문이다. 다른 길은 없다. 이제 그 누구도 그 사실을 바꿀 수는 없다. 그대는 그 속으로 이미 들어갔다. 그대는 태어나면서 반은 죽은 것이다.

그래서 죽음이란 마지막에만 일어나는 것은 아니라는 점이 두 번째 사항이다. 그것은 벌써 일어나고 있다. 하나의 과정이다. 삶이 하나의 과정인 것처럼 죽음 역시 과정이다. 우리는 이중성을 만들어 내지만 삶과 죽음은 그대의 두 다리와 같다. 삶과 죽음은 같은 현상의 한 가지 과정이다. 그대는 매순간 죽어 가고 있다.

들이쉴 때마다 삶이며 내쉴 때마다 죽음이라고 생각하라. 아기가 태어나서 처음으로 하는 것은 들이쉬는 일이다. 그는 내쉴 수 없다. 그의 폐 속에는 공기가 들어 있지 않기 때문이다. 그는 먼저 들이쉬어야 한다. 태어나서 시작하는 첫번째 행위가 이것이다. 그리고 노인이 죽어갈 때 마지막으로 하는 행동은 내쉬는 일이다. 죽고 나면 더 이상 들이쉴 수 없다. 그래서 마지막에는 들이쉴 수 없다. 오직 내쉴 뿐이다. 들이쉼은 탄생이고, 내쉼은 죽음이다. 그러나 매순간 그대는 이 둘을 반복하고 있다. 삶과 죽음을 반복하고 있다.

그대는 그 사실을 지켜본 적이 없을 것이다. 그러나 그것을 지켜보라. 그대가 내쉴 때마다 그대는 좀더 편안하다. 깊이 내쉬면 그대는 내면에 어떤 평화를 느낀다. 그대는 들이쉴 때마다 긴장한다. 들이쉬는 그 집착의 강렬함이 긴장을 만든다. 그래서 일반적인 일들은 모두 이 들이쉼에 강조점을 둔다. 내가 그대에게 깊은 호흡을 하라고 말하면 그대는 언제나 들이쉬는 숨부터 시작한다.

실제로 우리는 내쉬는 것을 두려워한다. 호흡이 얕아지는 이유도 바로 이 때문이다. 그대는 결코 충분히 내쉬지 않는다. 계속 들이쉬려고만 한다. 몸은 계속 내쉬려고 한다. 몸은 들이쉰 상태로 존재할 수 없기 때문이다. 그것은 둘 다를, 삶과 죽음을 모두 필요로 한다.

한 가지 실험을 해보라. 하루 종일, 그대가 기억날 때마다 최대한으로 깊이 내쉬어라. 결코 들이쉬는 것에 대해서는 신경쓰지 마라. 몸은 자연히 들이쉴 것이다. 그대는 깊이 내쉬기만 하라. 그러면 그대는 깊은 안도감을, 평온을 맛볼 것이다. 죽음은 평화이며 침묵이기 때문이다. 그대는 무아의 상태를 느낄 것이다. 만약 그대가 들이쉬는 데만 신경을 쓴다면 더욱 강한 에고를 느낄 것이다. 내쉴 때 그대는 더욱 무아를 느낀다. 내쉬는 숨에 집중하라. 하루 종일, 생각날 때마다 깊이 내쉬고 일부러 들이쉬지는 마라. 몸이 들이쉬는 것을 허용하기만 하라. 거기에서 그대는 그냥 쉬어도 된다.

그대가 내쉬는 것을 강조하면 이 방편을 수련하는 데 많은 도움이 될 것이다. 그것은 그대가 죽음을 준비하는 것이기 때문이다. 거기에는 준비가 필요하다. 그렇지 않으면 이 방편은 별로 큰 효과를 볼 수 없을 것이다. 그리고 그대가 준비될 때만이 일정한 방식으로 죽음을 맛볼 수 있다. 깊이 내쉬어라. 그리고 그것을 맛보라. 그것은 아름답다.

죽음은 단지 아름다움이다. 그 어떤 것도 죽음과 같은 것은 없다. 너무나 고요하고 너무나 깊이 이완되며 너무나 견고해서 흔들리지 않는다. 그러나 우리는 죽음을 두려워한다. 왜 우리는 죽음을 두려워하는가? 그것은 죽음 자체 때문에 죽음을 두려워하는 것이 아니다. 우리는 죽음을 모른다. 우리가 만나 본 적이 없는 것을 어떻게 두려워할 수 있겠는가? 그대는 알지 못하는 것을 두려워할 수 있는가? 그대가 두려워하려면 적어도 그것을 알아야 한다. 따라서 그대가 진짜로 두려워하는 것은 죽음이 아니다. 공포는 어떤 다른 것에서 기인한다. 그대는 결코 진짜로 살아보지 못했다. 바로 그 사실이 죽음에 대한 공포를 만들어 낸다.

그대가 진짜로 살아 있는 것이 아니기 때문에 공포가 생긴다. '나는 아직 제대로 살지 못했다, 그런데 죽음이 오면 어떻게 하는가?'라고 생각하기 때문이다. 죽음의 공포는 진짜로 살아 보지 못한 사람에게만 일어난다. 만약 그대가 진짜로 살고 있다면 그대는 죽음을 환영할 것이다. 그때는 거기에 공포가 없다. 그대는 삶을 안다. 그래서 이제 죽음 역시 알고 싶은 것이다. 그러나 우리는 삶 그 자체를 두려워한다. 한 번도 삶 속으로 깊이 들어가 보지 못했다. 바로 그 점이 죽음의 공포를 만들어 낸다.

만약 그대가 이 방편 속으로 들어가기를 원한다면 그대는 이 깊은 공포를 자각해야 한다. 그리고 이 깊은 공포는 해결되어야 한다. 처리되어야 한다. 오직 그때만이 그대는 방편 속으로 들어갈 수 있다. 이것은 도움이 될 것이다. 내쉬는 숨에 더 많은 주의를 기울여라. 그리고 실재로 그대가 내쉬는 숨에만 집중하고 들이쉬는 것을 잊어버릴 수 있다면……, 그대가 혹시 죽지 않을까 두려워하지 마라. 그대는 죽지 않을 것이다. 몸이 스스로 알아서 들이쉴 것이다. 그대는 간섭할 필요가 없다. 그때 깊은 휴식이 그대의 의식 전체에 퍼질 것이다. 하루 종일 그대는 이완감을 느낄 것이다. 내면의 침묵이 조성될 것이다.

또 다른 실험을 한다면 그대는 이 느낌을 더욱 깊이 느낄 수 있다. 하루에 15분 동안만 깊이 내쉬어 보라. 땅바닥에 앉든지 의자에 앉아서 깊이 내쉬어라. 내쉬는 동안 눈을 감아라. 공기가 나갈 때 그대는 들어간다. 그리고 나서 몸이 들이마시는 것을 허용하라. 공기가 들어올 때 눈을 떠라. 그대는 나간다. 공기와 그대는 정반대 방향으로 움직인다. 공기가 나갈 때 그대는 들어오고 공기가 들어올 때 그대는 나간다.

그대가 내쉴 때 내면에 공간이 생긴다. 호흡이 생명이기 때문이다. 그대가 깊이 내쉬면 그대는 텅 비게 된다. 생명은 빠져 나간다. 그래서 그 순간은 일종의 죽음의 순간이다. 죽음의 침묵이 내면으로 들어오고 공기는 빠져 나간다. 그대는 눈을 감는다. 그리고 내면으로 들어간다. 거기에 텅 빈 공간이 있다. 그대는 쉽게 들어갈 수 있다.

기억하라. 그대가 들이쉴 때 내면으로 들어가기란 무척 어렵다. 거기에는 들어갈 공간이 없기 때문이다. 그대가 내쉬는 동안 내면으로 들어갈 수 있다. 공기가 들어올 때 그대는 빠져 나간다. 눈을 뜨고 빠져 나가라. 그리고 이 둘 사이에 하나의 리듬을 만들어라. 15분이 지나기 전에 그대는 깊이 이완될 것이다. 그러면 그대는 이 방편을 수련할 준비가 된 것이다.

이 방편을 수행하기 전에 먼저 15분 간 준비를 하라. 그것은 단순한 준비일 뿐만 아니라 죽음을 환영하며 그것에 대해 수용적으로 되는 것이다. 거기에 두려움은 없다. 이제 죽음은 하나의 이완처럼 보인다. 깊은 휴식처럼 보인다. 죽음이 삶의 적처럼 보이지 않는다. 오히려 삶의 근원이며 에너지처럼 보인다. 삶은 호수 위의 물결이고 죽음은 호수 자체다. 물결이 일지 않을 때도 호수는 거기에 있다. 호수는 물결 없이도 존재할 수 있다. 그러나 물결은 호수 없이 존재할 수 없다. 삶은 죽음 없이 존재할 수 없다. 그러나 죽음은 삶 없이 존재할 수 있다. 왜냐하면 그것은 근원이기 때문이다. 그때 그대는 이 방편을 수련할 수 있다.

"발끝에서부터 그대의 형체를 통해 올라오는 불꽃에 초점을 맞춰라. 그대의 몸이 타서 재가 될 때까지, 그러나 그대는 타지 않는다."

그저 누워라. 먼저 자신을 시체라고 생각하라. 그리고 나서 발가락 끝에 집중하라. 눈을 감고 내면으로 들어가라. 그대의 주의력을 발끝에 모아 거기에서 불이 일어나는 것을 느껴라. 그 불이 몸을 따라 올라오고 있음을 느껴라. 모든 것이 타 없어진다. 불이 올라올수록 그대의 몸은 사라져 가고 있다. 발가락 끝에서 시작해서 위로 올라오라.

왜 발가락에서부터 시작하는가? 그것이 더욱 쉽기 때문이다. 발가락은 그대의 '나', 그대의 에고에서 제일 멀리 떨어져 있다. 그대의 에고는 머리 속에 존재한다. 그대는 머리에서부터 시작할 수 없다. 그것은 매우 어려울 것이다. 그러니 가장 먼 지점에서 시작하라. 발은 에고에서 가장 먼 지점이다. 거기에서 불이 일어난다고 느껴라. 발가락은 타서 재만 남는다. 그때 천천히 올라오라. 종아리와 허벅다리로……, 모든 것이 타 없어진다.

그리고 그것들이 재가 되는 것을 계속 지켜보라. 불은 위로 올라오고 있다. 그리고 더 이상 남은 것이 없도록, 재만 남도록 완전히 태워라. 먼지는 먼지로 돌아간다. 모든 것이 그렇게 된다.

"그대의 몸이 타서 재가 될 때까지, 그러나 그대는 타지 않는다."

그대는 언덕 위에서 지켜보는 자로 남을 것이다. 육체는 불에 타서 재가 되고 있다. 그리고 그대는 주시자로서 그 광경을 주시하고 있다. 이 주시 속에는 어떤 에고도 없다.

이 방편은 무아의 상태에 이르는 데 무척 유용하다. 왜인가? 그 속에 많은 것들이 함축되어 있기 때문이다. 간단하게 보이지만 그것은 간단하지 않다. 그 내부의 메커니즘은 매우 복잡하다. 먼저 그대의 기억은 육체에 속한 부분이다. 기억도 물질이다. 그래서 그것은 기록될 수 있는 것이다. 그것은 뇌세포에 기록된다. 그것들은 물질이다. 육체에 속한 부분이다. 그대의 뇌세포는 조작될 수 있다. 만약 어떤 뇌세포가 제거된다면 거기에 있던 기억도 사라질 것이다. 기억은 뇌세포에 저장되어 있다. 그것은 물질이기 때문에 파괴될 수 있다. 그리고 이제 과학자들은 그것이 이식될 수 있다고까지 말한다.

조만간에 인간은 아인슈타인 같은 사람이 죽으면 그의 뇌세포를 보존하는 장치를 발명해 낼 것이다. 그리고 그 뇌세포는 아이들에게 이식될 것이다. 아이들은 아인슈타인의 기억을 갖게 될 것이다. 어떤 실제적인 경험 없이도 말이다.

따라서 기억은 육체에 속한 부분이다. 만약 온몸이 재가 된다면 그대는 어떤 기억도 갖지 않게 될 것이다.

기억하라. 이 점을 그대는 이해해야 한다. 그대가 실제로 육체가 죽어서 불에 탄다는 느낌 속으로 깊이 들어간다면 그대는 그 순간 어떤 기억도 갖지 않을 것이다. 지켜보는 그 순간 거기에 마음은 사라지고 없다. 모든 것이 정지한다. 어떤 사념의 움직임도 없다. 단지 일어나는 것을 지켜보는 것만이 있을 뿐이다.

그대가 한번 이것을 알게 되면 그대는 이 상태에 계속 머무를 수 있다. 한번 그대가 자신을 육체로부터 분리시킬 수 있음을 안다면……. 이 방편은 그대 자신을 육체로부터 분리시키는 방법이다. 그대와 육체 사이에 간격을 만드는 것이다. 잠시 동안 육체 밖으로 나오기 위한 것이다. 만약 그대가 이것을 할 수 있다면 그때 그대는 육체 속에 머무를 수도 있고 육체 밖으로 나올 수도 있다. 그대는 그전처럼 살 수도 있다. 하지만 똑같지는 않을 것이다.

이 방편은 적어도 3개월이라는 기간을 필요로 한다. 그것이 하루만에 일어나지는 않는다. 그러나 그대가 매일 그것을 한 시간씩 계속한다면 3개월 안에 그대의 상상력은 힘을 발휘하기 시작할 것이다. 그리고 그 간격이 만들어질 것이다. 그대는 육체가 재로 변하는 것을 실제로 보게 될 것이다. 그때 그대는 지켜볼 수 있다. 주시할 수 있다.

그 주시 속에서 그대는 한 가지 깊은 현상을 깨달을 것이다. 그것은 에고라는 것이 거짓된 것이며, 그대가 자신을 육체와, 생각들과, 마음과 동일시하기 때문에 그것이 생겨난다는 것을 말이다. 그대는 마음도 아니고 육체도 아니다. 그대는 자신을 둘러싼 모든 것과 다르다. 그대는 그대의 주변과 다르다.

이 방편이 간단해 보이기는 하지만 그것은 그대에게 깊은 변화를 가져다 준다. 그러나 먼저는 화장터로 가서 명상하라. 그러면 육체가 어떻게 불에 타는지, 어떻게 먼지로 변하는지 볼 수 있을 것이다. 그래서 혼자서도 쉽게 상상할 수 있다. 그때 발가락부터 시작해서 천천히 올라가라. 이 방편에 들어가기 전에 먼저 내쉬는 숨에 집중하라. 이 방편에 들어가기 직전 15분 동안 눈을 감고 깊이 내쉬어라. 그리고 눈을 뜨면서 육체가 들이쉬는 것을 허락하라. 그 15분 동안에 깊이 이완됨을 느낄 것이다. 그리고 나서 그 속으로 들어가라.

두번째 방편이다.

80

불에 타서 잿더미로 변한 가상의 세계에 대해서 명상하라.
그러면 그대는 인간을 넘어선 존재가 되리라.

그대가 첫번째 방편을 수련할 수 있다면 두번째는 매우 쉬워질 것이다. 만약 그대가 자신의 몸이 불타고 있는 것을 상상할 수 있다면 그때는 온 세상이 불타고 있는 것을 상상하기란 어렵지 않다. 그대의 몸이 세상이며 몸을 통해서 그대가 세상과 관계를 맺고 있기 때문이다. 세상은 확장된 그대의 몸이다. 만약 그대가 몸이 불타고 있음을 상상할 수 있다면 온 세상이 불타는 것은 쉽게 상상할 수 있다. 그리고 경전은 그것이 가상의 세계라고 말한다. 믿으라고 말한다. 단지 그대가 믿기 때문에 그것은 거기에 있다. 그리고 온 세상이 불타고 있다. 사라지고 있다.

그러나 만약 그대가 첫번째 방편이 매우 어렵게 느껴진다면 그때는 두번째 방편부터 시작할 수 있다. 그대가 첫번째를 할 수 있다면 두번째는 매우 쉽다. 그리고 그대가 첫번째 방편을 수행했다면 사실 두번째는 할 필요가 없다. 몸이 사라지면 모든 것은 자동적으로 사라질 것이다. 하지만 첫번째가 어렵다고 느껴지면 처음부터 두번째 방편을 시작해도 된다.

그리고 발가락부터 시작하는 것은 머리로부터, 에고로부터 가장 멀리 떨어져 있기 때문이라고 말했다. 그러나 그대는 발가락부터 시작하는 것을 좋아하지 않을 수도 있다. 그때는 더 멀리 떨어져서 이 세상에서부터 시작하라. 그리고 나서 점점 그대 자신을 향해 다가오라. 온 세상이 단지 불타고 있을 때 그 속에서 자신이 불타는 것은 쉬울 것이다.

"불에 타서 잿더미로 변한 가상의 세계에 대해서 명상하라. 그러면 그대는 인간을 넘어선 존재가 되리라."

만약 그대가 온 세상이 불타고 있는 것을 볼 수 있다면 그대는 인간을 넘어서게 된다. 그대는 초인간의 의식을 알게 된다. 그대는 그것을 상상할 수 있다. 그러나 상상력의 훈련이 필요하다. 우리의 상상력은 잘 훈련되지 못했다. 그것은 매우 거칠고 조잡하다. 상상력에 대한 훈련 과정을 가르치는 학교가 없기 때문이다. 지성에 대한 훈련 과정은 많다. 학교와 대학이 존재하고 삶의 많은 시간들이 지성의 훈련을 위해서 쓰여진다. 하지만 상상력을 훈련시키는 곳은 없다. 그것은 그 자체로 놀라운 차원을 갖고 있는데도 말이다. 만약 그대가 상상력을 훈련시킬 수 있다면 그것을 통해 그대는 많은 놀라운 일들을 할 수 있다.

작은 것에서부터 시작하라. 큰 것만 생각한다면 실패할지도 모른다. 예를 들어 온 세상이 불타고 있다고 상상하라. 그것에서는 그리 깊이 들어갈 수 없다. 첫째 그대는 그것이 상상이라는 것을 안다. 그리고 상상 속에서 온통 불바다라고 생각한다 해도 그대는 세상이 불탄다고 느끼지 않을 것이다. 세상은 여전하다. 그것은 오직 그대의 상상일 뿐이다. 그대는 상상력이 어떻게 실재가 될 수 있는지 모른다. 그대는 우선 그것을 느껴야 한다.

먼저 이 방편으로 들어가기 전에 간단한 실험을 한번 해보라. 먼저 그대의 양손을 깍지를 끼워 잡아라. 그리고 눈을 감고 이제 그대의 손이 풀어지지 않는다고 상상하라. 손이 죽어서 굳어졌다고 상상하라. 그리하면 그대는 그것들을 풀기 위해 어떤 것도 할 수 없다. 처음에는 그것이 단지 상상일 뿐이라고 느낄 것이다. 그래서 그대는 쉽게 손을 풀 수 있다. 그러나 10분 동안 계속 그렇게 생각하면 그대는 손을 풀 수 없다. 그대는 아무것도 할 수 없다. 그대의 손은 풀리지 않는다. 10분이 지난 뒤에 한번 풀어 보라.

열 명 중에 세 명은 손을 풀 수 없다. 약 30%의 사람들이 10분이 지나면 손을 풀 수 없다. 그들의 상상력은 실재가 된 것이다. 어쨌든 그들은 분투한다. 그리고 그들이 손을 풀기 위해 애를 쓸수록 더더욱 어려워진다. 그대는 땀을 흘리기 시작한다. 그대는 자신의 손을 보고 있지만 풀 수가 없다. 그것들은 완전히 굳어 버렸다.

그러나 두려워하지 마라. 그대의 눈을 다시 감아라. 그리고 이번에는 그것들이 열린다고 상상하라. 오직 그때만이 그것들은 열릴 수 있다. 30%의 사람들이 즉시 성공할 것이다. 이 30%의 사람들은 매우 쉽게 이 방편 속으로 들어갈 수 있다. 그들에게는 별 문제가 없다.

나머지 70%의 사람들에겐 이 방편을 수련하는 데 어려움이 따른다. 그들은 많은 시간이 필요하다.

감각이 예민한 사람들이 있다. 그들은 어떤 것을 상상하면 그것이 일어난다. 그리고 상상력이 실제가 될 수 있다고 그들이 한번 믿으면 그들에게는 느낌까지 수반된다. 그때 그대는 상상력으로 많은 것들을 할 수 있다. 벌써 그대는 그것을 알지 못하면서도 하고 있다. 그대는 이미 하고 있다. 그러나 그대는 자각하지 못하고 있다.

어떤 병이 도시에 들어왔다고 하자. 인플루엔자 같은 것이 말이다. 그대는 그것에 감염된다. 그런데 문제는 환자 중의 70% 이상이 상상력 때문에 그 병에 걸린다는 것이다. 왜냐하면 인플루엔자는 거기에 있고 그대는 이제 그것의 먹이감이 되었다고 상상하기 때문이다. 그러면 그대는 곧 독감에 걸리고 만다. 많은 질병들이 그대의 상상력을 통해 침입한다. 그러므로 상상력으로 그대는 그 병들을 치료할 수도 있다. 그대의 상상력을 조금만이라도 훈련시켜 보라. 그때 이 방편은 매우 유용하게 될 것이다.

자, 세번째 방편으로 들어가자.

81

주관적으로는, 글자들이 단어들 속으로 흘러들고 단어들은 문장 속으로 흘러든다.
객관적으로는, 굴레들이 세상 속으로 흘러들고 세상들은

법칙들 속으로 흘러든다.
그러므로 우리의 존재 속에서 이것들의 집약을 발견하라.

이것 역시 상상력에 관한 방편이다. 에고는 언제나 두려워한다. 그것은 다칠까봐 두려워하는 것이다. 어떤 것이 그 속으로 들어와 그것을 파괴할까봐 두려워한다. 그래서 에고는 그 주위에 성을 쌓는다. 그리하여 그대는 장벽으로 둘러싸인 감옥 속에 살기 시작한다. 아무것도 그대 속으로 들어오지 못하게 한다. 그대는 두렵다. 뭔가가 그대 속으로 들어와 온통 분탕질을 치면 어떻게 하겠는가? 차라리 아무것도 들어오지 못하게 하는 편이 안전하다. 그래서 상호교류가 끊어진다. 사랑을 할 때에도 단지 사랑한다고 생각할 뿐 거기에 가슴의 교류는 없다.

아내나 남편이 하는 말을 들어보라. 그들은 서로에 대해 터놓고 이야기하지 않는다. 거기에는 어떤 교류도 없다. 그들은 말을 통해서 서로를 피한다. 대화하는 것은 단지 자신을 은폐하기 위한 수단일 뿐이다. 침묵 속에서는 서로에게 상처받기 쉽다. 침묵 속에서는 더 가까워질 수 있기 때문이다. 침묵 속에서는 에고가, 장벽이 없다. 그래서 남편과 아내는 침묵할 수 없다. 그들은 뭔가 쓸데없는 것이라도 지껄여야 한다. 그래서 시간을 때워야 한다. 그것은 자신의 가슴을 상대방에게 열지 않으려는 것이다. 우리는 서로를 두려워한다.

하루는 물라 나스루딘이 외출하려고 문밖을 나서는데 그의 아내가 그를 보다가 입을 열었다.

"나스루딘, 오늘이 무슨 날인지 잊어버렸나요?"

나스루딘은 그날이 무슨 날인지 알고 있었다. 그날은 결혼 25주년 기념일이었다. 그래서 그는 대답했다.

"물론 알고 있지. 잘 알고 있소."

그러자 아내는 완고하게 말했다.

"그러면 우리가 어떻게 축하를 해야 되죠?"

나스루딘이 말했다.

"여보, 나는 모르겠소."

그러면서 그는 뒤통수를 긁었다. 그리고는 곤란한 표정을 지으며 말했다.

"우리가 2분 동안만 침묵을 지키는 것으로 그것을 축하하는 것이 어떻겠소?"

그대는 누군가와 침묵한 채로 함께 있을 수 없다. 그대는 안절부절못한다. 침묵 속에서는 타인이 그대 속으로 들어간다. 침묵 속에서는 그대의 문이 열린다. 그대의 창문이 열린다. 그대는 두려워한다. 그대는 무슨 말이든 계속해야 한다. 그래서 문을 닫은 상태를 지속시켜야 한다.

에고는 하나의 폐쇄 현상이다. 그것은 감옥이다. 감옥은 그대가 불안하다고 느끼기 때문에 받아들여진다. 감옥은 일종의 안정감을 준다. 보호받고 있다는 느낌을 준다. 이 세번째 방편에 들어가려면 먼저 기본적인 사실, 즉 삶이란 불안한 것이라는 점을 알아야 한다. 그것을 안전하게 만들 수 있는 길은 어디에도 없다. 그대가 무엇을 하더라도 효과가 없다. 그대는 단지 안전하다는 소설만을 쓸 수 있다. 그리고 삶은 여전히 불안전한 채로 남아 있다. 불안전성이 삶의 본상이다. 거기에 죽음이란 것이 있기 때문이다. 그러니 어떻게 삶이 안전할 수 있겠는가?

한순간이라도 깊이 생각해 보라. 만약 삶이 실제로 안전하다면 그것은 이미 죽은 것이다. 절대적으로, 전적으로 안전한 삶이란 살아 있는 것이 될 수 없다. 거기에는 모험이라는 것이 빠져 있기 때문이다. 만약 그대가 모든 위험으로부터 분리된다면 그대는 죽은 것과 마찬가지다. 아니 죽음 바로 그 자체다. 삶 속에는 모험이 있고 위험과 불안전성이 있다. 죽음이 거기에 들어 있다.

자, 이제 한번 보라. 나는 그대를 사랑한다. 나는 이미 위험한 길로 들어섰다. 이제 아무것도 안전한 것은 없다. 그러나 나는 계속해서 모든 것을 안전하게 만들려고 한다. 나는 내일 살아 있는 모든 것을 죽일 것이다. 오직 그때만이 내일이 안전하다고 느낄 수 있다. 그래서 사랑은 결혼으로 변질된다. 결혼은 안전성이고 사랑은 불안전성이다. 그러나 다음 순간 모든 것이 바뀐다. 그대는 너무 많이 긁어 모았고 다음 순간 사랑은 그대를 떠난다. 친구도 그대를 떠난다. 그대는 허공 속에 남게 된다. 사랑은 불안정이다. 그대는 미래를 고정시킬 수 없다. 그대는 미래를 예견할 수 없다. 그래서 사랑은 희생당해야 한다. 사랑 대신에 안전한 그 무엇으로 대체되어야 한다. 그것이 곧 결혼이다.

결혼과 함께 그대는 안전할 수 있다. 그것은 예상이 가능한 것이다. 오늘 그대의 아내는 내일도 그대의 아내가 될 것이다. 남편 역시 미래에도 그대의 남편이다. 그대가 그것을 안전하게 만들었기 때문에 거기에 위험은 없다. 그래서 생명도 없다. 그것은 죽음이다. 모든 관계가 이제 죽음으로 변한다. 오직 죽은 것만이 영구한 것이다. 살아 있는 것은 수시로 변화한다. 변화는 삶의 본성이다. 그리고 변화 속에는 불안전성만이 있다.

더 깊은 삶의 영역 속으로 들어가기 원하는 사람은 불안전할 준비가 되어 있어야 한다. 위험에, 미지의 것에 대한 준비가 있어야 한다. 미래를 고정시키려는 어떤 시도도 해서는 안된다. 만약 시도한다면 그래서 성공한다면 모든 것을 죽이게 된다. 이 점을 기억하라.

불안전성은 살아 있는 것일 뿐만 아니라 아름답기까지 하다. 안전은 무디며 추한 것이다. 그대가 문을 닫고 모든 통로를 막는다면 그때야 비로소 안전할 수 있다. 하지만 그것은 사는 것이 아니다. 그대는 이미 무덤 속으로 들어가 버린 것이다.

이 방편은 그대가 열려 있고, 위험한 상태에서도 두려워하지 않을 때만 수련할 수 있다. 이 방편은 전 우주가 그대 속으로 들어오는 것을 허락하는 길이기 때문이다.

"주관적으로는, 글자들이 단어들 속으로 흘러들고 단어들은 문장 속으로 흘러든다. 객관적으로는, 굴레들이 세상 속으로 흘러들고 세상들은 법칙들 속으로 흘러든다. 그러므로 우리의 존재 속에서 이것들의 집약을 발견하라."

모든 것이 나의 존재 속으로 집약된다. 나는 열린 하늘 밑에 서 있다. 전 존재계가 모든 곳에서부터, 모든 구석과 그늘진 곳에서부터 그대에게로 들어올 것이다. 그대의 에고는 존재할 수 없다. 그처럼 개방된 상태에서는 전 존재계가 그대 속에 집약된다. 그대는 '나'로서 존재할 수 없다. 그대는 광활한 열림으로서 존재할 것이다. 결정체의 '나'라는 것은 남아 있지 않다.

이 방편을 수련하기 위해서는 작은 데서부터 단계적으로 시작해야 한다. 먼저 나무 밑에 앉아라. 미풍이 그대를 스치고 지나간다. 그리고 나뭇잎이 흔들린다. 바람이 그대를 어루만질 때 그것은 그대 주위를 움직인다. 그것이 지나간다. 그러나 단지 그것이 그대를 지나가도록만 하지 마라. 그것이 그대 속으로 들어와 그대를 통과해 가도록 하라. 눈을 감아라. 그것이 나무를 통과할 때 잎들이 흔들리는 것처럼 그대 역시 한 그루의 나무가 되었다. 바람이 그대를 통해서 지나간다. 그대의 옆이 아니라 그대의 중심으로 말이다.

나무의 흔들림이 그대 속으로 들어올 것이다. 그대 몸의 모든 털구멍으로, 기공(氣孔)으로 바람이 통과하고 있다고 느낄 것이다. 그것은 실제로 그대를 통과한다. 그것은 상상만이 아니다. 그것은 실제적인 현상이다. 그대는 잊어버렸다. 그대는 단지 코로만 호흡하고 있다고 생각한다. 그러나 사실 그대는 온몸으로 호흡하고 있다. 수백만 개의 털구멍으로, 기공으로 호흡하고 있다. 만약 그대가 코로만 호흡하고 다른 모든 기공들을 막아 버린다면 그대는 세 시간 안에 죽을 것이다. 코를 통해서만 호흡할 수는 없다. 그대의 모든 세포들은 살아서 숨쉬고 있다. 실제로 공기는 그대를 통과하고 있다. 그러나 그대는 그 감촉을 잃어버렸다. 그러므로 나무 밑에 앉아서 느껴라.

처음에는 그것이 상상으로만 보일 것이다. 그러나 곧 그것은 하나의 실체로 변한다. 그것은 실재하는 현상이다. 공기가 그대를 통과하고 있다. 그때 떠오르는 태양 속에 앉아 있어라. 그리고 태양 광선이 그대에게 와닿는 것 뿐만 아니라 그대의 몸을 통과하고 있다고 느껴라. 그대는 노출되어 있다. 그대는 열려 있음을 느끼기 시작한다.

그리고 이것은 모든 것에서 가능하다. 예를 들면 내가 여기에서 말을 하고 있다. 그대는 내 말을 듣고 있다. 그대는 귀를 통해서 들을 뿐만 아니라 몸 전체로 듣고 있다. 그대는 지금 당장 그것을 느껴보라. 그대는 귀를 통해서 내 말을 듣는 것이 아니다. 그대는 온몸으로 내 말을 듣고 있다. 그렇게 들을 때 그것이야말로 진정한 경청이 된다. 그대가 경청할 때 그것은 몸 전체가, 세포 하나하나가 경청하는 것이다. 그것은 한 부분이 아니다. 에너지의 파편만을 주워듣는 것이 아니다. 그것은 그대 전체로 소리의 에너지를 관통시키는 것이다. 내 말이 그대를 관통할 때 그대는 그것을 마시는 것이다. 입으로가 아니라 모든 세포로, 모든 기공으로 말이다. 그 에너지는 모든 곳에서 흡수될 수 있다.

그대는 이것을 할 수 있다. 사원으로 가서 거기에 앉아 있어 보라. 많은 신자들이 오갈 것이다. 사원의 종소리는 계속 울린다. 그때 몸 전체로 들어라. 종소리가 울리고, 사원 전체가 진동을 하고 있다. 모든 벽들이 그 음향을 반사하고 있다. 그 소리가 그대 속에서 집약되는 것을 느끼기 위해서 우리는 자세를 둥글게 만든다. 그래서 모든 곳에서 다가오는 소리들이 그대 속에 집약된다. 그대는 온몸으로 듣을 수 있다. 모든 기공, 모든 털구멍으로 그것을 마시고 흡수하라. 그리고 그것이 그대를 관통하게 하라. 그대의 문은 전체적으로 열려 있다. 이제 그대는 그 어떤 것에 대해서도 장벽이 아니다. 공기나, 말이나, 소리나, 광선 그 어떤 것에 대해서도 그대는 장벽이 아니다. 그대의 몸은 아무것도 가로막지 않는다.

이제 그대가 그 어떤 것에도 저항하지 않음을 느끼게 될 때 그대는 투쟁 속에, 갈등 속에 있지 않다. 그대는 갑자기 에고가 거기에 없음을 깨닫게 될 것이다. 에고는 오직 그대가 투쟁할 때만 존재할 수 있기 때문이다. 그것은 하나의 저항이다. 그대가 '아니오'라고 말할 때 에고는 탄생한다. 그대가 '예스'라고 말할 때마다 에고는 사라진다. 그래서 나는 그 사람을 아스틱(astik)이라고 부른다. 진정한 유신론자란 뜻이다. 그는 전 존재계를 향해 '예스'라고 말한다. 거기에는 어떤 '아니오'도 없다. 저항이 없다. 그는 모든 것을 받아들인다. 모든 것이 그에게 일어나도록 허용한다. 죽음이 오더라도 그는 문을 닫지 않는다. 그 문은 언제나 열려 있다.

이러한 열림의 상태가 일어나야 한다. 오직 그때만이 그대는 이 방편을 제대로 수련할 수 있다. 이 방편에서 존재계 전체가 그대 속으로 집약된다고 말하기 때문이다. 그때 그대는 그냥 사라질 것이다. 그대는 하나의 허공이, 무한한 허공이 될 것이다. 이 무한한 우주가 에고처럼 좁다란 알갱이 속으로는 집약될 수 없기 때문이다. 그것은 그대가 허공과 같이 무한해질 때만 가능하다. 이런 일은 일어날 수 있다. 갈수록 그대는 더욱더 예민해진다. 그때 그대는 인식하지 못했던 자신의 저항을 자각하게 된다.

우리는 항상 너무나 저항적이다. 내가 그대를 만진다면 그대는 촉감에 대해 저항하고 있음을 느낄 수 있다. 그대는 장벽을 만들어 놓고 온기가 그대 속으로 들어오지 못하게 한다. 나의 손길은 그대 속으로 들어갈 수 없다. 우리는 서로에게 손길을 허용하지 않는다. 누군가가 그대를 만지면 그대는 긴장하게 된다. 그리고 그는 그대에게 '실례했습니다'라고 말할 것이다. 모든 곳에 저항이 있다. 내가 그대를 바라볼 때 그대는 저항한다. 그 바라봄이 그대 속으로 들어가기 때문이다. 그것은 깊이 관통할 수 있다. 그대를 자극시킬 수 있다. 그때 그대는 어떻게 하겠는가?

이것은 낯선 사람에게만 그런 것이 아니다. 굳이 낯선 사람까지도 필요 없다. 왜냐하면 낯선 사람이 아무도 없거나, 모든 사람이 낯선 사람이기 때문이다. 한지붕 아래 산다고 해서 어떻게 낯설음이 해소될 수 있겠는가? 그대를 태어나게 해준 아버지를 아는가? 그도 낯선 사람이다. 그대는 그대의 어머니를 아는가? 그녀 역시 낯선 사람으로 남아 있다. 그래서 모든 사람이 낯선 사람이다. 혹은 아무도 낯선 사람이 아니다. 그러나 우리는 두렵다. 그래서 도처에 장벽을 쳐놓고 있는 것이다. 이 장벽들이 우리를 무감각하게 만든다. 그때 우리 속으로 아무것도 들어올 수 없다.

사람들은 나에게 와서 이렇게 말한다.

"아무도 나를 사랑하지 않습니다. 아무도 나에게 관심을 가지지 않습니다."

그러면 나는 그를 만진다. 그때 나는 그가 내 손길조차도 두려워한다는 것을 느낀다. 거기에 미묘한 도피가 있다. 나는 그의 손을 잡는다. 그러면 그는 거기에서 도피한다. 손을 잡은 곳에 그는 없다. 내 손 안에는 시체 같은 그의 손만 있을 뿐이다. 그는 이렇게 말한다.

"아무도 나를 사랑하지 않습니다."

누가 그대를 어떻게 사랑할 수 있겠는가? 전 존재계가 그를 사랑한다고 해도 그대는 그것을 느낄 수 없다. 왜냐하면 그대는 닫혀 있기 때문이다. 사랑은 그대에게 들어올 수 없다. 문이 없다. 그대는 자신의 감옥 속에서 고통받고 있다.

만약 에고가 거기에 있다면 그대는 닫혀 있다. 사랑을 향해서, 명상을 향해서, 신을 향해서 말이다. 그러니 먼저 더욱 예민해져라. 더욱 열려 있고 더욱 섬세해져라. 그대에게 뭔가가 일어나도록 허용하라. 오직 그때 신성이 일어날 수 있다. 그것은 마지막으로 일어나는 일이다. 만약 그대가 평범한 것이 그대에게 일어나도록 허용할 수 없다면 어떻게 궁극이 일어나도록 허용할 수 있겠는가? 궁극이 그대에게 일어날 때 그대는 더 이상 존재하지 않을 것이기 때문이다. 그대는 그저 사라지고 말 것이다.

까비르는 이렇게 말했다.

"내가 당신을 찾을 때 당신은 거기에 없습니다. 그리고 이제 당신이 거기에 있을 때 추구하는 자, 까비르는 어디에 있습니까? 그는 더 이상 거기에 없습니다. 그러면 이것은 어떤 만남입니까?"

까비르의 말은 이런 뜻이다.

'내가 거기에 있을 때 신성은 없었다. 이제 신성이 거기에 있을 때 나는 없다. 그러니 이 만남은 어떤 종류의 만남인가?'

그러나 실제로 이것만이 유일한 만남이다. 왜냐하면 두 개의 존재는 만날 수 없기 때문이다. 우리는 보통 만남에는 두 개의 존재가 필요하다고 생각한다. 오직 하나뿐이라면 어떻게 만남이 성립될 수 있는가? 그래서 일반적인 논리로는 만남에서 적어도 두 개 이상의 존재가 필요하다. 상대방이 필요하다. 그러나 진정한 만남에 있어서는, 우리가 사랑이라고 부르는 만남, 기도라고 부르는 만남, 삼마디라고, 엑스터시라고 부르는 만남에 있어서는 하나만 필요하다. 구하는 자가 거기에 있을 때 구하는 대상은 거기에 없다. 구하는 대상이 거기에 당도할 때 구하는 자는 이미 사라진다.

왜 그런가? 에고가 장벽이 되기 때문이다. 그대가 자신이 있다고 느낄 때 그대는 이미 가득 차 있기 때문에 아무것도 그대 속으로 들어올 수 없다. 그대는 그대 자신으로 가득 차 있는 것이다. 그러나 그대가 없을 때 그때 모든 것이 그대를 통과할 수 있다. 그대는 너무나 광활해서 신성조차 그대를 통과할 수 있다. 이제 전 존재계는 그대를 통과할 준비가 되어 있다. 그대가 사라질 준비가 되었기 때문이다. 그래서 종교의 모든 기술은 어떻게 하면 사라지느냐, 존재하지 않느냐, 조복하느냐, 열린 공간이 되느냐 하는 것이다.

〈질문〉

"지금까지 비그야나 바이라바 탄트라에 나오는 여러 가

지 명상 방편들에 대해서 들었습니다. 그런데 그 후로 저는 방편을 통해서는 내면의 문이 열릴 수 없다는 느낌이 들기 시작했습니다. 내면의 문이 열리는 것은 실제로 스승의 은총과 입문에 달려 있지 않습니까? 우리가 스승께 입문하는 것이 언제 어떻게 가능하겠습니까?"

실제로 스승의 은총은 또 다른 한 가지 방편이다. 말만 바뀌었을 뿐 아무것도 달라진 것이 없다. 그것 역시 조복을 뜻한다. 그대는 에고를 조복받을 때만이 스승의 은총을 받아들일 수 있다. 그리고 조복도 하나의 중요한 방편이다. 만약 그대가 어떻게 조복하는지 모른다면 어떤 은총도 받아들이지 못할 것이다. 아무도 은총을 줄 수는 없다. 오직 받아들일 수만 있는 것이다. 깨달은 사람에게는 은총이 항상 흐르고 있다. 그것은 거기에서 넘치고 있다. 그것은 그의 본성이다.

등불이 탈 때 빛이 나오는 것처럼 깨달은 사람은 항상 은총을 뿜어내고 있다. 그것은 노력에서 나오는 것이 아니다. 그것은 저절로 흘러 나오는 것이다. 그것은 본래 거기에 있는 것이다. 만약 그대가 그것을 받아들일 수 있다면 좋다. 그리고 그대가 그것을 받아들일 수 없다고 해도 그것으로 그만이다.

내가 지금 하는 말이 매우 역설적으로 들릴 것이다. 하지만 그것은 진실이다. 은총은 스승에 의해서 주어지는 것이 아니다. 그것은 제자에 의해 받아들여지는 것이다. 그러나 어떻게 제자가 될 수 있을까? 그것이 바로 테크닉이다. 어떻게 조복하는가? 어떻게 수용적으로 될 수 있는가? 조복이란 이 세상에서 가장 어려운 것 중의 하나다. 그대는 자신의 분노 앞에서도 조복할 수 있는가? 그대는 자신의 슬픔 앞에서, 자신의 전 존재 앞에서 조복할 수 없다. 뿐만 아니라 그대는 무의미한 것 앞에서 조복할 수 없다. 그대는 자신의 병 앞에서, 그대 자신 앞에서마저도 조복할 수 없다. 조복이란 전적인 복종을 말한다. 그대는 모든 것을 그대의 스승에게 맡긴다. 그리고 그대는 이렇게 말한다.

"이제 나는 더 이상 아무것도 아닙니다. 오직 당신만이 계십니다. 당신 뜻대로 하십시오."

그대가 기다리기만 할 때, 그리고 스승에게 가서 스승이 언제 무엇을 할지 이것저것을 물어보지 않을 때, 그대는 제대로 조복한 것이다. 이제 그대라는 존재는 끝났다. 이제 더 이상 물어볼 것도 없다. 하지만 어떻게 그런 상태까지 이를 수 있는가?

이것은 또한 엄청난 자각을 필요로 한다. 보통 우둔한 사람들은 조복이 매우 쉬운 것이라고 생각한다. 그렇게 생각하는 것 자체가 바로 우둔함이다. 그들은 그대가 스승에게 가서 스승의 발을 만지고 고개 숙여 절하면 그것이 곧 조복이라고 생각한다. 하지만 그것은 조복이 아니다. 그것은 조복과 아무런 상관이 없다. 조복은 내면의 태도다. 그것은 그대 자신을 완전히 잊어버리는 것이다. 그리고 오직 스승만 남아 있다. 그대는 더 이상 존재하지 않는다.

이것은 오직 깊은 자각 속에서만 일어날 수 있다. 자각이 도대체 무엇인가? 그대가 이 방편들을 계속 수행한다면 그대에게 자각이 일어날 것이다. 그리고 그 자각을 통해서 그대 자신은 아무런 도움도 안된다는 것을 지속적으로 느낄 것이다. 그러나 그것 때문에 미리 속단하지는 마라. 그렇게 되면 그것은 자신의 마음에 속는 것이다. 일단 방편을 수행하라. 그러면 자연적으로 모든 것이 일어날 것이다. 만약 그 방편이 그대에게 도움이 된다면 그때는 조복을 통할 필요가 없다. 그대는 곧 변형될 것이다. 그대가 진정을 다해 그것을 수행하고 자신을 속이지 않는데도 아무 일도 일어나지 않는다면 그때는 절망감을 느낄 것이다. 그리고 그대는 이렇게 말할 것이다.

"나는 이제 아무것도 할 수 없다."

만약 이것이 그대 속으로 깊이 들어갈 수 있는 계기가 된다면 이 절망감은 오히려 좋은 것이다. 그것은 이제 그대가 진정으로 조복할 수 있는 길을 제시한 것이다.

그대는 절망감을 느끼는가? 아니다. 사실은 아무도 절망감을 느끼지 않는다. 모든 사람들이 이렇게 생각하고 있다.

'나는 할 수 있다. 내가 원하기만 한다면 말이다. 지금 안되는 것은 내가 원하지 않기 때문이다.'

그대는 아직 절망적이지 않다. 그대는 단지 게으를 뿐이다. 그리고 거기에는 커다란 차이점이 있다. 게으름 속에서는 어떤 은총도 받을 수 없다. 오직 비장한 절망 속에서만 은총을 받아들일 수 있다. 절망은 게으름의 일부가 아니다. 절망은 모든 노력이 극에 다다랐을 때 일어나는 감정이다. 오직 그때만이 그대는 다른 사람에게 진정으로 조복할 수 있다. 그때 그대의 조복은 하나의 방편이 될 것이다.

그것은 마지막 방편이다. 그러나 사람들은 그것을 처음부터 하려고 한다. 그것은 마지막이며 궁극이다. 노력을 통해서 아무것도 이루어지지 않을 때 거기에는 오직 절망, 절망, 절망만이 남게 된다. 만약 그대가 모든 희망을 잃어버린다면 그대의 에고는 산산이 흩어질 것이다. 그때 그대는 이제 아무것도 남지 않았다는 것을 알게 된다. 그때 그대의 고개는 저절로 스승 앞에 숙여지고 손은 스승의 발을 만지게 된다. 그것은 다른 방식에서의 성취다. 그대는 절망 속에서 그를 발견했다. 그대의 전 존재는 모든 것을 수용하는 우주의 자궁이 되었다.

그때 은총은 유용한 것이다. 그것은 항상 유용한 것이지만 그대는 자신을 버릴 준비가 되지 않아서 그것을 누리지 못한다. 그대가 깨달은 사람 옆이나 뒤에서 무수한 시간 동안 앉아 있어도 거기엔 어떤 영적 교류도 일어날 수 없다.

한편 거리(距離)에는 세 가지 유형이 있다. 첫번째 거리는 공간의 거리이다. 그대는 거기 앉아 있고 나는 여기 앉아 있다. 두 지점 사이에는 공간적인 차이가 있다. 그대는 가까이 올 수 있다. 그러면 거리는 좀더 좁혀질 것이다. 그대가 나에게 바싹 붙어 앉게 되면 공간은 완전히 사라진다. 그러나 그것은 공간의 차원 속에서 그렇다.

두번째 거리가 있다. 그것은 시간의 거리이다. 그대의 친구가 죽었다. 공간상에서는 두 점 중에서 한 점이 완전히 사라진 것이다. 이제 공간상에서는 거리가 사라졌다. 그대가 눈을 감으면 그대 곁에, 아니 그대 속에 친구가 있다. 하지만 시간상에서는 그때부터 거리가 벌어지기 시작한다. 그대는 시간이 지날수록 늙어가지만 친구는 죽을 때의 모습 그대로 그대 속에 있다. 이것이 시간상의 거리이다.

세번째 거리가 있다. 그것은 바로 사랑의 거리이다. 사랑하는 사람이 죽었다. 사람들은 종종 세월이 약이 된다고 말한다. 시간이 지나가면 모든 것은 잊혀지기 마련이다. 그대가 어떤 사람을 사랑할 때 그는 그대와 가장 가까이 있다. 그가 만일 죽은 사람이라 할지라도 그대의 사랑이 있는 한 거기에는 거리가 없다. 만약 누군가가 붓다와 사랑에 빠진다면 시간과 공간의 거리는 사라져 버린다. 그는 바로 지금 여기에 있으며 그대는 그의 은총을 받을 수 있다.

그러나 반대로 그대는 지금 한 사람의 붓다 곁에 앉아 있을 수도 있다. 거기에는 시간과 공간의 거리가 전혀 없다. 하지만 사랑이 없다면 거기에는 무한한 거리가 있다. 그래서 어떤 사람들은 붓다와 만나지 않고도 그와 함께 평생을 살아가기도 한다. 그들은 지금 여기에서 붓다를 만나고 있는 것이다.

은총은 사랑의 차원에서 일어난다. 사랑 속에서는 모든 것이 항상 영원한 현재형이다. 그래서 그대가 사랑 속에 있다면 은총을 받을 수 있다. 그래서 사랑은 하나의 조복이다. 사랑은 그대보다 다른 사람이 더 중요해졌다는 뜻이다. 그대는 사랑하는 사람을 위해 기꺼이 자신을 내던질 수 있다. 그때는 다른 사람이 중심이 되고 그대는 주변이 된다. 점점 그대는 사라져 가다가 어느 순간엔가 완전히 사라진다. 그리고 다른 사람만 남는다. 바로 그때가 그대에게는 은총의 순간이다.

그러므로 스승이 그대에게 은총을 베풀어 줄 수 있다고 생각하지 마라. 먼저 절망의 상태에 이르러라. 그리고 사랑 속에서 전적으로 조복하라.

그때 스승은 그대를 찾아올 것이다. 제자가 준비되었을 때 스승은 항상 거기에 있다. 그것은 신체적인 접촉의 문제가 아니다. 그대가 준비되었을 때 사랑의 알 수 없는 차원에서부터 은총이 쏟아진다. 그러나 은총을 하나의 도피라고 생각하지 마라.

나는 앞에서 여러 가지 방편들을 이야기하고 있었지만 거기에 두 가지 가능성이 있음을 확실히 안다. 그것은 그대가 어떤 것을 실행해 볼 수 있다는 것과 또 하나는 그대가 더욱 혼란스러워질 수 있다는 점이다. 아마 후자가 더 가능성이 클 것이다. 112가지 방편들을 하나씩 차례대로 모두 듣고 나면 그대는 상당히 혼란스러워질 수도 있다. 그대는 그것들이 자신의 한계를 넘어선 것들이라고 생각할 수도 있다. 그렇다면 그 많은 방편들이 무엇을 하기 위한 것이며 무엇을 하지 않기 위한 것인가?

그래서 어쩌면 그대의 마음은 방편이 꽉 들어찬 명상의 정글 같은 세계로 들어가기보다는 '은총을 받는 것-구루크리파(Gurukripa)-'이 더 좋다는 쪽으로 기울지도 모른다. 방편을 따르는 것은 매우 복잡하고 따라서 은총을 받는 것이 더 쉽다고 생각할 것이다.

하지만 그대의 사고방식이 이런 식이라면 그대에게는 아무것도 일어나지 않을 것이다. 그것은 그만큼 그대가 절실하지 않다는 뜻이다. 그러니 이 방편들을 절실하고 성실하게 수행해 보라. 이것은 마음의 일이다. 그렇게 해서 손해볼 것은 아무것도 없다. 적어도 그대는 지적인 거인이 될 것이다. 이 세상 그 누구도 그대의 정신적 자유 분방함을 방해하지 못할 것이다. 그리고 그 방편이 성공한다면 그대는 변형될 것이다. 만약 실패한다 해도 실패로 인해서 그대는 조복하게 될 것이다. 그리고 조복은 또한 궁극적인 방편이 될 것이다.

깨어나라! 주시하라! 이해하라!

허공의 발견

여기의 방편들은 생각하는 것이
아니라 느끼는 것이어야 한다。

허공의 발견

82

느껴라.
나의 생각, 나의 존재, 그리고 내면의 기관들을.
그때 진아가 드러난다.

83

욕망이 있기 전에, 앎이 있기 전에,
나는 존재한다고 어떻게 말할 수 있겠는가?
주시하라.
그 아름다움 속에서 녹아 들어라.

언젠가 한 방문객이 작은 도시에 와서 그곳 시장(市長)에 대해 여러 사람들을 찾아 다니며 물었다.

"당신들의 시장은 어떤 사람입니까?"

그러자 사제가 말했다.

"그는 좋은 사람이 아니다."

역무원도 이렇게 말했다.

"그는 건달이다."

그리고 한 이발사는 이렇게 말했다.

"나는 절대로 살아 생전에 그런 악당에게 투표하지 않을 것이다."

그리고 마지막으로 시장 자신은 이렇게 말했다.

"내가 얼마나 훌륭한 사람인지 당신은 모를 것이다. 나는 어떤 보수도 받지 않는다. 단지 명예를 위해 이 직무를 맡고 있을 뿐이다."

이것이 바로 에고의 형편이다. 오직 그대만이 그대의 에고에 대해서 생각한다. 다른 누구도 그것을 생각해 주지 않는다. 오직 그대만이 그대의 에고가 왕관을 쓰고 있다고 생각한다. 다른 누구도 그렇게 생각하지 않는다. 그러나 그대는 꿈속에서 살고 있다. 망상 속에서 살고 있다. 그대는 스스로 자신의 이미지를 만들어 냈다. 그리고는 온 세상이 그것을 위해 존재한다고 생각한다. 이것은 하나의 정신착란이며 광기다. 이것은 실제가 아니다.

세상은 그대를 위해 존재하는 것이 아니다. 아무도 그대의 에고에 대해 거들떠보지 않는다. 전혀 말이다. 그대가 있든지 없든지 아무런 차이도 없다. 그대는 단지 한 조각의 파도다. 그 파도는 그저 왔다가 간다. 바다는 그것에 대해 염려하지 않는다. 그러나 그대는 자신이 중요한 존재라고 생각한다.

에고를 없애 버리려는 사람은 먼저 이 사실을 인식해야 한다. 그대가 자신의 에고 중심적인 구조를 한쪽으로 제쳐놓을 수 없는 한 그대는 실체를 볼 수 없을 것이다. 왜냐하면 그대가 무엇을 보든지, 무엇을 인식하든지 그대의 에고가 그것을 왜곡시키기 때문이다. 그것은 모든 것을 자기를 위해 조작하려 든다. 하지만 그 어떤 것도 그대의 에고를 위해서 존재하는 것은 없다.

실체는 그 어떤 것이 거짓인 이상 그것을 지지할 수 없다. 그리고 그대의 에고는 존재하기 불가능한 것이며 가장 거대한 거짓이다. 그것은 본래부터 있던 것이 아니다. 그대의 창조물이다. 그대 상상의 창조물 말이다. 실체는 그것을 도울 수 없다. 실체는 언제나 그것을 흩어지게 하고 파괴한다. 그대의 에고가 실체와 접촉할 때마다 실체는 충격으로 다가온다. 항상 다가오는 이 충격에 맞서 대항하면 언제나 그대의 에고는 깨진다. 그래서 점점 그대는 실체를 보는 것을 피한다.

그대는 그대의 에고를 잃기보다는 차라리 실체를 외면하려고 한다. 그리고 그때 에고의 주위로 그대는 실체라고 생각하는 거짓된 세상을 꾸며 놓는다. 그때 그대는 자신의 세계 속에서 산다. 그대는 실재하는 세계와 접촉하지 않는다. 접촉할 수가 없다. 두렵기 때문이다. 그대는 에고의 온실 속에서 살고 있다. 실체가 다가올 때마다 에고가 파괴될 바에는 아예 실체와 접촉하지 않는 것이 좋다고 생각한 것이다. 그래서 우리는 계속 실체를 피해 다니며 이 불가능한 에고를 지키려고 한다.

왜 내가 그것을 불가능한 에고라고 부르는지 아는가? 왜 내가 그것을 거짓이라고 부르는가? 이것을 이해해 보라. 실체는 하나다. 실체는 전체로서 존재한다. 그대는 홀로 존재할 수 없다. 이해할 수 있는가? 만약 나무가 존재하지 않는다면 그대도 존재할 수 없다. 나무는 그대를 위해 산소를 만들어 주고 있기 때문이다. 만약 공기가 사라지면 그대는 그냥 죽을 것이다. 공기가 그대에게 생명을 주기 때문이다. 만약 태양이 사라져 버리면 그대는 여기에 더 이상 있을 수 없다. 태양의 빛과 온기는 바로 그대의 생명과 직결되어 있기 때문이다.

삶은 우주적인 전체성으로 존재한다. 그대는 홀로 있는 것이 아니다. 그리고 그대는 홀로 있을 수도 없다. 그대는 이 세상 속에 있다. 그대는 고립된 원자가 아니다. 따로 떨어진 알갱이가 아니다. 그대는 우주의 바다에 한 조각 파도로 존재한다. 그대는 전체와 이어져 있다. 그런데 에고는 그대에게 분리되고 독립되어 존재한다는 느낌을 준다. 에고는 그대가 마치 섬처럼 고립되어 있다고 느끼게 한다. 그래서 나는 에고가 거짓이라고 부른다. 그것은 실재가 아니다. 그리고 실체는 그것을 지지할 수 없다.

그래서 오직 두 가지 길밖에 없다. 만약 그대가 실체와 접촉을 갖는다면, 그대가 그것에 대해 열려 있다면 그대의 에고는 해체되어 버릴 것이다. 그렇지 않으면 그대는 자신의 꿈 세계를 만들어야 한다. 그리고 그 속에서 살아야 한다. 그대는 세상을 만들었다. 물론 그것은 꿈으로 된 것이다. 모든 사람이 자신의 꿈속에서 살고 있다.

사람들이 나에게 온다. 나는 그들을 바라보면서 그들이 깊이 잠들어 있음을, 꿈꾸고 있음을 발견한다. 그들의 문제는 그들의 꿈에서 나왔다. 그들은 그것들을 해결하고 싶어한다. 그러나 그 문제들은 해결될 수가 없다. 그것들은 실재하는 것이 아니기 때문이다. 어떻게 실재하지도 않는 문제를 풀 수 있단 말인가? 만약 그것이 존재한다면 그때는 풀 수 있다. 그러나 그것은 어디에도 없다. 그것은 풀릴 수가 없다. 오직 실재하지도 않는 답으로만 풀릴 수 있다. 그리고 그 답은 또 다른 문제를 일으킨다. 그것 역시 실재하지 않는 문제가 된다. 그렇게 되면 그대는 끝없는 굴레에, 수렁에 빠진다.

만약 그대가 실체와 만나기를 원한다면……, 실체를 만나는 것은 신을 만나는 것이다. 신은 하늘 위 어디에 감추어진 그 무엇이 아니다. 그것은 그대 주위에 있는 실체다. 신은 감추어지지 않았다. 그대야말로 비실체 속에 숨어 있다. 신은 가장 가까운 즉각적인 현존이다. 그러나 그대는 실재하지도 않는, 캡슐 같은 자신의 세계 속에 숨어 있다. 그 캡슐은 에고를 지키는 보호막이다.

에고는 거짓이다. 그대는 고립된 것이 아니기 때문이다. 그대는 실체와 하나다. 그대는 실체의 유기체적 부분이다. 그대는 실체와 분리될 수 없다. 만약 분리된다면 한순간도 살 수 없다. 모든 탄생의 순간부터 그대는 코스모스와 연결된다. 매순간 그대는 존재계와 호흡을 같이한다.

그대는 생명의 고동이다. 죽은 물체가 아니다. 그 고동은 실체와 깊은 조화 속에 존재한다. 그러나 그대는 그 고동을 잊어버렸다. 그리고 죽은 에고, '내가 있다(I am)'라는 거짓 개념을 만들어 내었다. 이 'I am'은 언제나 전체에 반대한다. 자기를 보호하기 위해 언제나 갈등과 투쟁 속에 있다. 그래서 모든 종교들이 에고의 해체를 그토록 강조하고 있는 것이다.

첫째로, 그것은 실재하지 않는 것이다. 그래서 그것은 해체될 수 있다. 실재하는 것은 그 어떤 것도 해체될 수 없다. 그대가 어떻게 그것을 해체하겠는가? 만약 어떤 것이 실재한다면 그것은 결코 파괴될 수 없다. 그것은 어떤 형태로든 남을 것이다. 오직 비실재적인 것들만이 해체될 수 있다.

그것들은 사라질 수 있다. 그것들은 간단히 증발해 버릴 수 있다. 허공 속으로, 무(無) 속으로 말이다. 그대의 에고는 실재하는 것이 아니기 때문에 해체될 수 있다. 그것은 하나의 생각이며 기분이다. 거기에는 본질이 없다.

둘째로, 그대는 이 에고를 24시간 갖고 다닐 수 없다. 그것은 본래부터 존재하는 것이 아니기에 그것에 먹이를, 연료를 계속 보충해 주어야 한다. 그대가 잠잘 때 에고는 거기에 없다. 아침에 눈을 뜨면 신선함을 느끼는 것도 바로 그 때문이다. 깊은 잠속에서 그대는 실체와 접촉했기 때문이다. 실체는 그대에게 활력과 생기를 불어넣어 주었다.

깊은 잠속에 그대의 에고는 없다. 그대의 이름, 그대의 제목이 없다. 그때 그대는 자신이 누구인지 모른다. 교육을 받았는지 못 받았는지, 부유한지 가난한지, 죄인인지 성자인지 그대는 모른다. 깊은 잠속에서는 그대가 우주 속으로 떨어진다. 거기에 에고는 없다. 그래서 아침에 그대는 신선함과 활기를 느낀다. 에너지가 근원으로부터 그대에게 흘러 들어왔기 때문이다. 그대는 다시 살아난다. 그러나 만약 간밤에 꿈을 꾸었다면 아침에 그대는 지칠 것이다. 꿈속에서 에고는 계속 남아 있기 때문이다. 그리하여 그대를 깊은 근원으로 들어가지 못하도록 막는다. 그럴 때면 아침에 일어나서도 그대는 피곤함을 느낀다.

깊은 잠속에는 에고가 없다. 그대가 사랑에 깊이 빠질 때 거기에는 에고가 없다. 그대가 완전히 이완되고 침묵할 때도 거기에 에고가 없다. 그대가 어떤 것에 전적으로 빠지면 그대는 자신을 잊어버린다. 에고가 거기에 없다. 음악을 들을 때 에고는 거기에 없다. 실제로 평온함이 느껴지는 것은 음악 때문이 아니다. 음악을 들을 때 그대는 에고를 잊어버린다. 그 때문에 평온함을 느끼는 것이다. 음악은 단지 수단일 뿐이다.

아름다운 일출이나 일몰 광경을 바라볼 때 그대는 자신을 잊어버린다. 그때 갑자기 그대에게 어떤 것이 일어나고 있음을 느낀다. 그대는 거기에 없고 그대보다 위대한 어떤 것이 거기에 있다. 이 위대한 어떤 것의 현존을 예수는 신이라고 불렀다. 모하메드도 신이라고 불렀다. 신(God)이란 말은 단지 상징일 뿐이다. 그것은 그대보다 더 위대한 어떤 것을 의미한다. 신을 만난다는 것은 그대보다 더 위대한 어떤 것이 그대에게 일어나는 순간을 의미한다. 그것은 거기에 그대의 에고가 없을 때만이 느낄 수 있다. 그대가 거기에 있는 이상 더 위대한 것이 그대에게 일어날 수는 없다. 그대가 장벽이 되기 때문이다.

어떤 순간에라도 그대가 사라질 때 신은 거기에 현존한다. 그대 에고의 부재는 곧 신성의 현존이다. 이 점을 항상 기억하라. 그대 에고의 현존은 신성의 부재다. 어떻게 해서 신에게 도달하느냐 하는 것은 문제가 아니다. 어떻게 하면 그대의 에고를 사라지게 하느냐가 문제다.

그대는 신성에 대해서 걱정할 필요가 없다. 그대는 그것을 완전히 잊어버려도 된다. 신이라는 단어조차 잊어라. 그것은 아무 상관이 없다. 문제는 신이 아니다. 문제는 그대의 에고다. 에고가 거기에 없다면 신은 저절로 그대에게 임한다. 신에게 이르기 위해, 해탈하기 위해 그대가 노력한다면 그대는 결국 실패할 것이다. 그대의 모든 노력이 에고에서 나온 것이기 때문이다.

이것은 구도자들에게 언제나 문제가 되어 왔다. 신을 만나고 신이 되려는 그것이 바로 에고의 행위다. 그대는 세속적인 성공으로는 만족할 수 없다. 그대는 세상에 나가서 돈과 명예와 권력을 모두 성취했다. 그대는 부유하고 힘이 있고 학식이 있으며 존경받는다. 그러나 그대의 에고는 거기에 만족하지 못한다. 에고는 결코 만족하지 못한다. 왜인가? 그것은 실재하는 배고픔이나, 갈증은 만족될 수 있으나 에고의 갈증은 허구이기 때문이다. 그래서 그것은 만족될 수 있는 성질이 아니다. 그대가 무엇을 하든지 아무런 소용이 없다. 배고픔 그 자체가 거짓이기 때문에 어떤 음식으로도 채울 수가 없다. 만약 실제적인 배고픔이 거기에 있다면 그것은 얼마든지 만족될 수 있다.

모든 일반적인 배고픔은 채워질 수 있다. 그것은 전혀 문제가 되지 않는다. 그러나 가공의 배고픔은 만족될 수 없다. 우선 거기에 배고픔이라는 것이 없는데 어떻게 채워질 수 있겠는가? 거기에 허공이 존재하므로 그대는 아무리 음식을 집어 넣어도 끝이 없다. 밑바닥 없는 심연을 채우는 것과 같다. 그대는 어디에도 도달할 수 없다. 에고는 결코 만족될 수 없는 것이다.

알렉산더가 인도에 오고 있을 때 어떤 사람이 그에게 말했다.

"대왕께서는 이 세상이 하나밖에 없다는 사실에 대해서 깊이 생각해 보신 적이 있으십니까? 만약 이 하나밖에 없는 세상을 정복하고 나면 그때는 무얼 하시겠습니까?"

이 말을 들은 알렉산더는 매우 침울해졌다. 그는 이렇게 말했다.

"나는 그런 사실에 대해서는 생각해 본 적이 없었다. 그러나 지금 그것은 나를 너무나 슬프게 한다. 실제로 이 세상은 하나밖에 없다. 나는 지금 그것을 정복하려 한다. 내가 정복을 마쳤을 때 그때는 내가 무엇을 하겠는가?"

이 세상 모든 것을 가진다 해도 그대의 갈증은 풀리지 않을 것이다. 왜냐하면 그 목마름은 거짓이기 때문이다. 그 배고픔은 자연적인 것이 아니기 때문이다.

에고 역시 신을 찾는다. 신을 찾는데 거의 99%가 바로 그 경우다. 그때 그 탐구는 처음부터 잘못될 수밖에 없는 운명이다. 에고는 절대로 신성을 만날 수 없기 때문이다. 에고는 신성에 도달하기 위해 많은 노력을 할 것이다. 이 점을 명심하라. 그대의 명상, 그대의 기도, 그대의 예배 그 모든 것이 에고의 여행이 되어서는 안된다. 만약 그렇다면 그대는 에너지를 불필요하게 소비시키는 것이다. 그러므로 완전히 깨어 있어야 한다.

이것은 오직 깨어 있음의 문제다. 만약 그대가 깨어 있다면 그대의 에고가 어떻게 움직이고 작동되는 것인지를 알 수 있다. 그것은 어렵지 않다. 특별한 훈련이 필요하지도 않다. 그대는 눈을 감을 수 있다. 그리고 그대의 탐색이 무엇인지 볼 수 있다. 그대는 진짜로 신성을 찾고 있는 것인지 아니면 그저 에고의 게임을 즐기고 있는 것인지를 말이다. 사실 그것은 존경받을 만한 일이다. 사람들은 그대를 종교적이라고 생각한다. 그리고 그대도 '신을 발견할 수 없는 한 내가 어떻게 만족할 수 있겠는가?'라고 생각한다.

그러나 신이 그대의 소유물이 될 수 있겠는가? 우파니샤드는 말한다.

"신을 성취했다고 말하는 사람은 성취하지 못한 사람이다. 거기에 아직도 성취하는 '나'가 있는 한 그것은 에고의 꿈일 뿐이다."

자신이 알았다고 주장하는 바로 그 주장이 그가 아직 알지 못한다는 증거라고 우파니샤드는 말한다. 그래서 '나는 알았다'라고 말하는 그 주장이 에고로부터 나왔다고 하는 것이다. 그리고 에고는 절대로 알 수 없다. 에고 그것이 바로 유일한 장벽인 것이다.

자, 이제 우리는 첫번째 방편으로 들어갈 것이다.

82

느껴라.
나의 생각, 나의 존재, 그리고 내면의 기관들을.
그때 진아가 드러난다.

너무나 간단하고 너무나 아름다운 방편이다. 그리고 이것은 생각하는 것이 아니라 느끼는 것이어야 한다. 여기에 두 가지 다른 차원이 있다. 우리는 너무나 지성 중심적이다. 우리가 느낀다고 말할 때조차도 그것은 느끼는 것이 아니라 생각하는 것이다. 느낌이란 것은 우리에게 있어서 완전히 얼어붙은 것이 되어 버렸다. 그것은 그대에게 죽은 기관이다. 그대가 사랑한다는 말을 할 때조차도 그것은 느낌이 아니라 생각인 것이다.

느낌과 생각은 어떻게 다른가? 만약 그대가 느낀다면 그대는 가슴에 그대 자신의 중심이 있음을 느낄 것이다. 그래서 그대가 '당신을 사랑해'라고 말할 때 그 사랑의 느낌이 가슴에서부터 흘러 나오는 것이다. 그 중심은 가슴 근처에 있다. 만약 그것이 생각이라면 그것은 머리에서 나올 것이다. 그대가 누군가를 사랑할 때 그 사랑의 감정이 가슴에서 나오는지 머리에서 나오는지 살펴보라.

그대가 뭔가를 깊이 느낄 때마다 그대는 머리가 없어져 버린 상태다. 그 순간에는 머리가 잘려 나간 것 같다. 그때 가슴은 그대의 전 존재가 된다. 마치 머리가 사라져 버린 것처럼 말이다. 느낌 속에서는 그대 존재의 중심이 가슴이 된다. 그대가 생각하는 동안에는 존재의 중심이 머리가 된다. 그러나 생각은 생존하는 데 매우 유용한 것으로 판명되었다. 그래서 우리는 그 외 다른 모든 것을 중단해 버렸다. 우리 존재의 다른 모든 차원은 중단되고 폐쇄되었다. 우리는 단지 머리일 뿐이다. 그리고 몸은 머리가 존재하기 위한 하나의 배경이 되어 버렸다. 우리는 생각을 계속한다. 느낌에 대해서조차도 생각으로 처리한다. 그러므로 느껴 보라. 그대는 노력을 기울여야 할 것이다. 느끼는 능력이, 그 자질이 퇴화되어 버렸기 때문이다. 그래서 그대는 그 가능성을 다시 꽃피우기 위해 뭔가를 해야 한다.

그대는 한 송이 장미꽃을 보고 즉시 아름답다고 말한다. 그 사실을 신중하게 주시하라. 세밀하게 따져 보라. 성급한 판단을 내리지 마라. 기다려라. 그리고 그때 그것이 머리에서 나온 것인지 아닌지를 보라. 그대가 아름답다고 말한 것은 과연 그대의 느낌인가? 그것은 진부한 생각일 뿐이다. 그대는 어떻게 해서 장미꽃이 아름답다는 것을 알았는가? 사람들은 그것이 아름답다고 말한다. 그대는 여러 번 그 소리를 들어 왔다.

그대가 장미꽃을 보는 순간 마음이 그대에게 어떤 생각을 보낸다. 그것은 아름답다고 말한다. 그리고 그것으로 끝이다. 이제 장미꽃과 어떤 접촉도 없다. 그럴 필요가 없다. 그대는 이미 말했다. 이제 그대는 다른 데로 눈을 돌린다. 장미와 어떤 교류도 없이 말이다. 마음은 그대가 장미에 대한 어떤 일별을 갖는 것도 허락하지 않는다. 마음이 중간에 끼어 들어서 가슴은 장미와 접촉할 수가 없다. 오직 가슴만이 그것이 아름다운지 아닌지를 느낄 수 있다. 아름다움은 느낌이며 개념이 아니기 때문이다.

그대는 그것이 아름답다고 머리로 느낄 수 없다. 아름다움은 수학이 아니다. 그것은 측정될 수 있는 것이 아니다. 아름다움은 장미 속에 있는 것이 아니다. 어떤 사람에게는 그것이 전혀 아름답지 않을 수도 있다. 그냥 무심하게 지나쳐 버리기도 하고 추하게 여기기도 한다. 아름다움은 장미 속에 있는 것이 아니라 장미와 가슴의 만남 속에 있다. 가슴이 장미와 만날 때, 가슴이 어떤 사물과 깊은 접촉을 가질 때 거기에 놀라운 현상이 벌어진다.

만약 그대가 어떤 사람과 깊은 접촉을 갖는다면 그 사람은 아름다워진다. 접촉이 깊을수록 더 많은 아름다움이 드러난다. 그러나 아름다움은 가슴에서 일어나는 현상이지 마음은 아니다. 그것은 계산이 아니다. 그것을 판단할 어떤 기준도 없다. 그것은 하나의 느낌이다.

그래서 내가 '장미는 아름답지 않다'라고 말한다면 그대는 반박할 수 없다. 논쟁할 필요가 없다. 그대는 '그것은 당신의 느낌이다. 장미는 아름답다. 이것은 나의 느낌이다'라고 말할 것이다. 그것은 논쟁의 문제가 아니다. 머리는 논쟁할 수 있다. 그러나 가슴은 논쟁할 수 없다. 가슴에서는 모든 논쟁이 멈춘다. 완전히 멈춘다. '이것은 내 느낌이다'라고 말하면 그때는 논쟁의 문제가 사라진다.

머리로는 논쟁을 계속할 수 있다. 그리고 하나의 결론에 이를 수 있다. 그러나 가슴으로는 결론이 미리부터 일어난다. 가슴으로는 결론에 이르는 과정이 없다. 가슴에서는 즉각적이고 확연한 결론이 처음부터 나타난다. 그러나 머리로는 의논하고 분석하고 추리하는 일련의 과정을 거친다. 그리고 마지막에 결론을 내릴 것이다. 그러나 가슴은 즉각적인 현상이다. 보라! 머리로는 마지막에 가서야 결론이 나지만 가슴에서는 처음부터 결론이 난다. 만약 그대가 탐색하는 과정을 거쳐 마지막에 결론을 내린다면 그것은 머리의 작업이다.

그래서 이런 방편은 수련에 들어가면 처음엔 어려움이 따른다. 그대는 느낌이 무엇인지 모르기 때문이다. 따라서 먼저 느낌을 개발하라. 그대가 뭔가를 만질 때 눈을 감아라. 그리고 생각하지 말고 그저 느껴라. 예를 들면 내가 그대의 손을 잡고 그대에게 '눈을 감고 무슨 일이 일어나고 있는지 느껴 보라'라고 말하면 즉시 그대는 이렇게 말한다.

"당신의 손이 내 손을 잡고 있습니다."

그러나 이것은 느낌이 아니다. 생각이다.

그때 나는 다시 말할 것이다.

"느껴라. 생각하지 마라."

그러면 이번에는 그대가 이렇게 말한다.

"당신은 사랑을 표현하고 있습니다."

이것 역시 생각이다. 나는 다시 이렇게 주장한다.

"단지 느껴라. 머리를 굴리지 마라. 지금 당장 무슨 느낌이 있는가?"

그리고 그때서야 비로소 그대는 느끼는 대로 말한다.

"온기!"

만약 거기에서 '사랑'이라고 말한다면 그것은 사고 작용의 결론이다. '당신의 손이 내 손을 잡고 있습니다'라고 말하는 것도 머리에서 나온 것이다.

실제적인 느낌은 내 손에서 그대 손으로, 혹은 그대 손에서 내 손으로 어떤 온기가 흘러가고 있다는 것이다. 우리의 생명 에너지가 만나고 있다. 그리고 그 만남의 지점은 뜨거워진다. 거기에 온기가 있다. 이것이 느낌이다. 감각이다. 실제다. 그러나 우리는 계속 머리만을 사용한다. 그것은 하나의 습관이 되어 버렸다. 우리는 이제 느낌을 개발해야 한다. 우리의 가슴을 다시 열어야 한다.

느낌과 함께 살아 보라. 때때로 그대가 어떤 특별한 일을 하지 않을 때에도 그대는 너무나 머리 중심적이다.—일 속에서는 느낌으로 사는 것이 처음에는 어려울 것이다. 이미 머리가 가슴보다 효율적인 것으로 판명난 이상 그대는 느낌에 의지할 수 없다. 그대가 아이들과 집에서 놀 때 머리는 필요하지 않다. 그것은 사업이 아니다. 아이들과 놀거나 아내와 함께 소파에 앉아 있을 때 바로 그때 느껴라. 소파의 감촉을 느껴라.

그대의 손이 소파를 만지고 있다. 어떤 느낌이 일어나는가? 미풍이 다가와 얼굴을 스친다. 그대의 느낌이 어떤가? 부엌에서 요리 냄새가 난다. 그대는 어떻게 느껴지는가? 단지 느껴라. 그것들에 대해서 생각하지 마라. 이 냄새는 어떤 요리를 만들 때 나는 냄새라고 추리해 들어가지 마라. 그때 그대는 그것에 대해 꿈꾸기 시작할 것이다. 그 상황이 어떠하든지 단지 느껴라. 사실과 함께 남아라. 추리 속으로 들어가지 마라. 그대는 모든 것에 둘러싸여 있다. 모든 것이 그대 속으로 집약되고 있다. 전 존재계가 도처에서 그대와 만나고 있다. 그대의 모든 감각을 통해 그대 속으로 들어오고 있다. 그러나 그대는 머리 속에 있다. 그때 그대의 감각은 죽은 것이 된다. 그대는 느끼지 못한다.

이 방편을 수련하기 전에 그대에게 어떤 성장이 필요하다. 이것은 내면적인 실험이기 때문이다. 만약 그대가 외부를 느낄 수 없다면 내면을 느끼는 것은 무척 힘들다. 내면은 더욱 미묘하기 때문이다. 만약 그대가 크고 거친 것조차 느낄 수 없다면 미묘한 것을 어떻게 느끼겠는가? 만약 그대가 소리를 들을 수 없다면 내면의 소리 없음을 듣기란 무척 어려울 것이다. 그것은 너무나 미묘하고 섬세한 것이다.

그대가 길가에 앉아 있다. 그대 옆으로 차들이 지나간다. 많은 소음들이 들려온다. 그 와중에서 그대는 눈을 감아라. 그리고 그대를 둘러싼 가장 미묘한 소리를 찾아보라. 그때 까마귀 한 마리가 울고 있다. 그대는 그 소리에 집중하라. 차들의 소음은 계속된다. 그 소음이 시끄러울수록 까마귀 소리는 미묘하다. 그대는 의식을 거기에 집중시키지 않으면 들을 수가 없다. 그러나 그대가 까마귀 소리에 의식을 집중시킨다면 그때는 차들의 소음이 멀어진다. 그리고 까마귀의 울음 소리가 중심이 될 것이다. 그대는 그것을 들을 것이다. 모든 뉘앙스를 느낀다. 너무나 미묘하지만 그대는 그것을 들을 수 있다.

감각의 예민성을 길러라. 그대가 뭔가를 만질 때, 들을 때, 먹을 때, 목욕할 때 그대의 감각이 열리게 하라. 생각하지 말고 단지 느껴라.

그대는 샤워의 물줄기 밑에 서 있다. 시원한 물이 그대의 몸 위로 떨어지는 것을 느껴라. 그것에 대해 생각하지 마라. '물이 차갑구나, 시원해서 좋다'라고 즉시 말해 버리지 마라. 아무것도 말로 표현하지 마라. 언어화시키지 마라. 그대가 언어화시키는 순간 그대는 느낌을 놓친다. 말이 나오는 순간 마음은 작동하기 시작한다. 그러니 시원함을 그냥 느끼고 시원하다는 말을 하지 마라. 어떤 것도 말할 필요가 없다. 그렇지만 우리의 마음은 미쳐 있다. 뭔가를 계속 말하고 있다.

내가 대학에서 근무할 때 한 노처녀 교수가 있었다. 그녀는 항상 뭔가를 중얼거렸다. 어떤 상황에서도 그녀가 침묵한다는 것은 불가능했다. 하루는 내가 건물 베란다에 서 있었는데 마침 해가 지고 있었다. 너무나 아름다운 광경이었다. 그때 마침 그녀가 내 옆에 있길래 나는 그녀에게 말했다.

"보시오!"

그러자 그녀는 뭔가를 중얼거렸다. 그래서 내가 다시 말했다.

"보시오! 얼마나 멋진 광경입니까?"

그러자 그녀는 마지못해 동의하면서 이렇게 말했다.

"그렇습니다. 그런데 태양 왼쪽편 하늘이 좀더 보라빛이어야 된다고 생각지 않으세요?"

그것은 그림이 아니었다. 그것은 진짜 일몰이었다.

우리는 계속 뭔가를 말하고 있다. 그리고 우리가 하는 말이 뭔지도 모르고 있다. 중얼거리는 것을 멈춰라. 오직 그때만이 그대의 느낌 속으로 깊이 들어갈 수 있다. 만약 느낌이 깊어진다면 그때 이 방편은 그대에게 기적을 일으킬 수 있다.

"느껴라. 나의 생각,……"

눈을 감아라. 그리고 생각을 느껴라. 거기에 계속적으로 흐르는 생각의 흐름이 있다. 생각의 강이 거기에 흐르고 있다. 이 생각들을 느껴라. 그것들의 존재를 느껴라. 그대가 많이 느낄수록 그것들의 깊이가 더 많이 드러날 것이다. 표면에 떠오른 생각 뿐만 아니라 깊이 감추어진 생각들까지도 말이다.

그리고 이 방편은 말한다.

"느껴라. 나의 생각,……"

우리는 '이것들은 나의 생각들이다'라고 계속 말한다. 그러나 느껴라. 그것들이 진짜로 그대의 것인가? 그대는 '나의 것'이라고 말할 수 있는가? 그대가 더 많이 느낄수록 '나의 것'이라고 말할 수 있는 가능성은 점점 줄어든다. 그것들은 모두 빌려온 것들이다. 외부에서 들어온 생각들이다. 그것들은 그대에게 나타난 것이지 그대의 것이 아니다. 어떤 생각도 그대의 것은 없다. 만약 그대가 열심히 그 근원을 찾는다면 어디에서 이 생각들이 그대에게 오는지 알 수 있다.

오직 내면의 침묵만이 그대의 것이다. 아무도 그것을 그대에게 줄 수 없다. 그대는 그것과 함께 태어나고 함께 죽을 것이다. 생각들은 그대에게 주어진 것이다. 그대는 그 생각들에 의해 조절된다. 만약 그대가 힌두교도라면 그대는 이슬람교도와 다른 유형의 생각을 할 것이다. 만약 이슬람교도라면 또 다른 생각을 할 것이다. 그대가 만약 공산주의자라면 그때 역시 또 다른 생각을 갖게 될 것이다. 그것들은 모두 그대에게 주어진 것이다. 물론 그대는 자발적으로 그것들을 받아들일 수도 있다. 그러나 어떤 생각도 그대의 것은 아니다.

만약 그대가 생각들의 흐름을, 그 군집을 느낄 수 있다면 그때는 그것들이 그대의 것이 아님도 느낄 수 있다. 그것들은 마치 군중처럼 그대 주위에 몰려온 것들이다. 그러나 그대에게 속한 것은 아니다. 만약 그 사실을 느낄 수 있다면 그때만이 그대는 마음을 내던질 수 있다. 만약 그것들이 그대의 것이라면 그대는 그것들을 의존할 것이다. 그리고 '이 생각은 나의 것이다'라고 느끼는 것이 바로 집착이다. 그때 그대는 자신 속에 그 생각을 위한 토대를 제공하고 뿌리를 내리게 할 것이다. 그러나 그대의 것이 아님을 볼 수 있다면 그 생각은 뿌리를 내리지 못한다. 그때는 그것에 집착하지 않는다. '나의 것'이라는 느낌이 바로 집착을 만들어 낸다.

그대는 그대의 생각들을 위해 싸울 수 있다. 그대는 그대의 생각들을 위해 순교자까지 될 수 있다. 혹은 살인자나 정복자가 될 수도 있다. 그런데 생각들은 그대의 것이 아니나, 의식은 그대의 것이다. 이 사실을 안다면 그대는 어떤 일로도 번거로워지지 않을 것이다. 왜냐하면 모든 일의 뿌리는 생각이기 때문이다. '나의 집, 나의 재산, 나의 가족들은 모두 나의 것이다'라고 생각하는가? 이것들은 모두 외부적인 것이다. 더 깊이 들어가 보면 그대는 생각들까지 자신의 것이라고 여기고 있다. 생각들을 자신의 것이라고 여길 때 이 모든 외부적인 것들은 '나의 것'이라고 여기는 사고방식이 만들어진다.

만약 생각이 '나의 것'이 아니면 그때는 어떤 물질도 나의 것이 아니다. 이것 역시 하나의 생각이기 때문이다. 당신이 나의 아내, 혹은 나의 남편이라고 여기는 것 역시 하나의 생각이다. 그리고 기본적으로 생각 그 자체가 '나의 것'이 아니면 그때는 어떻게 남편이나 아내가 '나의 것'이 될 수 있겠는가? 생각이 뿌리 뽑히면 온 세상이 뿌리 뽑힌다. 그때 그대는 세상에서 살지만 세상에서 사는 것이 아니다.

그대는 히말라야로 들어갈 수 있다. 그대는 세상을 떠나서 출가할 수 있다. 그러나 만약 그대가 하는 생각이 그대 자신의 것이라고 여긴다면 그대는 한치도 세상을 벗어나지 못한다. 히말라야에 앉아 있어도 그대는 여기에서처럼 세속에 물들어 있다. 생각들이 곧 세상이기 때문이다. 그대는 히말라야로 생각을 가지고 들어간다. 그대는 집을 떠나지만 진짜 집은 내면 속에 있다. 진짜 집은 생각의 벽돌로 지어진 집이다. 그것은 밖으로 드러난 집이 아니다.

이런 일은 매일 일어나고 있다. 나는 세상을 버리고도 여전히 힌두교도로 남아 있는 사람을 본다. 그는 산야신이 되었지만 여전히 힌두교도나 자이나교도로 남아 있다. 이것은 무엇을 의미하는가? 그는 세상을 포기했지만 생각을 포기하지는 않았다. 그는 여전히 자이나교도이거나 힌두교도다. 그는 생각의 세계를 여전히 갖고 있다. 그리고 생각의 세계는 진짜 세계가 아니다.

만약 그대가 어떤 생각도 그대의 것이 아님을 볼 수 있다면 그대는 볼 것이다. 왜냐하면 그대는 보는 자이고 생각들은 보여지는 대상이 되기 때문이다. 그대가 생각들을 고요히 바라볼 수 있다면 생각들은 대상이 될 것이며, 그대는 그것들을 구경하는 자가 될 것이다. 그대는 주시자가 될 것이다. 생각들은 그대 앞에서 흘러가고 있다.

그대가 깊이 들여다보고 깊이 느낀다면 그대는 거기에 어떤 뿌리도 없음을 알게 된다. 생각은 구름이 흘러가듯 흘러간다. 그것들은 그대 속에 어떤 뿌리도 갖고 있지 않다. 그것들은 왔다가 간다. 그런데 그대는 쓸데없이 하나의 희생물이 된다. 괜시리 그 생각들과 자신을 동일시했기 때문이다. 그것은 마치 그대의 집 위로 흘러가는 모든 구름들을 '나의 구름'이라고 말하는 것과 같다. 생각들은 구름과 같다. 의식은 하늘이다. 그것들은 그저 지나가고 있지만 그대는 그것에 계속 집착한다. 그리고 '이것은 나의 것이다'라고 계속 말한다. 하지만 그것은 그저 흘러가는 공허한 구름일 뿐이다.

그대의 어린 시절로 돌아가 보라. 그대는 어떤 생각들을 갖고 있었고 그대는 그것들에 대해 집착하기 시작했다. 그리고 그것들은 그대의 생각이라고 말하곤 했다. 그러나 어린 시절이 사라지고 그와 함께 그 생각의 구름들도 사라졌다. 이제 그대는 기억조차 하지 못한다. 그리고 그대가 청년이 되었을 때 또 다른 구름들에게 이끌리기 시작했다. 그때 그대는 그것들을 소유하고 집착했다.

이제 그대는 늙은이가 되었다. 이전의 그 생각들은 더 이상 존재하지 않는다. 그대는 그것들을 기억조차 할 수 없다. 당시 그것들은 너무도 중요한 것이었고 그대는 그것들을 위해 죽을 수도 있었다. 그런데 이제 그대는 기억조차 하지 못한다. 이제 그대는 그런 것들을 위해 죽는다고 생각하면 아마 배를 잡고 웃을 것이다. 그것들은 이제 그대에게 속한 것이 아니다. 이제 그 구름들은 지나가 버렸고 다른 구름들이 왔다. 그대는 다른 구름에 집착하고 있다.

구름은 계속 변하지만 그대의 집착은 그칠 줄을 모른다. 그것이 문제다. 그대는 언제나 어린 시절에 머무를 수 없다. 매순간 세월은 변하고 있다. 1분 전에 그대는 어떤 구름들로 가득 차 있었다. 이제 그대는 다른 구름들로 가득 차 있다. 그대가 여기에 왔을 때 어떤 구름들이 그대를 맴돌았다. 그대가 이 방을 떠날 때 다른 구름들이 그대 마음속을 맴돌 것이다. 그리고 결국에는 그대가 아무것도 잡은 것이 없음을 알게 될 것이다. 구름에게는 아무것도 잡을 것이 없기 때문이다. 생각은 구름과 같은 것이다.

이 경전은 말한다. '느껴라'라고. 우선은 느낌을 개발하라. 그리고 나서 '나의 생각'을 느껴라. 그대가 항상 '나의 것'이라고 부르는 그 생각을 바라보라. 그 '나의 것'이라는 것은 단지 속임수이다. 그리고 수많은 그 '나의 것'이 '나'라고 하는 에고를 강화시킨다.

이 방편은 바로 그 뿌리에서부터 시작된다. 생각은 모든 것의 뿌리다. 만약 그대가 '나의 것'이라는 느낌을 잘라 버릴 수 있다면 그것은 다시는 나타나지 않을 것이다. 그 어디에서도 보이지 않을 것이다. 그러나 그대가 그 뿌리를 잘라 버리지 않는다면 아무리 다른 곳을 잘라도 계속 그것이 생겨난다.

그대는 이렇게 말할 수 있다.

"내 아내라고? 아니다. 우리는 모두 낯선 사람들이다. 결혼은 단지 사회 제도일 뿐이다. 나는 나 자신을 잘라 버렸다. 이제 아무도 나의 그 무엇이 될 수 없다."

그러나 이것은 매우 피상적이다. 그리고 나서도 그대는 '나의 종교'라고 말한다. '나의 성경책, 나의 경전'이라고 말한다. 그 '나의 것'은 계속되는 것이다. 그대는 하나도 변하지 않았다.

경전은 말한다.

"느껴라. 나의 생각, 나의 존재,……"

첫째로, 생각들의 흐름을, 그 끊임없이 흘러가는 강물을 바라보라. 그리고 어떤 생각이 그대에게 속한 것인지, 아니면 그저 지나가는 구름인지를 살펴보라. 그대가 어떤 생각도 그대의 것이 아님을 느낄 때 그 '나의 것'이라고 집착하는 것은 환상임을 알게 된다. 두번째로 그때 그대는 더 깊이 들어갈 수 있다. 이제 그대는 '나의 존재'를 자각하게 되었다. 이 '나'라고 하는 것이 어디에 있는가?

라마나 마하리쉬는 그의 제자들에게 한 가지 방편을 제시했다. 그것은 '나는 누구인가'라고 묻는 것이다. 티벳에서도 이와 유사한 방편을 사용한다. 그러나 라마나 마하리쉬의 것보다 더 효율적이다. 그들은 '나는 누구인가'라고 묻지 않는다. 그들은 '나는 어디에 있는가'라고 묻는다. 만약 '나는 누구인가'라고 묻는다면 그 문제를 누가 만들어 냈는가? 그대는 그대가 존재한다는 사실을 당연하게 받아들이고 있다. 자신이 누구인지를 아는 것이 그대의 유일한 문제다. 오직 동일시만 알려지면, 그 얼굴만 식별되면 문제는 풀린다. 하지만 아직 그것을 모르고 있는 것이다.

티벳의 방편은 이것보다 더 깊은 것이다. 그들은 침묵하라고 말한다. 그리고 자신이 어디에 있는지 내면에서 찾아보라고 말한다. 내면의 공간을 돌아다니며 '내가 어디에 있는가'를 찾는 것이다. 그대가 찾으면 찾을수록 그것은 더 보이지 않을 것이다. 그리고 '나는 누구인가'라고 묻든지 '나는 어디에 있는가'라고 묻든지 결국 그대는 '나'라는 것이 없는 지점에 이르게 될 것이다. 그저 존재함만이 그대에게 일어날 것이다. 그러나 그것은 생각이 그대의 것이 아닐 때 일어날 수 있다. '나의 존재'는 '나의 생각'보다 더 깊은 영역이다.

우리는 그것을 느끼지 못한다. 우리는 계속 '나'라고 말한다. '나'라고 하는 말을 계속 사용한다. 그러나 그대는 아무런 느낌도 없다. 그대가 계속 사용하는 '나(I)'는 무엇을 가리키는가? 이 단어를 통해서 무엇을 상징할 수 있는가? 무엇이 표현되는가? 나는 한 가지 몸짓을 해 보이고 '나는 이것을 뜻한다'라고 말할 수 있다. 나는 내 육체를 보여주며 '내가 뜻하는 것이 이것이다'라고 말할 수 있다. 그러나 그대는 이렇게 물을 수 있다.

"당신은 당신의 손을 당신이라고 말하는가? 당신의 발이 당신인가? 당신의 배가 당신인가?"

그때 나는 부정할 수밖에 없다. 나는 아니라고 말할 것이다. 그때 몸 전체가 부정될 것이다. 나는 모두 '아니오'라고 대답할 것이다. 그러면 그대가 '나'라고 말할 때 그 '나'는 무엇을 뜻하는가? 그대의 머리를 보고 그대라고 말하는가? 깊이 들어가 보면 그대가 '나'라고 말할 때 그것은 매우 공허한 느낌이다. 그대의 생각들을 지칭하는 공허한 느낌이다.

먼저 생각을 잘라 버리고 느낌을 확립하라. 그리고 '나의 존재'를 대면하라. 그대가 그것을 대면하려 할 때 그대는 그것이 존재하지 않는 것임을 발견할 것이다. 그것은 단지 하나의 유용한 언어다. 언어적인 상징이다. 필요한 것이지 실재하는 것은 아니다. 붓다조차 그것을 사용해야 했다. 깨달았음에도 불구하고 그것은 언어적인 수단이다. 그러나 붓다가 '나'라고 말할 때 그는 결코 '나'를 가리키는 것이 아니다. 거기에는 아무도 없다.

그대가 이 '나의 존재'를 대면하려는 순간 그것은 사라질 것이다. 그 순간에 그대는 공포스러울 수 있다. 그대는 경악할 수 있다. 이 방편 속으로 깊이 들어간 사람들에게 그것은 일어난다. 그들은 두려워서 그것으로부터 달아난다. 그러므로 이 점을 기억하라. 그대가 '나의 존재'를 대면하는 순간은 그대가 죽는 순간과 똑같은 상황이다. '나'라는 것이 사라지기 때문이다. 그대는 죽음이 그대에게 일어나고 있다고 느낄 것이다. 그대는 가라앉는 느낌을 갖게 될 것이다. 한없이 깊이 가라앉고 있다. 그리고 그대가 두려워한다면 그대는 다시 그 생각들에 집착할 것이다. 생각들이 도움이 되기 때문이다. 그 구름들은 거기에 있을 것이다. 그대는 그것들에게 집착할 것이다. 그러면 공포는 사라질 수 있다.

기억하라. 이 공포는 매우 좋은 것이다. 매우 고무적인 징조다. 그것이 이제 그대가 깊이 들어갔다는 것을 나타내는 것이다. 그리고 죽음은 가장 깊은 지점이다. 만약 그대가 죽음 속으로 들어갈 수 있다면 그대는 불멸이 될 것이다. 죽음 속에 들어가는 사람은 죽을 수가 없기 때문이다. 그때 죽음은 단지 주변에 있게 된다. 중심이 아니다. '나의 존재'가 사라질 때 그대는 죽는 것과 똑같다. 옛 것은 사라지고 새로운 것이 존재 속으로 들어온다.

그때 들어오는 이 의식은 절대적으로 새롭다. 물들지 않고 젊으며 처녀와 같다. 옛 것은 더 이상 존재하지 않는다. 그 '나의 존재'는 완전히 사라져 버렸다. 그리고 그대는 원시의 처녀성 속에, 절대적인 신선함 속에 있다. 존재의 가장 깊은 부분까지 도달한 것이다.

그러므로 이런 식으로 생각하라. 첫째는 생각들이 있고, 그 밑에는 '나의 존재'가 있고, 세번째는 '내면의 기관들'이 있다.

"느껴라. 나의 생각, 나의 존재, 내면의 기관들을 느껴라."

생각들이 사라질 때 혹은 그대가 그것들에게 집착하지 않을 때 -만약 그것들이 그냥 지나가고 그대의 일과 관계가 없을 때 그대는 홀로 떨어져서 더 이상 그것들과 동일시하지 않는다. 그리고 그때 소위 '나의 존재'라는 것은 사라진다 -그때 내면의 기관들이 나타난다. 이것이 가장 깊은 것이다. 우리는 외부의 기관들을 알고 있다. 손으로 그대를 만지고 눈으로 그대를 본다. 이 손과 눈들이 외부의 기관들이다.

내면의 기관들은 내 자신의 존재를 느끼기 위한 것들이다. 외부의 기관들은 타인이나 사물을 느끼기 위한 것이다. 나는 외부의 기관들을 통해서 그대에 대해 안다. 그러나 내가 어떻게 나에 대해서 알겠는가? 내가 존재한다는 것까지도 어떻게 알겠는가? 누가 나에게 내 존재의 감각을 넣어 줄 수 있겠는가? 내면의 기관들이 있다. 생각이 멈출 때, '나의 존재'라는 것이 더 이상 사라질 때 그 순수함, 그 투명함 속에서 그대는 내면의 기관을 볼 수 있다.

의식, 지성, 이런 것들이 내면의 기관들이다. 그것들을 통해 나는 내 자신이 존재함을 인식한다. 그대가 눈을 감으면 그대는 자신의 몸을 완전히 잊을 수 있다. 그러나 그대가 존재한다는 느낌을 잊을 수는 없다. 바로 이것이 내면의 기관들 때문이다. 어떤 사람이 죽을 때 우리에게는 그가 바로 죽는 것이지만, 그에게는 자신이 죽는다는 것을 인식하는 데 약간의 시간이 걸린다. 왜냐하면 육체가 죽어도 존재한다는 내면의 느낌은 똑같이 남아 있기 때문이다.

티벳에서는 죽음을 위한 특별한 수련 방법을 갖고 있다. 그것을 '바르도(bardo)' 수련이라고 부른다. 그들은 누구나가 죽음을 준비해야 한다고 말한다. 이것도 그 수련 방법 중의 하나다. 누군가가 죽을 때 바르도(bardo) 수련법을 알고 있는 승려나 스승이 죽는 사람에게 이렇게 말한다.

"상기하라. 깨어 있어라. 그대는 육체를 떠나고 있다."

그것은 그대가 육체를 떠날 때, 자신이 죽었다는 사실을 인식하는 데 시간이 걸리기 때문이다. 그때에도 내면의 느낌은 똑같이 남아 있다. 거기엔 변화가 없다.

육체는 오직 감각을 통해서 다른 사람을 느낀다. 그러나 그대는 그것을 통해 자신을 접촉할 수는 없다. 그것을 통해서는 자신을 알 수 없다. 그대는 오직 내면의 기관을 통해서만 자신을 알 수 있다. 그러나 이것이 불행이다. 우리는 내면의 기관을 자각하지 못한다. 그리고 우리의 머리 속에 있는 나라는 이미지는 타인에 의해서 형성된다. 다른 사람들이 나에 대해서 무슨 말을 하든지 그것이 나 자신에 대한 지식이 된다. 그들이 나를 아름답다고 말한다면 나는 내가 아름다운 줄 안다. 내 감각이 말하는 것은 무엇이든지 다른 사람을 통해서 형성된 것이며 그것이 나 자신이라고 믿게 되었다.

그대가 내면의 기관을 인식할 수 있다면 그대는 이 사회로부터 완전히 자유로워진다. 이것이 바로 경전에서 구도자는 세상에 속하지 않았다고 말하는 의미다.

이제 그는 자기 내면의 기관을 통해서 자신을 안다. 이제 자신에 관한 그의 지식은 다른 사람의 말을 기초로 하지 않는다. 이제 그는 타인이 비추어 주는 어떤 거울도 필요 없다. 그는 내면의 거울을 발견한 것이다. 그리고 그는 내면의 거울을 통해서 자신을 안다. 내면의 실체는 오직 내면의 기관을 인식할 때 알려질 수 있는 것이다.

그대가 내면의 기관들을 통해서 바라볼 수 있다면 그때 '진아(me)'가 드러난다. 이것은 언어로 표현하기가 불가능하다. 그래서 나는 '진아(me)'라는 단어를 사용한다. 무슨 언어를 사용하더라도 맞지 않을 것이다. '진아(me)' 역시 잘못된 것이다. 이미 앞에서 '나(I)'는 사라졌다. 생각들이 뿌리 뽑힐 때 '나의 존재'인 '나(I)'는 사라졌다. 그리고 내면의 기관들이 인식될 때 '진아(me)'가 나타난다. 그때 처음으로 나의 진짜 존재가 드러나는 것이다. 이 진짜 존재를 '진아(me)'라고 부르기로 하자.

이 진아는 그대에게 속한 것이 아니다. 이 진아는 그대의 가장 깊은 중심이다. 그리고 그대에게는 알려지지 않은 것이다. 이 진아는 에고가 아니다. 이 진아는 어떤 상대방에게도 반대하지 않는다. 이 진아는 우주적이다. 이 진아는 한계가 없다. 이 진아 속에 모든 것이 들어 있다. 이 진아는 파도가 아니다. 그것은 대양이다. 우주의 바다다.

"느껴라. 나의 생각, 나의 존재, 그리고 내면의 기관들을."

그때 거기에 하나의 간격이 생긴다. 갑자기 진아가 드러난다. 그 진아가 드러날 때 그는 '아함 브라흐마스미(Aham Brahmasmi)'를 알게 된다. 그것은 '나는 신이다'라는 말이다. 이 앎은 에고의 주장이 아니다. 에고는 더 이상 거기에 없다. 그대는 이 방편을 통해 자신을 변형시킬 수 있다. 따라서 우선은 느낌을 확립하라.

83

욕망이 있기 전에, 앎이 있기 전에,
나는 존재한다고 어떻게 말할 수 있겠는가?
주시하라.
그 아름다움 속에서 녹아들어라.

욕망이 일어난다. 그것과 함께 '나는 존재한다'는 느낌도 일어난다. 생각이 일어난다. 생각과 함께 '나는 존재한다'는 느낌이 일어난다. 그대 자신의 경험 속에서 그것을 바라보라. 욕망 이전과 앎 이전에는 에고가 없다.

침묵 속에 앉아 있어라. 내면을 바라보라. 하나의 생각이 일어난다. 그대는 그 생각을 자신과 동일시한다. 그 동일시 속에서 그대는 에고가 된다. 그때 생각하라. 욕망도 없고 앎도 없고 생각도 없다면 그대는 무엇과 자신을 동일시하겠는가? 그때 에고는 일어날 수 없다.

붓다는 이 방편을 사용했다. 그는 제자들에게 다른 방편이 아니라 바로 이 방편을 사용하라고 말했다. 하나의 생각이 일어날 때 그것을 주시하라고 말이다. 일어나는 생각을 주시하라. 이제 하나의 생각이 일어난다. 그리고 이제 그 생각이 사라진다. 이 과정을 바라보며 그것과 어떤 동일시도 하지 마라.

이것은 매우 아름답고 간단한 방편이다. 욕망이 일어난다. 그대는 길을 걷고 있다. 멋있는 차가 지나간다. 그대는 그것을 바라본다. 그때 그대 속에 그 차를 소유하고 싶은 욕망이 일어난다. 이 방편을 시도하라. 처음에는 말로 표현하라. 천천히 '나는 그 차를 보았다, 그것은 아름답다, 이제 그 차를 갖고 싶은 욕망이 일어난다'라고 말하라.

단지 말만 하라.

처음에는 이렇게 하는 것이 좋다. 그대가 큰소리로 말할 수 있다면 더욱 좋다. 큰소리로 말하라. 모든 것을 그대 자신에게 크게 말하라. 그때 그대는 뭔가 다른 것이 일어나는 것을 즉시 느낄 수 있다. 그것을 놓치지 마라.

그대가 효과적으로 주시할 수 있다면 그때는 크게 말할 필요가 없다. 단지 내면으로만 욕망이 일어나고 있음을 주시하라. 아름다운 여인이 지나간다. 욕망이 일어난다. 그대가 그것에 집착하지 않는다면 그저 욕망이 일어났다는 사실만을 발견하게 된다. 그때 갑자기 그대는 그 욕망 속에서 벗어나게 될 것이다.

붓다는 말한다.

"무슨 일이 일어나든지 주시하라. 그저 계속 주시하기만 하라. 그것이 사라질 때는 사라지는 것을 또 주시하라. 그대는 욕망으로부터, 생각으로부터 떨어져 있음을 느끼게 될 것이다."

이 방편은 말한다.

"욕망이 있기 전에, 앎이 있기 전에, 나는 존재한다고 어떻게 말할 수 있겠는가?"

거기에 욕망이 없다면, 생각이 없다면 그대는 어떻게 자신이 존재한다고 말할 수 있겠는가? 그때 모든 것은 침묵이다. 어떤 파도도 일지 않는다. 어떤 파도도 없을 때 그대는 '나(I)'라는 환상을 어떻게 만들어 낼 수 있겠는가? 만약 어떤 파도가 인다면 그대는 그것에 집착하고 그것을 통해서 자신이 존재한다고 느낀다. 그러나 의식 속에 어떤 파도도 일지 않는다면 거기에 어떤 '나(I)'도 없다.

그래서 욕망이 일어나기 이전에 주시하라. 욕망이 들어올 때 주시하라. 욕망이 밖으로 나갈 때 주시하라. 생각이 일어날 때 주시하라. 생각이 사라질 때 주시하라. 생각은 곧 사라질 것이다. 모든 것이 순간적이다. 거기에 틈이 생길 것이다. 그리고 그 틈 속에는 어떤 '나(I)'도 없다.

마음에 생각이 일어나는 순간 그대가 주시할 수 있다면 그대는 거기에 하나의 간격이, 틈이 벌어지는 것을 느낄 것이다. 그 틈이 아무리 좁아도 분명히 불연속점이 있다. 그때 다른 생각이 또 일어난다. 다시 틈이 생긴다. 그 틈 속에는 어떤 '나(I)'도 없다. 그 틈이 바로 진짜 그대의 존재다. 생각들은 쉴 새 없이 하늘을 오간다. 그 틈 사이로, 구름 사이로 그대에게 하늘이 드러날 것이다.

이 방편은 말하고 있다.

"주시하라. 그 아름다움 속에서 녹아 들어라."

그리고 그대에게 욕망이 일어나고, 그것이 사라지며, 그대가 그 틈 사이에 존재하여 그 욕망이 그대를 동요시킬 수 없을 때……, 그대는 사라진다. 에고가 용해되는 것이다.

그것은 온다. 그것은 간다. 그것은 거기에 있다. 그리고 그것은 이제 거기에 없다. 그리고 그대는 동요하지 않고 침묵 속에 남아 있다. 그대는 그것이 있기 전과 똑같이 남아 있다. 그대 속에 어떤 변화도 없다. 그것은 왔다가 그림자처럼 사라진다. 그것은 그대를 자극할 수 없다. 그대는 물들지 않는다.

이러한 욕망의 움직임, 생각의 흐름을 주시하라. 하지만 그대 속에는 어떤 움직임도 없다. 그리고 이 간격은, 이 틈은 아름답다. 그 간격 속에 녹아 들어라. 그 틈 사이로 빠져 들어 틈 자체가 되라. 그것은 아름다움에 관한 가장 심오한 경험이다. 아름다움뿐만 아니라 궁극적인 선과 진리의 경험이기도 하다. 그 틈 사이에 그대가 있다.

이 방편이 강조하는 것은 가득 채워진 공간에서 텅 빈 허공으로 들어가라는 것이다. 이를테면 그대는 책을 읽고 있다. 거기에 말이 있다. 문장들이 있다. 그리고 그 문장들 사이에 여백이 있다. 이 여백이 바로 그대와 같은 것이다. 책장의 흰 여백이 그대다. 검은 활자들은 생각의 구름들이다. 그대를 스쳐가는 욕망들이다. 이제 이전의 행동 양식을 바꿔라. 글자를 보지 말고 여백을 보라.

그대 내면의 존재 속에서 그 여백들을 보라. 가득 채워진 공간, 점유된 공간에 무관심하라. 여백에, 텅 빈 허공에 흥미를 가져라. 그 틈 사이로 그대는 궁극의 아름다움 속으로 녹아 들 수 있다.

〈질문〉

"만약 에고가 실재하지 않는 것이라면 그때는 무의식적인 마음이나 뇌세포에 담겨진 기억의 축적은 무엇을 의미합니까? 또한 변형이라는 영적인 문제도 실재하지 않는 꿈의 한 과정일 뿐입니까?"

아니다. 에고는 거짓이지만 뇌세포는 거짓이 아니다. 에고는 거짓이지만 기억은 실재하는 것이다. 에고는 거짓이지만 생각의 흐름은 실재하는 것이다. 기억도 실재하는 것이며 뇌세포도 그렇고 그대의 육체도 그렇다. 그대의 영혼도, 의식도 실재하는 것이다. 이것들은 모두 실체들이다. 그러나 그대의 영혼이, 의식이 그대의 육체와 동일시할 때 에고가 형성된다. 그리고 이것은 실재하지 않는 것이다.

그것은 이런 이치다. 내가 거울 앞에 서 있을 때 나는 실재다. 거울도 실재다. 그러나 거울에 반사된 그림자는 거짓이다. 그것은 실재하는 것이 아니다. 뇌세포도 실재고 의식도 실재다. 그러나 의식이 뇌세포와 동일시할 때, 그것의 기억에 집착할 때 에고가 형성된다. 그리고 에고는 실재하지 않는 것이다.

그래서 그대가 깨달음을 얻어도 그대의 기억은 사라지지 않는다. 기억은 거기에 남아 있다. 그것은 오히려 수정처럼 투명해진다. 그때 그것은 더욱 정확하게 작동한다. 거짓된 에고의 간섭이 없기 때문이다. 그리고 그대 생각의 흐름도 사라지지 않을 것이다.

처음으로 그대는 진정으로 생각할 수 있는 능력을 갖게 될 것이다. 그전에는 단지 생각이 외부에서 흘러 들어왔을 뿐이다. 그러나 이제 그대는 생각의 흐름에 빠져 있는 것이 아니라 주인이 되었다.

그 전에는 생각의 흐름이 그대의 주인이었다. 그대는 그것에 대해 아무것도 할 수 없었다. 그것은 제멋대로 움직였다. 그대는 단지 희생물이었다. 그대는 잠을 자고 싶었지만 마음은 계속 생각을 해대었다. 그대는 그것을 멈추고 싶었지만 멈출 수가 없었다. 실제로 그대가 멈추려고 하면 할수록 그것은 더욱 제멋대로 움직였다. 그것은 그대의 주인이었다. 그러나 그대가 깨닫고 나면 그것은 하나의 수단으로, 도구로 거기에 있을 것이다. 그대가 그것을 필요로 할 때마다 사용할 수 있다. 필요하지 않으면 더 이상 그대의 의식을 번거롭게 할 수 없을 것이다. 그때 그것을 불러올 수도 있고 멈출 수도 있다.

마음의 방들 역시 거기에 있을 것이다. 육체도 거기에 있고 기억도 거기에 있으며 생각의 흐름도 거기에 있을 것이다. 오직 한 가지만 거기에 없는데 그것은 '나(I)'라고 하는 느낌이다. 이 점을 그대는 이해하기 어려울 것이다.

붓다는 걷는다. 붓다는 먹는다. 붓다는 잠을 잔다. 붓다는 기억을 한다. 그는 기억력을 갖고 있고 그의 뇌세포들은 아름답게 작동한다. 그러나 붓다는 이렇게 말한다.

"내가 걸을 때 내 속에는 아무도 걷지 않는다. 내가 이야기할 때 내 속에 아무도 이야기하는 사람이 없다. 나는 먹는다. 그러나 내 속에는 먹는 사람이 아무도 없다."

내면의 의식에는 더 이상 에고가 없다. 그래서 붓다가 배고픔을 느낄 때 그는 그대처럼 느끼지 않을 것이다. 그대는 '나는 배고프다'라고 느끼지만 붓다는 배가 고플 때 '육체가 배고프다. 나는 단지 그것을 아는 자다'라고 느낀다. 그리고 그 아는 자는 '나'라고 하는 어떤 느낌도 없이 존재한다.

에고는 거짓 덩어리다. 오직 유일한 거짓 덩어리다. 모든 것이 실재한다. 두 실체가 만날 수 있을 때 그 만남 속에 제3의 부수적인 현상이 일어난다. 거기에 어떤 거짓이 일어날 수 있다. 그러나 그 거짓은 의식이 관계하는 것에만 일어날 수 있다. 산소와 수소가 만난다. 거기에서 생겨나는 물은 거짓이 아니다. 진짜 물이 생겨난다. 그런데 오직 의식이라는 실체의 특수성 때문에 거기에 거짓이 일어날 수 있다. 물질끼리 만날 때는 어떤 거짓도 일어나지 않는다. 물질은 항상 실체다. 물질은 속일 수도 속임을 당할 수도 없다. 오직 의식만이 그렇게 할 수 있다. 의식이 개입되면 거기에 거짓의 가능성이 발생한다.

그러나 기억하라. 물질끼리의 만남은 언제나 실재만 있다. 어떤 거짓도 없다. 그리고 진리도 없다. 물질은 진리가 무엇인지 알지 못한다. 만약 그대가 거짓을 알 수 없다면 진리 또한 알 수 없다. 그 두 개의 가능성은 동시에 일어난다. 인간의 의식만이 거짓을 만들어 낼 수 있고 그것을 알며 그것으로부터 벗어날 수 있다. 그것이 바로 의식의 아름다움이다. 거기에 위험이 있다. 그러나 위험은 반드시 거기에 있어야만 한다. 모든 성장에는 새로운 위험이 따른다. 그러나 물질끼리의 만남에는 어떤 위험도 없다.

위험을 이런 식으로 보라. 새로운 것이 존재 속으로 들어오면 새로운 위험도 따라 들어온다. 돌멩이에게는 위험이란 것이 없다. 박테리아도 마찬가지다. 박테리아 속에는 인간이나 짐승에게 존재하는 섹스가 없다. 그들은 그저 자신들의 몸을 분리시켜 증식한다. 그것은 점점 커지다가 어느 정도에 이르면 자동적으로 둘로 나뉘어진다. 하나가 나뉘어지면 두 개의 박테리아가 된다. 그래서 박테리아는 영원히 살 수 있다. 거기에는 탄생이란 것이 없기 때문에 죽음도 없다.

그리고 또한 정반대 과정도 일어난다. 만약 음식이 모자란다면 두 박테리아는 가까이 다가가서 서로 한 몸이 된다. 거기에 탄생도 없고 죽음도 없다. 탄생은 섹스와 함께 들어온다. 그리고 탄생과 함께 죽음이 들어온다. 탄생과 함께 개체성이 들어온다. 개체성과 함께 에고가 들어온다.

모든 성장에는 그 나름대로의 잠재적인 위험이 있다. 그러나 그것은 아름답다. 만약 그대가 이해할 수 있다면 위험 속으로 떨어질 필요가 없다. 그대는 위험을 초월할 수 있다. 그대가 초월할 때 그대는 성숙되며 더 위대한 합일을 성취해 낸다. 만약 그대가 위험의 희생물이 되면 위대한 합일은 성취될 수 없다.

영적인 것에도 정점이 있고 마지막이 있으며 모든 성장의 궁극적 합일이 있다. 거짓은 초월되며 실재는 흡수된다. 그리하여 결국 실재만이 남게 된다. 모든 거짓은 떨어져 나간다. 그러므로 육체가 실재하지 않는 것이라고 생각하지 마라. 그것은 실재하는 것이다. 뇌세포도 실재하는 것이며 생각의 흐름도 실재하는 것이다. 오직 의식과 생각의 흐름 사이에 형성되는 관계성만이 비실재다. 그것은 하나의 매듭이다. 그 매듭이 바로 에고인 것이다. 그대는 그 매듭을 풀 수 있다. 그대가 매듭을 푸는 순간 그대의 문은 열리게 된다.

깨어나라! 주시하라! 이해하라!

자유를 찾아서

그대는 탄트라를 통해 삶을 이해할 수 있다。 그리고 삶을 이해하게 되면 죽음도 이해할 수 있다。 삶과 죽음을 모두 이해할 때 거기 초월이 일어난다。

자유를 찾아서

84

육체를 향한 집착을 내던져라.
그때 나는 모든 곳에 편재한다는 것을 깨달는다.
모든 곳에 편재하는 사람은 기뻐한다.

85

아무것도 없음을 생각하면,
제한된 자아는 무한해질 것이다.

한 늙은 의사의 일화를 들은 적이 있다. 어느 날 그의 조수가 그에게 전화를 걸었는데 매우 다급한 상황에 빠져 있다고 했다. 그의 환자 하나가 당구공이 목에 걸려 다 죽어간다는 것이었다. 그 조수는 어찌할 바를 모르다가 결국 늙은 의사에게 전화를 했다.

"제가 어떻게 해야 되겠습니까?"

늙은 의사가 말했다.

"깃털로 환자를 간지럽혀라."

몇 분 뒤에 보조에게서 다시 전화가 왔다. 이번에는 매우 즐겁고 생기 있는 목소리로 말했다.

"선생님의 치료법은 탁월하군요. 환자가 웃기 시작하면서 당구공을 뱉어냈습니다. 그런데 선생님은 도대체 그런 탁월한 기술을 어디에서 배우셨습니까?"

늙은 의사가 말했다.

"내가 고안해 냈지. 나의 좌우명이 하나 있는데 들어보게. '그대가 무엇을 해야 할지 모를 때는 어떤 것이라도 하라.'"

그러나 명상에 대해서는 이것이 통하지 않는다. 명상에 있어서 만큼은 만약 그대가 무엇을 해야 할지 모를 때는 아무것도 해서는 안된다. 왜냐하면 마음은 너무나 복잡하고 미묘하며 섬세하기 때문이다. 만약 그대가 무엇을 해야 할지 모른다면 아무것도 하지 않는 것이 제일 좋다. 모르고 하는 일은 무슨 일이든 해결보다 더욱 복잡하게 만든다. 그것은 비관적인 일로, 자살 행위로 판명날 수도 있다.

만약 그대가 마음에 대해서 아무것도 모른다면…, 그리고 실제로 그대는 그것에 대해서 알지 못한다. 그대가 말하는 마음이란 단지 단어일 뿐이다. 그대는 그 실체의 복잡함을 모른다. 마음은 존재계에서 가장 복잡한 것이다. 어떤 것도 그것과 비교할 수 없다. 그것은 또한 가장 섬세한 것이다. 그대는 그것을 파괴할 수도 있고, 다시 복구할 수 없을 정도로 뭔가를 할 수도 있다. 이 방편들은 인간의 마음과 깊은 조우에서 나오는 지식을 바탕으로 하고 있다. 그리고 각각의 방편은 오랜 실험을 통해서 완성되었다.

그러므로 이 점을 기억하라. 여기에 그대가 고안해 낸 방법을 함부로 섞지 마라. 서로 다른 두 가지 방편을 한데 섞지도 마라. 그것들의 기능이 서로 다르기 때문이다. 그것들의 길이 다르다. 그것들의 기초가 다르다. 물론 그것들은 같은 결론을 갖고 있다. 그러나 그 과정은 전적으로 다르다. 어떤 때는 그것들이 완전히 대칭적인 반대편에 있다. 그러므로 두 가지 방편을 한데 섞지 마라. 어떤 방편이든 주어진 대로 사용하라.

그것을 바꾸지 마라. 수정하지 마라. 그대가 마음대로 수정할 때에는 치명적일 수 있다. 그대가 어떤 방편을 수련하기 전에 그것을 완전히 이해했는지 미리 살펴보라. 만약 조금이라도 혼란스러움을 느낀다면 그 방편이 무엇인지 실제로 안 것이 아니다. 그때는 차라리 시도하지 않는 것이 좋다. 방편 하나하나가 그대에게 엄청난 혁명을 일으키는 것이기 때문이다.

이 방편들은 점진적인 진화의 과정이 아니다. 내가 진화라고 말하는 것은 만약 그대가 어떤 수행도 하지 않고 그냥 살아간다면 깨달음을 얻을 때까지 수백 아니 수천만 년이 걸린다는 뜻이다. 수백만 번의 생을 거치면 그대는 자동적으로 진화될 것이다. 세월이 흐르면 그대는 저절로 붓다가 도달한 상태까지 도달할 것이다. 거기에는 수백만 번의 생이 필요하다. 그래서 이 방편은 가히 혁명적이다. 그것은 진화의 기간을 단축시키는 것이다. 그것은 자연적인 것이 아니다. 만약 그대가 아무런 방편도 수행하지 않고 그대로 내버려둔다면 그대는 그 시점에 이를 때까지 불행 속에서 삶을 계속해야 할 것이다. 그것은 오랜 세월을 필요로 한다. 태어나고 죽는 것을 수백만 번 반복해야 한다.

종교는 혁명적이다. 그것은 그대에게 긴 과정을 단축시킬 수 있는 방편을 준다. 그대는 그 방편을 통해서 도약할 수 있다. 차원적 승화를 이룰 수 있다. 그 승화는 수백만 년의 시간을 단축시켜준다. 단 한순간 동안에 그대는 수백만 번의 생의 여행을 거칠 수 있다. 그렇기 때문에 그 방편은 매우 위험하다. 그대가 그것을 올바르게 이해하지 못한다면 말이다.

따라서 그 방편에 그대가 고안해 낸 것을 섞지 마라. 그것을 변질시키지 마라.

먼저 정확하게 이해부터 하라. 그대가 그것을 완전히 이해했을 때 수련을 시작하라. 그리고 앞에서 나온 늙은 의사의 좌우명 같은 것은 본받지 마라. 그대가 무엇을 해야 할지 모를 때 아무것이나 해 버리는 행위 말이다. 정확하게 이해하지 않는 한 그 어떤 행동도 저지르지 마라. 그때는 아무것도 하지 않는 것이 훨씬 다행스럽고 안전할 것이다. 축복스럽기까지 할 것이다. 마음은 너무나 섬세한 것이기에 뭔가 잘못된 방향으로 나가면 되돌리기가 무척 어렵기 때문이다. 그리고 잘못된 것을 하기는 매우 쉽다. 그것을 고치기란 너무나 힘들다. 이 점을 명심하라.

자, 이제 방편으로 들어가자.

84

육체를 향한 집착을 내던져라.
그때 나는 모든 곳에 편재한다는 것을 깨닫는다.
모든 곳에 편재하는 사람은 기뻐한다.

많은 것들이 이해되어져야 한다. 우선 '육체를 향한 집착을 내던져라'에서 여기에 육체에 대한 뿌리깊은 집착이 있다. 그것은 자연스런 것이다. 그대는 육체 속에서 수많은 생을 살아왔다. 육체는 바뀌었지만 언제나 어떤 육체를 갖고 있었다. 항상 육체를 입고 있었다.

육체를 입고 있지 않는 순간도 있었다. 그러나 그대는 그 순간에 무의식적이었다. 그대가 하나의 육체를 갖고 있다가 죽으면 그대는 무의식 속에서 죽는다. 그때 그대는 무의식적인 상태로 남아 있다. 그리고 그대는 새로운 육체를 입고 다시 태어난다. 그러나 그대는 여전히 무의식적이다. 죽음과 또 다른 탄생 사이에 하나의 간격이 있지만 그대는 무의식 속에 있었다. 그래서 그대는 육체를 벗고 있을 때가 어떤 느낌인지 알지 못한다. 그대는 오직 한 가지 현상만 알고 있다. 그것은 육체 속에 들어 있을 때다. 그대는 언제나 육체 속에 있는 자신만을 안다.

이 상태가 너무 오랫동안 그리고 계속적으로 진행되어 왔기 때문에 그대는 자신이 육체와 다른 것이라는 사실을 까맣게 잊어버렸다. 이러한 망각 증세는 자연스럽기까지 하다. 그래서 집착이란 것이 생긴다. 그대는 자신이 육체라고 느낀다. 바로 이것이 집착이다. 그대는 육체와 다른 어떤 것이라고, 육체 이상의 그 무엇이라고 느끼지 못한다. 물론 지금 그대는 이 점에 동의하지 않을 수도 있다. 왜냐하면 그대는 그 동안 여러 번 자신이 육체가 아니라고 생각했기 때문이다. 육체가 아니라 영혼이며 진아(眞我)라고 말이다. 그러나 이것은 그대의 앎이 아니다. 이것은 단지 그대가 듣고 읽고 믿은 것뿐이다. 어떤 체험 없이, 앎 없이 말이다.

그래서 우선 갖추어져야 할 것은 그대가 육체가 아니라는 사실을 진짜로 알아야 한다는 점이다. 자신을 속이지 마라. 속임수는 통하지 않는다. 만약 그대가 이미 그 사실을 지식적으로 알고 있다면 그때는 그 집착을 던져버릴 수가 없다. 왜냐하면 그대는 이미 알고 있기 때문에 내던질 만한 집착이 없다. 그때 해결할 수 없는 많은 어려움이 거기에 있다. 우선 시작에서부터 한 가지 어려움이 극복되어져야 한다. 그대가 시작을 놓치면 그대는 그것을 결코 해결할 수 없다. 그때는 다시 출발점으로 되돌아가야 한다. 그러니 단단히 명심하라. 그리고 그대는 자신이 육체와 다른 그 무엇이라는 것을 알지 못했다는 점을 깨달아라. 이것이 첫번째 기본적인 깨달음이다.

이 깨달음, 이러한 인식이 거기에 없었다. 그대의 마음은 무엇을 듣든지 들은 대로 안개에 휩싸인다. 그대의 마음은 타인의 지식에 의해서 다듬어진다. 그것은 빌려온 것이지 실재가 아니다. 물론 그것 자체는 거짓이 아니다. 그것을 말한 사람은 진짜로 알았다. 하지만 그대에게는 그것이 거짓이다. 그대 자신의 체험이 아니기 때문이다. 내가 거짓이라고 말할 때는 그대 자신의 체험이 아니라는 뜻이다. 다른 사람에게는 진리일 수 있다. 그러나 그대에게는 아니다. 진리는 개인적인 것이다. 진리는 오직 체험될 때만이 진리다. 체험을 통하지 않은 것은 진리가 아니다. 그래서 우주적인 진리 같은 것은 없다. 모든 진리는 그것이 진리이기 이전에 개인적인 것이 되어야 한다.

그대는 안다. 그대는 들었다. 이것은 그대의 지식, 그대가 수집한 정보의 일부다. 그대가 육체가 아니라는 사실은 그대에게 실재가 아니다. 그러므로 먼저 이 거짓 지식을 던져 버려라. 그대가 자신을 육체로만 알고 있는 현실에 직면하라. 그때 그대 속에 긴장이 일어난다. 그 긴장은 그대가 이것을 지식으로 수집했다는 것을 감추기 위한 긴장일 뿐이다. 그대는 계속 자신이 육체가 아니라고 믿어 왔다. 하지만 그대는 계속 육체로서 살고 있다. 그대는 분열된 것이다. 그리고 그때 그대의 전 존재는 진실하지 못한 것이 된다. 가짜가 된다.

실제로 이것은 하나의 편집증적인 조건이다. 그대는 육체로서 살고 있으면서 자신을 영혼이라고 말하고 생각한다. 여기에 갈등이 있다. 내적인 분열이 계속된다. 도저히 이어질 수 없는 깊은 괴리감이 있다. 그래서 먼저는 그대가 영혼에 대해서, 진아에 대해서 아무것도 모르고 있다는 사실과 대면하라. 지금까지 그대가 아는 모든 것은 육체에 대한 것뿐이었다.

이것은 그대로 하여금 그 괴리감에서 오는 곤란으로부터 해방시켜 줄 것이다. 감추어졌던 모든 것이 표면으로 드러날 것이다. 그대가 육체였다는 사실을 깨달을 때 그대는 곤란하고 당황스러움을 느끼게 될 것이다. 그러나 이러한 감정을 거쳐야만 하는 것이다. 오직 그때만이 그대는 육체에 대한 집착이 무엇을 의미하는지 알 수 있다.

그대의 선생들은 육체에 집착해서는 안된다고 계속 말하고 있다. 그러나 어떤 것이 육체에 대한 집착인지는 그대가 모르고 있다. 그것은 육체와의 깊은 동일시다. 그러나 먼저 그대는 이 동일시가 무엇인지 깨달아야 한다. 그래서 그대의 환상을 통해 자신이 영혼이라고 어설프게 아는 지식을 내던져 버려라. 그대가 알고 있는 것은 오직 한 가지뿐인데 그것은 그대의 육체다. 그대는 자신을 육체라고 믿어 왔고 그것에 집착해 왔다는 사실을 모르고 있다. 그 집착이 얼마나 그대의 내면에서 혼란과 지옥의 고통을 만들어 내는가?

그대가 육체라고 믿어 왔다는 것을 깨닫는 순간 처음으로 그대는 집착을 깨닫는다. 처음으로 그대는 자신의 의식 속에서 사실을 움켜잡은 것이다. 태어난 이 육체가, 그리고 죽을 이 육체가 그대라고 알았던 사실을 말이다. 처음으로 그대는 이 뼈가, 이 피가 그대라고 생각해 왔던 사실을 깨닫는다. 처음으로 그대는 이 섹스가, 이 분노가 자신이었다는 사실을 깨닫는다. 이것이 바로 그대다. 그래서 모든 거짓된 인상들이 다 무너져 내린다. 그대는 실체가 된 것이다.

실체는 고통스럽다. 무척 고통스럽다. 우리가 실체를 감추고 있는 것도 바로 그 때문이다. 그것은 깊숙한 속임수다. 그대는 자신을 영혼이라고 생각한다. 그리고 그대가 싫어하는 모든 것을 그 육체의 탓으로 돌린다. 그래서 그대는 섹스가 육체에 속한 것이라고 말한다. 사랑은 그대에게 속한 것이다. 그때 탐욕과 분노는 육체에 속한 것이며, 자비심은 그대에게 속한 것으로 말한다. 자비심은 영혼에 속한 것이고 분노는 육체에 속한 것으로 말한다. 그대가 추하고 나쁘다고 느껴지는 모든 것은 육체에 속한 것이며 그것들을 육체의 탓으로 돌렸다. 그리고 아름답다고 느끼는 것은 모두 자신의 영혼에게 돌렸다. 그대는 하나의 구분을 만들었다.

이 구분은 그대로 하여금 집착이 무엇인지를 알 수 있게 허락하지 않을 것이다. 그대가 집착이 무엇인지 알지 못하는 한, 그러면서도 집착으로부터 생기는 불행과 고통을 겪고 있는 한 그대는 그 집착을 내던져 버릴 수 없다. 어떻게 던져 버릴 수 있는가? 어떤 것이 병이라고 판명이 날 때만 그것을 버릴 수 있다. 무거운 짐이라고 인식될 때만이 내려놓을 수 있다. 지옥처럼 느껴질 때만이 벗어나려고 할 것이다.

그대의 집착은 아직 그대에게 지옥으로 판명나지 않았다. 붓다나 마하비라가 무슨 말을 하든 상관이 없다. 그들은 집착이 곧 지옥이라고 계속 말하지만 그것은 그대의 느낌이 아니다. 그래서 그대는 어떻게 하면 집착을 버릴 수 있는지를, 어떻게 하면 집착을 초월할 수 있는지를 계속 묻는다. 그대는 집착이 무엇인지를 묻지 않고 어떻게 하면 벗어날 수 있는지만 계속 묻고 있다. 만약 그대가 집착의 정체를 안다면 간단히 그것으로부터 벗어날 것이다. 그때는 '어떻게'라고 묻지 않을 것이다.

만약 집에 불이 났다면 그대는 누구에게 어떻게 해야 될지 묻지 않는다. 그대는 스승을 찾지 않을 것이다. 불이 났다면 그대는 그저 집 밖으로 뛰어나올 것이다. 잠시도 머뭇거리지 않을 것이다. 그대는 선생을 찾지 않는다. 경전을 참고하기 위해 뒤적거리지도 않을 것이다. 어떤 길이 가장 좋은 방법인지 선택하지도 않는다. 어떤 문이 가장 올바른 문인지 망설이지 않는다. 그대가 지금 있는 집에 불이 나면 이 모든 것은 문제가 되지 않는다. 그처럼 집착이 무엇인지 아는 것은 그대가 있는 집에 불이 난 것과 같다. 그대는 그것을 그냥 내던져 버릴 것이다.

이 방편으로 들어가기 위해서는 먼저 자신에 대한 거짓 지식을 버려야 한다. 육체에 대한 집착이 적나라하게 드러나도록 하기 위해 말이다. 마음속 깊이 숨어 있는 고뇌와 번민을 대면하기란 어려운 일이다. 그것은 절대로 쉬운 일이 아니다. 그러나 한번 그대가 대면하고 나면 그대는 당장 그것을 내던질 것이다. '어떻게' 라고 물을 필요가 없다. 그것은 절대적인 불이다. 지옥의 불이다. 그대는 당장 그것으로부터 뛰어나올 것이다.

이 방편은 말한다.

"육체를 향한 집착을 내던져라. 그때 나는 모든 곳에 편재한다는 것을 깨닫는다."

이 집착 때문에 그대는 자신이 육체에 의해 제한된다고 느낀다. 그대를 제한하고 있는 것은 육체가 아니다. 그것은 집착이다. 그대와 실체 사이를 가로막은 장벽은 육체가 아니라 집착이다. 한번 집착이 거기에서 사라지면 그대에게는 어떤 육체도 없다. 전 존재계가 그대의 육체가 된다. 그때 거기에는 어떤 분리도 없다.

실제로 그대의 몸은 존재계가 그대에게 닿은 연결점일 뿐이다. 그것은 그대에게 가장 가까운 존재계다. 그것이 전부다. 그리고 그것은 얼마든지 확장될 수 있다. 한번 그대의 집착이 사라지고 나면 그대에게는 존재계 전체가 몸이 된다. 그대는 모든 곳에 존재하는 것이다.

육체 속에 있을 때 그대는 어디 한 군데에만 있다. 그러나 육체 없이는 그대가 모든 곳에 있다. 육체 속에서는 그대가 있는 곳이 특별한 공간으로 한정된다. 그러나 육체가 없다면 거기에는 한정된 공간도 없다. 그래서 알 만한 사람들은 모두 육체가 감옥이라고 말하는 것이다. 하지만 육체가 감옥이 아니라 집착이 감옥이다. 한번 그대의 초점이 육체를 초월할 수 있다면 그대는 모든 곳에 있다.

이것은 우습게 보인다. 육체 속에 있는 사람의 마음에게는 이것이 우스울 뿐만 아니라 미친 것처럼 보일 것이다. 어떻게 사람이 모든 곳에 존재할 수 있는가? 하지만 붓다에게는 우리가 여기에 있다고 말하는 것이 미친 것처럼 보인다. 오히려 붓다는 그대가 어떻게 한 곳에만 있을 수 있는지 의아해 할 것이다. 어떻게 그대가 한 곳에서만 있을 수 있는가? 의식은 공간의 개념이 아니다. 그대가 눈을 감고 그대의 육체 속에서 그대가 어디 있는지 찾으려면 당황하게 되는 이유가 바로 그 때문이다. 거기에서 그대는 어디에 있는지 찾을 수가 없다.

많은 종교와 종파들이 그대가 단전 속에 있다고 설교해 왔다. 또 어떤 이들은 그대가 가슴속에 있다고 말한다. 그대가 육체의 이 중심 혹은 저 중심 속에 있다고 말한다. 그러나 시바는 그대가 그 어디에도 있지 않다고 말한다. 눈을 감고 그대가 어디에 있는지 찾아보면 그대는 어디에 있다고 아무 말도 할 수 없는 이유가 바로 그것이다. 그 '어디에'란 곳 자체가 없다. 단지 그대가 있을 뿐이다.

깊은 잠 속에서는 그대가 육체를 의식할 수 없다. 그냥 그대는 있다. 그런 잠을 자고 나면 아침에 그대는 깊이, 축복 속에서 잠잤다고 말한다. 그대는 깊은 축복 속에 있었음을 안다. 그러나 육체를 인식하지 못했다. 깊은 잠 속에서는 그대가 어디에 있는가? 그대가 죽었을 때 그대는 어디로 가는가? 사람들은 계속 나에게 묻는다. '사람이 죽으면 어디로 가는가?'라고 말이다. 그러나 그 질문은 어리석은 것이다. 그것은 우리의 의식이 육체에 매여 있기 때문이다. 그래서 우리는 어딘가에 있다고 생각하고 죽을 때는 어디로 간다고 생각한다. 우리는 어디로 가는가? 아무데로도 가지 않는다.

그대가 죽을 때 그대는 그 어디에도 없다. 이것이 전부다. 그대는 하나의 공간 속에 한정되지 않는다. 그것이 전부다. 그러나 그대는 한정하기를 원한다. 그러면 그대는 다시 한정될 것이다. 그대의 욕망이 그대로 하여금 새로운 한정 속으로 인도한다. 그러나 그대가 육체 속에 있지 않을 때 그대는 아무데도 없다. 혹은 그대는 모든 곳에 있다. 이 둘 중에서 그대에게 설득력이 있는 쪽을 택하라. 그것은 그대의 자유다.

만약 그대가 붓다에게 그 질문을 던진다면 그는 아무데도 있지 않다고 말할 것이다. 이것이 그가 '니르바나'라는 단어를 선택한 이유다. 그것은 불꽃이 꺼진 상태와 같다. 그때 불꽃은 어디로 갔는가? 그대는 불꽃이 어디에 있다고 말하겠는가? 붓다는 아무데도 없다고 말했다. 불꽃은 그저 꺼져 버렸다. 붓다는 부정적인 방향으로 말했다. 아무데도 없다고 말이다. 이것이 바로 니르바나의 뜻이다. 그대가 육체에 집착하지 않을 때 그대는 니르바나 속에 있다. 다시 말해서 그대는 아무데도 없는 것이다.

이에 반해 시바는 긍정적인 방향으로 말했다. 그는 모든 곳에 있다고 말했다. 하지만 이 두 말은 같은 뜻이다. 완전히 똑같다. 그대가 모든 곳이 있다면 어떤 특정한 곳을 끄집어낼 수 없다. 그대가 모든 곳에 있다면 그대는 아무데도 있지 않다고 말하는 것이 된다.

그러나 육체에 집착할 때 우리는 우리가 한정되어 있음을 느낀다. 이 한정은 정신적인 행위다. 그리고 그대 자신의 행위다. 그대는 자신을 어떤 것으로 한정할 수 있다. 그대가 값비싼 다이아몬드를 갖고 있다고 하자. 그대의 존재는 그것에 의해 한정될 수 있다. 만약 다이아몬드를 도난당하면 그대는 자살을 하거나 미치게 될지도 모른다. 도대체 이것이 무슨 일인가? 다이아몬드 없이 사는 사람이 얼마나 많은가? 다이아몬드가 없다고 해서 그들은 아무도 자살하지 않는다. 그러나 그대에게는 무슨 일이 일어났는가?

한때 그대는 다이아몬드 없이도 잘살았다. 그때는 아무 문제도 없었다. 이제 그대는 다시 다이아몬드가 없는 상태가 되었다. 그러나 여기에 문제가 있다. 어떻게 이 문제가 발생되었는가? 그것은 그대 자신의 행위 때문이다. 이제 그대는 다이아몬드에 집착해 있고 한정되어 있다. 다이아몬드가 그대의 몸이 되었다. 이제 그것 없이는 살 수 없다. 그것 없이는 삶이 불가능하게 되었다.

그대가 집착할 때 그것은 새로운 감옥이 된다. 지금 그대가 삶 속에서 무엇을 하고 있든지 이와 같은 상황이다. 그대는 끊임없이 더 많은 감옥들을 만들어 낸다. 유치장은 더 커져만 간다. 그때 우리는 감옥을 장식하기 시작한다. 그곳은 마치 자신의 안방처럼 보인다. 그리고 그것이 감옥이라는 것을 완전히 잊어버린다.

이 방편은 말한다. 만약 그대가 육체에 대한 집착을 내던져 버린다면 자신은 모든 곳에 있다는 것을 깨닫는다. 그대는 바다와 같은 느낌을 갖게 된다. 그대의 의식은 어떤 곳에도 얽매이지 않고 존재한다. 그대는 하늘과 같다. 모든 것을 담는다. 모든 것이 그대 속에 있다. 그대의 의식은 무한한 가능성으로까지 확장된다. 그리고 이 방편은 말한다.

"모든 곳에 편재하는 사람은 기뻐한다."

그대가 한 곳에 얽매일 때 그대는 불행 속에 있게 된다. 그것은 항상 그대가 한정되는 장소보다 그대 자신이 더 크기 때문이다. 마치 그것은 자신을 작은 주발 속에 눌러 담는 것과 같다. 바다를 작은 독 안에 넣으려는 것과 같다. 거기에서 불행은 필연적이다. 그리고 불행이 느껴질 때마다 깨달음을 향한 열망이 일어난다. 브라흐만에 대한 열망이 일어난다. 브라흐만은 무한한 존재를 의미하는 것이다. 모크샤를 찾는 것은 자유를 찾는 것이다. 한정된 육체 속에서는 그대가 자유로울 수 없다. 그대는 노예가 될 수밖에 없다. 아무데도 없거나 혹은 모든 곳에 있을 때만이 그대는 자유로울 수 있다.

인간의 마음을 보라. 그것이 어떤 방향이든지 자유를 향한다. 자유를 찾고 있다. 그것은 정치적일 수도 있고 경제적일 수도 있으며 심리학적일 수도 있다. 그리고 종교적일 수도 있다. 그러나 인간의 마음은 기본적으로 자유를 갈망한다. 자유는 가장 깊은 욕구처럼 보인다. 인간의 마음이 어떤 장벽, 어떤 구속을 만날 때마다 그것에 대해 싸운다. 인류의 역사는 자유를 위한 투쟁으로 일관되는 것이다.

그러나 투쟁의 차원이 다를 수는 있다. 마르크스나 레닌 같은 사람들은 경제적인 자유를 위해 싸웠다. 간디나 링컨 같은 사람들은 정치적 자유를 위해 싸웠다. 수천 수백만 명의 노예들이 있고 그 싸움은 계속된다. 그러나 한 가지는 확실하다. 인간의 마음을 깊이 들어가 보면 거기에는 좀더 많은 자유를 원하고 있다.

시바는 말한다. 그리고 모든 종교가 말한다. 그대는 정치적으로 자유로울 수 있다. 하지만 그 투쟁은 쉬지 않는다. 하나의 얽매임이 사라지지만 거기에 다른 얽매임들이 여전히 있다. 경제적 속박은 사라질 수 있다. 그러나 그대는 다른 속박을 인식하게 될 것이다. 성적이고 심리적인 속박도 있다. 이 투쟁은 그대가 모든 곳에 있음을 느끼지 않는 한 멈춰질 수 없다. 그대가 모든 곳에 편재한다는 사실을 느끼는 순간 완전한 자유가 성취된다.

자유는 정치적인 것도, 경제적인 것도, 사회적인 것도 아니다. 자유는 실존적인 것이다. 이 자유가 전체적인 자유다. 그래서 우리는 그것을 모크샤라고 부른다. 오직 그때만이 그대는 진정으로 기뻐할 수 있다.

실제로, 전적으로 자유로운 것은 곧 기쁨을 의미한다. 기쁨은 어떤 결과가 아니다. 그것은 일어나는 상태다. 그대가 전적으로 자유로울 때 그대는 기쁘다. 행복하다. 이 행복은 어떤 결과로서 생긴 것이 아니다. 자유가 곧 행복이다. 속박은 불행이다. 그대가 한정되어 있음을 느끼는 순간 그대는 불행하다. 그대가 무한하다는 것을 느낄 때 불행은 사라진다. 그래서 불행이란 장벽 속에 있다. 행복은 어떤 장벽도 없는 땅에 존재한다.

그대가 이 자유를 느낄 때마다 기쁨은 저절로 일어난다. 지금이라도 그대가 어떤 자유를 느낄 때, 그것이 비록 궁극적인 자유가 아니더라도 기쁨은 그대에게 찾아온다. 그대가 누군가와 사랑에 빠질 때 거기에 어떤 기쁨이, 행복이 일어난다. 왜 그것이 일어나는가? 그대가 누군가와 사랑에 빠질 때 그대는 자신의 육체에 대한 집착을 버리기 때문이다. 깊은 의미에서 그것은 다른 사람의 몸도 그대의 몸이 되었기 때문이다. 그대는 이제 자신의 몸에만 한정되지 않는다. 다른 사람의 몸도 그대의 몸이 된 것이다. 그대의 집이 된 것이다. 그대의 거주처가 된 것이다. 그대는 어떤 자유를 느낀다. 이제 그대는 상대방 속으로 들어갈 수 있고 상대방도 그대 속으로 들어올 수 있다. 어떤 방식 속에서 장벽이 무너진 것이다. 그대는 이전보다 확대된 것이다.

그대가 누군가를 사랑할 때 그대는 이전보다 더 확장된다. 그대의 존재가 더 커진 것이다. 그대의 의식은 이전처럼 제한되지 않는다. 새로운 영역에 도달할 수 있게 된 것이다. 그대는 사랑 속에서 일종의 자유를 맛본다. 하지만 그것이 전체적이지 않기 때문에 그대는 곧 다시금 한계를 느낀다. 좀더 확장되었지만 여전히 한계가 있다. 그래서 누군가를 진짜로 사랑하는 사람은 곧 기도의 상태 속으로 들어간다.

기도는 더 큰 사랑을 의미한다. 기도는 존재계 전체와 사랑에 빠지는 것이다. 그대는 이제 비밀을 알았다. 그대는 비밀의 문의 열쇠를 발견했다. 그대는 누군가를 사랑한다. 그대가 사랑하는 순간 그 문은 열리고 장벽은 해체된다. 적어도 한 사람만큼의 영역이 더 넓어졌다. 이제 그대는 비밀의 열쇠를 갖게 된 것이다. 만약 그대가 존재계 전체와 사랑에 빠질 수 있다면 그대는 더 이상 육체가 되지 않을 것이다.

깊은 사랑 속에서 그대는 육체 없음이 된다. 그대가 누군가와 사랑에 빠질 때 그대는 자신을 하나의 육체로서 느끼지 않는다. 그대가 사랑하지 않을 때 그대는 자신을 하나의 육체로만 느낀다. 그때 육체는 짐덩어리가 된다. 그대는 그것을 지고 다녀야 한다. 하지만 그대가 사랑에 빠지면 육체는 무게가 사라진다. 그때 그대는 중력을 느끼지 않는다. 그대는 춤출 수 있다. 실제로 날 수 있다. 더 깊은 차원에서 보면 육체는 더 이상 존재하지 않는다. 그러나 이것은 제한된 길 속에서이다. 똑같은 일이 그대가 존재계 전체와 사랑에 빠질 때 일어날 수 있다.

사랑 속에서 기쁨이 그대에게 찾아온다. 그것은 쾌락이 아니다. 기억하라. 기쁨은 쾌락이 아니다. 쾌락은 감각을 통해서 그대에게 다가온다. 기쁨은 어떤 감각도 통할 필요가 없다. 기쁨은 그대가 육체가 아닐 때 다가온다. 육체가 사라지는 순간에 그대는 단지 의식이 된다. 그때 기쁨이 다가온다. 그대가 육체일 때 쾌락은 다가올 수 있다. 그것은 언제나 육체를 통해서 온다. 고통도 가능하다. 쾌락과 고통은 모두 육체를 통해서 온다. 기쁨은 그대가 육체가 아닐 때에만 가능하다.

그것은 또한 일상 생활 속에서도 우연하게 일어난다. 그대가 음악을 듣고 있을 때 갑자기 중력이 사라진다. 그대는 그 속에 빨려 들어가 버렸다. 그대는 자신의 육체를 잊어버렸다. 그대는 음악으로 가득 차게 되고 음악과 하나가 된다. 거기에는 음악을 듣는 자가 없다. 듣는 자와 들리는 대상이 하나가 되었다. 거기에 오직 음악만 존재한다. 그대는 존재하지 않는다. 그대는 확장되었다. 이제 그대는 음표와 함께 날아가고 있다. 이제 그대에게 한계가 없다. 음표는 침묵 속으로 녹아 들고 있고 그대 역시 그것과 함께 침묵 속으로 녹아 들고 있다. 육체는 잊혀졌다.

육체가 잊혀질 때마다 그 집착은 무의식적으로 내던져진다. 그리고 기쁨이 그대에게 일어난다. 탄트라를 통해서 그대는 그것을 방편적으로 사용할 수 있다. 그때 그것은 더 이상 우연이 아니다. 그때 그대는 그것의 주인이 된다. 열쇠는 그대 손 안에 들어 있고 그대가 원할 때 문을 열 수 있다. 아니면 그대는 문을 영원히 열어 버릴 수도 있다. 그리고 열쇠를 던져 버린다. 문을 다시 잠글 필요가 없다.

기쁨은 일상 생활 속에서도 일어날 수 있다. 그러나 그대는 그것이 어떻게 일어나는지 모른다. 그것은 언제나 그대가 육체가 아닐 때 일어난다. 그러므로 그대가 다시 기쁨의 순간을 느낄 때 그대가 그 순간에 육체인지 아닌지를 살펴보라. 그대는 육체가 아니다. 기쁨이 있을 때마다 육체가 아니다. 그것은 육체가 사라지는 것이 아니다. 육체는 그대로 남아 있다. 그대의 집착이 사라지는 것이다. 그대는 얽매이지 않는다. 그때 그대는 굴레 밖으로 뛰어나간다.

그대는 음악을 듣다가도 뛰어나갈 수 있고, 아름다운 일출 광경을 보다가 뛰어나갈 수도 있으며 어린아이의 웃음을 보고도 뛰어나갈 수 있다. 그대는 사랑에 빠져 있다가 뛰어나갈 수도 있다. 무슨 원인에서건 그대는 한순간에 육체로부터 뛰어나갈 수 있다. 육체는 거기에 있지만 내던져졌다. 그대는 그것에 집착하지 않는다. 그대는 날개를 달은 것이다.

이 방편을 통해서 그대는 모든 곳에 편재하고 있는 사람은 불행해질 수 없음을 안다. 그대가 한정되면 한정될수록 더욱 불행해진다. 확장시켜라. 그대의 한계선을 밀쳐 버려라. 언제든지 육체를 떠날 수 있도록 말이다. 하늘을 바라볼 때 거기에 구름이 흘러가고 있다. 구름과 함께 흘러가라. 땅 위에 있는 육체를 버려두고 말이다. 달이 거기에 있다. 달과 함께 흘러가라. 그대가 육체를 잊을 수 있을 때마다 그 기회를 놓치지 마라. 그때 그대는 육체를 벗어난다는 것이 무엇인지 잘 알게 될 것이다.

그리고 집착은 오직 집중의 문제다. 만약 그대가 육체에만 집중한다면 그것에 집착할 것이다. 만약 그 집중이 다른 곳으로 옮겨 간다면 집착 역시 옮겨 갈 것이다.

예를 들면 그대는 하키나 배구 등등의 게임을 하고 있다. 그대가 게임에 깊이 빠지면 몸을 잊어버리게 된다. 어떤 사람이 그대의 다리를 때려서 피가 흘러도 그대는 모른다. 고통이 거기에 있지만 그대는 거기에 있지 않다. 피가 흐르고 있지만 그대는 몸 밖으로 나가 있다. 그대의 의식이, 주의력이 공과 함께 날아다닌다. 그대의 주의력은 외부에 있다. 게임은 끝났다. 갑자기 그대는 육체 속으로 되돌아온다. 거기에 피가 흐르고 있고 고통이 있다. 그대는 왜 상처가 났는지 어리둥절하다. 그것은 상처가 나는 순간에 다른 것에 몰두해 있었기 때문이다.

육체와 함께 있어라. 그대의 주의력이 거기에 필요하다. 그래서 그것을 상기하라. 그대의 주의력이 있는 곳에 그대가 있다. 만약 그대의 주의력이 구름 속에 있다면 그대는 거기에 있다. 만약 그대의 주의력이 꽃 속에 있다면 그대는 거기에 있다. 만약 돈에 있다면 그때는 그대도 돈에 있다. 그대는 어디에라도 있을 수 있다.

그래서 그대의 주의력이 아무데도 쏠리지 않은 상태 속에 있는 것이 바로 명상의 전 과정이다. 거기에는 주의를 끌 만한 어떤 대상도 없다. 대상이 없을 때 육체도 없다. 그대의 주의력이 육체를 만들어 낸다. 그대의 주의력이 곧 그대의 육체다. 주의력이 아무데도 없다면 그대는 아무데도 없다. 혹은 모든 곳에 편재한다. 그때 기쁨이 그대에게 일어난다. 그대에게 일어난다고 하는 말은 정확하지 않다. 그대가 곧 기쁨이다. 그것은 이제 그대를 떠날 수 없다. 그대가 바로 기쁨 자체가 되었다. 자유가 기쁨이다. 그대가 그토록 자유를 찾아다니는 것도 바로 그 때문이다.

자, 두번째 방편이다.

85

아무것도 없음을 생각하면,
제한된 자아는 무한해질 것이다.

내가 말하고 있는 것이 바로 이것이다. 그대의 주의력을 끄는 어떤 대상도 없다면 그대는 아무데도 존재하지 않는다. 혹은 그대는 모든 곳에 편재한다. 그대는 자유롭다. 그대는 자유가 되었다. 이제 이 방편은 말한다. 그대가 생각이 없다면 그대는 제한되지 않는다. 한정되지 않는다. 생각이 그대에게 한계를 준다. 그리고 그 한계의 유형은 수없이 많다. 그대는 힌두교도다. 그것은 하나의 한계다. 힌두교도가 되는 것은 어떤 특정한 유형에, 사고에 집착하는 것이다. 진정으로 종교적인 사람은 힌두교도나 기독교도가 될 수 없다. 무슨 무슨 주의자나 교도가 될 수 없다. 불가능하다. 왜냐하면 거기에는 특별한 생각이 있기 때문이다. 진정으로 종교적인 사람이란 특별한 생각을 하지 않는다는 의미가 있다. 어떤 신념 체계, 어떤 신앙에 의해서도 제한받지 않는다. 마음에 의해서 구속되지 않는다는 말이다. 그는 무한(無限) 속에 산다.

그래서 첫째로, 그대가 특별한 생각을 갖고 있을 때 그 생각은 그대의 장벽이 된다. 그것은 매우 아름다운 생각일 수도 있다. 그러나 여전히 그것은 하나의 장벽이다. 아름다운 감옥도 감옥인 것이다. 황금 같은 생각도 생각이다. 거기에는 아무런 차이도 없다. 그대를 똑같이 구속시킨다. 그대가 어떤 생각을 갖든지 그대는 그것에 얽매이게 된다. 그때 그대는 누군가에게 반대할 것이다. 왜냐하면 누군가를 반대하지 않고는 장벽이 유지될 수 없기 때문이다. 하나의 생각은 항상 하나의 편견이다. 그것은 항상 어떤 것에 찬성하거나 반대한다.

한 가난한 농부이면서 매우 열렬한 기독교 신앙을 가진 사람에 대해 이야기를 들은 적이 있다. 그는 '교우회(Society of Friends)'라는 단체의 일원이었으며 퀘이크(Quaker)교도였다. 특히 퀘이크교도는 비폭력을 중시하는 기독교 종파다. 그들은 사랑과 우정을 숭상한다. 어느 날 그는 도시에서 그의 마을로 노새가 끄는 수레를 타고 갔는데 갑자기 별 이유도 없이 수레가 서버렸다. 노새가 조금도 움직이려고 하지 않았다. 그 농부는 매우 상냥하게 그 노새를 달래기 시작했다. 그가 믿는 기독교의 비폭력적 방법으로 말이다. 그는 퀘이크교도였기 때문이다. 그는 노새를 채찍으로 때릴 수가 없었다. 거친 말도 할 수 없었고 윽박지르거나 꾸짖을 수도 없었다. 그는 분노로 가득 찼지만 어떻게 때릴 수가 있는가?

화가 잔뜩 난 그는 노새를 때리고 싶었지만 결국 이렇게 말할 수밖에 없었다.

"똑바로 행동하라. 나는 퀘이크교도기 때문에 너를 때릴 수도 꾸짖을 수도 없다. 나는 폭력을 쓸 수 없다. 그러나 명심하라. 내 말을 듣지 않으면 기독교인이 아닌 사람에게 너를 팔아 버릴 테다."

기독교인들은 자신들의 세계를 갖고 있다. 그 세계는 자신과 정반대의 세계다. 기독교인들은 기독교도가 아닌 사람이 천국에 갈 수 있다고는 상상을 못한다. 힌두교인이나 자이나교도 역시 마찬가지다. 그들은 이교도가 축복의 땅으로 들어갈 수 있다고는 생각할 수 없다. 그것은 불가능하다. 생각은 한계를, 장벽을, 경계선을 만들어 낸다. 찬성하지 않으면 반대할 수밖에 없는 것이다. 나를 찬성하지 않는 사람은 나를 반대하는 것이다.

그런 그대가 어떻게 모든 곳에 두루 존재할 수 있겠는가? 그대가 기독교인이라면 기독교인과 함께 있을 수 있다. 그러나 비기독교인과는 함께 있을 수 없다. 그대가 힌두교도라고 해도 마찬가지다. 이슬람교도도 마찬가지다. 하나의 생각은 어딘가에 반대할 수밖에 없다. 그것은 전체적일 수 없다. 기억하라. 생각은 전체적일 수 없다. 오직 생각 없음만이 전체적일 수 있다.

두번째로, 생각은 항상 마음에서 나온다. 그것은 언제나 마음의 산물이다. 그것은 그대의 태도이며, 관점이며, 편견이다. 그대의 반응이며 그대의 공식이며, 개념이며, 철학이다. 그대의 모든 것이 될 수 있다. 그러나 그것은 그대의 존재는 아니다. 존재에 관한 그 무엇은 될 수 있지만 존재 자체는 될 수 없다.

한 송이 꽃이 거기에 있다. 그대는 그것에 대해 뭔가를 말할 수 있다. 그것이 바로 생각이다. 그대는 아름답다고 말할 수도 있고 추하다고 말할 수도 있다. 그것을 성스럽다고 말할 수도 있다. 그러나 그대가 꽃에 대해 무슨 말을 하든지 그것이 꽃 자체는 아니다. 꽃은 그대의 생각과 관계없이 존재한다. 그대가 꽃에 대해서 생각할 때마다 그대와 꽃 사이에 장벽을 쌓는 것이다.

꽃은 그대의 생각을 필요로 하지 않는다. 그것은 그저 존재한다. 그대의 생각을 떨쳐 버려라. 그때 그대는 자신을 꽃 속으로 들어가게 할 수 있다. 그대가 장미에 대해 무슨 말을 하든지 그것은 아무 의미가 없다. 그대의 말이 필요한 것이 아니다. 말은 꽃에게 어떤 존재도 나눠줄 수 없다. 그저 장벽만 쌓는 것일 뿐이다. 거기에 생각이 있을 때마다 그대는 제외된다. 존재계를 향한 문은 닫힌다.

이 방편은 말한다.

"아무것도 없음을 생각하면, 제한된 자아는 무한해질 것이다."

만약 그대가 생각하지 않으면, 그저 단순히 존재한다면, 전적으로 깨어 있다면, 어떤 사념의 구름으로 가려져 있지 않으면 그대는 제한되지 않는다. 육체만이 몸은 아니다. 마음은 더 깊은 몸이다. 육체는 물질로 구성되어 있다. 마음 역시 물질로 구성되어 있다. 보다 섬세하고 정제된 물질로 말이다. 육체는 가장 바깥의 몸이다. 마음은 내부의 몸이다. 그리고 그대가 몸과 분리되기는 쉽다. 그러나 마음과 분리되기는 어렵다. 마음은 몸보다 더욱 그대 자신이라고 느끼기 때문이다.

어떤 사람이 그대의 몸이 아파 보인다라고 말하면 그대는 기분이 그렇게 나쁘지 않다. 그대는 그것에 덜 집착하고 있기 때문이다. 그러나 그대의 마음이 아파 보인다고, 병들어 보인다고 말한다면 그대는 모욕을 받았다고 느낀다. 마음이 그대 자신에게 더 가까운 것이기 때문이다. 만약 어떤 사람이 그대의 육체에 대해서 뭔가를 말한다면 그대는 그것을 참을 수 있다. 하지만 그대의 마음에 대해서 말하면 참을 수가 없다. 그대는 훨씬 깊게 상처받기 때문이다.

마음은 내부의 몸이다. 그대는 그것을 갖고 다닌다. 그대는 그것에 너무 깊이 집착한 나머지 죽음조차 그대를 그것에서 분리시키지 못한다. 그대의 과거 생들을 알 수 있는 것도 바로 그 때문이다. 그것들은 그대 속에 있다. 만약 그대가 한때 개로 태어난 적이 있다면 그대 속에 여전히 개의 마음이 있다. 그대가 한때 나무였다면 나무의 마음이 그대 속에 있다. 그대가 여자였거나 혹은 남자로 태어난 적이 있었다면 그것은 그대 속에 있다. 모든 마음이 그대 속에 있다. 그대는 너무나 단단히 그것들을 붙잡고 있어서 절대로 놓치지 않는다.

사람이 죽으면 외부의 몸은 해체된다. 그러나 내부의 몸은 그대로 남는다. 그것은 너무나 정제된 물질이기 때문에, 에너지의 진동이기 때문에 쉽사리 해체되지 않는다. 그리고 그대가 갖고 다니는 생각의 유형에 따라서 그대는 새로운 몸으로 들어간다. 욕망의 유형, 마음의 유형에 따라서 그대는 자신에게 맞는 새로운 몸을 찾는다. 마음의 청사진이 다시 외부의 형태로 나타나는 것이다.

첫번째 방편은 몸에 대한 집착을 던져버리라고 말한다. 그리고 이 두번째 방편은 마음, 즉 내면의 몸에 대한 집착을 버리라고 말한다. 죽음조차 그대에게서 분리시킬 수 없는 마음을 말이다. 오직 명상만이 그것을 그대에게서 분리시킬 수 있다. 명상은 죽음보다 더 깊은 수술이기 때문이다. 그래서 거기에 많은 공포가 있다. 사람들은 명상을 하기가 두렵다고 계속 말한다. 그들은 명상에 대해서 책도 쓰고 설교도 하지만 결코 실행을 하지는 않는다. 거기에 깊은 공포가 있기 때문이다. 죽음의 공포 말이다.

명상을 하려는 사람들이 와서는 그 다음날 그들이 두려워하는 지점에 이르면 나에게 와서 이렇게 말한다.

"이제 우리는 더 들어갈 수 없습니다. 그것은 불가능합니다."

자신이 죽어가고 있다고 느끼는 한 지점에 이른 것이다. 이제 가장 깊은 것이 분리되려고 한다. 가장 깊은 동일시가 끊어지려고 한다. 그때는 누구나 자신이 죽는 것처럼 느껴진다. 존재하지 않는 상태로 들어가는 것처럼 느껴진다. 깊은 심연이 입을 열고 무한한 허공이 펼쳐진다. 두려워하는 사람은 다시 되돌아가서 육체에 집착한다. 땅이 갈라지고 깊은 무(無)의 절벽이 그를 삼키려 한다고 느끼기 때문이다.

그래서 항상 사람들이 시도는 하지만 그 시도는 매우 피상적인 것이다. 그들은 명상을 마치 하나의 놀이처럼 생각한다. 그들은 더 깊이 들어가면 자신이 존재하지 않는다는 것을 무의식적으로 알고 있다. 그리고 그들의 느낌이 맞다. 공포가 있는 것이 사실이다. 그대는 다시 그대 자신이 되지 않을 것이다. 한번 그대가 그 심연을, 그 쑤냐(shoonya)를, 그 허공(虛空)을 알고 나면 다시는 이전과 같은 상태가 될 수 없다. 그대는 되돌아올 수 있다. 그러나 그대는 새로운 사람으로 변화되어 있다. 마음과 맺었던 이전의 동일시는 이제 완전히 끊어졌다. 그리고 이제 마음은 하나의 도구가 되었다. 그대는 그것 위에 있다. 그대가 무엇을 하고 싶다면 뭐든지 할 수 있다. 하지만 그것에 매이지는 않는다. 여기에 자유가 있다. 그러나 이것은 오직 아무것도 없음을 생각할 때 가능하다.

'아무것도 없음을 생각하는 것(thinking no thing)'이란 매우 역설적인 표현이다. 그대는 어떤 것에 대해서 생각할 수 있다. 그러나 어떻게 아무것도 없는 것에 대해서 생각할 수 있겠는가? 이 '아무것도 없는 것'의 의미가 무엇인가? 그대가 생각을 할 때마다 거기에 어떤 대상이 있다. 한 조각의 사념조차도 하나의 대상이다. 그런데 어떻게 '아무것도 없는 것(nothing)'을 생각할 수 있겠는가? 아무것도 없는 것을 생각하려는 노력 역시 하나의 생각이기 때문이다. 거기에 생각은 해체되지 않는다.

그대는 선(禪)의 공안(公案)에 대해서 들어보았을 것이다. 선사(禪師)들은 수수께끼 같은 말을 구도자들에게 물음으로 던진다. 그것은 도저히 생각이 진행되지 않는 말들이다. 그것은 생각을 멈추게 하기 위한 말이다. 예를 들어 그들은 이렇게 말한다.

"그대의 본래 얼굴을 찾아 보라. 그 얼굴은 그대가 태어나기 전부터 갖고 있던 얼굴이다. 그 얼굴은 그대가 지금 갖고 있는 얼굴이 아니다. 태어나기 전에 갖고 있던 얼굴에 대해 생각하라."

그대가 어떻게 그것에 대해 생각할 수 있겠는가? 태어나기 전에는 아무런 얼굴도 갖고 있지 않다. 얼굴은 탄생과 함께 갖게 된다. 그 얼굴은 육체의 일부분이다. 그대는 그 얼굴을 거울에 비추어 보아 알 수 있다. 그러나 선사들이 말하는 얼굴은 거울에 비춰지는 얼굴이 아니다. 그러니 어떻게 그대가 본래의 얼굴을 알 수 있겠는가? 하지만 본래의 얼굴을 찾도록 노력해 보라. 그 노력은 반드시 도움이 된다.

구도자들은 시도하고 또 시도한다. 하지만 그것은 불가능하다. 그들은 스승에게 찾아오고 또 찾아온다. 그리고 말한다.

"이것이 그 본래의 얼굴이란 것입니까?"

그러면 스승은 이렇게 대답한다.

"틀렸다. 그대가 무엇을 갖고 오든지 틀릴 것이다."

수개월 동안 구도자는 계속 찾아온다. 그는 뭔가를 찾는다. 어떤 인상을, 어떤 이미지를 갖고서 말이다. 그리고는 '본래의 얼굴이 이런 것입니까'라고 묻는다. 하지만 스승은 아니라고 말한다. 모든 대답이 그저 '아니오'인 것이다. 갈수록 구도자는 당황하게 되고 그는 결국 아무런 생각도 할 수 없는 상태에 이르게 된다. 모든 시도를 다 해보지만 결국 실패하게 된다. 그러나 그 실패는 기본인 것이다. 어느 날 갑자기 그는 전체적인 실패를 하기에 이른다. 그 전체적인 실패 속에서 모든 생각들이 일시에 멈춘다. 본래의 얼굴은 생각될 수 없다는 사실을 깨달은 것이다. 그리고 더 이상 거기에 생각의 구름은 일어나지 않는다.

이 마지막 실패가 구도자에게 일어날 때마다 그는 스승에게 간다. 그러면 스승은 이렇게 말한다.

"이제 더 찾을 필요가 없다. 나는 그대의 눈동자에서 본래의 얼굴을 보고 있다."

그 눈동자는 텅 비어 있다. 그 구도자는 어떤 것도 말하지 않았다. 단지 스승에게 다가갔을 뿐이다. 그는 어떤 대답도 할 수 없다. 거기에 아무것도 없다. 그는 처음으로 아무런 해답없이 스승에게 간 것이다. 그는 침묵 속에서 갔다.

그전에는 매번 어떤 대답을 갖고 갔다. 마음은 거기에 있다. 생각이 거기에 있다. 그는 생각에 의해 제한된다. 그는 어떤 인상을 갖고 있는 얼굴을 발견했다. 그리고 그 얼굴에 의해 제한된다. 그러나 이제 그는 본래의 얼굴을 발견했다. 이제 거기에 어떤 제한도 없다. 왜냐하면 그는 어떤 얼굴, 어떤 생각, 어떤 사상도 갖고 있지 않게 되었기 때문이다. 그는 어떤 마음 없이 거기에 갔다. 그것이 곧 무심(無心)의 상태다.

이 상태에서 비로소 한정된 자아는 한정되지 않는다. 그대는 무한이 된다. 모든 제한들이 철폐된다. 갑자기 그대는 모든 곳에 있다. 갑자기 그대는 모든 사람이 된다. 갑자기 그대는 나무 속에도 있고 돌 속에도 있으며 하늘 속에도, 친구와 적 속에도 있다. 갑자기 그대는 모든 곳에 편재하게 된 것이다. 존재계 전체가 하나의 거울이 되었다. 그대는 모든 곳에서 비치고 있다. 이 상태는 지복의 상태다. 이제 그 어떤 것도 그대를 혼란시킬 수 없다. 그대를 벗어나 있는 것은 아무것도 존재하지 않는다. 이제 거기에 죽음이 없다. 죽음 속에서조차 그대는 존재한다. 이제 그대에게 반대하는 것은 아무것도 없다. 오직 그대만이 존재한다.

이 홀로 있음을 마하비라는 '카이발리야(kaivalya)'라고 불렀다. 전체적인 홀로 있음이다. 왜 홀로인가? 모든 것이 그대 속에 흡수되어 그대가 되어 버렸기 때문이다. 그대는 그 상태를 두 가지로 표현할 수 있다.

'오직 나만이 존재한다. 아함 브라흐마스미.—나는 신이다. 신성이다. 전체다. 모든 것이 내 속에 있다. 모든 강들이 나의 바다에 들어와서 하나가 된다. 나만이 존재한다. 나와 다른 것은 어떤 것도 존재하지 않는다.'

수피들도 이렇게 말했다. 다른 이슬람교도들은 수피들이 하는 말을 결코 이해할 수 없었다. 수피들은 이렇게 말한다.

"신은 없다. 오직 나만이 있다."

혹은 이렇게 말했다.

"내가 바로 신이다."

이것은 긍정적인 표현법이다. 거기에는 어떤 구분도 사라졌다. 이와 반대로 붓다는 부정적인 표현법을 사용했다. 그는 이렇게 말했다.

"나는 더 이상 존재하지 않는다. 아무것도 존재하지 않는다."

이 둘 다 진리다. 모든 것이 내 속에 들어올 때 '나'라든지 '나 자신'이라고 부를 만한 것이 없다. 그 '나(I)'라는 것은 언제나 '당신(you)'이라는 개념과 반대되는 것으로 있다. 오직 '당신'에 관련되어서만 의미가 있다. 만약 거기에 '당신'이 없다면 '나'란 것 역시 존재하지 않는다. 그래서 붓다는 이 '나'라는 것이 없다고 말했다. 모든 것이 그대가 되든지 혹은 그대가 모든 것 속으로 녹아 들어 더 이상 존재하지 않는 것이 된다.

그래서 이 두 가지 표현 모두 옳다. 물론 어떤 표현도 전적으로 진리일 수는 없다. 하나의 표현에는 반대되는 표현이 반드시 있기 때문이다. 모든 표현은 부분적이다. 그래서 반대편 표현 역시 진실이 된다. 그것 역시 한 가지 부분이기 때문이다. 이 점을 기억하라. 그대가 무엇을 표현하든지 그것이 옳다면 그 반대 표현도 옳은 것이다. 모든 표현이 부분적인 것이기 때문이다.

그래서 표현에는 두 가지 유형이 있다. 긍정과 부정 두 가지 방식이 그것이다. 그대는 둘 중에 어떤 것을 택해도 된다. 만약 그대가 긍정을 택한다면 그때는 부정적인 방식은 잘못된 것처럼 보일 것이다. 하지만 잘못된 것이 아니다. 그것은 상호 보충적이다. 그대가 브라흐마라(전체)라고 말하든지 니르바나(無)라고 말하든지 같은 것이다. 그 둘은 같은 경험을 표현한 말이다. 그 경험은 바로 아무것도 없는 것을 생각하는 것이다. 그대는 드디어 그것을 알게 되었다.

이 방편에 대해서는 어떤 기본적인 것이 이해되어져야 한다. 첫째 사고 작용 속에서 그대는 존재계로부터 분리될 수 없다. 사고 작용은 관계가 아니다. 그것은 다리가 아니다. 그것은 어떤 교류가 아니다. 그것은 하나의 장벽이다. 생각 없음, 즉 무념의 다리가 된다. 연결점이 된다. 그대는 그 속에서 존재계와 하나가 된다. 그대가 누군가에게 어떤 말을 할 때 그대는 그와 직접적인 관계를 맺을 수 없다. 그 말이 바로 장벽이 되기 때문이다. 그대가 말을 많이 하면 할수록 그대는 더욱 멀어진다. 만약 그대가 누군가와 침묵 속에 있다면 그대는 그와 관계를 맺는 것이다. 침묵 속으로 깊이 들어가면 그대의 마음에는 어떤 생각도 없다. 그리고 두 마음이 전적으로 침묵하게 될 때 그대와 그는 하나가 된다.

영(0) 하나에 영(0) 하나를 더해도 2가 될 수 없다. 그저 0일 뿐이다. 그것들은 절대로 2가 될 수 없다. 그냥 좀 더 큰 0일 뿐이다. 그리고 사실 0은 커질 수가 없다. 더 커지든 더 작아지든 0은 0이다. 그대는 그것에 어떤 것도 덧붙일 수 없다. 그대는 그것으로부터 뭔가를 떼어낼 수 없다. 하나의 0은 전체다. 전체로서의 하나다. 그대는 누군가와 침묵할 때 하나가 된다. 그대가 존재계와 침묵할 때 그대는 그것과 하나가 된다.

이 방편은 존재계와 침묵하라고 말한다. 그때 그대는 신이 무엇인지 알게 될 것이다. 그대는 존재계와 한 가지 방식의 대화만을 할 수 있다. 그것은 바로 침묵의 대화다. 만약 그대가 존재계에게 무슨 말을 입 밖에 낸다면, 생각을 일으킨다면 그것은 실패할 것이다.

하나의 실험으로서 이것을 해보라. 바위와 함께 침묵해 보라. 거기에 손을 대고 침묵해 보라. 거기에 합일이 일어날 것이다. 그대는 바위 속으로 깊이 들어가게 되고 바위는 그대 속으로 깊이 들어온다. 그대의 비밀은 바위에게 완전히 드러날 것이다. 그리고 바위 역시 그대에게 자신의 비밀을 드러낸다. 하지만 거기에서 그대는 어떤 언어도 사용할 수 없다. 바위는 어떤 언어도 알지 못한다. 그대가 언어를 사용한다면 그대는 바위와 관계를 맺을 수 없다.

사람은 침묵을 완전히 잃어버렸다. 그대가 어떤 것을 하지 않을 때, 그때 역시 그대는 침묵할 수 없다. 마음은 이것 저것을 자꾸만 한다. 이 지속적인 내부의 대화 때문에, 이 재잘거림 때문에 그대는 어떤 것과도 관계를 맺을 수 없다. 그대는 사랑하는 사람조차와도 관계를 맺을 수 없다. 하나가 될 수 없다. 그 재잘거림이 계속되기 때문이다.

그대는 아내와 함께 앉아 있다. 그대의 마음속에서는 끊임없이 지껄이고 있다. 그녀 역시 마음속에서 지껄인다. 그래서 두 사람은 서로 멀리 떨어져 있다. 마치 하나의 별에서 다른 별까지 멀리 떨어져 있는 것처럼 말이다. 그때 두 사람은 어떤 친밀감도 느끼지 못한다. 서로를 탓하기만 한다. 당신은 나를 사랑하지 않는다고 말이다.

사랑이 문제가 아니다. 사랑은 거기에 가능하지 않다. 사랑은 침묵의 꽃이다. 오직 침묵 속에서만 피어난다. 그것은 하나됨 속에서만 피기 때문이다. 그대가 생각없이 있을 수 없다면 사랑 속에 있을 수 없다. 그리고 그때 기도 속에 있는 것은 더욱 불가능하다. 그러나 우리는 기도할 때면 계속 재잘거린다. 우리에게 기도란 단지 신과 재잘거리는 것일 뿐이다.

우리는 너무나 조건을 많이 걸고 다닌다. 그래서 교회나 사원에 가서도 끊임없이 재잘거린다. 우리는 신과 재잘거린다. 이것은 절대적인 넌센스다. 신은, 존재계는 우리의 언어를 이해할 수 없다. 존재계는 오직 하나의 언어만을 이해한다. 그것은 바로 침묵이다. 침묵은 산스크리트 어도 아니고 아랍 어도 아니다. 영어나 힌두어도 아니다. 침묵은 우주적이다. 그것은 어떤 특정한 누구에게 속한 것이 아니다.

적어도 이 세상에는 4천 개의 언어가 있다. 모든 사람들이 자신들의 언어를 갖고 있다. 만약 그대가 어떤 사람과 만날 때 그의 언어를 모른다면 그와 관계를 맺을 수가 없다. 만약 내가 그대의 언어를 이해하지 못하고 그대 역시 나의 언어를 이해하지 못한다면 우리는 서로 관계를 맺을 수 없다. 우리는 서로 낯선 이로 남을 수밖에 없다. 우리는 서로를 관통할 수 없다. 서로를 이해할 수 없고 사랑할 수 없다. 이것은 오직 우리가 우주적인 언어, 즉 침묵을 모르기 때문이다.

실제로 침묵 속에서만 진정한 관계가 맺어질 수 있다. 만약 그대가 침묵의 언어를 알면 그때 그대는 그 무엇과도 관계를 맺을 수 있다. 바위도 침묵하고 나무도 침묵하며 하늘도 침묵하기 때문이다. 그것은 실존하는 것이다. 인간만큼이나 그것은 실존한다. 모든 것은 침묵이 무엇인지 안다. 모든 것은 침묵 속에 존재한다.

만약 바위가 그대의 손 안에 있다면 그 바위는 그것 자체로 재잘거리지 않는다. 그대가 재잘거리고 있는 것이다. 바위는 열려 있고 상처받기 쉽다. 바위는 그대를 환영할 것이다. 그러나 그대는 재잘거리고 있고 바위는 그 재잘거림을 이해할 수 없다. 그것이 하나의 장벽이 된다. 그래서 인간은 인간끼리도 깊은 관계를 맺지 못한다. 거기에는 어떤 친밀감도 없다. 언어가, 말이 모든 것을 파괴한다.

명상은 침묵을 의미한다. 그것은 어떤 것에 관해 생각하는 것이 아니다. 전혀 아니다. 명상은 열려 있고, 만나기를 열망하고, 환영적이며, 수용적이며, 사랑하지만 사고 작용은 전혀 아니다. 그때 무한한 사랑이 그대에게 일어날 것이다. 그리고 그대는 그대를 사랑하는 사람은 아무도 없다는 식의 말을 결코 하지 않을 것이다. 그대는 그렇게 느끼지도 않을 것이다. 이제 그대가 무엇을 하든지 그대는 사랑을 말하며 사랑을 느낄 것이다. 그대는 지금까지 누군가의 사랑을 받아온 것처럼 가장했다. 그러나 깊은 곳에서부터 그대는 알고 있다.

연인들끼리조차도 서로에게 자신을 사랑하고 있는지 묻는다. 수많은 방식으로 끊임없이 그들은 사랑을 확인해야 한다. 모든 사람들이 두려워하고 불안해하며 불확실하다. 그래서 그들은 자신의 애인이 자기를 사랑하는지 확인하려 한다. 때문에 연인들은 이렇게 말할 수 있다.

"그래, 당신을 사랑해."

하지만 그것은 어떤 보장도 되지 않는다. 어떻게 그대는 믿을 수 있겠는가? 그가 그대를 속이지 않는다고 어떻게 아는가? 그는 논쟁을 통해서 그대에게 자신의 사랑을 증명시킬 수도 있다. 그는 지적으로 그대를 확신시킬 수도 있다. 그러나 가슴은 그런 식으로 확증이 통하지 않는다. 그래서 연인들은 고뇌 속에 빠져 있다. 그들은 상대방이 사랑한다는 사실을 확인할 수 없기 때문이다. 그대는 어떻게 그것을 확신할 수 있겠는가?

언어를 통해서는 확증의 길이 없다. 하지만 그대는 언어를 통해 묻고 있다. 연인과 함께 있는 동안에도 그대는 끊임없이 지껄인다. 묻고 토론하고 논쟁한다. 그대는 결코 애인의 사랑을 확증받을 수 없다. 그대는 언제나 사랑받지 못하고 있다고 느낄 것이다. 이것이 가장 깊은 불행이다. 그리고 이것은 그대에게 일어나고 있는 일이다. 어떤 사람이 그대를 사랑하지 않기 때문이다. 이것은 그대가 닫혀 있기 때문에 일어난다. 그대의 내면은 그대의 생각들로 꽉 채워져 있고 문들은 꼭꼭 닫혀 있다. 그대의 생각에 의해 닫힌 것이다. 아무것도 뚫고 들어갈 수 없다. 생각은 그대가 그것들을 떨쳐 버리지 않는 한 관통될 수 없다. 만약 그대가 그것들을 떨쳐 버린다면 존재계 전체가 그대를 관통할 것이다.

이 방편은 말하고 있다.

"아무것도 없음을 생각하면, 제한된 자아는 무한해질 것이다."

그대는 제한되지 않을 것이다. 그대는 전체가 될 것이다. 그대는 우주가 될 것이다. 그대는 모든 곳에 편재할 것이다. 그때 그대는 기쁨에 넘친다. 이제 그대는 어떤 불행도 없다. 교활한 자들은 자신들을 계속 속인다. 자신들은 불행하지 않다고, 혹은 미래에 뭔가가 일어날 것이며 어떤 변화가 올 것이라고. 그러다가 그들은 생의 종국을 맞이할 것이다. 그러나 그대는 지금 불행하다.

그대는 어떤 거짓도 만들어 낼 수 있다. 가면을 쓸 수 있다. 그대는 계속 웃을 수 있다. 그러나 깊이 들어가 보면 그대는 자신이 불행 속에 있다는 것을 안다. 그것은 당연한 것이다. 생각 속에 갇혀 있는 한 그대는 불행 속에 있게 될 것이다. 갇혀 있지 않으면, 생각을 초월해 있으면, 깨어 있으면, 생각의 구름에 가려져 있지 않으면 그대는 기쁠 것이다. 그대는 지복을 느낄 것이다.

〈질문〉

"항상 죽음을 인식하고 산다는 것은 삶을 부정적으로 대했던 붓다의 방식처럼 보입니다. 그리고 당신께서는 탄트라가 삶에 대해 긍정적이라고 말했습니다. 그러면 삶에 대해 긍정적인 탄트라의 태도와 죽음에 집중하는 붓다의 방식이 어떻게 다릅니까?"

붓다는 사실 삶에 대해서 부정적인 것이 아니다. 다만 그렇게 보일 뿐이다. 그는 죽음에 초점을 맞추어 이야기했기 때문이다. 그는 마치 죽음과 사랑에 빠진 것처럼 보인다. 그러나 사실은 그렇지 않다. 오히려 그는 영원한 삶과 사랑에 빠진 것이다. 죽음 없는 삶을 찾기 위해서 그는 죽음에 초점을 맞추었다. 그리고 죽음에 전력을 집중했다. 그러나 그가 사랑한 것은 죽음이 아니다. 그는 죽음을 초월하려 했던 것이다. 그래서 붓다는 죽음을 초월해서 아무것도 없다면 이 삶은 무의미한 것이라고 말했다. 그러나 그대는 그 말을 이해하지 못했다. 그대가 즐기고 사랑하는 삶은 죽음에 이르는 문턱이며 길일 뿐 더 이상 아무것도 아니다.

한 인간이 태어난다. 그는 이제 죽음의 길 위에 서 있게 된 것이다. 그가 무엇이 되건, 어떤 성공을 하건 그는 죽게 마련이다. 그를 죽지 않도록 도와줄 수 있는 것은 아무것도 없다. 죽음을 향해 가는 이 삶을 그대는 무엇이라고 부를 것인가? 점점 그대는 죽어가고 있지만 그대는 살아가고 있다고 계속 생각한다. 죽음을 감추고 있는 이 삶은 그저 죽음의 일부분일 뿐이다.

지금 당장에는 그대가 살아 있다고 느낀다. 그러나 그대는 죽어가고 있다. 매순간 그대는 삶을 잃어 가고 있는 반면 죽음을 얻어 가고 있다. 나무는 그 열매로 알아보듯이 삶 역시 죽음이 그 열매이기에 죽음이라 불러야 한다고 붓다가 말했다. 그대의 삶은 죽음이 그 유일한 열매라고 할 때 그대는 삶에 대해 속고 있는 것이다. 다른 열매를 얻으려면 씨앗부터 달라져야 한다. 그래서 삶이 죽음이라는 열매를 맺는 이상 죽음은 이미 삶의 씨앗이다.

그것을 이해하라. 사람이 태어나면 그대는 삶이 시작되었다고 생각한다. 그러나 그 반대이다. 태어나기 전에 그대는 다른 생에서 죽었다. 그래서 죽음은 삶의 씨앗이다. 그리고 또다시 죽음은 그 다음 생의 열매가 된다. 열매는 또 다른 생의 씨앗이 된다.

탄생은 죽음으로 이어진다. 죽음은 다시 탄생을 낳는다. 그래서 그대가 삶을 바라볼 때 그것은 죽음에 둘러싸여 있음을 보게 될 것이다. 죽음은 시작이며 끝이다. 삶은 그 사이에 존재하는 환영이다. 그대는 두 죽음 사이에서 살아 있다고 느낀다. 하나의 죽음에서 다른 죽음으로 통과하는 것을 그대는 삶이라고 부른다. 붓다는 이것을 삶이라고 부르지 않았다. 그는 그것을 두카(dukha; 苦)라고 불렀다. 이 삶은 죽음이다. 하지만 삶이라는 최면에 깊이 빠진 우리들에게는 붓다가 삶에 대해 부정적인 것처럼 보인다. 붓다는 죽음을 사랑하고 따라서 비정상적으로 보이는 것이다. 그는 자살을 사랑하는 것처럼 보인다. 많은 사람들이 붓다를 비판하는 것도 바로 이 점이다.

알버어트 슈바이처는 붓다를 비판했다. 그는 붓다가 죽음에 너무 사로잡혀 있는 것 같다고 말했다. 그러나 붓다가 죽음에 사로잡힌 것이 아니라 우리가 삶에 너무 집착하고 있다. 그는 단지 있는 그대로를 분석한 것에 지나지 않는다. 그는 사실을 그냥 드러내었을 뿐이다. 그대의 이해가 깊어지면 그가 옳았다는 것을 알게 될 것이다. 그대의 삶은 피상적이며 가식적이다. 겉으로는 삶으로 포장되어 있지만 내부에는 죽음이 들어 있다. 붓다는 죽음에 초점을 맞춘 것일 뿐이다. 그는 이렇게 말했다.

"만약 내가 죽음이 무엇인지 알아낼 수 있다면 오직 그때만이 삶이 무엇인지도 알 수 있다. 죽음과 삶을 모두 알 때 그것을 초월할 수 있다. 삶과 죽음을 넘어선 그 어떤 것을 알게 될 것이다."

그래서 그는 삶에 대해 부정적이지 않았다. 단지 우리에게 그렇게 보일 뿐이다.

탄트라는 사람에 대해서 긍적적으로 보인다. 하지만 그것 역시 우리의 해석이다. 붓다가 삶에 대해 부정적이지 않았던 것처럼 탄트라 역시 삶에 대해 그리 긍정적이지 않았다. 그 바탕은 똑같은 것이다. 붓다는 죽음에 초점을 맞추었고 탄트라는 삶에 대해 초점을 맞춘 것이다. 그 둘은 하나다. 그대가 어디에서 탐구를 시작하든 일단 시작하라. 깊이 들어가면 그대는 그 둘이 모두 같은 것을 말하고 있음을 알게 될 것이다.

붓다는 종말, 즉 죽음에 대해서 말했고 탄트라는 시작, 즉 삶에 대해서 말하고 있다. 그래서 붓다는 죽음을 사랑하는 것처럼 보이고 탄트라는 삶을, 사랑과 섹스와 육체를 사랑하고 있는 것처럼 보인다. 종말에는 죽음이 있고 시작에는 섹스가 있다. 탄트라는 시작을 조명한 것이다. 그래서 섹스가 그토록 중요해지는 것이다. 그대가 깊이 들어가면 섹스가 무엇인지, 사랑의 신비가 무엇인지 알게 될 것이다. 그대는 시작과 끝을 꿰뚫을 수 있다. 그리고 초월할 수 있다. 이것이 탄트라의 접근 방식이다.

붓다는 죽음에 대해서 깊이 명상했다. 그리고 그 속으로 깊이 들어가 그것의 실체를 알아내었다. 시작과 끝이 모두 같다는 것을 안 것이다. 그리고 섹스가 바로 죽음이었다. 그래서 죽음은 매우 성(性)적인 것이다.

이것은 이해하기가 좀 힘들 것이다. 하지만 첫째로, 성교를 통해 죽음에 이르는 많은 곤충들이 있다. 특히 거미나 사마귀는 성교 도중에 수놈이 암놈에게 잡아 먹힌다. 수놈은 암놈 위에 올라가 성교를 하지만 이미 성교를 시작할 때 암놈에게 먹히기 시작한다. 그리고 성교가 끝나면 몸의 절반 이상이 이미 먹혀 버린다. 수놈이 사정을 끝내는 순간 수놈은 죽는다. 수놈은 결코 살아서 암놈 등에서 내려오지 못한다.

섹스와 죽음은 이만큼 밀접하게 연결되어 있다. 이 때문에 모든 남자들이 섹스를 두려워한다. 좀더 오래 살기를 원하는 사람일수록 섹스를 멀리한다. 자신이 브라흐마챠리아가 되어 불멸의 경지에 이를 수 있다고 여기는 사람일수록 섹스를 멀리한다. 그러나 섹스를 통해 태어난 사람은 그 누구도 죽음에서 벗어날 수 없다. 그대의 부모들이 브라흐마챠리아일 때만이 그대는 죽지 않는다. 그러나 이 말은 어불성설이다. 그대의 부모들이 브라흐마챠리아라면 그대는 이 세상에 태어나지 않는다. 그러면 당연히 그대는 죽지도 않는 것이다. 하지만 그대는 섹스와 함께 시작되었다. 그리고 섹스는 죽음의 시작이다.

이 때문에 기독교에서는 예수가 동정녀의 몸에서 태어났다고 주장한다. 그들은 예수가 불멸의 존재임을 주장하고 있다. 그가 불멸의 존재인 이상 섹스를 통하지 않고 태어나야 하기 때문이다. 죽음이 그를 이길 수 없게 하려면 그들은 이런 신화를 만들어 내야만 했다.

그리고 이 신화는 유서 깊은 이야기다. 그것은 기독교인들이 고안해 낸 것이 아니다. 만약 예수가 섹스를 통해서 태어났다면 그는 죽음의 권세를 이길 수 없다. 죽음에서 부활할 수 있으려면 그는 애초부터 동정녀의 몸에서 태어나야 한다. 그래야 앞뒤가 맞는 것이다. 사람들은 그를 십자가에 못박았지만 그를 죽일 수는 없었다. 그는 섹스의 산물이 아니기 때문에 죽을 수 없는 것이다. 만약 진짜로 예수가 동정녀의 몸에서 태어났다면 그를 죽이는 것은 불가능하다. 그에게 죽음은 불가능하다! 그는 시작이 없기 때문이다. 시작이 없는데 어떻게 끝이 있을 수 있겠는가? 그러나 그가 동정녀의 몸에서 태어나지 않았다면, 그의 모친 마리아가 섹스를 통해서 그를 잉태했다면 그는 죽음을 피할 수 없다. 결코 피할 수 없다.

그래서 예수가 부활해서 불멸한다고 믿는 사람은 그가 동정녀의 몸에서 태어났다고 믿어야 한다. 그래야 그 모든 신화의 앞뒤가 맞는다. 그렇게 되면 그가 십자가에서 죽은 것도 사실은 일종의 연극이다. 왜냐하면 그는 죽을 수 없기 때문이다.

나는 예수와 관련된 모든 이야기에 반대도 하지 않고 찬성도 하지 않는다. 나는 단지 이야기의 앞뒤가 맞아야 한다고 말할 뿐이다. 그중에 하나라도 없다면 나머지 부분은 진실이 될 수 없다.

만약 섹스를 통해서 태어났다면 죽음은 거기에 있다. 이 때문에 이 사회는 섹스를 두려워한다. 섹스란 죽음의 공포를 대변하는 것이기 때문이다. 그대가 섹스를 받아들이면 거기에 공포도 함께 들어온다. 아무도 일방통행만을 할 수 없다.

탄트라는 그대가 생각하는 삶을 긍정하는 것이 아니며 붓다 역시 진짜 삶에 대해 부정하는 것도 아니다. 탄트라는 시작에 초점을 맞추고 있고 붓다는 종말에 초점을 맞추고 있다. 하지만 탄트라는 붓다보다 좀더 현실적이다. 왜냐하면 그대는 이미 태어났기 때문이다. 그래서 이 삶부터 시작해야 할 것이다. 그리고 죽음은 반드시 일어날 것이다. 하지만 그것은 그대에게 있어서 여전히 상상의 부분이다. 그대는 아직 죽지 않았기 때문에 죽음에 대해서 결단코 모른다. 그대는 죽어가는 사람들을 볼 수 있다. 하지만 죽음 자체는 볼 수 없다. 그것은 내부에서 진행되는 과정이기 때문이다. 그것은 개인적인 것이며 불가시적인 것이다. 그대가 직접 죽지 않는 한 그대는 죽음을 이해할 수 없다.

그래서 죽음에 대해 알려진 것은 모두 추측일 뿐이다. 아무도 실제로 죽음을 아는 사람은 없다. 그대가 과거 전생을 기억해 내지 않는 한 알 수 없다. 그대는 수만 번 죽어 보았다. 붓다가 전생을 기억하려는 많은 테크닉을 개발하기 위해 애를 쓴 것도 바로 이 때문이다. 이번 생에서 그대의 죽음은 미래의 일이기 때문에 그대는 그것에 대해 미리 생각할 수 없다. 그것은 아직 일어나지 않았다. 그것은 안개 속에 가려 있는 미지의 것이다. 그대가 할 수 있는 것은 다른 사람이 한 말을 빌어오는 것뿐이다. 다른 사람의 죽음을 아무리 세밀하게 관찰해도 그대는 외부의 구경꾼일 뿐이다.

어떤 사람이 맛있는 요리를 먹고 있다고 하자. 그대가 그를 아무리 세심하게 관찰해도 그가 느끼는 미각을 그대는 느낄 수 없다. 똑같은 음식을 그대가 먹어보기 전에는 어떤 상상도 할 수 없다. 붓다는 그의 과거의 죽음들에 대해서 많은 이야기를 했지만 아무도 믿지 않았다. 그것은 믿는다고 될 일이 아니다. 내가 내 전생의 죽음들에 대해서 그대에게 이야기한다 해도 마찬가지다. 그대는 고개를 끄덕일지 모르지만 마음속 깊은 데서는 내 말을 믿지 않는다 아니 믿을 수가 없다. 그대는 아직 죽어 보지 않았기 때문이다. 그리고 전생에 대해서는 아무것도 생각나는 것이 없다.

그래서 죽음에 대해 명상하는 것은 어려운 일이다. 일단 그대는 과거 전생으로 들어갈 수 있어야 한다. 붓다나 마하비라 같은 사람들은 전생으로 들어가는 테크닉을 사용했다. 그것은 쟈티 스마란(jati－smaran)이라고 불리는 것이다. 그 방편을 통할 때만이 그대는 제대로 죽음에 대해 명상할 수 있다.

탄트라는 좀더 과학적이다. 그것은 삶과 함께, 탄생과 함께, 섹스와 함께 시작한다. 그리고 그것은 그대에게 엄연한 사실이다. 탄트라는 전생을, 죽음을 강조하지 않는다. 그것은 아직 그대에게 관념적인 것이기 때문이다. 그러나 기억하라. 삶과 죽음에 대한 탐구는 모두 같은 것이다. 그것은 모두 죽음 없는 삶, 영원한 삶에 대한 탐구다. 시작을 초월하는 것이나 종말을 초월하는 것이나 모두 같은 초월이다. 그리고 삶에는 두 개의 극단이 있다. 그것은 탄생과 죽음이다. 탄트라는 탄생에서 시작한다. 그것은 그대에게 좀더 실제적이다. 섹스 역시 하나의 사실이다. 그대는 그것에 대해 명상할 수 있다. 그 속으로 깊이 들어갈 수 있다.

죽음은 사실이 아니다. 아주 일부분인 사람들에게만 죽음에 대해 상상하는 것이 가능하다. 예리한 지성만이 미래를 꿰뚫는 것이 가능하다. 그것은 붓다에게 일어났다. 그는 죽음에 대해 너무 깊이 들어간 결과 그것은 그에게 미래의 일이 아니라 현재하는 것이 되었다. 그러나 그런 지성을 가진 사람은 매우 드물다.

탄트라는 진짜 삶이 무엇인지 알고 싶은 사람에게는 누구나 접근할 수 있는 것이다. 탄트라는 그대로 하여금 내면 깊이 들어가도록 도와준다. 그대는 탄트라를 통해 삶을 이해할 수 있다. 그리고 삶을 이해하게 되면 죽음도 이해할 수 있다. 삶과 죽음을 모두 이해할 때 거기 초월이 일어난다.

또한 붓다는 죽음에 대한 명상의 일환으로 탄생에 대해 이야기했다. 하지만 그것은 죽음을 이해하기 위한 것일 뿐 탄생 자체가 요점은 아니다. 이에 비해 탄트라는 그대가 죽음에 대해서 생각할 수 있다면 그대의 삶은 달라질 것이라고 말한다. 그대는 삶에 집착할 수 없게 된다. 마음은 초월을 향해 움직이기 시작할 것이다. 이것이 바로 내가 말하는 것들이다.

만약 그대가 이 삶에 대해 생각한다면 그대의 마음은 외부로 향할 것이다. 그리하여 보이는 사물에 집착하게 될 것이다. 그러나 만약 그대가 죽음이 모든 것에 감추어져 있음을 보기 시작한다면 그때 그대는 보이는 사물에 더이상 집착할 수 없게 될 것이다. 그대의 마음은 내면으로 향하기 시작할 것이다.

어느 날 젊은 아가씨가 나를 찾아왔다. 그녀는 미국 청년과 사랑에 빠진 인도 소녀였다. 그런데 그녀는 사랑에 빠진 뒤에 그 청년과 결혼할 계획을 세웠다. 그러다가 얼마 뒤에 그 청년은 자신이 암에 걸려 얼마 못살 것이라고 고백했다. 그는 기껏해야 2,3년 정도밖에 살 수 없었다. 그 청년은 이제 소녀에게 자신을 떠날 것을 설득하기 시작했다. 그는 이렇게 말했다.

"나는 곧 죽을 것이 확실한데 왜 당신의 인생을 헛되이 보내려

하는가?"

그러나 그가 설득하면 할수록 그녀는 더욱 그에게 집착했다. 이것이 바로 마음의 생리이다. 마음은 이처럼 역설적으로 작용한다. 만약 내가 그 청년이었다면 나는 반대로 결혼해 주기를 강요했을 것이다. 그러면 그 소녀는 틀림없이 도망가 버릴 것이다. 그렇게 되면 그 소녀를 다시 볼 수 없게 될 것이다. 그러나 딱하게도 그 청년은 자꾸 떠나라고만 했다. 누구라도 그렇게 말하면 양심에 가책이 되어 떠날 수가 없다. 그녀는 결국 그와 결혼하고 말았다.

그 뒤부터 그녀는 완전히 죽음에 둘러싸여 살았다. 그녀는 슬펐고 그 청년을 사랑할 수도 없었다. 누구를 위해 죽는 것은 쉽다. 그것은 순간적인 일이기 때문이다. 그러나 사는 것은 어렵다.

만약 그대가 나를 사랑한다면 나는 이렇게 말한다.

"나를 위해 빌딩에서 뛰어내려라."

그대가 나를 사랑하고 있다고 스스로 느낀다면 뛰어내릴 것이다. 그러나 내가 만약 '좋다, 그러면 지금부터 나와 함께 30년 동안 살자'라고 말한다면 그대는 도망칠 수 있는 가능성부터 먼저 생각하게 된다. 그것은 정말 어렵다.

사실 그녀가 그 청년과 결혼하려고 했던 것은 순간적인 기분이었다. 거기에 죽음이 있었고 죽음은 매력적인 것으로 다가왔다. 마음은 흥분으로 가득 찼다. 그러나 결혼을 한 뒤에는 결국 무슨 일이 일어났는가? 죽음은 확실한 것이지만 당장 일어나지 않았다. 이제 그녀에게 있어서 삶이란 무의미한 것이 되어 버렸다. 결국 그녀는 무력감에 빠졌다. 그러다가 미국에서 나를 만나러 온 것이다. 그녀는 삶이 무의미하기 때문에 명상을 하고 싶어했다. 그녀에게 삶이란 암과 똑같은 것이었다. 그녀는 나에게 와서 이렇게 물었다.

"제게 명상을 가르쳐 주세요. 어떻게 해야 이 삶을 초월할 수 있을까요?"

삶이 무의미하지 않는 한 그대는 결코 이 삶을 초월할 생각을 하지 않는다. 나는 그녀의 결혼이 불행하게 보인다고 명백하게 말해주었다. 모든 남편은 죽을 것이다. 그리고 모든 아내 역시 죽을 것이다. 죽음은 피할 수 없다. 단지 죽는 날짜가 불확실할 뿐이다. 그대는 그 날짜를 모른다. 그래서 모르는 것이 약이란 말이 있는 것이다. 그들이 그 사실에 대해 무지했다면 그녀는 그 청년을 계속 사랑할 수 있었을 것이다. 겉으로 보기에는 아무것도 잘못된 것이 없기 때문이다. 그러나 이제 사랑은 불가능하다. 삶은 불가능하다. 이미 거기에 죽음이 있기 때문이다.

그래서 나는 그녀에게 이렇게 물었다.

"왜 그대는 그를 사랑하지 않는가? 그가 죽을 것이기 때문에? 그를 더욱 사랑하라."

그러자 그녀가 말했다.

"어떻게 계속 사랑할 수 있겠어요? 우리는 항상 셋이 함께 있어요. 그래서 우리에게는 어떤 프라이버시도 있을 수 없어요. 나와 남편이 함께 있을 때 거기에 죽음이 꼭 끼어들어요."

그대가 죽음과 함께 살기란 너무 벅찬 일이다. 그대가 죽음을 인식할 수 있다면 그때는 삶의 방향을 바꾸라. 내면으로 향하라. 죽음 속으로 깊이 들어갈 필요는 없다. 거기에 강박관념을 갖고 살 필요가 없다. 죽음이 있다는 것만 분명히 인식할 수 있어도 그대는 내면으로 향하게 될 것이다. 삶이 명상적으로 될 것이다.

깨어나라! 주시하라! 이해하라!

언덕 위에서 내려다보면

탄트라는 그대 자신과 싸우라고
말하지 않는다. 단지 깨어 있어라.
자신에게 폭력적이 되지 마라.
그저 주시자가 되라.
주시하는 순간 그대는 초월하게 된다.

언덕 위에서 내려다보면

86

인식을 초월하고, 이해도 초월하며,
존재하지 않음도 초월한 어떤 것을
그대가 깊이 응시하고 있다고 가상하라.
거기에 그대가!

87

나는 존재하고 있다.
이것은 나의 것이다.
이것이 바로 이것이다.
오 사랑하는 자여,
그러함 속에서 무한성을 알아라.

인간은 야누스의 얼굴을 갖고 있다. 동물과 신성의 얼굴을 동시에 지니고 있다. 동물은 그의 과거이며 신성은 그의 미래다. 여기에 어려움이 생겨난다. 과거는 지나간다. 그것은 더 이상 없다. 단지 그 그림자만 남아 있다. 그리고 미래는 여전히 미래다. 그것은 아직 오지 않았다. 그것은 단지 꿈이다. 하나의 가능성일 뿐이다. 과거의 그림자와 미래의 꿈, 이 둘 사이에 인간이 존재한다. 인간은 그 둘 모두이기도 하고 아니기도 하다.

인간은 과거에 동물이었다. 그리고 미래에 그는 신이 될 수 있다. 그래서 그는 둘 다이다. 그러나 과거는 지나갔고 미래는 아직 존재하지 않기 때문에 둘 다 아닌 것이다.

인간은 이 둘 사이에 하나의 긴장으로 존재한다. 이 둘이 갈등을 일으킨다. 깨닫기 위해, 뭔가가 되기 위해 끊임없이 투쟁한다. 어떤 의미에서 인간은 존재하지 않는다. 인간은 동물에서 신성으로 이르는 한 단계일 뿐이다. 단계란 존재하는 것이 아니다. 단지 허공 중에 걸려 있는 것이다.

그래서 인간이 무엇을 하든지－내가 무슨 말을 하든지－인간은 거기에 만족할 수 없다. 두 가지 대칭되는 존재가 그 속에서 만난다. 만약 동물이 만족스러우면 그때는 신성이 불만족스럽고, 신성이 만족스러우면 그때는 동물이 불만족스럽다. 한쪽은 언제나 불만 속에 있다.

만약 그대가 자신을 만족시키기 위해서 동물 쪽으로 움직이면 만족하는 것만큼 즉시 불만족이 일어난다. 그리고 반대 방향, 즉 미래 쪽으로 움직여도 역시 마찬가지다. 동물의 만족은 그대 미래의 가능성에서 불만족이다. 만약 그대가 신성의 가능성을 만족시킨다면 그때는 동물 쪽에서 반대하고 나선다. 그것은 아픔을 느낀다. 정해진 불만족과 한계가 있는 만족이 그대 속에서 일어난다. 그대는 둘 다를 동시에 만족시킬 수 없다. 하나가 만족이면 다른 하나는 불만이다.

한 가지 일화가 생각난다. 한 스포츠카 속도광이 천국의 진주문에 도착했다. 성 베드로가 그를 맞이하러 나갔다. 그 속도광은 재규어(영국산 스포츠카)를 타고 있었는데 베드로에게 첫마디로 꺼낸 질문은 이런 것이었다.

"천국에도 아름다운 고속도로가 있습니까?"

성 베드로가 말했다.

"그렇다. 천국에는 가장 멋있는 고속도로가 있다. 하지만 한 가지 어려움이 있다. 천국에서는 자동차가 허용되지 않는다."

그 속도광은 말했다.

"그렇다면 천국은 나에게 맞지 않습니다. 나를 다른 데로 보내 주시오. 지옥이라도 좋습니다. 나는 나의 재규어를 버릴 수가 없습니다."

그래서 그는 지옥으로 보내졌다. 지옥문에 도착하자 사탄이 그를 맞이하러 나왔다. 사탄은 재규어를 보더니 매우 기뻐하면서 말했다.

"그대는 나와 어쩌면 그리 똑같은가. 나는 재규어의 열렬한 애호가다."

그 속도광이 말했다.

"좋습니다. 먼저 당신의 고속도로 지도를 보여주십시오."

사탄은 그 말에 우울해지더니 이렇게 말했다.

"미안하네, 우리는 고속도로가 없다네. 그래서 지옥이지!"

이것이 바로 인간의 상황이다. 인간은 야누스의 얼굴을 갖고 있다. 두 갈래로 분열되어 있다. 그대가 하나를 만족시킨다면 다른 부분은 좌절한다. 어떻게 해도 항상 어느 쪽은 모자란다. 그대는 둘 다를 만족시킬 수 없다. 천국과 지옥이 만날 수 없다. 육체와 영혼이, 낮은 것과 높은 것이 만날 수 없다. 과거와 미래가 만날 수 없다. 하지만 그대는 언젠가 만나리라고 기대한다. 그렇게 우리는 수많은 생을 살아왔다. 하지만 그 일은 일어나지 않았다. 그런 일은 앞으로도 일어나지 않을 것이다. 모든 노력이 어리석고 불가능한 것이다.

이 방편은 그대 속에 어떤 약속을 심어 주기 위한 것이 아니다. 이 방편은 그대에게 변형이 일어나도록 하기 위한 것이다. 이 방편은 그대의 동물성에 반대하고 신성을 만족시켜 주기 위한 것이 아니다. 그것은 불가능하다. 그것은 그대 속에 더 많은 갈등을 만들어 낼 것이다. 더 많은 폭력과 투쟁을 야기시킬 것이다. 또한 이 방편들은 그대의 신성을 반대하고 동물성을 만족시켜 주기 위한 것도 아니다. 이 방편들은 이중성을 초월하려는 것이다. 그것들은 동물성을 위한 것도 아니고 신성을 위한 것도 아니다.

다른 종교와 탄트라의 이 기본적인 차이점을 기억하라. 탄트라는 종교가 아니다. 기본적으로 종교는 신성을 위하고 동물성을 반대하는 것을 의미하기 때문이다. 탄트라는 투쟁의 방편이 아니다. 그것은 초월의 방편이다. 그것은 동물성과 싸우는 것이 아니다. 그리고 신성을 찬성하는 것도 아니다. 그것은 모든 이중성에 반대하는 것이다. 단지 그대 속에 제3의 힘을 만들어 내려는 것일 뿐이다. 탄트라에서는 그 제3의 지점이 아드바이타(advaita)인 것이다. 곧 불이원(不二元)의 지점이다.

탄트라는 그대가 이중성을 통한 싸움으로는 하나에 도달할 수 없다고 말한다. 투쟁을 통해 하나를 선택함으로써 불이원의 지점에 도달할 수 없다고 말한다. 양자택일은 그대를 하나되게 해주지 못한다. 오직 선택 없는 주시만이 그것을 가능하게 한다.

이것이 탄트라에서 근본 원리가 된다. 이 때문에 탄트라는 항상 바르게 이해되지 못했다. 오랜 세월 동안 그것은 곡해되어 왔다. 탄트라가 동물성에 대해서도 반대하지 말라고 말하는 순간 그대에게는 마치 그 말이 동물성에 찬성하라는 것처럼 들리기 때문이다. 그리고 탄트라가 신성에 찬성하지 않는다고 말하는 순간 그대에게는 그것이 마치 신성에 반대하라는 것처럼 들리는 것이다.

실제로 탄트라는 선택하지 않는 지켜봄이다. 동물성 쪽으로 몰리지도 말고 신성 쪽으로 치우치지도 마라. 갈등을 일으키지 마라. 단지 뒤로 물러나라. 멀리 떨어져라. 그대와 그 이중성 사이에 간격을 두라. 그리하여 그대는 제3의 힘이 되라. 주시력이 되라. 동물성과 신성을 동시에 바라보는 지점에 서라.

동물성은 과거며 신성은 미래라고 나는 그대에게 말했다. 과거와 미래는 정반대의 위치다. 탄트라는 현재 속에 있다. 그것은 과거도 아니고 미래도 아니다. 단지 이 순간이 되라. 과거에 매달리지 말고 미래를 찾아다니지도 마라. 미래를 열망하지 말고, 과거에 의해 제한받지 마라. 과거는 이미 흘러간 것이기에 폐기 처분하라. 그것을 미래에 투사시키지 마라. 바로 이 순간의 진실에 남아 있어라. 지금 그리고 여기에 말이다. 그때 그대는 초월한다. 그때 그대는 동물도 아니고 신성도 아니다.

탄트라에서는 그러함, 여여(如如)함을 궁극으로 여긴다. 과거에 관계치 않고 미래도 지어내지 않을 때, 그냥 그러함 속에 있을 때 거기에 자유가 있다. 비로소 그대는 자유롭다.

이 방편들은 그런 의미에서 종교라고 할 수 없다. 종교는 언제나 동물성에 대해 반대하기 때문이다. 그래서 종교는 갈등을 일으킨다. 그대가 진짜로 종교적으로 된다면 그대는 정신분열증을 일으키게 될 것이다. 모든 종교적 문화는 정신분열증적 문화다. 내면의 갈등을 심화시킨다. 그대를 둘로 쪼갠다. 그리고 한 부분을 그대의 적으로 만든다. 그때 그대의 에너지 전체가 자신과의 싸움에서 소진된다.

탄트라는 이런 의미에서 종교적이지 않다. 탄트라는 어떤 갈등도, 어떤 폭력도 믿지 않기 때문이다. 탄트라는 그대 자신과 싸우라고 말하지 않는다. 단지 깨어 있어라. 자신에게 폭력적이 되지 마라. 그저 주시자가 되라. 주시하는 순간 그대는 두 얼굴 모두 초월하게 된다. 주시하는 순간 그대는 인간이 아니다. 그대는 그저 존재한다. 어떤 제목 없이 존재한다. 어떤 영역에 속하지 않고 존재한다. 그대는 순수한 존재 자체다. 이 방편들은 바로 그 상태를 위한 것이다. 이제 방편으로 들어가자.

86

> 인식을 초월하고, 이해도 초월하며, 존재하지 않음도 초월한 어떤 것을 그대가 깊이 응시하고 있다고 가상하라.
> 거기에 그대가!

인식을 초월한다는 말은 보여질 수 없는 것, 인식될 수 없는 것을 말하는 것이다. 그러나 그대는 보여질 수 없는 것을 어떻게 상상할 수 있겠는가? 상상이란 언제나 보여질 수 있는 것만 가능하다. 만약 인식될 수 없는 것이라면 그대가 어떻게 상상하겠는가?

그대는 인식할 수 있는 것만 상상할 수 있다. 보여질 수 없는 것은 꿈조차 꿀 수 없다. 그래서 꿈이란 실체의 그림자인 것이다. 그대의 상상도 순수한 상상이 아니다. 그대가 상상할 수 있는 것은 그 어떤 것이라도 이미 알고 있는 것이기 때문이다. 그대는 전혀 새로운 것을, 한 번도 본 적이 없는 것을 상상해 낼 수 없다. 상상의 모든 구성 요소들은 이미 알고 있는 것이며 인식된 것이다.

그러나 이 방편은 말하고 있다.

"인식을 초월한 어떤 것을 그대가 깊이 응시하고 있다고 가상하라."

그것은 불가능하다. 그러나 그렇게 할 가치는 충분히 있다. 어떤 노력이 그대에게 일어날 것이기 때문이다. 그것은 그대가 인식할 수 있는 것이 아니다. 만약 인식할 수 없는 것을 인식하려고 노력한다면 그대는 모든 인식력을 잃게 될 것이다. 바로 그 노력 속에서, 그대가 한 번도 본 적이 없는 어떤 것을 보려 한다면 그대가 이미 본 적이 있는 모든 것이 사라질 것이다.

그대가 이런 노력을 계속한다면 많은 상념들이 그대에게 다가올 것이다. 그대는 그것들을 지워 버려야 한다. 그대가 그것을 이미 알고 있기 때문이다. 그대는 인식할 수 없는 것을 실제로 본 적이 없다. 만약 상상할 수 있다면 그것은 이미 알고 있는 것이다. 그것을 지워 버려라. 그 작업을 계속하라. 이 방편은 인식될 수 없는 것에 대해서 상상할 수 있을 때까지 계속하라고 고집한다.

무슨 일이 일어날 것인가? 만약 그대가 지워 버리는 작업을 계속한다면 그것은 지극히 어려운 노력이 될 것이다. 많은 상념들이 부글부글 끓어오르듯이 일어날 것이다. 그대의 마음은 많은 상념들을, 많은 꿈들을, 많은 개념들을 계속 공급할 것이다. 그리고 많은 상징들이 생겨날 것이다. 그대의 마음은 그 정보들을 새롭게 조합할 것이다. 하지만 인식될 수 없는 어떤 것이 일어날 때까지 계속 그 모든 것을 지워 버려라. 도대체 그것이 무엇인가?

만약 그대가 계속 지워 버린다면 상상력의 대상으로서 아무것도 일어나지 않게 될 것이다. 오직 텅 빈 마음의 영사막만이 나타날 것이다. 거기에는 어떤 형상도, 상징도, 꿈도 영사되지 않을 것이다. 바로 그 순간에 변형이 일어난다. 그 영사막이 어떤 상념도 없이 단지 존재할 때 그대는 자신을 자각하게 될 것이다. 그대는 인식자 자신을 자각하게 된다. 인식의 대상이 아무것도 없을 때 모든 주의력이, 통찰력이 변형된다. 의식 전체가 거꾸로 비추어진다. 볼 만한 것이 아무것도 없을 때 그대는 자신을 자각하게 되는 것이다. 그대는 자신을 보기 시작한다. 경전은 말한다.

"인식을 초월하고, 이해도 초월하며, 존재하지 않음도 초월한 어떤 것을 그대가 깊이 응시하고 있다고 가상하라.

거기에 그대가!"

그때 그대에게 그대 자신이 일어난다. 처음으로 그대는 인식하고 있는 자, 이해하고 있는 자, 알고 있는 자를 자각하게 될 것이다. 그러나 이 주체는 항상 대상 속에 가려져 있다. 지금까지 그대는 어떤 것을 알았다. 그러나 한 번도 그대는 아는 자 자체를 알지 못했다. 아는 자를 지식 속에서 잃게 되었던 것이다.

내가 그대를 본다. 내가 타인을 볼 때 이 일련의 과정들이 진행된다. 태어나서 죽을 때까지 나는 이것저것, 수많은 것들을 보고 또 볼 것이다. 그리고 보는 자, 이 과정을 보고 있는 자에 대해서는 잊어버린다. 군중 속에서 자신을 잃어버린다. 그 군중은 대상 속에 있고 주체는 잃어버리고 만다.

이 경전에서 말하는 것처럼 만약 그대가 인식을 초월하고 이해도 초월한 어떤 것을 보려 한다면 ―그것은 마음에 의해서 잡혀질 수 없는 것이다 ―그리고 존재하지 않음도 초월한 어떤 것을 보려 한다면 즉시 마음은 그런 것은 없다고 말할 것이다. 마음은 즉시 반응을 보인다. 그런 것은 존재하지 않는다고 말이다. 여기에서 마음의 희생물이 되지 마라.

마음은 그런 것이 없다고 말할 것이다. 이것은 존재하지 않는 것이라고 말할 것이다. 그러나 경전은 그 말을 믿지 말라고 말한다. 존재하지 않음도 초월한 어떤 것이 있다. 인식될 수 없고 이해될 수 없는 어떤 것이 있다. 그것은 바로 그대 자신이다.

그대는 그대 자신을 인식할 수 없다. 인식할 수 있는가? 그대는 그대 자신과 조우할 수 있는 어떤 상황을 상상할 수 있는가? 그대는 '자기 인식(self-knowledge)'이란 말을 계속 사용해 왔다. 하지만 이것은 절대적으로 잘못된 말이다. 그대는 결코 자신에 대해서 알 수 없기 때문이다. 자신은 항상 아는 자의 주체다. 그것은 알려지도록 요약될 수 없다. 대상으로서 분류될 수 없는 것이다.

예를 들어 만약 그대가 자신을 알 수 있다고 생각한다면 그때 그대가 아는 자신은 그대의 진짜 자신이 아니다. 자신을 아는 그가 바로 자신이 될 것이다. 그대는 언제나 아는 자로 남게 될 것이다. 그대 자신은 알려질 수 없는 것이다. 그대는 자신을 그대 앞으로 끌어다 놓을 수 없다. 그대는 항상 뒤로 물러나기만 한다. 그대가 아는 것은 무엇이든지 그대 자신이 될 수 없다. 이것은 그대가 자신을 알 수 없다는 뜻이다. 그대는 다른 사물을 알듯이 그대를 알 수 없다.

내가 그대를 보는 식으로 나 자신을 볼 수 없다. 누가 볼 것인가? 인식의 모든 관계성은 적어도 두 가지의 요소가 갖추어져야 한다. 그것은 알려지는 대상과 아는 자이다. 자기 인식이란 이런 의미에서 가능하지 않다. 거기에는 오직 하나만이 있기 때문이다. 인식하는 자와 인식되는 대상이 하나다. 그대는 그대 자신을 하나의 대상으로 집약시킬 수 없다.

그래서 '자기 인식'이란 이 말은 그냥 틀린 말이다. 그러나 그 말은 어떤 것을 암시할 수 있다. 진리가 되는 어떤 사실을 말이다. 그대는 자신을 알 수 있다. 그것은 그대가 사물을 아는 것과 완전히 다른 차원에서 가능하다. 알려지는 대상이 전혀 존재하지 않게 될 때, 모든 대상이 사라질 때, 인식되고 이해될 수 있는 모든 것이 거기에 없을 때, 그대가 모든 상념을 지워 버릴 때 갑자기 그대는 자신을 자각하게 된다. 그리고 이 자각은 이중적이지 않다. 거기에는 대상도 없고 주체도 없다. 단지 주체성만이 있다.

이 자각은 앎의 다른 유형이다. 이 자각은 그대에게 존재의 다른 차원을 제공한다. 그대는 두 갈래로 분열되지 않는다. 그대는 자신을 자각한다. 그것은 지각하는 것이 아니다. 이해하는 것이 아니다. 그러나 그것은 실존적이다. 가장 실존적이다.

이런 식으로 생각해 보라. 우리는 에너지를 갖고 있다. 그 에너지는 대상을 향해 계속 움직인다. 에너지는 고정되어 있을 수 없다. 이 점을 가장 궁극적인 법칙의 하나로 기억하라. 에너지는 고정될 수 없다. 그것은 역동적이다. 역동이 그 본성이다. 에너지는 움직인다. 내가 그대를 볼 때 나의 에너지는 그대에게로 흘러간다. 내가 그대를 인식할 때 하나의 고리가 연결된다. 나의 에너지가 그대에게 흘러가고 그때 그것은 나에게로 다시 돌아온다. 순환이 이루어진 것이다.

만약 나의 에너지가 그대에게로 흘러가서 돌아오지 않는다면 나는 그대를 알 수 없다. 순환이 필요하다. 에너지는 가야 하고 다시 내게로 돌아와야 한다. 그것이 돌아올 때 그대를 담고 온다. 나는 그대를 알게 된다. 지식은 에너지의 순환을 의미한다. 그것은 주체로부터 대상으로 옮겨 간다. 그리고 다시 본래의 근원으로 돌아온다. 만약 내가 이런 식으로 계속 산다면—타인과의 순환을 만드는 것으로—나는 나 자신을 결코 알 수 없게 될 것이다. 왜냐하면 나의 에너지는 타인의 에너지로 가득 차기 때문이다. 그것은 상념들을 담고 있다. 그것은 또한 나에게 그런 상념들을 낳게 한다. 이것은 그대가 지식을 갖고 있는 방식이다.

이 방편은 대상이 거기에서 사라지도록 허락하라고 말한다. 그대의 에너지를 진공 속으로 들어가게 하라. 허공 속으로 말이다. 그것은 그대로부터 나간다. 그러나 붙잡을 만한 대상이 없다. 그것은 다시 그대에게로 돌아올 것이다. 허공을 통과해서 말이다. 거기에는 어떤 대상도 담겨져 있지 않다. 그대에게 어떤 지식도 전달해 주지 못한다. 그것은 텅 빈 채로, 순수 그 자체로 되돌아올 것이다. 그것은 오직 그것 자체뿐이다. 그것은 처녀성을 간직하고 돌아올 것이다. 거기에 아무것도 들어가지 않았다. 순수 그 자체로 남아 있다.

이것이 명상의 전 과정이다. 그대는 고요하게 앉아 있다. 그대의 에너지는 움직이고 있다. 하지만 어떤 대상에도 물들지 않는다. 거기에는 구체화되고, 인상 지워지며, 그것과 동화될 만한 어떤 대상도 없다. 그때 그것은 다시금 그대에게로 인도된다. 어떤 상념도 담지 않은 채 말이다. 에너지는 움직인다. 그 움직임은 순수하다. 그것은 처녀성을 잃지 않고 그대에게서 나갈 때와 똑같은 상태로 그대에게 되돌아올 것이다. 텅 빈 수레로 말이다. 그리고 그것이 그대에게 되돌아올 때 그대를 자극한다. 거기에는 어떤 지식도 담겨져 있지 않다. 단지 에너지 그 자체다. 그것은 그대를 관통할 것이다. 그때 그대는 자신을 자각하게 된다.

만약 그 에너지에 어떤 것이 담겨 있다면 그때 그대는 그 담겨진 정보에 의해서 그 대상을 알게 될 것이다. 그대는 꽃을 본다.

꽃의 향기와 꽃의 색깔을 느낀다. 에너지는 꽃을 갖고서 그대에게 돌아올 것이다. 그것은 그대에게 꽃을 소개하고 있다. 그때 그대는 꽃을 알게 된다. 에너지는 꽃으로 변형되었다. 하지만 그대는 에너지 자체만으로는 아무것도 알 수 없다. 그대가 바로 순수한 에너지 자체인 것이다. 그대는 계속 타인에게로, 대상에게로 옮겨 다닌다. 그러면서 계속 근원으로 되돌아오고 있다.

만약 거기에 어떤 인상도 담겨 있지 않으면, 어떤 것에 의해서도 물들어 있지 않으면, 그것이 그대에게서 나갔던 그대로 돌아온다면 그대는 자신을 자각하게 된다. 이것은 에너지의 순수한 순환이다. 에너지는 다른 어떤 것으로 옮겨 가지 않았다. 그때 그대는 오직 그대 자신 속으로 들어간 것이다. 이 움직임이 바로 '자기 인식'이란 뜻이다. 자기 조명인 것이다. 기본적으로 모든 명상 방편은 이것의 다른 진동들이다.

"인식을 초월하고, 이해도 초월하며, 존재하지 않음도 초월한 어떤 것을 그대가 깊이 응시하고 있다고 가상하라.

거기에 그대가!"

만약 이것이 일어날 수 있다면 그때는 처음으로 그대 자신을, 그대의 존재를 자각할 수 있게 될 것이다. 그것이 바로 주체성이다.

지식에는 두 가지 종류가 있다. 대상의 지식과 주체성의 지식이 있고, 알려지는 것에 대한 지식과 아는 자에 대한 지식이 있다. 그리고 한 인간은 수백만 가지의 사물을 알 수 있다. 전세계를 알 수 있다. 그러나 아는 자 그 자체를 자각하지 못한다면 그는 무지의 상태다. 그는 많은 지식을 갖고 있을지 모른다. 그러나 그는 현명하지 못하다. 그는 많은 정보를 긁어 모았는지 모른다. 그러나 기본적으로 그는 아는 자인 자신을 부족하게 만들고 있는 것이다. 그는 자신을 자각하지 못한다.

우파니샤드에 한 가지 이야기가 있다. 스베타게투라는 어린 소년이 있었다. 그는 스승을 떠나 자신의 집으로 돌아왔다. 그는 많은 시험을 무난히 통과했다. 그의 스승이 그에게 줄 수 있는 모든 것을 전달받았다. 그는 매우 자만에 차 있었다.

그가 자신의 집에 이르렀을 때 그의 아버지가 그에게 말한 첫 마디는 이러했다.

"너는 많은 지식을 모은 것처럼 보인다. 그리고 그 지식들이 너를 매우 자만하게 만들었다. 너의 걷는 모습에서, 집으로 돌아오는 너의 행동에서 그것이 풍겨 나오고 있다. 나는 너에게 오직 한 가지 질문만을 하겠다. 너는 모든 것을 아는 자에 대해 알고 있느냐? 너는 모든 것을 알고 있는 그 앎 자체인 너를 알았는가? 너 자신을 너는 알고 있는가?"

스베타게투는 말했다.

"하지만 그런 것은 학교에서 배우지 않는 과정입니다. 우리 스승은 그런 것에 대해서는 한 번도 언급하지 않았습니다. 나는 알 수 있는 모든 것을 알았습니다. 아버지께서 어떤 것을 물어도 나는 대답할 수 있습니다. 하지만 이런 종류의 질문은 도대체 어떤 것입니까? 나는 한 번도 들어보지 못했습니다."

아버지가 말했다.

"자, 너는 돌아가라. 모든 것을 알고 있는 이 앎 자체를 알지 못하는 한 돌아오지 마라. 먼저 너 자신을 알아라."

스베타게투는 돌아갔다. 그는 스승에게 물었다.

"나의 아버지는 집으로 돌아가는 것을 허락하지 않았습니다. 나는 그곳에서 환영받지 못했습니다. 아버지는 우리 가족이 날 때부터 브라만일 뿐만 아니라 실제로도 아는 자 자체인 브라흐만을 알아야 하며, 그 브라흐만을 알지 못하고는 집으로 들어올 수 없다고 말했습니다. 그러나 스승님은 우리에게 별 가치가 없다고까지 말했습니다. 그러니 나에게 그것을 가르쳐 주십시오."

그 선생은 이렇게 말했다.

"내가 너에게 가르칠 수 있는 것은 모두 가르쳤다. 그러나 가르칠 수 없는 어떤 것이 있다. 그런데 그것을 알려면 너는 한 가지 일을 해야 한다. 그 일이 그것을 아는 데 쓸모가 있을 것이다. 그것은 직접적으로 가르쳐질 수 없는 것이기 때문이다. 네가 단지 수용적으로 될 때 어느 날 그것은 일어날 것이다. 너는 아쉬람의 소떼들을 맡아서 길러라……."

아쉬람은 많은 소들을 기르고 있었다. 그것은 4백 마리나 된다고 나와 있다. 그 선생은 계속 말했다.

"너는 이 소떼들을 몰고 숲속으로 들어가라. 그리고 소떼와 함께 머물러라. 생각을 하지 마라. 말을 하지 마라. 그저 한 마리의 소가 되라. 소를 사랑하라. 소들이 침묵하는 것처럼 너도 침묵하라. 그리하여 소의 숫자가 천 마리가 될 때 돌아오라."

그래서 스베타게투는 4백 마리의 소를 몰고 깊은 숲속으로 들어갔다. 거기에서는 아무것도 생각할 필요가 없었다. 말을 할 사람도 없었다. 점점 그의 마음은 소처럼 되어 갔다. 그는 하루 종일 침묵한 채로 나무 밑에 앉아 있곤 했다. 달리 할일이 없었다. 소들이 저절로 자라서 그 숫자가 천 마리가 될 때까지는 돌아갈 수 없기 때문이었다. 그리하여 점점 그의 마음에서 언어들이 사라져 갔다. 사회가 사라져 갔다. 그는 점점 인간에서 소로 변해 갔다 . 그의 눈은 소의 눈처럼 되었다.

이 이야기는 너무나 아름답다. 이 이야기에서는 그가 숫자 세는 법을 잊어버렸다고 말한다. 만약 언어가 사라지면 세는 법도 잊어버리기 때문이다. 그는 돌아가야 한다는 사실도 잊어버렸다. 그리고 그 다음 대목에 가서 이 이야기는 더욱 아름다워진다. 소들이 이렇게 말했다고 적혀 있기 때문이다.

"스베타게투여, 이제 우리의 숫자는 천 마리가 되었다. 이제 아쉬람으로 돌아가자. 스승이 기다리고 있다."

스베타게투는 돌아왔다. 그리고 스승은 다른 제자에게 말했다.

"소의 숫자를 세어 보라."

그 다른 제자는 소의 수를 세고 나서 정확히 천 마리라고 말했다. 그 대답을 들은 스승은 이렇게 말했다.

"아니다. 천 마리가 아니다. 천 한 마리다. 그 한 마리는 바로 스베타게투다."

스베타게투는 소떼 가운데 서 있었다. 아무런 생각도 없이, 마음도 없이 한 마리의 소처럼 순수하고 단순하며 순박했다. 그리고 스승은 말했다.

"너는 아쉬람에 들어올 필요가 없다. 너의 부친께로 돌아가라. 이제 너는 그것을 알았다. 그것이 너에게 일어났다. 왜 나에게 다시 돌아왔는가?"

그것은 일어난다. 마음속에는 알 만한 어떤 대상도 없다. 그 아는 자가 그대에게 일어난다. 마음이 생각으로 채워지지 않을 때, 거기에 어떤 잔물결도 일지 않을 때, 한 조각의 파도도 일어나지 않을 때 그대는 거기에 홀로 존재한다. 그대 외에는 다른 어떤 것도 없다. 그때 그대는 명백하게 자신을 자각한다. 처음으로 그대는 자신으로 가득 채워진 것이다. 자기 조명이, 반조(返照)가 일어난 것이다.

이 방편은 원리적인 것들 중의 하나다. 그것을 시도하라. 그러나 그것은 무척 어렵다. 생각의 습관 때문에, 대상에 집착하는 버릇 때문에, 인식되어질 수 있는 것과 이해되어질 수 있는 것에 깊이 뿌리박고 있기 때문에 시간이 걸릴 것이다. 대상에 매이지 않으려는, 생각에 매이지 않으려는 매우 지속적인 노력이 필요하다. 단지 주시자로서 그것들에게서 분리되어라. '이것이 아니다. 이것이 아니다'라고 계속적으로 말하라.

우파니샤드의 모든 방편이 바로 이 한 마디, '네티 네티(neti neti)'로 집약된다. 그것은 '이것이 아니다, 이것이 아니다'란 뜻이다. 마음속에 어떤 것이 다가오든지 '이것이 아니다'라고 말하라. 마음의 방 안에 어떤 가구도 들여놓치 마라. 모든 가구를 방 밖으로 내던져라. 텅 빔이 거기에 있을 때 그것이 일어난다. 만약 어떤 것이 거기에 있다면 그대는 그것에 의해서 인상 지워진다. 그러면 그대는 자신을 알 수 없게 된다. 그대의 순수함은 대상 속에서 잃어버린다. 생각에 짐 지워진 마음은 언제나 외부로 향하게 된다. 그대는 자신을 접촉할 기회가 없다. 자, 이제 두번째 방편이다.

87

나는 존재하고 있다.
이것은 나의 것이다.
이것이 바로 이것이다.
오 사랑하는 자여,
그러함 속에서 무한성을 알아라.

"나는 존재하고 있다."

그대는 이 느낌에 깊이 들어가 본 적이 없다. 그대는 존재하고 있다. 그러나 그대는 결코 이 현상 속으로 깊이 파고들지 못한다.

시바는 말한다.

"나는 존재하고 있다. 이것은 나의 것이다. 이것은 이것이다. 오 사랑하는 자여, 그러함 속에서조차 무한하게 알라."

선(禪)의 일화 한 가지를 들려주고 싶다.

세 친구가 길을 걷고 있었다. 해가 저물어 땅거미가 퍼져 가고 있는데 한 승려가 언덕 위에 서 있는 것이 보였다. 그들은 그 승려가 거기서 무엇을 하는지에 대해서 토론을 벌이기 시작했다. 그들 중에 한 명이 이렇게 말했다.

"그는 친구(道伴)를 기다리고 있는 것이 틀림없다. 지금 자신의 암자로 가야 하는데 그의 친구가 뒤쳐져 있기 때문에 그를 기다리고 있는 것이다."

다른 친구가 그 말에 반대 의견을 표시했다.

"그 말은 맞지 않다. 사람이 누군가를 기다린다면 때때로 뒤를 돌아보기 마련이다. 그러나 그는 전혀 뒤를 돌아보지 않고 있다. 내 추측은 이렇다. 날이 저물어 곧 어둠이 깔릴 테니 그는 자기의 소를 찾고 있는 것이다. 그래서 그는 언덕 위에 서 있는 것이다. 소가 숲 속 어디에 있는지 보기 위해 말이다."

세번째 친구가 말했다.

"그 말은 맞을 수가 없다. 왜냐하면 그는 아주 조용하게 서 있기 때문이다. 전혀 움직이지 않고 있다. 게다가 눈까지 감고 있지 않은가? 그는 기도를 하고 있는 것이 틀림없다. 소를 찾는 것도 아니고 뒤에 처진 친구를 기다리고 있는 것도 아니다."

그들은 결론을 내릴 수가 없었다. 그들은 논쟁에 논쟁을 거듭했다. 그러다가 결국 이렇게 말했다.

"우리가 언덕 위로 올라가서 도대체 그가 무엇을 하고 있는지 본인에게 직접 물어보자."

그래서 그들은 언덕 위로 올라갔다. 그리고 첫번째 친구가 말했다.

"당신은 지금 뒤에 처져 아직 도착하지 않은 친구를 기다리고 있는 것이지요?"

그러자 그 승려는 눈을 뜨고 말했다.

"나는 누구도 기다리고 있지 않다. 나에게는 기다릴 친구도 없고 적도 없다."

그는 눈을 다시 감았다.

그러자 두번째 친구가 말했다.

"그렇다면 내 말이 틀림없지. 지금 당신은 숲 속에서 잃어버린 소를 찾고 있는 것이군요?"

그 승려가 말했다.

"아니다. 나는 그 누구도 찾고 있지 않다. 소를 찾고 있는 것도 아니다. 나는 나 자신 외에는 그 어떤 것에도 관심이 없다."

그러자 세번째 친구가 말했다.

"그렇다면 확실합니다. 당신은 지금 기도나 명상을 하고 계신 것입니다."

승려가 눈을 떴다. 그리고 말했다.

"나는 그 어떤 것도 전혀 하고 있지 않다. 나는 단지 여기에 있다. 여기에 존재한다. 어떤 행위도 하지 않고 그저 있을 뿐이다."

이것이 불교도들이 말하는 명상이다. 만약 그대가 뭔가를 한다면 그것은 명상이 아니다. 그대는 명상에서 멀리 빗나가고 있는 것이다. 만약 그대가 기도를 한다면 그것 역시 명상이 아니다. 그대는 지금 쉴새없이 지껄이고 있는 것이다. 만약 그대가 어떤 말을 한다면 그것은 기도가 아니다. 명상은 더더구나 아니다. 마음이 거기에 들어와 있다. 그 승려는 정확하게 말했다.

"나는 단지 여기에 있을 뿐이다. 아무것도 하지 않고 그저 존재한다."

이 방편은 이렇게 말하고 있다.

"나는 존재하고 있다."

이 느낌 속으로 깊이 들어가라. 그냥 앉아서 이 느낌 속으로 깊이 들어가라. '나는 존재한다, 나는 있다' 속으로 말이다. 그것을 느껴라. 하지만 그것을 생각하지는 마라. 그대가 마음 가운데 머물면서 그렇게 말한다면 그것은 아무 소용없는 짓이다. 그대의 머리는 작동하지 말아야 한다. 그대가 머리 속에서 '나는 존재한다'고 아무리 외워봐야 헛일이다. 그대는 요점을 놓친 것이다.

그것을 그대의 뼈속 깊이 느껴라. 온몸으로 느껴라. 머리에서가 아니라 몸 전체로 느껴라. 단지 느껴라.'나는 존재한다'라고 말하지 마라. 그런 말을 일체 사용하지 마라. '당신'이라는 관계성을 성립시키기 위해 굳이 '나는 존재한다'라고 말하는 것이다. 암송하지 마라. 이것은 만트라가 아니다. 그대는 '나는 존재한다, 나는 존재한다'라고 말할 필요가 없다. 만약 그렇게 계속 외워댄다면 잠이 들 것이다. 그것은 자기 최면을 거는 행위다.

만약 그대가 어떤 것을 반복해서 암송한다면 그대는 자동적으로 최면에 걸린다. 우선 그대는 지겨워진다. 그때 그대는 졸립다. 그리고 의식을 잃는다. 나중에 그대가 깨어날 때는 상쾌함을 느낄 것이다. 깊은 잠을 자고 난 것과 똑같다. 그것이 건강에는 좋다. 그러나 명상은 아니다. 그대가 불면증으로 고생한다면 만트라를 암송하라. 그것은 좋은 수면제다. 약보다 더 좋다. 그대는 어떤 말을 반복할 수 있다. 그 단조로운 상황이 계속되면 그대는 잠에 떨어질 것이다.

단조로움을 느끼게 하는 것은 어떤 것이라도 그대에게 깊은 수

면을 가져다 줄 것이다. 그래서 정신과 의사나 심리요법가들은 불면증에 시달리는 사람들에게 시계 소리를 들으라고 말한다. 그것을 계속 들으면 그대는 잠에 떨어질 것이다. 째깍거리는 소리가 자장가가 되기 때문이다.

아기들은 어머니의 자궁 속에서 9개월 동안 잠을 잔다. 그 속에서 어머니의 심장 고동을 계속 듣는다. 그것이 하나의 조건이 된다. 최면에 깊이 떨어지게 하는 조건이다. 살아 있는 한 심장 소리가 멈추는 법은 없기 때문이다. 그래서 누군가의 심장 소리를 가까이에서 듣는다면 그대는 느긋해지는 기분을 느낀다. 졸립기 시작하고 이완된다. 그대는 잠들 수 있다.

도시보다는 시골에서 더 깊이 잠들 수 있다. 시골은 단조롭기 때문이다. 도시는 매우 복잡하다. 매순간마다 새로운 일이 벌어진다. 소음도 계속 바뀐다. 그러나 시골에서는 모든 것이 단조롭다. 시골에서는 새로운 뉴스 거리도 없고 특별한 일도 일어나지 않는다. 모든 것이 반복되기만 할 뿐이다. 그래서 시골 사람들은 깊은 잠을 잘 수 있다. 삶 자체가 단조롭기 때문이다. 그러나 도시에서는 깊이 잠드는 것이 어렵다. 그대 주위의 모든 것이 매우 색다르기 때문이다. 모든 것이 빠르게 변화한다.

그대는 어떤 만트라를 사용할 수 있다. 람,람,아움,아움, 어떤 것이라도 좋다. 지저스 크라이스트를 계속 외울 수도 있고, 아베 마리아를 계속 외울 수도 있다. 그대는 어떤 단어도 사용할 수 있다. 그것은 그대에게 숙면을 선사한다. 라마나 마하리쉬가 준 '후 앰 아이(나는 누구인가?)'조차 만트라로 사용할 수 있다. 그리고 사람들은 실제로 그것을 만트라로 사용하고 있다. 그들은 앉아서 눈을 감고 계속 '후 앰 아이'를 외우고 있다.

'후 앰 아이?, 후 앰 아이? 후 앰 아이?……'

그것은 만트라가 된다. 하지만 그 목적과 의도는 완전히 빗나가게 된다.

그러니 '나는 존재하고 있다'라는 말을 만트라로 만들지 마라. 그것을 계속 외울 필요가 없다. 모든 사람이 알고 있다. 그대는 이미 그대가 존재한다는 것을 알고 있다. 그럴 필요가 없다. 정력 낭비일 뿐이다. 그것을 실제로 느껴라. 느낌은 다른 것이다. 전적으로 다르다. 생각은 그대로 하여금 느낌에서 도피하게 하는 속임수다. 그것은 다를 뿐만 아니라 하나의 사기 행위다.

내가 '나는 존재하고 있다'라는 것을 느끼라고 말할 때 그것은 이런 것이다. 지금 나는 이 의자에 앉아 있다. 만약 내가 '나는 존재하고 있다'라고 느끼기 시작하면 나는 많은 것을 자각할 수 있다. 우선 의자의 압력을, 벨벳의 촉감을, 그리고 방 안을 지나가는 공기의 흐름을, 내 몸에 다가오는 소음들, 혈액이 순환되는 것을, 심장의 고동을, 끊임없는 호흡들, 몸의 미세한 진동 등 수없이 많다. 거기에 미세한 떨림들이 지속적으로 존재한다. 그대가 살아 있는 동안 그것은 계속될 것이다.

그대는 이 모든 다중적 차원의 것들을 자각하게 될 것이다. 그리고 그대가 거기에 일어나고 있는 것을 더 많이 자각할수록……, 만약 지금 당장 그대가 안과 밖에서 무엇이 일어나든지 자각할 수 있다면 그것이 곧 '나는 존재하고 있다'라고 느끼라는 내 말의 의미다. 만약 그대가 이런 식으로 자각한다면 생각은 멈출 것이다. 그대가 존재한다고 느낄 때 그것은 생각이 멈춘 뒤 일어나는 전체적인 현상이기 때문이다.

처음에 그대는 생각이 떠다니는 것을 느낄 것이다. 그러나 점점 그대가 존재계 속에 깊이 뿌리박을수록 그대는 존재의 느낌에 더욱 안착하게 된다. 그때 생각은 저멀리 떨어져 있게 된다. 거리를 느끼게 된다. 그 생각들은 마치 지금 그대에게서 일어나는 것이 아니라 다른 사람에게서 일어나는 것처럼 느껴진다. 그대에게서 멀리 떨어진 어떤 다른 사람에게서 일어나는 것처럼 말이다. 그 존재의 느낌 속에 안착할 때 마음은 사라질 것이다. 그대에게는 한마디 단어도, 한조각 사념도 떠오르지 않는다.

왜 이런 일이 일어나는가? 그것은 마음이란 것이 타인과 관계된 특별한 활동이기 때문이다. 만약 내가 그대와 관계를 맺는다면 나는 마음을, 단어를, 언어를 사용해야 한다. 그것은 사회적인 현상이다. 그것은 그룹 활동이다. 그래서 그대가 홀로 있을 동안에도 말을 한다면 그것은 홀로 있는 것이 아니다. 그대는 누군가와 말을 하고 있는 것이다. 혼자 있을 때도 그대는 계속 누구에겐가 지껄이고 있다. 그대는 홀로 있는 것이 아니다. 어떻게 홀로 있는데 말을 할 수 있는가? 거기 마음속에 누군가가 있다. 그대는 바로 그와 이야기하고 있는 것이다.

한 철학 교수의 자서전을 읽었는데 거기에 이런 이야기가 나와 있었다. 그 철학 교수가 하루는 자기 딸을 데리고 학교로 가고 있었다. 그 딸은 다섯 살이었는데 먼저 딸을 학교에 데려다 주고 자신은 강의를 하러 대학으로 출근한다. 그래서 그는 길에서 강의 준비를 해야 했는데 그만 자기 옆에 딸이 앉아 있는 것을 까맣게 잊어버리곤 했다. 그는 큰소리로 강의를 하기 시작했는데 얼마 동안 딸이 그 강의를 듣다가 이렇게 말했다.

"아빠, 지금 나에게 하는 말이에요? 아니면 혼자 하는 말이에요?"

그대는 말할 사람이 아무도 없다면 결코 이야기하지 않는다. 그대가 뭔가를 말할 때 거기에는 반드시 누군가가 있다. 물론 그가 지금 거기에 현재하지 않는 인물일 수는 있다. 하지만 그대에게는 그가 마음속에 현재하는 상태로 있는 것이다. 모든 생각은 하나의 대화다. 그것은 사회적 활동이다. 어떤 사회도 없는 데서 아이를 자라게 하면 그는 어떤 언어도 알지 못할 것이다. 그는 어떤 것도 언어화시키지 못할 것이다. 그대에게 언어를 주는 것이 사회다. 사회가 없이는 언어도 없다. 언어는 사회적인 현상이다.

그대가 자신의 중심 속에 자리잡을 때 거기에는 어떤 사회도 없다. 거기에는 아무도 없다. 그대는 오직 홀로 존재한다. 마음은 사라진다. 그대는 다른 사람과 관계 맺을 수 없다. 상상조차도 불가능하다. 그래서 마음은 사라진다. 그대는 마음 없이 거기에 있다. 이것이 바로 명상이다. 마음 없이 있는 것 말이다. 완전히 깨어 있는 상태, 무의식이 아니면서도 전체성 속에서 존재를 느낄 때 마음은 갑자기 사라진다.

마음과 함께 많은 것들이 사라진다. 마음과 함께 그대의 이름과 형상과 그대의 종교와 선과 악이 모두 사라진다. 마음과 함께 그대가 성자라거나 죄인이라거나 하는 것도 사라진다. 아름답다거나 추하다거나 하는 것까지 사라진다. 모든 것이 사라진다. 그대에게 붙어 있던 모든 제목들이 갑자기 사라진다. 그대는 원시적인 순수함 속에 있다. 그대의 전체적인 순박성 속에서 그대는 있다. 그대의 처녀성 속에 있다. 떠다니지 않고 거기에 뿌리박고 있다.

마음과 함께 그대는 과거로 들어갈 수 있다. 마음과 함께 그대는 미래로 들어갈 수 있다. 마음 없이는 그대가 과거나 미래로 움직일 수 없다. 마음 없이는 그대가 지금 여기에 머무른다. 바로 이 순간이 영원성 전체이다. 이 순간을 빼고는 아무것도 없다. 축복이 일어난다. 그대는 어떤 것을 찾아다닐 필요가 없다. 순간 속에, 존재 속에 뿌리박으면 그대는 축복이다. 그리고 이 축복은 그대에게 일어나는 어떤 것이 아니다. 실제로 그것은 그대 자신이다.

"나는 존재하고 있다."

그렇게 해보라. 그대는 어디에서나 그렇게 할 수 있다. 버스를 타고 가거나, 기차로 여행을 하거나, 그냥 앉아 있거나, 침대에 누워 있거나, 있는 그대로 존재를 느껴보라. 그것에 대해 생각하지 마라. 그대는 갑자기 인식하게 될 것이다. 이전까지 그대는 자신에게 지속적으로 일어나는 많은 것을 인식하지 못했다. 그대는 자신의 몸조차 느끼지 못한다. 그대는 손을 갖고 있지만 손을 느껴본 적은 없다. 계속 같은 정보를 주고 있는 것은 느끼지 못하는 것이다.

때때로 그것은 무겁고 슬프다. 때때로 그것은 기쁘고 가볍다. 때때로 모든 것이 그것 속으로 흘러 들어온다. 때때로 그대는 그것이 살아 있고 춤추는 것을 느낀다. 때때로 그것 속에 생명이 없는 것처럼 느껴진다. 얼어붙고 죽은 것이 되어 단지 그대 몸에 달려 있는 것처럼 느껴진다.

그대가 존재를 느끼기 시작할 때 그대는 손의 분위기를 알게 된다. 눈의 분위기, 코의 분위기, 그대 온몸의 분위기를 알게 된다. 그것은 커다란 현상이다. 거기에는 미묘한 뉘앙스가 있다. 몸은 그대에게 뭔가를 말하고 있다. 하지만 그대는 그것을 듣지 못한다. 그대를 둘러싼 존재계는 미묘한 방식으로, 여러 가지 다른 방식으로 그대를 관통하지만 그대는 그것을 자각하지 못한다. 그대는 거기에 없기에 그것을 수용하지 못한다. 그것을 환영하지 못한다.

그대가 존재를 느끼기 시작할 때 온 세상이 그대에게서 살아나게 된다. 전적으로 새롭게, 그대가 전혀 알지 못했던 방식으로 말이다. 그대는 똑같은 길을 지나가지만 그 길은 이전과 같지 않다. 왜냐하면 이제 그대는 존재계 속에 깊이 뿌리박고 있기 때문이다. 그대는 같은 친구를 만나지만 그들은 이전과 같지 않다. 그들이 달라진 것이 아니라 그대가 변했기 때문이다. 집에 돌아와 보면 몇 년을 함께 살아온 아내 역시 이전과 같지 않다.

이제 그대는 자신의 존재를 자각하게 되었다. 그때 다른 사람의 존재도 인식할 수 있다. 그대의 아내가 화를 낼 때 그대는 그것조차 즐길 수 있다. 그것은 이제 그대가 무엇이 일어나고 있는지 느낄 수 있기 때문이다. 만약 그대가 그것을 느낄 수 있다면 화내는 것이 단순히 화내는 것으로만 보이지 않는다. 그것이 사랑으로 보일 수도 있다. 만약 그대가 깊이 들어가면 그것은 그녀가 여전히 그대를 사랑하고 있는 것으로 느껴진다. 그렇지 않다면 그녀는 화내지 않을 것이다. 그녀는 상관하지 않는다. 그녀는 하루 종일 그대를 기다리고 있었다. 그녀는 그대를 사랑하기에 화를 내는 것이다. 그녀는 그대에 대해서 무관심한 상태가 아니다.

기억하라. 분노나 증오는 사랑의 반대가 아니다. 무관심이 진짜 반대말이다. 어떤 사람이 그대에게 무관심할 때 거기엔 사랑이 없다. 만약 누군가가 그대에게 화낼 준비가 되어 있지 않으면 거기엔 사랑할 준비도 되어 있지 않다. 그러나 보통 그대는 아내가 화를 내면 더 폭력적으로 반응한다. 그대는 공격적으로 변한다. 그대는 그것의 상징적 의미를 이해할 수 없다. 그대는 그대 자신의 중심에 뿌리박지 못했다. 그대는 자신의 분노를 진짜로 알지 못하고 있다. 그래서 그대는 다른 사람의 분노도 이해할 수 없는 것이다.

만약 그대가 자신의 분노를 알고 있다면, 그 전체적인 분위기를 느낄 수 있다면 그때는 다른 사람의 분노도 이해할 수 있게 된다. 그대가 누군가를 사랑할 때만이 분노한다. 그렇지 않으면 분노할 필요가 없다. 분노를 통해서 그대의 아내는 그대를 여전히 사랑하고 있다는 사실을 말하고 있다. 그녀는 그대에게 무관심할 수 없다. 그녀는 기다리고 기다렸다. 이 전적인 기다림이 분노로 변하는 것이다.

그녀는 자신의 사랑을 직접적으로 말하지 않을 수도 있다. 느낌의 언어는 그렇게 직접적이지 않다. 오늘은 그것이 큰 문제가 된다. 그대가 그 느낌의 언어를 이해 못하기 때문이다. 그대는 자신의 존재 속에 깊이 뿌리박고 있지 않다. 그대는 단지 몇 마디 말만 알아들었다. 그러나 느낌을 이해하지는 못했다. 그것은 그대가 자신의 느낌을 모르기 때문이다. 자신의 존재 속에 뿌리박고 있지 않기 때문이다. 그때 그대는 단지 말만 이해할 수 있을 뿐 느낌을 이해하지 못한다. 느낌은 그 자체의 표현 방식을 갖고 있다. 그것은 더욱 기본적이고 실재적이다. 한번 그대가 자신의 존재를 자각하고 나면 그대는 다른 사람의 존재 역시 인식할 수 있다. 모든 사람이 너무나 신비하고 깊은 심연을 갖고 있어 그것을 아는데는 무한한 가능성의 여지가 계속 남아 있다. 그리고 모든 사람은 누군가가 자신을 알아주고 깊이 관통해서 자신의 심장을 느껴주기를 기다리고 있다. 그러나 그대는 그대 자신의 심장도 알지 못한다. 그렇기 때문에 그대는 다른 사람의 것은 더더군다나 알 수 없다. 가장 가까운 가슴도 모르면서 어떻게 멀리 떨어진 가슴을 알 수 있겠는가?

그대는 하나의 좀비(zombie)로 좀비들의 무리 속에서 움직이고 있다. 모든 사람들이 깊은 잠에 빠져 있다. 그대는 자기 집을 찾아갈 수 있을 만큼만 깨어 있다. 그대는 깊이 잠든 사람들을 통과해서 지나간다. 그리고 아무 사고 없이 집에 도착한다. 그것이 전부다. 그대는 오직 이만큼의 각성만을 갖고 있다. 이것은 인간에게 일어날 수 있는 최소한의 것이다. 그래서 그대는 그토록 무료하고 덤덤하다. 삶은 그저 지루하고 긴 여행이며 거기에는 중압감만 있다. 그리고 깊이 들어가 보면 모든 사람들이 죽음을 기다리고 있다. 이 삶에서 구원받기 위해 말이다. 죽음이 유일한 돌파구처럼 보인다.

왜 이런 일이 일어나고 있는가? 삶은 무한한 축복이 될 수 있다. 그런데 왜 이렇게 지겨운가. 그대가 존재계에 뿌리박고 있지 못하기 때문이다. 그대는 뿌리 없이 떠도는 인생으로 겨우 생명만 유지할 뿐이다. 최소한의 삶만 살아가고 있다.

이 방편은 존재의 최대값을 그대에게 줄 것이다. 생각은 그대에게 최소값만을 줄 수 있다. 그러나 느낌은 그대에게 최대값을 줄 수 있다. 마음을 통해서는 존재할 방법이 없다. 오직 가슴을 통하는 길만이 유일한 길이다.

'나는 존재하고 있다.' 가슴을 통해 그것을 느껴라. '이 존재계가 나의 것이다, 이것은 나의 것이다, 이것이 바로 이것이다'라고 느껴라. 이는 정말 아름답다. '나는 존재하고 있다'를 느껴라. 그 속에 뿌리박아라. 그때 '이것은 나의 것이다, 이 존재계가, 이 넘치는 존재함이 나의 것이다'라는 것을 알 수 있다.

그대는 '이 집은 나의 것'이라고 말한다. '이 가구는 나의 것'이라고 말한다. 그대는 그대의 소유물에 대해서만 계속 말하고 있다. 하지만 그대는 진짜로 소유한 것에 대해서는 결코 알지 못한다. 그대는 전체적인 존재를 소유하고 있다. 그대는 가장 깊은 가능성을, 그대 속에 있는 가장 내밀한 핵심을 소유하고 있다. 시바는 말한다.

"나는 존재하고 있다. 이것은 나의 것이다."

이것을 느껴라. 이것 역시 단지 생각으로 만들어지지 않는다. 계속 그것을 느껴라. -이것은 나의 것이다. 이 존재계가 말이다. -그때 그대는 감사를 느낄 것이다. 어떻게 신에게 감사할 수 있는가? 그대의 감사는 피상적이고 형식적이다. 그리고 그 비참함을 보라. 신에게조차도 그대는 형식적이다. 그대가 어떻게 감사할 수 있겠는가? 그대는 어떤 것도 감사할 줄 모른다.

만약 그대가 존재계 속에 뿌리박고 있는 자신을 느낄 수 있다면, 그 속에 깊이 빠져 들고 그것으로 흘러 넘치는 것을 느낄 수 있다면, 그리고 그것과 춤까지 추는 것을 허락한다면 그때 그대는 이렇게 느낄 것이다.

'이것은 나의 것이다. 이 존재계는 내게 속했다. 이 전적으로 신비한 우주가 내게 속한 것이다. 이 존재계 전체가 나를 위해 존재하고 있다. 그것이 나를 창조했고 나는 그것의 꽃이다.'

그대에게 일어나는 이 의식은 우주에 필 수 있는 가장 위대한 꽃이다. 그리고 수십억 년 동안 이 지구는 그대를 존재시키기 위해 준비해 왔다.

"이것은 나의 것이다. 그리고 이것이 바로 이것이다."

'바로 이것이 삶이다-이 그러함이 말이다'라는 것을 느끼기 위해 그대는 이렇게 느껴야 한다.

'나는 쓸데없이 걱정했다. 나는 쓸데없이 거지로 살아왔다. 나는 주인이다.'

그대가 존재계 속에 뿌리박을 때 그대는 전체와 하나가 된다. 그리고 존재계가 그대를 위해 존재한다. 그대는 거지가 아니다. 그대는 갑자기 황제가 되었다. 이것이 바로 이것이다.

"오 사랑하는 자여, 그러함 속에서 무한하게 알아라."

이것을 느끼는 동안 그것에 한계를 만들지 마라. 그것을 무한하게 느껴라. 그것에 어떤 경계선도 긋지 마라. 그것은 어디에서도 끝나지 않는다. 세상은 시작하는 곳도 없고 끝나는 곳도 없다. 존재계 역시 시작도 없고 끝도 없다. 그대는 어떤 시작도 갖고 있지 않고 끝나는 점도 없다.

시작과 끝은 마음 때문에 생겨난 것이다. 마음에는 시작과 끝이 있다. 뒤로 돌아가 보라. 그대의 삶 속을 거슬러 올라가 보라. 모든 것이 멈추는 순간이 있다. 거기에 시작이 있다. 그대는 그대가 세 살 때, 혹은 기껏해야 두 살 때까지 기억할 수 있다. 그것도 드물지만. 그러나 기억은 멈춘다. 그대는 두 살 때까지 거슬러 올라갈 수 있다. 그것은 무엇을 뜻하는가? 그대는 그 이전의 것을 기억하지 못한다. 갑자기 거기에 공백이 생겨난다. 그대는 아무것도 기억할 수 없다.

그대는 자신의 출생을 기억할 수 있는가? 어머니의 자궁 속에서 있었던 아홉 달 동안을 기억할 수 있는가? 그대는 거기에 있었지만 마음은 거기에 없었다. 마음은 두 살이 지나야 그 기능을 시작한다. 그 때문에 그대는 두 살까지만 기억할 수 있는 것이다. 그때는 마음이 없었다. 그래서 기억도 없다. 마음은 시작되는 점을 갖고 있다. 그리고 종착점도 갖고 있다. 그러나 그대는 시작이 없다.

만약 깊은 명상 속에 들어가면 그대는 존재를 느낄 수 있다. 거기에 마음은 없다. 시작도 없고 끝도 없는 에너지의 흐름이 있다. 우주력이 있다. 무한한 대양이 그대를 둘러싸고 있다. 그대는 그 속에서 한 조각의 파도일 뿐이다. 그 파도는 시작이 있고 끝이 있다. 그러나 대양은 그런 것이 없다. 한 번 그대가 자신이 파도가 아니라 대양이라는 사실을 알게 되면 모든 불행은 사라진다.

그대의 불행 속에 무엇이 깊이 숨겨져 있는가? 깊이 들어가면 거기에 죽음이 있다. 그대는 거기에 반드시 있을 어떤 종점을 두려워하고 있다. 그것은 그대에게 절대적으로 확실한 것이다. 죽음보다 더 확실한 것은 없다. 그대가 무엇을 하더라도 소용이 없다. 아무것도 도움이 되지 않는다. 죽음은 거기에 있을 것이다. 그리고 그것은 계속된다. 의식과 무의식 속에 계속 그 효력을 발휘하고 있다. 그대는 죽음을 두려워한다. 그대는 그것을 자꾸만 억누른다. 그때 그것은 무의식 속으로 들어가 계속 작용한다. 매 순간 그대는 죽음을 두려워한다. 끝을 두려워한다.

마음은 계속 죽어가고 있으나. 그대는 죽지 않을 것이다. 그러나 그대는 자신을 모른다. 그대는 단지 만들어진 어떤 것만을 안다. 그것은 하나의 출발점이다. 그것은 종점을 갖고 있을 수밖에 없다. 시작된 것은 반드시 끝난다. 만약 그대의 존재 속에 결코 시작되지 않은 어떤 것을 찾을 수 있다면 그것은 끝날 수 없다. 그때 죽음의 공포는 사라진다. 죽음의 공포가 사라질 때 사랑은 그대를 통해 흘러 넘친다. 그전에는 없던 것이 말이다.

모든 것이 죽음으로 끝나는데 어떻게 그대가 사랑할 수 있겠는가? 그대는 누군가에게 집착할 수 있다. 그러나 사랑할 수는 없다. 그대는 누군가를 이용할 수 있다. 그러나 사랑할 수는 없다. 그대는 누군가를 속일 수는 있다. 그러나 사랑할 수는 없다.

공포가 거기에 있는 한 사랑은 존재할 수 없다. 공포는 독이다. 사랑은 공포 속에서 꽃필 수 없다. 모든 사람이 죽는다. 모든 사람이 그의 종말을 기다리고 있다. 어떻게 그대는 사랑할 수 있겠는가? 모든 것이 무의미하게 보인다. 사랑은 죽음이 거기에 있을 때 무의미한 것으로 보인다. 죽음이 모든 것을 파괴할 것이기 때문이다. 사랑조차 영원하지 않다. 그대가 사랑하는 사람을 위해 무엇을 하든지 그것은 아무 소용이 없다. 그대는 죽음을 피할 수 없기 때문이다. 모든 것 뒤에 죽음이 기다리고 있다.

그대는 그것을 잠시 동안 잊을 수는 있다. 그리고 거짓을 만들어 낼 수도 있다. 죽음은 일어나지 않을 것이라고 자신을 억지로 믿게 할 수 있다. 그러나 그대의 믿음은 표면적인 것이다. 깊이 들어가면 죽음이 거기에 있다는 것을 그대는 알고 있다. 죽음이 거기에 있다면 그때 삶은 의미 없는 것이 되고 만다. 그대는 인위적인 의미를 부여할 수는 있다. 그러나 그것은 큰 도움이 못된다. 일시적으로, 잠시 동안은 도움이 될 수도 있다. 그러나 또다시 실체가 터져 나온다. 그리고 의미는 사라진다. 그대는 계속 자신을 속일 수 없다. 그것이 전부다. 그대가 시작도 없고 끝도 없는, 죽음을 넘어선 어떤 것을 알지 못하는 한 말이다.

그러나 한번 그대가 죽음을 초월한 것을 알게 되면 그때는 사랑할 수 있다. 거기에는 어떤 죽음도 없기 때문이다. 사랑이 가능하다. 붓다는 그대를 사랑한다. 예수는 그대를 사랑한다. 그러나 그 사랑은 절대적으로 그대에게 알려져 있지 않다. 그 사랑은 공포가 사라졌기 때문에 나오는 자연스런 결과이고 그대의 사랑은 공포로부터 달아나기 위한 수단일 뿐이다. 그래서 그대가 사랑할 때마다 그대는 공포 없음을 느낀다. 누군가가 그대를 강인하게 만든다.

그리고 이것은 상호 작용이다. 그대 역시 누군가를 강인하게 만든다. 둘 다 나약하다. 그리고 둘 다 누군가를 찾고 있다. 그리고 그때 나약한 두 사람이 만나서 서로를 강인하게 만든다. 이것은 얼마나 놀라운 일인가! 어떻게 그것이 일어나는가? 그것은 단지 하나의 신념을 만드는 것이다. 그대는 그대 뒤에, 혹은 그대와 함께 누군가가 있다고 느낀다. 그러나 그대는 아무도 죽음 속에서는 그대와 함께 있을 수 없다고 안다. 그러니 삶 속에서 어떻게 그대가 그 혹은 그녀와 함께 있을 수 있겠는가? 그때는 그것이 단지 죽음을 피하기 위한 것일 뿐이다. 그리고 그대가 두려워하기 때문에 그대는 자신이 두려워하지 않도록 만들어 줄 누군가를 필요로 한다.

미국의 철학자 에머슨(Emerson)은 어딘가에서 이렇게 말했다. 가장 위대한 용사도 그의 아내 앞에서는 겁장이가 된다. 나폴레옹조차도 자신의 아내 앞에서는 겁장이였다. 왜냐하면 그의 아내는 나폴레옹이 용감해지기 위해서는 자기를 필요로 한다는 것을 알았기 때문이다. 그는 그녀에게 의지했다. 그가 전장에서 돌아올 때마다 그는 두려워 떨고 있었다. 그리고 그는 그녀의 품속에서 쉬었다. 그녀는 그를 위로했고 그는 어린아이가 되었다. 모든 남편은 자신의 아내 앞에서 어린아이가 된다. 그리고 아내는? 그녀 역시 남편에게 의지한다. 그녀는 남편을 통해 살고 있다. 그녀는 남편 없이 살아갈 수 없다. 그는 그녀의 생명이다.

이것은 서로간의 사기극이다. 둘 다 두려워한다. 죽음이 거기에 있다. 그들은 둘 다 죽음을 잊기 위해서 사랑하려고 애쓰는 것이다. 사랑을 하게 되면 두렵지 않을 것처럼 보이기 때문이다. 연인들은 때때로 아무 두려움 없이 죽음을 대면할 수 있다. 하지만 그것은 껍데기일 뿐이다.

우리의 사랑은 공포의 일부분이다. 우리의 사랑은 공포로부터 달아나기 위한 수단이다. 그러나 진정한 사랑은 죽음의 공포가 없어졌을 때만 일어난다. 죽음이 사라질 때, 그대가 결코 시작도 없고 끝도 없다는 것을 알게 될 때 거기에 진정한 사랑이 일어난다. 그러나 그것을 미리 생각하지 마라. 그대는 공포 때문에 미리 그렇게 생각할 수 있다. 그대는 '옳지, 나는 끝나지 않는다는 것을, 거기에 죽음이 없으며 영혼은 불멸이라는 것을 안다'라고 생각할 수 있다. 하지만 그것은 공포 때문에 일어나는 생각이다. 그리고 그 생각은 아무런 도움도 되지 않는다.

만약 그대가 명상 속에 깊이 들어가면 그것은 저절로 일어날 것이다. 공포는 사라질 것이다. 그대가 자신을 끊임없이 알아 갈 것이기 때문이다. 과거로부터 미래로 그대는 무한히 펼쳐질 것이다. 그 깊음 속에 그대가 있다. 그리고 바로 이 순간, 이 현재 순간의 깊음 속에 그대가 있다. 그대는 그저 있다. 그대는 결코 시작된 것이 아니다. 그리고 끝나지도 않는다.

이 무한성을 무한하게 느껴라!

〈질문〉

> "앞에서 말씀하신 두번째 방편과 비슷한 방편을 수련한 결과 저는 강물이 흐르는 것과 같은 소리를 들었습니다. 이 소리는 무슨 소리입니까? 만약 제가 정확하게 이해했다면 거기에 어떤 생각이나 소리도 없어야만 되고 그야말로 완전한 침묵 속에 있어야만 하는 것이 아닙니까? 그러면 이 소리는 무슨 소리입니까?"

처음에는 침묵이 그대에게 일어나기 전에 소리가 일어날 것이다. 그러나 이것은 좋은 징조다. 단어들, 언어, 생각이 언어로 되는 현상 등의 것들이 사라지고 나면 두번째 층이 나타난다. 그것이 바로 소리의 층이다. 그러나 그것과 싸우지 마라. 그것을 즐겨라. 그것은 음악적이 될 것이며 아름답다. 그대는 그것의 음악으로 가득 차게 될 것이다. 그리고 그대는 그것을 통해서 더욱 생생하게 살아 있게 될 것이다.

마음이 사라질 때 자연스런 내면의 소리가 드러난다. 그것이 일어나도록 허용하라. 그것을 명상하라. 그것과 싸우지 마라. 단지 그것을 주시하라. 그것은 더욱 깊어질 것이다. 그리고 그대가 그것과 싸우지 않는다면, 어떤 갈등도 만들지 않는다면 그것은 저절로 사라질 것이다. 그리고 그것이 사라지면 그대는 침묵 속으로 떨어질 것이다. 말, 소리, 침묵, 이런 순서로 들어간다. 말은 인간에 해당되고 소리는 자연에 해당되며 침묵은 우주다.

그래서 그대가 경험한 것은 좋은 징조다. 이것이 바로 '나다(nada)'라고 불리는 것인데 내면의 소리다. 그것을 들어라. 그것을 즐겨라. 그것에 대해 주시자가 되라. 그것은 사라질 것이다. 그리고 그것이 더 이상 들리지 않는다고 해서 동요하지 마라. 만약 그것이 거기에서 사라져야 한다고 생각한다면, 혹은 그대가 그것을 어떤 방법으로 없애려고 서두른다면 그대는 첫번째 층인 말의 층으로 다시 물러날 것이다. 이 점을 기억하라. 두번째 층인 소리와 싸움을 시작하면 그대는 그것에 대해 생각을 시작하게 되고 그때 말들이 다시 들어온다. 만약 그대가 이 소리에 대해서 뭔가를 말한다면 거기서 그대는 더 깊이 들어가지 못한다. 다시 첫번째로 돌아오게 된다. 그대는 마음의 차원으로 들어온 것이다.

어떤 것도 말하지 마라. 말은 곧 생각이다. 그것에 대해 생각하지 마라. 그것이 소리라고조차 말하지 마라. 그것에 이름이나 형상을 부여하지 마라. 그저 있는 그대로 내버려두라. 그것이 흘러가게 하라. 그대는 주시자로만 남아라. 강물이 흘러가고 그대는 둑 위에 앉아 있다. 한 사람의 주시자로서 구경꾼으로서 말이다. 그 강물의 어떤 제목도 모른다. 그것이 어디서 흘러와서 어디로 흘러가는지 알지 못한다.

그저 소리 곁에 앉아 있어라. 조만간 그것은 사라질 것이다. 그것이 사라질 때 거기에 침묵이 있다. 이것은 좋은 징조다. 그대는 두번째 층을 만난 것이다. 하지만 그대가 그것에 대해 생각하려고 한다면 그대는 그것을 잃어버릴 것이다. 그대는 첫번째 층으로 되돌려질 것이다. 만약 그대가 그것에 대해 생각하지 않는다면, 지켜보는 것 속에서 즐긴다면 그대는 세번째 층으로 더 깊이 들어갈 것이다.

깨어나라! 주시하라! 이해하라!

오쇼에 대하여

오쇼의 가르침은 어떠한 틀로도 규정하기 힘들 만큼 다양한 주제를 다루고 있다. 그의 강의는 삶의 의미를 묻는 개인적인 문제에서부터 현대사회가 안고 있는 시급한 정치·사회적인 문제에 이르기까지 거의 모든 주제를 망라한다. 오쇼의 책은 그가 직접 저술한 것이 아니라, 다양한 국적의 청중들에게 들려준 즉흥적인 강의들을 오디오와 비디오로 기록하여 책으로 펴낸 것이다. 그는 자신의 강의에 대해 이렇게 말했다. "내가 무슨 말을 하건 그 말은 지금 이 시대의 당신들을 위한 것일 뿐만 아니라 다가오는 미래 세대를 위한 말이기도 하다."

런던의 선데이 타임스(Sunday Times)는 20세기를 빛낸 천 명의 위인들 중 한 사람으로 오쇼를 선정했으며, 미국의 작가 탐 로빈스(Tom Robbins)는 오쇼를 '예수 이후로 가장 위험한 인물' 로 평하기도 했다. 인도의 선데이 미드데이(Sunday Mid-Day)는 인도의 운명을 바꾼 열 명의 인물을 선정했는데, 그 중에는 간디, 네루, 붓다 등의 인물과 더불어 오쇼가 포함되어 있었다.

오쇼는 자신의 일에 대해 새로운 인간이 탄생하도록 기반을 닦는 것이라고 했으며, 이 새로운 인간을 '조르바 붓다(Zorba the Buddha)' 로 부르곤 했다. 조르바 붓다란 니코스 카잔차키스의 소설 속 주인공인 그리스인 조르바처럼 세속의 즐거움을 누리는 동시에, 붓다와 같은 내면의 평화를 겸비한 존재를 일컫는다. 오쇼의 가르침에 일관되게 흐르는 정신은, 과거로부터 계승되어온 시대를 초월한 지혜와 오늘날의 과학문명이 지닌 궁극적인 가능성을 한데 아울러 통합하는 것이다.

또한 오쇼는 점점 가속화되는 현대인들의 생활환경에 맞는 명상법을 도입하여 인간의 내면을 변화시키는 데 혁명적인 공헌을 하였다. 그의 독창적인 '역동 명상법' 들은 심신에 쌓인 스트레스를 풀어줌으로써 일상생활 속에서 더 수월하게 평화와 고요함을 경험할 수 있게 해준다.

아래의 두 책을 참고하여 오쇼의 생애에 대해 더 자세하게 알아볼 수 있다.

· **『Autobiography of a Spiritually Incorrect Mystic』**

· **『Glimpses of a Golden Childhood』**

오쇼 국제 명상 리조트

Osho International Meditation Resort | www.osho.com/meditationresort

위치

인도 뭄바이(Mumbai)에서 남동쪽으로 160킬로 떨어진 뿌네(Pune)에 위치하고 있는 오쇼 국제 명상 리조트는 휴가를 즐기기에 매우 적합한 곳으로, 우람한 나무들이 주거지역을 둘러싸며 40에이커에 달하는 아름다운 정원을 형성하고 있습니다.

특징

매년 100개국이 넘는 나라로부터 수많은 방문객들이 오쇼 국제 명상 리조트를 찾아오고 있습니다. 이 독창적인 명상 리조트는 축제를 즐기듯 즐거운 분위기 속에서 더 평온하며 더 깨어있는 창조적인 방식으로, 새로운 삶의 길을 경험할 수 있는 기회를 제공합니다. 몇 시간의 단기 프로그램에서부터 해를 넘기는 장기 프로그램에 이르기까지, 선택의 폭이 매우 다양합니다. 아무것도 하지 않고 그저 휴식을 취하는 것도 오쇼 국제 명상 리조트에서 제공하는 프로그램 중의 하나입니다.

모든 프로그램은 '조르바 붓다(Zorba the Buddha)' 라는 오쇼의 비전에 바탕을 두고 있습니다. 조르바 붓다는 날마다의 일상생활에 창조적으로 임하며 침묵과 명상 속에서 고요하게 휴식하는 새로운 유형의 인간을 뜻합니다.

명상 프로그램

활동적인 명상, 정적인 명상, 전통적인 명상법, 혁신적인 방편들, 오쇼의 역동 명상법에 이르기까지 각 개인에 맞는 명상 프로그램이 하루 종일 진행됩니다. 이 명상 프로그램들은 세계에서 가장 큰 규모의 명상홀인 '오쇼 오디토리엄(Osho Auditorium)' 에서 진행됩니다.

멀티버시티 Multiversity

오쇼 멀티버시티가 제공하는 다양한 종류의 개인 세션, 수련 코스와 그룹 워크숍은 창조적인 예술, 건강 요법, 인간관계 개선, 개인의 변형, 작업 명상, 비의적인 학문과 선(禪)적인 접근방식이 도입되었고, 프로그램의 범위 또한 스포츠와 레크리에이션 등을 망라하고 있습니다. 이처럼 다양한 프로그램들은 명상과 결합되어 성공적인 효과를 내고 있는데, 이것은 오쇼 멀티버시티가 인간을 여러 부분들의 조합으로 보는 것에서 그치지 않고, 그를 훨씬 뛰어넘는 존재로 인식하는 명상적 이해에 기반하기 때문입니다.

바쇼 스파 Basho Spa

고품격의 바쇼 스파에는 울창한 나무와 열대식물에 둘러싸인 야외 수영장, 독창적 스타일의 넉넉한 자꾸지(Jacuzzi), 사우나, 테니스장을 비롯한 여러 체육 시설 등이 아름답게 배치되어 있습니다.

먹거리

리조트 내의 여러 식당에서는 서양식, 아시아식, 인도식 채식 요리가 제공되며, 대부분의 식재료는 명상 리조트의 방문객을 위해 유기농법으로 생산된 것들입니다. 빵과 케이크 역시 리조트 내에서 자체적으로 만들고 있습니다.

야간 행사

야간에도 다양한 종류의 행사가 벌어집니다. 그중 최고로 꼽히는 댄스파티를 비롯해 별빛 아래서 행해지는 보름날 명상 프로그램, 각양각색의 쇼와 음악 공연, 그리고 여러 가지 명상법들이 진행됩니다. 이 밖에도 플라자 카페(Plaza Cafe)에서 친구들을 만나 즐기거나, 정적에 잠긴 아름다운 정원을 산책하는 것도 좋습니다.

편의 시설

리조트 내에는 은행, 여행사, 피시방이 준비되어 있습니다. 기본적인 생필품은 갤러리아(Galleria)에서 구입이 가능하며, 멀티미디어 갤러리(Multimedia Gallery)에서는 오쇼의 미디어 저작물을 구입할 수 있습니다. 그 밖에 더욱 다양한 쇼핑을 즐기고 싶은 분들은 뿌네 시내에서 인도의 전통 상품을 비롯한 다국적 브랜드의 여러 가지 물건들을 구입할 수 있습니다.

숙박 시설

리조트 내에서는 오쇼 게스트하우스(Osho Guesthouse)의 품격 있는 객실을 이용할 수 있습니다. 더 오랜 기간의 체류를 원하는 방문객은 '리빙 인(Living In)' 이라는 패키지 프로그램을 이용하거나, 리조트 밖에 있는 다양한 종류의 호텔과 아파트를 이용할 수도 있습니다.

더 많은 정보를 보시려면 아래의 웹사이트를 참고하시기 바랍니다.

www.OSHO.com

오쇼 닷컴에서 제공하는 내용

인터넷 매거진, 오쇼 서적, 오디오와 비디오, 영어와 힌디어로 된 오쇼 저작물들, 오쇼 명상법에 대한 정보, 오쇼 멀티버시티의 프로그램 스케줄, 오쇼 국제 명상 리조트에 관한 정보

관련 웹사이트

http://OSHO.com/resort

http://OSHO.com/magazine

http://OSHO.com/shop

http://www.youtube.com/OSHO

http://www.oshobytes.blogspot.com

http://www.Twitter.com/OSHOtimes

http://www.facebook.com/pages/OSHO.International

http://www.flickr.com/photos/oshointernational

아래의 주소를 통해 오쇼 국제 재단에 접촉할 수 있습니다.

www.osho.com/oshointernational

oshointernational@oshointernational.com